Kohlhammer

Der Herausgeber
Prof. Dr. Joachim Schroeder, Hauptschullehrer, Ausländerpädagoge, Diplom-Schulpädagoge. Lehrt an der Universität Hamburg, vor allem in den Lehramtsstudiengängen, Erziehungswissenschaft mit dem Schwerpunkt Aufwachsen, Lernen und Arbeiten unter Bedingungen von Armut, Migration und Flucht. Ein besonderes Interessensgebiet sind die konzeptionellen und didaktischen Problemstellungen der Sozialen Bildungsarbeit mit Jugendlichen und (jungen) Erwachsenen im Übergang vom Asylverfahren und der Duldung in die Arbeitswelt. Mitbegründer des »AK Flucht und Bildung« im Netzwerk Flüchtlingsforschung und Sprecher des von der Hans-Böckler-Stiftung geförderten Promotionskollegs »Vernachlässigte Themen der Flüchtlingsforschung«.

Joachim Schroeder (Hrsg.)

Geflüchtete in der Schule

Vom Krisenmanagement zur
nachhaltigen Schulentwicklung

Verlag W. Kohlhammer

Dieses Werk einschließlich aller seiner Teile ist urheberrechtlich geschützt. Jede Verwendung außerhalb der engen Grenzen des Urheberrechts ist ohne Zustimmung des Verlags unzulässig und strafbar. Das gilt insbesondere für Vervielfältigungen, Übersetzungen, Mikroverfilmungen und für die Einspeicherung und Verarbeitung in elektronischen Systemen.

Die Wiedergabe von Warenbezeichnungen, Handelsnamen und sonstigen Kennzeichen in diesem Buch berechtigt nicht zu der Annahme, dass diese von jedermann frei benutzt werden dürfen. Vielmehr kann es sich auch dann um eingetragene Warenzeichen oder sonstige geschützte Kennzeichen handeln, wenn sie nicht eigens als solche gekennzeichnet sind.

Es konnten nicht alle Rechtsinhaber von Abbildungen ermittelt werden. Sollte dem Verlag gegenüber der Nachweis der Rechtsinhaberschaft geführt werden, wird das branchenübliche Honorar nachträglich gezahlt.

1. Auflage 2018

Alle Rechte vorbehalten
© W. Kohlhammer GmbH, Stuttgart
Gesamtherstellung: W. Kohlhammer GmbH, Stuttgart

Print:
ISBN 978-3-17-033519-6

E-Book-Formate:
pdf: ISBN 978-3-17-033520-2
epub: ISBN 978-3-17-033521-9
mobi: ISBN 978-3-17-033522-6

Für den Inhalt abgedruckter oder verlinkter Websites ist ausschließlich der jeweilige Betreiber verantwortlich. Die W. Kohlhammer GmbH hat keinen Einfluss auf die verknüpften Seiten und übernimmt hierfür keinerlei Haftung.

Inhaltsverzeichnis

Einleitung 8

1   Annäherungen an Lebenslagen und Biografien junger Geflüchteter – eine unabdingbare Voraussetzung für eine pädagogische Kommunikation »auf Augenhöhe« 13
Joachim Schroeder

    1.1   »Habitussensibilität« im Handlungsfeld Flucht und Asyl ... 13
    1.2   Erarbeitung von Lebensweltwissen zu Menschen auf der Flucht 14
    1.3   Auseinandersetzung mit Ungleichheiten im »Arbeitsbündnis« 24
    1.4   Strukturierung institutioneller Verantwortlichkeit 30
    1.5   Identifizierung verborgener Barrieren 33
    Literatur 35

2   Nur Sprache und Berufsschulunterricht? Was brauchen unbegleitete, minderjährige Flüchtlinge wirklich? 37
Gotthilf Gerhard Hiller & Dejan Mater

    2.1   Befähigung zum klugen Umgang mit besonderen Antinomien: Hypotheken abtragen, Ressourcen erkennen, nutzen und konvertieren, Anschlüsse schaffen 37
    2.2   Solidarische Begleitung und emanzipierende Bildung 44
    Literatur 56

3   Transnationale Formen der Remigration von Geflüchteten als Herausforderung für Integration und Bildung 58
Simon Moses Schleimer

    3.1   Traditionelle Remigrationsforschung 59
    3.2   Die Transnationalisierung der Migration und Remigration 60
    3.3   Transnationale Migration, Bildung und Krise 62
    3.4   Transnationale Remigration am Beispiel von Jugendlichen in der Region Kurdistan im Irak 64
    3.5   Pädagogische, bildungspolitische und gesellschaftliche Konsequenzen 71

	3.6	Implikationen für weitere Forschung	73
	Literatur		73
4	**Die gängigen Angebote für junge Geflüchtete in der deutschen Schule – und was davon zu halten ist**			77
	Joachim Schroeder			
	4.1	Die Entwicklung der Beschulung junger Flüchtlinge – ein missratener Fortschritt?	77
	4.2	Vorbereitungsklassen für jüngere Geflüchtete – der Einstieg in die Bildungsarmut?	79
	4.3	Berufsvorbereitende Bildungsgänge für ältere Jugendliche – der sichere Weg in die Warteschleifen?	85
	4.4	Bildungssprache – kein Allheilmittel!	92
	4.5	Staatbürgerlicher Unterricht – eine pädagogische Überheblichkeit	102
	4.6	Traumapädagogik – oder Kurpfuscherei?	109
	Literatur		111
5	**Praktika und noch viel mehr … Betriebe als wichtige »Lernbegleiter« und Bildungsorte**			115
	Maren Gag			
	5.1	Herausforderungen am Lernort Betrieb	115
	5.2	Betriebliche Praktika – nicht immer ohne Einschränkungen	116
	5.3	Mit der Wirtschaft in einem Boot?	118
	5.4	Mit Betrieben gemeinsam lernen	119
	5.5	Annäherung an die Arbeitswelt geht auch anders!	121
	5.6	Netzwerkarbeit generiert Bildungsbündnisse	123
	5.7	Lernort Betrieb – notwendige Bedingungen eines notwendigen Bildungssettings	126
	Literatur		129
6	**(M)Eine Sprache: pädagogische (Selbst-)Entdeckungen eines angehenden Lehrers in Sprachwelten der dualen Ausbildungsvorbereitung**			131
	Maximilian Thinnes			
	6.1	Dualisierte Ausbildungsvorbereitung in Hamburg	131
	6.2	Lernort: Schule	132
	6.3	Lernort: Betrieb	140
	6.4	Betriebliche Erkundungsaufträge in der sprachlichen Förderung	149
	6.5	Sprachwelten miteinander verbinden	152
	Literatur		153

7	Transparenz – Partizipation – Parteilichkeit – Bildungsbegleitung und Schulsozialarbeit für junge Geflüchtete	155
	Maren Gag	
	7.1 Sozialpädagogische Irritationen am Lernort Schule	155
	7.2 Merkmale einer erschwerten Lebenslage junger Geflüchteter – Sozialpädagogische Anforderungen am Übergang von der Schule in den Beruf	157
	7.3 Unterstützungssysteme an der Nahtstelle zu schulischer Bildung – Modelle der Kooperation von Akteuren in Schule und Sozialer Arbeit	166
	7.4 Vom Zusammenhang von Schulsozialarbeit und Schulentwicklung	177
	Literatur	179
8	Die Gesellschafts- und Weltverwicklungen zum Thema machen – Alternativen zur Vermittlung von Regeln und Landeskunde »Deutschland« im gesellschaftskundlichen Unterricht mit geflüchteten Jugendlichen in der Ausbildungsvorbereitung	182
	Frauke Meyer	
	8.1 Landes- und Gesellschaftskunde in der Ausbildungs- und Berufsvorbereitung	182
	8.2 Weiße Vorherrschaft in Lehr- und Unterrichtsmaterialien: Warum der Ruf nach Regelkenntnissen in *den deutschen Werten und Normen* nicht zielführend ist	185
	8.3 Über Werte und Normen sprechen: Gelingensbedingungen für eine offene Auseinandersetzung mit geflüchteten Jugendlichen	195
	8.4 Anregungen für einen herrschaftskritischen Landes- und Gesellschaftskundeunterricht mit jungen Geflüchteten	197
	Literatur	213
9	Von den Lebenslagen zum Schulprogramm – Schritte zu einer fluchtsensiblen Unterrichtsentwicklung	215
	Joachim Schroeder	
	9.1 Postulate der Schulprogrammentwicklung	215
	9.2 Übergreifende Aspekte des Schulprogramms	217
	9.3 Die pädagogische Gestalt der Schuljahresplanung	219
	9.4 Organisations- und Ressourcenplanung	234
	Literatur	239

Autorinnen und Autoren 240

Einleitung

Kommt dieses Buch womöglich zu spät? Die Zahl der neu in Deutschland eintreffenden Schutzsuchenden sinkt seit der so genannten »Flüchtlingskrise« im Sommer 2015 stetig. Die zunächst zur Unterbringung notdürftig hergerichteten Zelte, Turnhallen und leerstehenden Baumärkte sind schon lange wieder geschlossen, auch die provisorischen Deutschkurse unter freiem Himmel, die Lagerschulen oder Lern-Container sind überwiegend verschwunden. Die Plätze für allein reisende minderjährige Geflüchtete in sozialpädagogisch betreuten Jugendwohngruppen werden mangels Nachfrage zurückgefahren. An den Schulen sind die ersten »Willkommensklassen« aufgelöst worden, weil die zugewanderten Kinder und Jugendlichen inzwischen in die Regelklassen wechseln konnten und immer weniger neue Schülerinnen und Schüler einreisen. Viele Asylanträge sind geprüft und oftmals abgelehnt worden, Abschiebungen haben begonnen, auch wenn nicht alle Zwangsrückführungen vollzogen werden können. Manche Geflüchtete haben wenigstens eine Duldung erhalten.

Mitte 2016 war dieses Thema in allen Ebenen und Segmenten des deutschen Bildungssystems gerade *der* schulpädagogische Brennpunkt schlechthin. Die Bildungspolitik und die Bildungseinrichtungen waren zu dieser Zeit noch sehr damit beschäftigt, die im Sommer 2015 ausgelöste institutionelle Krise zu managen: Mit atemberaubender Geschwindigkeit wurden verschiedenste Formate für die Vorbereitungsklassen in den Grundschulen, Sekundarstufen und Berufsschulen entwickelt, »fluchtsensible« Unterrichtsmaterialen herausgegeben, »sichere« und »traumapädagogische« Schulkonzepte entworfen, begleitet von Maßnahmen sonderpädagogischer Förderung und sozialpädagogischer Unterstützung. Anders als in den Jahrzehnten zuvor konnte bundesweit, trotz sehr hoher Schülerzahlen, die Beschulung der jungen Geflüchteten bemerkenswert schnell und umfassend organisiert werden.

Inzwischen hat sich in vielen Schulen aber auch Frust und Ernüchterung eingestellt. Zwar zeigt sich, dass manche junge Geflüchtete gut von den Bildungsangeboten profitieren können, dass sie rasch Deutsch lernen und sogar in den Gymnasien zugelassen werden. Insbesondere ältere Jugendliche schaffen jedoch in den für sie eingerichteten Bildungsangeboten die geforderten Schulabschlüsse häufig nicht, auch die zügige Einmündung in den Arbeitsmarkt oder in das Ausbildungssystem gelingt ihnen eher selten. Hinzu kommen asylpolitische Widrigkeiten, die der *stern* im August 2017 in dem eindrücklichen Artikel »*Erst integriert, dann abgeschoben*« so beschreibt: »*Frustrierte Flüchtlingshelfer sind inzwischen in Sorge, durch ihre Integrationsarbeit den geflohenen Menschen eher einen Bärendienst erwiesen zu haben.*« – Wie das?

> »Um jemand außer Landes schaffen zu können, muss man ihn zunächst festnehmen. Gefährder und Kriminelle sind oft über Wochen abgetaucht. Die Braven sitzen jedoch pünktlich morgens im Klassenzimmer beim Integrationskurs. Man muss sie nur abholen. So ist das!, bestätigt eine Sprecherin des niedersächsischen Innenministeriums.«

Dieser politische Rassismus trifft die Schulen ganz besonders hart:

> »Ich habe das Gefühl, als hätte ich meine Jungs betrogen, sagt Manfred Neumann. Er ist verantwortlich für die Integrationsklassen am beruflichen Schulzentrum im bayerischen Kehlheim. Ich habe ihnen gesagt: Geht zur Schule, macht keine Dummheiten, und macht im Anschluss eine Ausbildung – dann könnt ihr in Deutschland Fuß fassen. Doch Ende Mai holte ein Großaufgebot der bayerischen Bereitschaftspolizei einen Afghanen mitten im Unterricht aus einer Nürnberger Berufsschule. Ungefähr zur selben Zeit wurde auch in der Kehlheimer Berufsschule nachgefragt, ob einer der Schüler anwesend sei. Neumann befürchtete, der Schüler könnte abgeschoben werden. Der Schüler war an diesem Tag aber nicht in der Schule. Als er wieder in die Schule kam, fragte er seinen Lehrer: Was soll ich tun? Er überlege, unterzutauchen, wie schon einige Freunde zuvor, die in derselben Situation gewesen waren. Ja, was soll ich dem denn sagen? fragt Neumann« (stern, Nr. 33 vom 10.8.2017, S. 36).

Zwei Jahre nach einem durch mutigen Optimismus geprägten Versuch, die gesellschaftlichen Herausforderungen des »Flucht-Sommers 2015« zu bewältigen, stellen sich im Bildungssystem hinsichtlich der Beschulung junger Schutzsuchender neue drängende Fragen: Können wir in den Schulen einfach so weitermachen? Wie hat man sich auf die »neuen« Kinder und Jugendlichen im Bildungssystem pädagogisch eingestellt? Wohin hat sich das Schulsystem entwickelt? Hat es sich überhaupt gewandelt? Konnten die »fluchtsensiblen« Schulprogramme implementiert werden? Haben sie sich bewährt? Was davon sollte verstetigt werden? Zeigen sich institutionelle Schieflagen und wie lässt sich gegensteuern? Welche pädagogischen Schlüsse sind aus den Ereignissen, Entwicklungen und Erfahrungen in der »Krisenbewältigung« der vergangenen Jahre zu ziehen? Und: Sind wir nun auf die nächste »Flüchtlingskrise« besser vorbereitet als in 2015? Was hat die Schule bisher aus alldem gelernt?

Im vorliegenden Buch versuchen wir begründete Antworten auf solche Fragen zu geben. Wir reflektieren vor allem die *Bildungsangebote für ältere Kinder, Jugendliche und junge Erwachsene, die in Deutschland Schutz suchen*. Denn es zeichnete sich relativ schnell ab, dass die Schulen es ziemlich gut schaffen, die ganz jungen Geflüchteten in das Bildungssystem einzufädeln. Wird ein Flüchtlingskind im Alter von acht Jahren eingeschult, bleiben den Bildungseinrichtungen mindestens weitere acht Jahre, um es zu fördern (so man eine drohende Abschiebung ausblendet). Je älter die jungen Geflüchteten bei ihrer Ankunft in Deutschland jedoch sind, desto anspruchsvoller ist es, für diejenigen, die es nicht ins Gymnasium schaffen, angemessene Bildungsgänge zu entwickeln: Wer erst mit 15 oder 16 Jahren in das deutsche Bildungssystem aufgenommen wird, für den oder die bleiben häufig gerade mal zwei Schuljahre, bis die Volljährigkeit erreicht ist. Nur wenige Bundesländer haben die Schulpflicht für Geflüchtete über das 18. Lebensjahr hinaus verlängert. Was also ist in dieser verhältnismäßig kurzen Zeit im Unterricht anzubieten?

Die Autorinnen und Autoren dieses Buches befassen sich, zumeist schon seit sehr vielen Jahren, in der Schule und Sozialen Arbeit, in der Berufspädagogik und Erwachsenbildung, in der Migrationspädagogik, in der Lehreraus- und -fortbildung sowie in der erziehungswissenschaftlichen Forschung mit Fragen der allgemeinen und beruflichen Bildung, der sonderpädagogischen Förderung und der sozialpädagogischen Unterstützung von benachteiligten Jugendlichen und jungen Erwachsenen. Vor diesem fachlichen Hintergrund wenden wir uns energisch gegen die in der pädagogischen Praxis oftmals verbreiteten, hilflosen Ratschläge, die den jungen Geflüchteten überdies auch in weiten Teilen der Bildungswissenschaft, wenngleich in gesetzter akademischer Sprache, gegeben werden: Geht zur Schule, macht keine Dummheiten, und macht im Anschluss eine Ausbildung – dann könnt ihr in Deutschland Fuß fassen! Genau das wird – seit Jahrzehnten – auch Jugendlichen gepredigt, die mit Hartz IV groß werden oder denen das Schulsystem einen sonderpädagogischen Förderbedarf attestiert hat, das wurde schon in den 1970er Jahren den »Gastarbeiterkindern« erzählt und wird heute den Kindern und Jugendlichen eingetrichtert, die in den so genannten »sozialen Brennpunkten« der westdeutschen Großstädte oder in den »abgehängten« ländlichen Regionen Ostdeutschlands aufwachsen.

Demgegenüber nehmen wir in diesem Buch die empirischen Befunde ernst, dass neben formalen auch non-formale Lern- und Erfahrungsfelder für bildungsbetrogene junge Menschen, und damit auch für junge Geflüchtete, *in einer inhaltlich profilierten und organisatorisch weitgespannten Übergangspädagogik Schule/Arbeitswelt* zu verankern sind. Wir betrachten die einzelnen Schulstufen und Bildungsgänge als »Durchgangsstationen« eines pädagogischen Übergangssystems, dessen Aufgabe es ist, selbst unter schwierigsten Bedingungen, bildungsbetrogenen Jugendlichen wirksame Chancen zu stiften, so dass sie nachweislich in der deutschen Gesellschaft Fuß fassen können. Dabei sehen wir die einzelnen Schulstufen und Bildungsgänge als zwar notwendige, aber nicht hinreichende Bestandteile eines pädagogischen Übergangssettings, in dem die Schule ein wichtiger Teil, aber beileibe nicht das Zentrum ist. Denn wie Integrationsstudien immer wieder zeigen, sind Betriebe, Vereine, Mentorenschaften und Patenfamilien für die Sicherung der gesellschaftlichen Teilhabe von Schutzsuchenden mindestens so wichtig wie die Schule.

Die Autorinnen und Autoren dieses Buches setzen sich außerdem schon lange mit den Folgen von Migration für die Institutionen der Erziehung, Bildung und sozialen Unterstützung auseinander, insbesondere im Handlungsfeld Flucht und Asyl. Wir schließen an den fachlichen Erkenntnisstand an, dass *migrationspädagogische Bildungsangebote auf diskontinuierliche und transnationale Lern- und Erwerbsbiografien abzustimmen* sind. Denn die Bildungsverläufe vieler junger Geflüchteter zeigen dramatische Brüche und beträchtliche Lücken, gleichwohl verfügen diese jungen Menschen zumeist über Erfahrungen des Überlebens im informellen Sektor, sie haben von klein auf in familiären Betrieben mitgearbeitet, sind es gewohnt, für ihren Lebensunterhalt selbst zu sorgen und auch noch Geschwister oder andere Verwandte zu unterstützen. Die transnationalen Biografien lassen überdies vermuten, dass die Jugendlichen und jungen Erwachsenen nicht unbedingt »für immer« in Deutschland leben werden, sondern unter Umständen weiterwandern wollen. Oder die deutschen Behörden zwingen sie, in ihre Herkunftsländer zurückzukehren, was neue Fragen an die Gestaltung der Bildungsarbeit auch hier in der Bundesrepublik aufwirft. Die von dem Kehlheimer Berufsschullehrer im *stern* beschriebenen Situationen laufen schon seit Jahrzehnten in Deutschland genau so ab, wurden aber im pädagogischen Feld oftmals verdrängt.

Die meisten Autorinnen und Autoren dieses Buches gehen in ihren Beiträgen so vor, dass sie *schul- und bildungstheoretische Überlegungen und didaktische Konkretionen von den Lebenslagen der Geflüchteten her begründen und entwickeln.* Denn die Stabilisierung der verschieden Dimensionen einer erschwerten, prekären oder vulnerablen Lebenslage schafft überhaupt erst die Bedingungen, dass sich auch schulischer Erfolg und berufliche Eingliederung einstellen können. Deshalb sind die im Folgenden vorgeschlagenen pädagogischen Konzepte, Schulprogramme und Unterrichtsmodule für das Handlungsfeld Flucht und Asyl weniger aus den normativen Ansprüchen der Bildungsstandards, der Schulabschlüsse und der Fachdidaktiken abgeleitet, sondern sie sind vor allem auf die Anforderungen bezogen, die sich aus den Lebenslagen junger Menschen auf und noch lange nach ihrer ersten, großen Flucht ergeben.

In diesem Buch werden somit theoretische Begründungen, konzeptionelle Überlegungen und pädagogische Konkretionen für eine *lebenslagenorientierte Unterrichts- und Schulprogrammentwicklung im Handlungsfeld Flucht und Asyl* dargelegt. Wir stellen Möglichkeiten vor, wie man sich als Lehrkraft oder als Sozialpädagogin den Lebenslagen, Lebensbedingungen und Lebensverläufen von jungen Geflüchteten annähern kann, und wie sich im Spiegel dieser biografischen Erfahrungen die eigene professionelle »Habitussensibilität« erweitern lässt. Sodann werden gängige Bildungsangebote für schulpflichtige Schutzsuchende auf ihre pädagogische Überzeugungskraft hin geprüft und Vorschläge zu deren Weiterentwicklung unterbreitet. Andere Beiträge zeigen an vielen erprobten Beispielen, wie sich Mentorenschaften produktiv und unterstützend gestalten lassen, welche Aufgaben sich der Schulsozialarbeit mit Jugendlichen und jungen Erwachsenen stellen, die im Asylverfahren sind oder lediglich eine Duldung haben, und wie das Tabuthema »Rückkehr« in die pädagogischen Überlegungen einbezogen werden kann. Weitere Texte geben Empfehlungen zur Organisation, Gestaltung und pädagogischen Begleitung des Lernens im Betrieb, und machen auf die Notwendigkeit aufmerksam, die Unterrichtsinhalte auf mögliche Ethnozentrismen hin zu hinterfragen. Abschließend werden Schritte skizziert, wie diese verschiedenen Bausteine zu Schulprogrammen zusammengeführt werden können.

Hamburg, im März 2018   Joachim Schroeder

1 Annäherungen an Lebenslagen und Biografien junger Geflüchteter – eine unabdingbare Voraussetzung für eine pädagogische Kommunikation »auf Augenhöhe«

Joachim Schroeder

1.1 »Habitussensibilität« im Handlungsfeld Flucht und Asyl

Junge Geflüchtete zählen, wie auch Schulpflichtige in Hartz-IV, solche mit einer Behinderung und jene, die obdachlos sind, Suchtprobleme haben oder einer diskriminierten Minderheit angehören, zu den vulnerablen Gruppen, die in ihren individuellen Bildungsgängen die Folgen der unlösbaren »sozialen Frage« ausbaden müssen (Schroeder 2012). Junge Geflüchtete stammen oftmals aus den so genannten Entwicklungsländern des globalen Südens und gelangen in das Schulsystem eines im Weltvergleich gesehen relativ reichen Landes des globalen Nordens. In Deutschland geraten die »Newcomer« in ein sozialrechtliches Parallelsystem für Geflüchtete, das sie für viele Jahre in Asylarmut drängt. In den Schulen sind sie dann in Flüchtlingsklassen unter sich oder treffen in den Regelklassen auf Gleichaltrige anderer sozialer Milieus. Das pädagogische Personal jedenfalls gehört sowohl in den Schulen als auch in den Einrichtungen den etablierten Schichten an, sodass mit hoher Wahrscheinlichkeit auch der *pädagogische Bezug* durch soziale Asymmetrien geprägt ist.

In der pädagogischen Professionsforschung setzt man sich unter Verwendung des Begriffs »Habitussensibilität« wieder intensiver mit der Frage auseinander, welche Anforderungen sich für das professionelle Handeln aus der sozialen Ungleichheit in der Gesellschaft ergeben (Sander 2014). Denn es dürfte »unstrittig sein, dass die soziale Lage bzw. die zur Verfügung stehenden Ressourcen, aber auch die akteursspezifischen Dispositionen (wie etwa im Habituskonzept Pierre Bourdieus ausgeführt) eine kaum zu unterschätzende Wirkung auf das Handeln der beteiligten Personen sowie den Verlauf der Interaktion zwischen ihnen entfalten (können)« (Weckwerth 2014, S. 38). »Habitussensibilität« sei vor allem dort gefragt, »wo Fachkräfte mit der Vielfalt und Ungleichheit von Lebenshintergründen und Erfahrungen der Klientel in Kontakt kommen, welche im Zusammenhang mit verschiedenen Kategorien sozialer Differenz (bspw. Geschlecht, Alter, Herkunft, Religion) stehen« (Kubisch 2014, S. 117) – eine Ausgangslage, die gewiss auf das Personal in Schulen aller Stufen und Formen zutrifft.

»Habitussensibilität« ist folglich auch für eine pädagogische Kommunikation »auf Augenhöhe« mit jungen Geflüchteten in der Schule notwendig. »Habitussensibilität« meint, dass Lehrkräfte, Erzieher und Sozialpädagoginnen in ihrem professionellen Handeln sowohl die soziale Situation ihrer Klientel berücksichtigen als auch ihre eigene soziale Situiertheit als Professionelle reflektieren (vgl. Sander 2014, S. 9). »Habitussensibilität«, so schreibt Sander weiter, werde immer dann notwendig, »wenn Angehörige unterschiedlicher sozialer Milieus ein Arbeitsbündnis herstellen wollen« (S. 11) und »zusammen eine Aufgabe angehen bzw. ein Problem lösen müssen« (S. 16). Folglich ist es in *schulischen* Arbeitsbündnissen unerlässlich, sich der sozialen Ungleichheit zu stellen, die zwischen den Schülerinnen bzw. Schülern und den pädagogischen Fachkräften besteht, weil diese *soziale* Asymmetrie jegliche *pädagogische* Kommunikation präformiert (ebd., S. 10).

Nach Bourdieu sind habituelle Muster »handlungsleitende Orientierungen im Sinne habitueller Wahrnehmungs-, Konstruktions- und Handlungsweisen« (vgl. Kubisch 2014, S. 117). Diese werden im Laufe des Lebens erworben, sie geben Sicherheit, und sie strukturieren dauerhaft die Arbeit in der professionellen Praxis. In dem von Sander (2014) herausgegebenen Sammelband finden sich mehrere empirische Studien zu Studierenden der Sozialen Arbeit, die eindrücklich belegen, dass der an die Hochschule ›mitgebrachte‹ Habitus ein relativ stabiles und schwer zu änderndes Strukturgebilde ist und sich »Habitusmodifikationen« bei den Studierenden durch das Studium nur bedingt anstoßen lassen. Andererseits bleibt vermutlich kaum mehr, als in der Aus-, Fort- und Weiterbildung pädagogischer Fachkräfte solche Reflexionssettings anzubieten, in denen sich die eigenen Dispositionen bewusst machen lassen und die individuellen Distinktionspraktiken, als den habitualisierten Mechanismen der Reproduktion sozialer Ungleichheit, reduziert werden können (vgl. Weckwerth 2014, S. 58–60).

Im Folgenden möchte ich von eigenen Bemühungen berichten, bei Lehramtsstudierenden »Habitussensibilität« für die schulische Flüchtlingsarbeit zu generieren. In meinen Seminaren soll es den künftigen Lehrkräften möglich werden, sich in pädagogischen Settings »den Habitus eines Gegenübers« (Weckwerth) – hier: junger Geflüchteter – zu erschließen, dadurch für ihren eigenen Habitus sensibler zu werden und günstigstenfalls zu beginnen, die »Trägheit des Habitus« (Bourdieu) zu überwinden und diesen mit Bezug auf die pädagogische Arbeit umzuformen. Im Weiteren werde ich begründen, dass »Habitussensibilität« als professionelle Handlungskompetenz der Flüchtlingsarbeit in der Schule (a) fundiertes Lebensweltwissen über die soziale Lage der »Newcomer« und (b) eine nüchterne Selbstverortung der Lehrkräfte in der Weltgesellschaft benötigt, sowie (c) eine Methodologie zur Entwicklung von Schulkonzepten, in denen pädagogische Kommunikation als institutionelle Verantwortung organisiert wird, (d) ergänzt durch aufsuchende Ansätze.

1.2 Erarbeitung von Lebensweltwissen zu Menschen auf der Flucht

Um mit Studierenden dem »Habitus der Überlebenskunst« (Seukwa 2006) auf die Spur zu kommen, den junge Geflüchtete ausbilden müssen, um all das bewältigen zu können, womit sie in ihren Herkunftsländern, auf der Flucht und eben auch in Deutschland konfrontiert werden, nutze ich u. a. das Buch »Im Meer schwimmen Krokodile. Eine wahre Geschichte.« Der italienische Journalist und Schriftsteller Fabio Geda (2010) hat den autobiografischen Bericht des 21-jährigen Enaiatollah Akbari aus Afghanistan über dessen mehr als acht Jahre andauernde Flucht zu einer fesselnden Erzählung verdichtet. Mit diesem Text lassen sich vorzüglich strukturelle Merkmale und biografische Auswirkungen von Flucht erkennen und die pädagogischen Ansatzmöglichkeiten im Land des Asyls reflektieren. Ich habe bereits an anderer Stelle einige hochschuldidaktischen Erfahrungen mit dem Buch erörtert (Schroeder 2017a). Nachfolgend berichte ich aus der Seminararbeit im Wintersemester 2016/17 mit Erstsemestern im Bachelor Lehramt für Sonderpädagogik.

Raum-Zeit-Analyse

In die fluchtbedingte Habitusanalyse lässt sich gut mit der Karte »Enaiats Reise« einsteigen, die auf den letzten Buchseiten angehängt ist (▶ Abb. 1.1). Sie zeigt Enaiats Fluchtweg, der ihn von Afghanistan über Pakistan, den Iran, die Türkei und Griechenland nach Italien führt, wo er nach kurzen Aufenthalten in Venedig und Rom schließlich in Turin von einer italienischen Familie aufgenommen wird. Dem Text ist zu entnehmen, dass er bei Fluchtbeginn ca. zehn Jahre alt gewesen ist, in Turin ist er dann 18 Jahre alt.

Als erstes fordere ich die Studierenden auf, pädagogisch relevante Fragen an die Karte zu stellen. Obwohl einige berichten, sie hätten das Buch bereits in der Schule gelesen, braucht das etwas Zeit, denn sie haben im Unterricht gelernt, solche Texte literatur-, aber nicht erziehungs- und bildungswissenschaftlich zu interpretieren. Deshalb frage ich zum Beispiel: Die Karte ist mit »Enaiats Reise« überschrieben. Was waren denn seine »Reisemotive«? Ist »Reise« überhaupt ein angemessener Begriff? Die Diskussion ergibt, dass es sich migrationssoziologisch bei dieser »Reise« um eine *transnationale Zwangsmigration* (Pries 2008) handelt: Die Mutter schickt Enaiat weg, um ihn vor den Taliban zu schützen. Der weitere Weg durch fünf Nationalstaaten wird erzwungen, weil er dort überall ohne Aufenthaltsrecht lebt und somit nicht bleiben kann, und zweimal sogar abgeschoben wird.

Viele transnationale Migrationsbiografien entstehen, weil die jungen Geflüchteten zumindest eine Zeitlang bei Familienmitgliedern unterkommen, die in anderen Ländern leben. Aufgrund der Armut im globalen Süden vertrauen Eltern ihre Kinder anderen Verwandten oder Personen an, die günstigere Bedingungen für das Aufwachsen und für Bildung bieten können. Ganz selbstverständlich nehmen die Erwachsenen ihnen »fremde« Kinder auf, weil es eine moralische Verpflichtung ist, dass man sich um Kinder in Not zu kümmern hat. Enaiat muss sich indes ohne solche *familiären Ankerorte* durchschlagen, die Flucht ist nicht zielgerichtet, auch in Italien wartet niemand auf ihn, vielmehr muss erst eine Pflegefamilie für ihn gefunden werden. Andere junge Transmigranten sind hingegen fest eingebunden in die plurilokalen Verflechtungszusammenhänge sich weltweit aufspannender *familiärer Netzwerke*, die jedoch von höchst unterschiedlicher Qualität sind, was den

1 Annäherungen an Lebenslagen und Biografien junger Geflüchteter

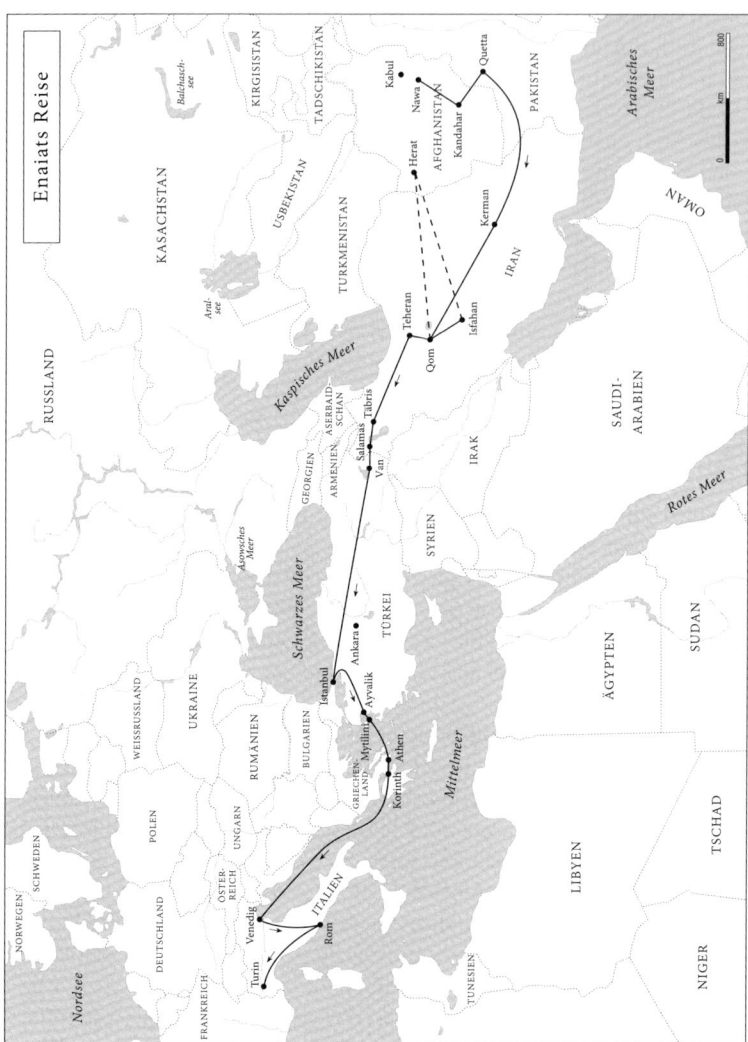

Abb. 1.1: Karte zu Enaiats Fluchtweg, Quelle: Fabio Geda, Im Meer schwimmen Krokodile, erschienen im btb Verlag, München, in der Verlagsgruppe Random House GmbH

Nutzen, die Anforderungen, aber auch die Belastungen oder gar Bedrohungen ihrer Mitglieder betrifft.

Die gesamte im Buch beschriebene Migration dauert ca. acht Jahre. Wäre Enaiat nicht 2000 nach Italien, sondern 2016 nach Deutschland gekommen, hätte er eine denkbar ungünstige *Bleibeperspektive*, weil Afghanistan als sicheres Herkunftsland zählt und man ihn aufgrund eines entsprechenden Rückführungsabkommens erneut zwingen könnte, wieder wegzugehen. Somit stellte sich 2000 in Turin eher die Frage nach gesellschaftlicher Integration und den Beiträgen, die die Pädagogik dazu leisten kann; für jene »Enaiats«, die gegenwärtig aus Afghanistan nach Deutschland kommen, geht es pädagogisch hingegen um Rückkehrvorbereitung oder um die Aufenthaltssicherung, beispielsweise durch Finanzierung von Rechtsbeistand und Klage und ggf. Adoption.

Als Enaiat in Afghanistan aufbricht, war er in der vierten Klasse einer Grundschule. Als er nach acht Jahren in Turin zum ersten Mal wieder die Schule besucht, ist er nach italienischem Recht bereits nicht mehr schulpflichtig. Einer zunächst »normalen« Kindheit in Afghanistan schließt sich eine Adoleszenz an, die durch einen relativ häufigen Wechsel der Länder und Aufenthaltsorte und durch eine achtjährige Unterbrechung der schulischen Bildung geprägt ist. Es handelt sich hier um eine *diskontinuierliche Bildungsbiografie*, auf die die nationalen Bildungssysteme denkbar schlecht eingestellt sind, weil gesellschaftlich gleichsam erwartet wird, dass Kinder, Jugendliche und Erwachsene das Bildungssystem *ohne Unterbrechung (zeitliche Kontinuität)* und auch lediglich *ein einziges* Bildungssystem – nämlich das des Landes der Geburt – durchlaufen *(räumliche Kontinuität)*. Wer die eine, die andere oder gar beide gesellschaftlichen Erwartungen nicht erfüllt, bekommt in seinem Bildungsverlauf schnell ein Problem (Schroeder/Seukwa 2018).

Mit einem erneuten Blick auf die Karte geht es nun um die Frage, wie man eine transnationale Flucht eigentlich sprachlich bewältigt. Die Rekonstruktion der *Sprachräume*, die Enaiat durchläuft, mit ihren jeweiligen nationalen Verkehrssprachen, Minderheitensprachen und Schriftsystemen, fällt den Studierenden, alleingelassen mit ihrem Allgemeinwissen, schwer. Im Buch wird deutlich, dass es Enaiat immer sehr schnell gelingt, sich die in den jeweiligen Ländern erforderlichen sprachlichen Kompetenzen zumindest in basaler Weise anzueignen. Seine *Sprachbiografie* steht für eine Art sukzessiv mehrsprachige Sozialisation, in der insbesondere die »metasprachlichen Kompetenzen« ausgebildet werden, also Strategien des Sprachenlernens, an die im Unterricht der Schule angeknüpft werden kann und die gefördert werden sollten. Pädagogisch interessant ist auch, dass Enaiat trotz der achtjährigen Unterbrechung des Schulbesuchs dennoch nicht als funktionaler Analphabet in Italien ankommt, sondern zumindest die Kulturtechniken, auch die lateinische Schrift, einigermaßen beherrscht.

Wieder mit Bezugnahme auf die Grafik zu »Enaiats Reise« diskutieren wir noch, ob er denn als ein junger männlicher Muslim bezeichnet werden kann. Seine Flucht durchläuft unterschiedlich *religiös geprägte Staaten*, wie z. B. das multireligiöse aber doch dominant islamische Afghanistan und Pakistan, den Iran mit schiitischer Staatsreligion, die säkular-islamische Türkei, das griechisch-orthodoxe Griechenland und das säkular-katholische Italien. Enaiat interessiert sich indes nicht für Religion. Hin und wieder geht er in eine Moschee, allerdings nicht, um zu beten, sondern um sich zu waschen. Religion hat für ihn offensichtlich keine Bedeutung, auch nicht zur Bewältigung seiner schwierigen Fluchtgeschichte.

Lebenslagenanalyse

Für eine pädagogische Kommunikation »auf Augenhöhe« ist es wichtig, die individuellen Lebensbedingungen »des Gegenübers« präzise zu identifizieren. Denn daraus lassen sich dann pädagogische Handlungsmöglichkeiten bestimmen, die dazu beitragen können, benachteiligten Kindern, Jugendlichen und jungen Erwachsenen subjektiv befriedigende Teilhabechancen zu eröffnen. Lebenslagenanalysen sind hierfür ein geeigneter methodischer Zugang (▶ Kap. 2). Die Studierenden erhalten den Auftrag, aus dem Text möglichst genau und umfassend eine von mir vorbereitete Tabelle auszufüllen, die in etwa folgendes Ergebnis erbringt:

An der Tabelle (▶ Tab. 1.1) wird die Fragwürdigkeit gängiger erziehungswissenschaftlicher Begriffe deutlich. In einem juristischen Sinn ist Enaiat *Halbwaise*, denn sein Vater wird – vermutlich bei einem Überfall von Banditen – umgebracht, als er sechs Jahre alt ist. De facto ist er *Sozialwaise*, weil er von seiner Mutter im Alter von zehn Jahren ausgesetzt wird und auch seine Geschwister oder andere Verwandte sich nicht mehr um ihn kümmern. Der Begriff passt indes nicht, weil die Übergabe ihres Kindes an einen so genannten Schlepper die vermutlich einzig richtige lebensrettende Maßnahme war, die seine Mutter ergreifen konnte. Augenscheinlich ist Enaiat dann ein *Straßenkind*, allerdings lebt er fast nur in Europa tagsüber auf der Straße und schläft nachts in öffentlichen Parks. In Pakistan und im Iran hingegen wohnt er überwiegend an den Arbeitsorten (Herbergen, Baustellen, eine Steinfabrik), teilweise darf er diese Häuser und das Gelände nicht verlassen. Enaiat kann, wie auch viele Geflüchtete in Deutschland, nicht verstehen, dass es ihm in Italien verboten ist, bis zum Entscheid über den Asylantrag zu arbeiten (»Das Nichtstun lag mir ganz und gar nicht«; S. 178). Denn viele junge Geflüchtete verfügen über langjährige Arbeitserfahrungen in ihren Herkunftsländern, sei es im familiären Haushalt, in der informellen Ökonomie oder in Lohnarbeit. In Deutschland echauffiert man sich gerne über *Kinderarbeit* in den Ländern des globalen Südens. Übersehen wird dabei, dass die jungen Menschen dadurch jene »Resilienz«, also eine sich selbst schützende Widerstandsfähigkeit (vgl. Opp/Fingerle 2007) erwerben können, die man hierzulande dann mittels spezieller pädagogischer Programme in ihnen erzeugen will.

Gemessen an den dortigen durchschnittlichen Lebensbedingungen wächst Enaiat in Afghanistan wohl in *relativer Armut* auf: Die Familie versorgt sich in Subsistenzlandwirtschaft selbst, sie hungert nicht, und die Kinder können zur Schule gehen. In Italien lebt er von staatlichen Transferleistungen und materieller Unterstützung durch Freunde und eine Pflegefamilie, und somit wiederum in relativer Armut. In den acht Jahren dazwischen befindet er sich in *absoluter Armut* – auch noch in Griechenland und in den ersten Wochen in Italien. Die Primärbedürfnisse (Essen, sicherer Schlafplatz, Kleidung, Bildung, Gesundheitsversorgung) sind nur selten befriedigt, es zeigen sich *gravierende Unterversorgungen*, denn Hunger und Durst dominieren. In den acht Jahren der Flucht weist Enaiats biografischer Verlauf eine »Konstanz im Extrem« (Laubstein et al. 2012, S. 207) auf.

Enaiats soziale Bindungen entstehen rasch und zerfallen ebenso schnell wieder, er ist fast ausschließlich in *temporäre Zweckgemeinschaften* integriert, die selten emotional fundiert sind. Es gibt niemanden, mit dem zusammen er die acht Jahre gemeinsam durchstehen könnte, sondern er ist ganz überwiegend auf sich allein gestellt. Zwar findet er überall, wo er hinkommt, relativ schnell Gleichaltrige, mit denen er sich anfreundet, und Erwachsene, die ihm helfen. Doch auch in den sozialen Beziehungen zeigen sich *Diskontinuitäten* als durchgängiges Muster; er

1.2 Erarbeitung von Lebensweltwissen zu Menschen auf der Flucht

Tab. 1.1: Lebenslagenanalyse zu Enaiat (2000 bis 2008)

Enaiat	Afghanistan	Pakistan	Iran	Türkei	Griechenland	Italien
Wo und wie wohnt er?	Nawa (Ghazni), kleines Haus, schläft nachts versteckt in einer Kartoffelgrube	Quetta 1. Schlepper-Herberge 2. erst Straße, dann in einem Laden	1. Isfahan 2. Qom, lebt auf den Baustellen	Istanbul, schläft in einem Park	Athen, schläft im Park, isst bei einer Suppenküche	Turin 1. Einfamilienhaus 2. Heim 3. zurück in (1)
Bei wem/mit wem lebt er?	Mutter, Schwester, Bruder	1. Onkel Rahim (Besitzer der Herberge) 2. »Sahib« (Zwischenhändler)	Bautrupp	Alleine		(1) Pflegefamilie (zwei Söhne)
Was arbeitet er? Wo arbeitet er?	Hilft in der familiären Subsistenzlandwirtschaft	1. Putzen, Reparieren, Tee ausliefern 2. Straßenverkauf im Basar	1. Hausbau 2. Steinfabrik	Tagesjobs	Bau (Olympiagelände)	
In welchem Arbeitsverhältnis steht er?	Familiäre Kinderarbeit	1. »Kost und Logis« (Bett, Reis, Joghurt) 2. Informelle Ökonomie (Straßenverkauf)	Lohnarbeit	Tagelöhner	Tagelöhner	
Wie viel verdient er?	Eltern sind eher arm	1. etwas Trinkgeld 2. »stolze Summe«	1,35 Euro 2,70 Euro pro Monat		45 Euro pro Tag	

Tab. 1.1: Lebenslagenanalyse zu Enaiat (2000 bis 2008) – Fortsetzung

Enaiat	Afghanistan	Pakistan	Iran	Türkei	Griechenland	Italien
Wer kümmert sich um ihn?	Familie, Freunde	1. Zaman (Koch) 2. Sufi (Straßenjunge)	• Sufi (Freund) • Onkel Hamid • (Kollege)	Farid (Freund)	Jamal (Freund)	Payam (Freund) Pflegefamilie
Welche »Objekte« bedeuten ihm etwas? Was kauft er sich? Worauf spart er? Was wünscht er sich?	• Würfelspiel • Äpfel • das Wohnhaus	1. Zwei Pirhan (Kleidung) 2. hin und wieder eine Suppe; Erspartes geht an Schlepper	• Geldkassette • Armbanduhr • Neue Kleider • Schuhe	• Neue Kleider • Schlauchboot		
Weshalb geht er (wieder) weg?	Flucht vor Taliban und Paschtunen	Flucht vor Gewalt, Rassismus, Ausbeutung	Flucht vor Abschiebung	um Arbeit zu finden	um Arbeit zu finden	

behauptet sogar, seine Mutter lange Zeit vollkommen aus dem Gedächtnis gelöscht zu haben (S. 185). Eine altersangemessene Entdeckung der Geschlechtlichkeit findet ebenfalls nicht statt, auch nicht als 18-Jähriger in Italien. Es gibt im Buch hierzu nur eine einzige Textstelle: In einem Bus im Iran ist Enaiat betört vom Duft eines jungen Mädchens, das neben ihm sitzt (S. 86, 87). Ansonsten sind Erotik und Sexualität – jedenfalls im Text – ein Tabu.

In Lebenslagenanalysen ist es wichtig zu fragen, was Menschen besitzen. Denn in vielen persönlichen Dingen, die jemandem gehören, werden Themen der Biografie vergegenständlicht kommuniziert. *Objekte* haben nicht nur einen Gebrauchswert, sondern sie haben auch eine »persönliche« Geschichte, sie sind ein verdichteter Ausdruck der Person, ihrer Lebensweise, ihres kulturellen Alltagslebens und sie verweisen oftmals auf soziale Beziehungen. Deshalb sind sie für die Pädagogik relevant: »Durch die Untersuchung von Objekten erfährt der Archäologe viel über die Geschichte, die Errungenschaften, den kulturellen Einfluß, die Werte und die Lebensweise eines Volkes« (Lewis 1982, S. 581) – und damit auch über die Subjekte. Obwohl Enaiat in Pakistan und im Iran zeitweise recht gut verdient, spart er das Geld (das zumeist an Schlepper geht). Nur einmal erfüllt er sich einen Wunsch und kauft sich eine Armbanduhr, von der er schon lange träumt, die ihm allerdings von einem korrupten Polizisten schnell wieder abgenommen wird. Viele Jahre besitzt Enaiat buchstäblich nur das, was er am Körper trägt. Er hat keine Gebrauchsgegenstände, keine Erinnerungsstücke, keine Geschenke aus Afghanistan mitgenommen und nimmt auch nichts aus den Transitländern mit.

Viele Studierende zeigen sich beeindruckt, dass Enaiat in der sehr extremen Lebenssituation dennoch nicht zum Opfer der Verhältnisse werde, die auf ihn einwirkten. Trotz einer umfassenden Fremdbestimmung gelinge es ihm in beeindruckender Weise, sich rasch an die sich ständig verändernden Bedingungen anzupassen und seinen Lebensweg im Rahmen des Gegebenen aktiv zu gestalten. Das Buch stelle stereotype Vorstellungen über Kinder und Jugendliche auf der Flucht in Frage.

Schule als biografische Erfahrung

Die Schule in seinem Heimatort Nawa (S. 23–26) erlebt Enaiat zunächst als einen *Lernort*, der zu seinem Alltag gehört, der aber nicht allzu wichtig für ihn ist. Doch anders als das in Deutschland oftmals über solche Länder kolportiert wird, ist der Unterricht nicht autoritär, frontal und memorierend. Auch der Lehrer ist weder streng noch züchtigt er die Kinder; »der gütige Blick des Lehrers« bleibt Enaiat zeitlebens in Erinnerung (S. 63). Die Heimatschule wird dann jedoch zu einem *Ort des Schreckens*, als die Taliban den Lehrer und den Direktor vor den Augen der Kinder im Klassenraum ermorden, weil diese sich weigerten, die Schule zu schließen. In Quetta (Pakistan) wird Enaiat bewusst, dass er nicht mehr zur Schule gehen kann und sie für ihn zu einem *Sehnsuchtsort* wird: Er schaut manchmal zu, wenn Kinder, sauber gekämmt, in die Schule gehen: »In solchen Momenten hasste ich sie und musste mich abwenden« (S. 36). Als er dann Jahre später in Turin Sprachkurse belegt, kommt er immer »glücklich und erschöpft nach Hause« (S. 179); diese Bildungseinrichtung empfindet er als einen *Ort des Privilegs*. Doch die zwei

Schulen, die er danach besucht, erlebt er zunächst als *Orte der Nicht-Zugehörigkeit:* So sind seine Lehrer dagegen, als er sich zum Schulabschluss anmeldet (und diesen erfolgreich besteht). Eine Lehrerin an der Fachoberschule möchte ihn vom Unterricht ausschließen, weil er ihrer Meinung nach nicht genügend schulische Vorbildung hat. Die Mitschüler sehen in ihm einen Streber, weil er so lernbegierig ist. In Gesundheitserziehung lernt er, dass er sich in seiner Vergangenheit falsch ernährt hat (S. 182). All das sind Hinweise auf eine fehlende Habitussensibilität.

Lernanalyse

Die Europäische Kommission hat 2001 in dem Dokument »Einen europäischen Raum des lebenslangen Lernens schaffen« folgende Definitionen zu drei grundlegenden Lernformen festgelegt (S. 32 f.):

- **Formales Lernen:** Lernen, das üblicherweise in einer Bildungs- oder Ausbildungseinrichtung stattfindet, in Bezug auf Lernziele, Lernzeit oder Lernförderung strukturiert ist und zur Zertifizierung führt. Formales Lernen ist aus der Sicht des Lernenden zielgerichtet.
- **Nicht formales Lernen:** Lernen, das nicht in einer Bildungs- oder Berufsbildungseinrichtung stattfindet und üblicherweise nicht zur Zertifizierung führt. Gleichwohl ist das Lernen ein systematisches (in Bezug auf Lernziele, Lerndauer und Lernmittel). Aus Sicht der Lernenden ist es zielgerichtet.
- **Informelles Lernen:** Lernen, das im Alltag, am Arbeitsplatz, im Familienkreis oder in der Freizeit stattfindet. Es ist (in Bezug auf Lernziele, Lernzeit oder Lernförderung) nicht strukturiert und führt üblicherweise nicht zur Zertifizierung. Informelles Lernen kann zielgerichtet sein, ist jedoch in den meisten Fällen nichtintentional (oder inzidentell/beiläufig).

Die Studierenden untersuchen Enaiats Lernen in den verschiedenen Ländern:

Tab. 1.2: Lernanalyse zu Enaiat (2000 bis 2008)

	Formales Lernen	Non-formales Lernen	Informelles Lernen
Afghanistan	Vierjährige Grundschule	• Poesie-Wettbewerb • Würfel-Turnier • Drachensteigen	• Gefahrenerkennung • Wertevorstellungen • Zählen
Pakistan			• Handel (Markt) • Umgang mit Geld • Selbstversorgung • Zeitung lesen
Iran			• Bau • Handwerk • Lesen und Schreiben • Solidarität • Fußballspielen

Tab. 1.2: Lernanalyse zu Enaiat (2000 bis 2008) – Fortsetzung

	Formales Lernen	Non-formales Lernen	Informelles Lernen
Türkei			• Rudern • Durchhaltevermögen • Hilfsbereitschaft
Griechenland			Selbstschutz
Italien	Dreijährige Fachoberschule für soziale Berufe	• Interkultureller Verein • Bildungseinrichtung (Sprachkurse, Schulabschluss)	• Umgang mit Behörden • Konstruktion seiner Lebensgeschichte

Die Studierenden berichten, dass sie in der »Lernanalyse« die Spalte zu Enaiats *formalem Lernen* rasch ausfüllen konnten. Teilweise sind sie überrascht, dass es auch in Afghanistan (und sogar in ländlichen Regionen) *nonformale* sozialisationsergänzende Jugendarbeit gab, sie hatten solche Angebote lediglich in Europa vermutet. Deutlich wird auch, dass Enaiat in den acht Jahren nie in einem Flüchtlingslager gelebt hat, und deshalb keinerlei sozialpädagogische oder schulische Angebote wahrnehmen konnte, die es ja zumeist in solchen Unterbringungsformen gibt.

Es macht den Studierenden erhebliche Mühe, die *informellen Lernprozesse* zu rekonstruieren. Sie finden u. a. Mut, Vorsicht, Bereitschaft sich unterzuordnen, Listigkeit, Kontaktfähigkeit, Selbstorganisation und das Nutzen von Gelegenheiten. Dies lässt sich auch in der pädagogischen Arbeit mit jungen Geflüchteten immer wieder feststellen: Es fällt ihnen schwer, ihr eigenes Lernen und die dabei erworbenen Kompetenzen diesseits und jenseits des schulischen Lernens zu beschreiben und zu benennen. Gerade die »soft skills« wie Zuverlässigkeit, Durchhaltevermögen, Verlässlichkeit, Verantwortlichkeit, Zähigkeit und Kreativität, oder die Fähigkeit zu präzisem Beobachten und Nachahmen werden kaum als Folge von Lern- und Bildungsprozessen gedeutet und anerkannt, sind aber ein wichtiges »Kapital« bei der Suche nach einem Praktikums-, Ausbildungs- oder Arbeitsplatz.

Annäherung an das Thema »Traumatisierung«

Die letzte Aufgabe, die ich den Studierenden stelle, lautet: »Bitte zählen Sie die Toten, die in dem Buch genannt werden. Tragen Sie in Ihre Liste auch die Todesursachen bzw. die jeweiligen Umstände des Todes ein.« Enaiat erlebt mehrfach das Sterben von Menschen direkt mit, doch in der Geschichte wird kein einziger »natürlicher« Tod berichtet: Vater, Lehrer und Schuldirektor werden ermordet; ein Freund ertrinkt bei der Flucht im Schlauchboot; ein Junge wird wegen einer Verletzung in den Bergen zurückgelassen – »wir ließen ihn im Stich« (S. 112) –; ein anderer stirbt bei einer Messerstecherei, und zwölf von 77 Flüchtlingen wurden auf dem Weg in die Türkei »von der Stille verschluckt« (S. 114). Zeit für Trauer bleibt auf der Flucht nicht.

Ganz gut gelingt es mit dem Buch, das bereits naturalisierte Bild vom »traumatisierten Flüchtling« zu entdramatisieren. Zwar (ver-)führen die teilweise dramatischen Erlebnisse und Erfahrungen zunächst zu der Vermutung, dass bei Enaiat Traumatisierungen vorliegen müssen. Zudem berichtet er immer wieder von Symptomen, die als post-traumatisch gedeutet werden könnten: »ein riesiges Durcheinander« in seinem Kopf (S. 28) oder Schlaflosigkeit, Albträume, Niedergeschlagenheit, Erinnerungslücken (S. 184). Doch die Traumapsychologie warnt davor, nicht leichtfertig von einem Kausalzusammenhang zwischen Flucht und psychischen Störungen auszugehen und Geflüchteten nicht kollektiv eine beschädigte Identität zu unterstellen (Adam/Inal 2013).

Im Bericht über Enaiat bleibt offen, ob Italien das Ende seiner Flucht ist, ob er nach Afghanistan zurückkehren oder in ein anderes Land ziehen möchte. Die Studierenden erkennen, dass diese »Zukunftsoffenheit« für den Unterricht herausfordernd ist, weil für einen längeren Zeitraum unklar bleibt, *wo* das weitere Leben stattfinden wird, auf das die Schule vorbereiten möchte. Ein pädagogisches Angebot, das sich ausschließlich auf die Integration in die Einwanderungsgesellschaft ausrichtet, ist in diesem biografischen Abschnitt der jungen Geflüchteten genauso verfehlt wie eine vorauseilende Vorbereitung auf die Rückkehr. Pädagogik in der Zeit der anstehenden Entscheidung über das Asyl muss beides leisten: das Exilland für die Kinder, Jugendlichen und jungen Erwachsenen durchschaubar und das Leben in der Erstunterbringung oder mit einer Duldung halbwegs erträglich zu machen, aber auch die rechtlich prekären Zukunftsperspektiven von Anfang an mit in die Arbeit einzubeziehen.

1.3 Auseinandersetzung mit Ungleichheiten im »Arbeitsbündnis«

In der Seminararbeit versuche ich die Studierenden zu zwingen, den Schritt von der Wahrnehmung der Lebenssituation von Geflüchteten zur Reflexion »der eigenen Verwobenheit« in Prozessen der sozialen Ungleichheit im Sinne »soziologischer Selbstpositionierungen« zu gehen (Schmitt 2014, S. 82). In einer Seminarsitzung im Wintersemester 2016/17 »überraschte« ich die Bachelor-Studierenden im Lehramt Sonderpädagogik mit einer »unangesagten Klausur«, und ließ sie 90 Minuten lang diese Aufgabe schriftlich bearbeiten:

> **Neulich am Abend beim Griechen ...**
>
> Sie unterrichten in der siebten Klasse einer Stadtteilschule. Eines Abends sitzen Sie mit Freunden »beim Griechen« um die Ecke. Es ist etwa neun Uhr. Sie sind gerade beim Essen, als einer Ihrer Schüler mit seinem Vater die Kneipe betritt. Die Familie stammt aus Armenien und ist seit eineinhalb Jahren in Deutschland.

Der Vater spielt Akkordeon, der Junge singt dazu. Die Darbietung dauert etwa drei Minuten.

1. Überlegen Sie, wie Sie reagieren werden, wenn der Junge an Ihren Tisch tritt, um Geld einzusammeln. Was tun Sie? Was sagen Sie?
2. In dem Beispiel agieren Sie in mindestens zwei verschiedenen Rollen: als Privatperson mit gesichertem Einkommen und als Lehrer/Lehrerin mit pädagogischer Verantwortung. Diskutieren Sie Konsequenzen für Reaktionen und Handlungen im Kontext dieser unterschiedlichen Rollen.
3. Wie geht es am nächsten Morgen in der Klasse weiter mit Ihnen und Ihrem Schüler? Sprechen Sie ihn auf den Abend an? Worüber sprechen Sie mit ihm? Leiten Sie Maßnahmen ein? Welche? Gehen Sie über den Vorfall hinweg? Wie soll das gehen?

Diese Situation hatte ich vor 25 Jahren in einer größeren Stadt in Süddeutschland erlebt, als eine befreundete Lehrerin ihrem Schüler in solcher Weise begegnete und wir danach beim Essen darüber ausführlich diskutierten. Schon damals habe ich das Vorkommnis zu einem »Fall« für Seminare aufbereitet, irgendwann dann aber wieder aus dem »Programm« genommen. In der Straße, in der ich in Hamburg wohne, zieht seit einigen Jahren ein inzwischen 16-jähriger ehemaliger Flüchtling aus Armenien (ohne Vater) durch die vielen Restaurants und spielt dort Abend für Abend herzzerreißend falsch Akkordeon. Nachdem ich ihn angesprochen hatte, stellte sich heraus, dass er früher mal in die Stadtteilschule in derselben Straße ging. Als er schwänzte, habe die Schule ihn noch eine Zeitlang gesucht, doch seit mehr als einem Jahr habe man keinen Kontakt mehr miteinander. Also habe ich den »Fall« wieder in mein Seminarprogramm aufgenommen, weil er meines Erachtens eindrücklich zeigt, wie die Folgen globaler Zwangsmigration bis in die Mikrostrukturen des pädagogischen Bezugs hineinwirken.

Denn jede Beziehung zwischen einer Lehrkraft und ihrem Schüler bleibt stets eingebunden in die Antinomien der ökonomischen Ungleichheit dieser Weltgesellschaft (Armut/Reichtum), sie ist verstrickt in die Polarisierung der sozialen Milieus und ihrer Habitusformen, in die Hierarchisierung von Normalitätsvorstellungen (Leitkultur ist die Schule) und in die »beiden Seiten« der Heterogenität (Chance und Erschwernis). Ich möchte meine Studierenden ermutigen, sich konstruktiv diesen pädagogischen Spannungsverhältnissen zu stellen, die nicht aufhebbar sind (auch nicht durch Inklusion), sondern allenfalls umsichtig bearbeitet werden können. Allerdings frage ich mich oft sehr ernsthaft, ob in pädagogischen Beziehungen im Klassenzimmer, in denen sich so massiv die globalen Konflikte abbilden, überhaupt eine pädagogische Kommunikation »auf Augenhöhe« zustande kommen kann.

Wie realistisch ist die Situation?

Obwohl in der Aufgabenstellung dies nicht gefordert ist, problematisieren manche Studierenden den Realitätsgehalt der Situation:

> »Solche Auftritte gibt es (fast) nie in Deutschland, deshalb muss man bei dieser Darbietung eingreifen und klar stellen, dass das nicht in Ordnung ist.« (Studentin) – »Ich muss sagen, dass ich diesen Vorfall ziemlich problematisch finde, weil diese Tätigkeit in Armenien vielleicht normal ist, aber das in Deutschland niemand tut.« (Studentin) – »In dieser privaten Situation, um diese Uhrzeit, rechnet man nicht damit, einem Schüler zu begegnen, und schon gar nicht auf diese Weise.« (Studentin). – »Das Bild eines Jungen, der mit ca. 12 Jahren abends arbeiten muss, um der Familie eine anständige Mahlzeit zu bringen, erscheint absurd angesichts der Hilfsmaßnahmen, welche in Deutschland angeboten werden. Allerdings ist man sich natürlich bewusst, dass nicht alle in Deutschland lebenden Menschen davon profitieren.« (Student)

Andere sehen das ganz anders:

> »Die Situation am Tisch ist uns insofern vertraut, dass wir in der Großstadt Hamburg tagtäglich von Armut betroffenen Menschen begegnen. Auch bei Restaurantbesuchen in bestimmten Vierteln gehören solche Situationen meist dazu. Häufig in Form von Hintz & Kuntz VerkäuferInnen [eine Obdachlosenzeitung], manchmal auch von Künstler_innen, die singen oder Sketche aufführen. Nicht zu vergessen die Personen, die entweder Blumen oder Fotos verkaufen, welche direkt vor Ort gemacht werden. Diese Situation im Beispiel ist dennoch besonders, da ein Kind mit inbegriffen ist.« (Student) – »Ich denke, diese Situation ist nicht einmalig, es gibt bestimmt sehr oft solche Familien, die Probleme mit den Finanzen haben.« (Studentin) – »Ich bedaure es, dass selbst in einem so fortschrittlichen Land wie Deutschland Bettelei alltäglich ist.« (Student)

Eine an mich gerichtete Notiz am Ende einer Klausur habe ich unverzüglich in der nächsten Sitzung in die Seminargruppe weitergegeben, weil sie die Diskussion bereicherte:

> »P.S. Falls für die künftige(n) Sitzung(en) ein persönliches Erlebnis ähnlicher Art gesucht wäre, könnte ich berichten, wie ich im Rahmen einer Flüchtlingspatenschaft in Köln eines Tages meine ›Patenfamilie‹ Flaschen sammelnd antraf – und später u.a. gemeinsam mit den Kindern im Karnevalstrubel Pfandflaschen sammelte.« (Student)

Wie alt ist der Junge?

Auf eine Altersangabe habe ich in der Situationsbeschreibung bewusst verzichtet, weil es mich interessierte, ob sich die Studierenden überhaupt Gedanken hierzu machen und wenn ja, auf welches Alter sie den Jungen schätzen. Lediglich elf der 29 Studierenden, die die Klausur mitgeschrieben haben, erörtern die Altersfrage, fast alle, die sich auf ein Alter festlegen, schätzen ihn zu jung ein: Die meisten schreiben, er sei »*ein Kind*«, »*der Zehnjährige*« oder »*ca. 12 Jahre alt*«. Einmal wurde das Alter immerhin mit Bezugnahme auf eine kleine Lebenslagenanalyse (falsch) ›berechnet‹: »*Da der Junge aus Armenien kommt, höchstwahrscheinlich vorher kein Deutsch konnte, ist er wahrscheinlich älter als seine Mitschüler. Wenn man normalerweise mit sechs oder sieben Jahren eingeschult wird, ist man in der siebten Klasse also 13 oder 14 Jahre alt.*« Hier bricht die Reflexion jedoch ab. Ist der Junge »älter«, weil er zum Beispiel zunächst ein bis zwei Jahre eine Vorbereitungsklasse besuchte? Oder weil er vielleicht fluchtbedingt einige Jahre nicht in der Schule war? Ist er womöglich gar nicht »älter«, weil die Schule ihn altersangemessen in die siebte Klasse aufnahm, selbst wenn seine Lernvoraussetzungen nicht zu dieser Schulstufe passten?

Wie ist die Rechtslage?

Beim Korrigieren freue ich mich, dass sich manche Studierenden zunächst mit der rechtlichen Ausgangssituation befassen, obwohl auch dies in der Klausuraufgabe nicht explizit verlangt ist. Neben teilweise präzisen Rechtskenntnissen wird in den Erörterungen sehr viel Unsicherheit deutlich:

> »Rein rechtlich stellt es erstmal kein Problem dar, um 21 Uhr laut JuSchG noch unterwegs zu sein, vor allem, da er sich in Begleitung seines Vaters befindet.« (Studentin) – »Teile dem Vater mit, dass dies in Deutschland nicht erlaubt ist.« (Studentin) – »Ich würde dem Vater erklären, dass dies auch rechtliche Konsequenzen haben kann, wie zum Beispiel eine Anzeige wegen Kinderarbeit oder Arbeiten ohne Arbeitserlaubnis.« (Studentin) – »Sein Vater, also Erziehungsberechtigter, ist dabei. Es ist vor 10 Uhr, also kein Verstoß gegen das Gesetz, dass der Junge mit seinem Vater unterwegs ist.« (Studentin) – »Sofern eine Verletzung des Jugendschutzgesetzes vorliegt, wäre es meine Pflicht, das Jugendamt zu informieren (Kindeswohlgefährdung!).« (Studentin) – »Kinderarbeit ist in unserer Kultur verboten.« (Student)

Viele Studierende interpretieren diese Situation als eine Verletzung von Kinderrechten, Jugendschutzgesetzen und elterlichen Pflichten und sind überrascht, wenn wir durch die einschlägigen gesetzlichen Bestimmungen gehen, dass rechtlich wenig zu beanstanden ist:

Tab. 1.3: Kinder- und Jugendschutzgesetze in Deutschland

Rechtsnorm	Bestimmung
Kinderarbeitsschutzverordnung § 2 Zulässige Beschäftigungen	Kinder über 13 Jahre dürfen für leichte Beschäftigungen (z. B. in landwirtschaftlichen Betrieben) eingesetzt werden
Jugendschutzgesetz § 4 Gaststätten § 5 Tanzveranstaltungen	Unter 16-Jährige dürfen sich in Begleitung einer erziehungsberechtigten Person in Gaststätten aufhalten. Sie dürfen dort auch einer »künstlerischen Betätigung« nachgehen
Jugendarbeitsschutzgesetz § 5 Verbot der Beschäftigung von Kindern § 6 Behördliche Ausnahmen für Veranstaltungen	Unter 15-Jährige dürfen max. drei Stunden am Tag einer leichten Beschäftigung nachgehen. Die Aufsichtsbehörde kann auf Antrag bewilligen, dass Kinder über sechs Jahre von 10 bis 23 Uhr bei Veranstaltungen mitwirken
Kindeswohlgefährdung § 1666 BGB § 8a KJHG	Bezieht sich auf Vernachlässigung, Misshandlung und sexuellen Missbrauch

Was tun?

Die persönliche Einschätzung der Situation finden manche halb so schlimm, andere meinen, das sei heikel und schwierig, einige würden eine solche Begegnung als unangenehm empfinden. Die Frage, wie man am Ende des Liedes reagieren werde, beantworten einige wenige damit, dass sie versuchen wollten, sich der Situation zu entziehen, indem sie z. B. zur Toilette gehen. Andere würden den Jungen am Tisch begrüßen, ihn den Freunden vorstellen und ihm Geld geben (die Summen schwanken zwischen einem und fünf Euro). Andere möchten ihm kein Geld geben, sondern Vater und Sohn lieber zum Essen einladen und dem Vater dabei erklären, »dass das so nicht geht«. Viele hadern mit der direkten Aufforderung Geld geben zu sollen:

> »Ich würde ihm Geld geben, das ist eine normale Spende.« (Student) – »Nein, das wäre ein Almosen, da würde ich mich schlecht fühlen.« (Studentin) – »Es ist Bezahlung einer Dienstleistung. Die habe ich aber gar nicht bestellt.« (Student) – »Es wäre falsch. Wertschätzung ist wichtiger als Geld.« (Student) – »Als Lehrperson ist es unangenehm, einem Schüler Geld zu geben.« (Studentin) – »Als Lehrerin darf ich meinen Schülern natürlich kein Geld zahlen.« (Studentin)

Zahlenmäßig etwa ausgewogen sind die Meinungen, dass die beiden Rollen (Privatperson/Lehrkraft) leicht zu trennen sind, schwer auseinandergehalten werden können oder konfliktiv sind. Ganz klug und habitussensibel fand ich diese Kommentare:

> »Die Situation ist für beide Parteien ungewohnt, man sieht den anderen in einer Rolle, die man sonst nicht kennt: Ich ihn als Sohn und armer Mensch, und er mich als Gast, Frau und Spenderin.« (Studentin) – »Ich würde den Jungen in der Rolle ansprechen, in der er gerade vor mir steht, also als Künstlerpartner seines Vaters.« (Student) – »Ich würde erstaunt darüber sein, dass ein Junge in pubertärem Alter sich traut, vor Leuten zu singen und (gewissermaßen) zu betteln.« (Studentin)

Zur Frage, wie es am nächsten Tag in der Schule weitergehen kann, machen die Studierenden unterschiedliche Vorschläge *(die ich jedoch nicht alle plausibel finde)*: Manche würden abwarten, ob der Junge die abendliche Begegnung anspricht *(was ich hingegen nicht machen würde)*, andere würden das Gespräch mit dem Jungen suchen *(genau!)*, einige ein Elterngespräch anberaumen *(nö!)*. Manche glauben, sie müssten die Sozialpädagogin oder den Beratungslehrer einbeziehen, die Schulleitung informieren, das Jugendamt oder gar die Jugendpolizei verständigen *(nein, all das bitte nicht!)*. Einig sind sie sich, dass die Mitschüler von all dem nichts mitbekommen dürfen *(was wäre so schlimm daran?)*. Dann gälte es, über weitere Schritte nachzudenken: Man müsse herausfinden, ob das abendliche Musizieren negative Auswirkungen auf die schulischen Leistungen habe *(und dann?)* oder ob der Junge das Geld braucht, um sich in der Pause Süßigkeiten zu kaufen *(ja, und?)*. Wenn der Junge müde ist, müsse man ihm im Unterricht eine »Auszeit« ermöglichen *(nun ja)*. Man könne versuchen, ihn in eine Mentorenschaft zu integrieren *(weshalb?)*, vielleicht möchte er im Schulchor mitsingen *(glaube ich nicht)*, man sollte ihn ins »Kids« vermitteln, eine Anlaufstelle für Straßenkinder am Hamburger Hauptbahnhof *(ein abstruser Vorschlag)*, die Schule sollte Jobs für alle Schülerinnen und Schüler anbieten *(das gefällt mir)* oder dem Vater helfen, einen Job zu finden *(gut gemeint, aber daraus wird wohl nichts)*.

Was hat das mit Migration zu tun?

»In dem hier dargestellten Beispiel geht es um einen Lehrer, der seinen nach Deutschland immigrierten Schüler und dessen Vater in einem Restaurant trifft«

(Studentin). Diese Feststellung hat dann aber im weiteren Verlauf der Klausur keine Bedeutung mehr. Von 29 Studierenden stellen 17 überhaupt keine Bezüge zu »Immigration« her, zwölf schon, indes in sehr unterschiedlicher Weise. Viele dieser zwölf Studierenden kulturalisieren die Situation, die Familie und das Handeln des Jungen:

> »Die Familie kennt vielleicht nichts anderes und hat eventuell schon in ihrer Heimat Musik für andere gemacht.« (Studentin) – »Armenien gehört zu einem Kulturkreis, wo Gastfreundschaft sehr groß geschrieben wird. […] Da der Junge aus Armenien kommt, höchstwahrscheinlich vorher kein Deutsch konnte […] Allerdings wird ein Gespräch mit dem Schüler hier wohl nicht allzu viel bewirken, da es in der Kultur, in der die Familie verhaftet ist, wahrscheinlich selbstverständlich ist, dass die Kinder einen Beitrag zum Einkommen leisten, als sich auf die Hilfe anderer zu verlassen.« (Studentin) – »Ich sehe es als meine Pflicht an, mich über Armenien zu informieren, dem Land, aus dem mein Schüler herkommt.« (Studentin) – »Ich weiß gar nichts über Armenien. Deshalb würde ich mir Informationen einholen.« (Student)

Einzelne versuchen einen Zusammenhang zur Lebenslage von Geflüchteten herzustellen:

> »Ich denke, dass die Familie auf das Geld angewiesen ist, weil sie vielleicht noch keine Arbeitserlaubnis oder Jobs haben, da sie erst seit eineinhalb Jahren in Deutschland sind. […] Ich würde den Jungen fragen, was seine Eltern in Armenien gearbeitet haben, ob er in einer Wohnung oder in einer Folgeunterkunft lebt, ob seine Familie angewiesen ist auf diese ›Einkommen‹.« (Studentin)

oder sie konstruieren einen gesellschaftlichen Kontext:

> »… vor diesem Hintergrund sitze ich in diesem Restaurant und gönne mir dieses Abendessen mit Freunden… […] Ich kann es mir moralisch nicht leisten, nicht über den Tellerrand zu blicken.« (Student)

Wie fanden Sie die Aufgabe?

Manche Studierende geben mir für die Klausuraufgabe am Schluss eine Rückmeldung oder mailen mir am nächsten Tag. Hier die sechs Stimmen dieses Durchgangs:

> »P.S. Erst war ich richtig sauer, als Sie so überraschend die Klausur ankündigten. Jetzt weiß ich, was und wie viel ich noch lernen muss.« (Studentin) – »Super Aufgabe! Sehr anregend! Danke schön!« (Studentin) – »Lieber Herr Schroeder. Das waren wieder 90 krasse Minuten mit Ihnen. Bin schon gespannt, wie Sie die Rückgabe der Klausur gestalten werden …« (Student) – »Sehr geehrter Prof. Schroeder, so eine Klausur habe ich noch nie geschrieben. Wir haben gestern den ganzen Abend in meiner WG diskutiert. Mich beschäftigt die Aufgabe immer noch. Ich glaube, ich würde auf manche Fragen heute teilweise anders antworten.« (E-Mail, Studentin) – »P.S. Hallo Herr Schroeder. Da haben Sie uns ja mal wieder ganz schön rangenommen. Puh!« (Studentin) – »Nachtrag: Ich merke immer mehr, dass ich von solchen Kindern keine Ahnung habe. Bin ich für den Beruf überhaupt geeignet?« (Studentin)

1.4 Strukturierung institutioneller Verantwortlichkeit

Über ein Beispiel für eine ganz und gar missglückte pädagogische Kommunikation in einer Hamburger Schule erzählt folgender Artikel. Die lokalen Medien berichteten, auch FOCUS, WELT und DIE ZEIT befassten sich mit dem Vorkommnis. Was war passiert?

> **Muslimischer Schüler verweigert Lehrerin den Handschlag**
>
> Von Sophie Lübbert | Veröffentlicht am 11.07.2016 | Lesedauer: 2 Minuten
> An der Hamburger Kurt-Tucholsky-Schule weigert sich ein Junge, seiner Lehrerin die Hand zu geben. Im darauffolgenden Streit boykottieren Lehrer sogar die Abiturfeier. Aber am Ende wird alles gut.
>
> Bei der Kurt-Tucholsky-Stadtteilschule in Altona ist niemand zu erreichen. Weder auf Telefonanrufe noch auf E-Mails reagiert man dort – vermutlich, weil man erst einmal seine Ruhe haben will. Denn Aufregung gab es in den vergangenen Tagen schon genug: Innerhalb des Kollegiums hat sich nämlich ein massiver Streit um einen muslimischen Jugendlichen entwickelt, der seiner Lehrerin nicht die Hand geben wollte.
>
> Der Junge hatte vor Kurzem an der Kurt-Tucholsky-Stadtteilschule sein Abitur gemacht. Nach der mündlichen Abiprüfung wollte seine Lehrerin ihm gratulierend die Hand geben – doch er verweigerte den Handschlag, streckte ihr lediglich sein Handgelenk entgegen und bat um ein Vier-Augen-Gespräch. Darin erklärte er: »Ich mache das nicht aus Respektlosigkeit, sondern aus religiösen Gründen.«
>
> **Junge sollte von Abifeier ausgeschlossen werden**
> Der Vorfall sprach sich offenbar schnell im Kollegium herum; eine Lehrerin forderte, den Jungen von der Abiturfeier auszuschließen. Ihre Forderung wurde in den Schulgremien diskutiert, es gab zudem ein Gespräch zwischen dem Schüler und der Schulleitung. Darin erklärte der Junge, dass er sich nicht sicher sei, wie er sich bei der Abiturfeier verhalten, ob er dort der Schulleiterin Andrea Lüdtke die Hand geben werde oder nicht. Lüdtke erklärte daraufhin, sie akzeptiere seine Entscheidung und werde ihn nicht von der Abiturfeier ausschließen.
>
> Viele Kollegen waren mit ihrer Haltung allerdings nicht einverstanden: Wie das Hamburger Abendblatt berichtet, erklärte ein Mitglied des Kollegiums in einer anonymen Email, dass »mehrere Kolleginnen und Kollegen aus Protest an dieser Veranstaltung, die ein Radikaler für frauenverachtende Religionspropaganda mit Billigung der Schulleitung nutzen kann, nicht teilnehmen werden«. Tatsächlich tauchten dann sieben von 13 Lehrern, die die Schüler unterrichtet hatten, nicht bei der Abiturfeier auf. Die Schüler seien enttäuscht gewesen, heißt

es, dennoch habe eine fröhliche und entspannte Atmosphäre geherrscht. Und auf der Feier habe der muslimische Jugendliche der Direktorin dann schließlich doch die Hand gereicht, berichtet das »Hamburger Abendblatt«.

Mögliche Umgangsformen für »herausfordernde Situationen«
Schulleiterin Lüdtke wolle nun, so das »Abendblatt«, den ganzen Vorfall zum Anlass nehmen, um für die gesamte Schule eine mögliche Umgangsform mit solchen »herausfordernden Situationen« zu finden. Darum hätten sie auch die Abiturienten gebeten.

https://www.welt.de/regionales/hamburg/article156964636/Muslimischer-Schueler-ver-weigert-Lehrerin-den-Handschlag.html

In der ZEIT wird der Erziehungswissenschaftler Kurt Edler zu der Sache interviewt (Hollenstein 2016). Der findet es richtig, wie die Schulleiterin gehandelt hat:

> »Die einzig kluge Entscheidung. Junge Leute machen manchmal dämliche Sachen. Ein kluger Pädagoge betrachtet den Schüler nicht als Gegner, sondern redet mit ihm: Ich habe kein Recht, dass mir jemand die Hand gibt. Aber es ist respektlos, wenn mir jemand einen Handschlag verweigert in einer Situation, in der das üblich ist.«

Und Edler fährt fort:

> »Ich würde zu dem jungen Mann sagen: Was ist, wenn du dich bei einer Firma um einen guten Posten bewirbst, und die Personalleiterin tritt durch die Tür und reicht dir die Hand? Der Trick ist: Der Lehrer muss den Schüler nachdenklich machen.«

Befragt nach seiner Meinung, dass die Schule nun konkrete Verhaltensregeln erarbeiten will, antwortet er:

> »Um Gottes Willen. Regeln machen unbeweglich und versperren den Blick auf den Einzelfall. Pädagogik lässt sich nicht in Rechthaberei auflösen. Man muss sich mit dem Schüler und seinem Verhalten auseinandersetzen.«

In der Analyse verschiedener Fälle konfliktreicher und eskalierender Auseinandersetzungen zwischen Lehrkräften und Jugendlichen (mit und ohne Migrationshintergrund) zeigten von Freyberg und Wolff (2005), dass es in der Schule selten gelingt, institutionelle Bedingungen zu schaffen, die eine pädagogische Kommunikation »auf Augenhöhe« möglich machen:

> »Die Untersuchung von Konfliktgeschichten als Beziehungsgeschichten rückt einen Aspekt schulischer Realität ins Zentrum der Aufmerksamkeit, der zwar allgegenwärtig ist und Schule geradezu konstituiert, der sich aber dennoch dem Prozess professioneller Rationalisierung besonders erfolgreich hat entziehen können: die sozialen Beziehungen in der Schule. Dass diese von ganz zentraler Bedeutung sind – nicht zuletzt dafür, dass Schule ihre Ziele und Zwecke überhaupt realisieren kann – ist eine triviale Feststellung, und ebenso trivial ist die Einsicht, dass Schule unentwegt damit befasst ist, die schulischen sozialen Beziehungen zu nutzen, zu formen oder zu unterdrücken. Doch die Konfliktgeschichten schwieriger Jugendlicher mit Schule zeigen durchweg, dass diese ›Strukturierung‹ des Sozialen unter gewichtigen Defiziten leidet. Schule setzt bestimmtes soziales Verhalten eher voraus, als dass sie es professionell bildet; Schule beeinflusst soziales Lernen gleichsam

nebenbei und meist unmittelbar agierend, selten aber systematisch und reflektiert. Schule reagiert auf unangepasstes, störendes soziales Verhalten im Extremfall eher hilflos, aggressiv oder permissiv, eher sanktionierend oder übersehend, selten aber kompetent, verstehend und gezielt intervenierend« (von Freyberg/Wolff 2005, S. 14).

Im Rahmen der Praktikumsbetreuung von Lehramtsstudierenden in Hamburg (im Frühjahr 2016) erzählte mir ein Lehrer, dass er »überhaupt nicht damit zurechtkomme«, dass sich die neuen Schüler aus Syrien und Eritrea immer von ihren Plätzen erhöben, wenn er das Klassenzimmer betrete. Außerdem störe ihn, dass sie Aufgaben nicht selbst wählen wollten, sondern er ihnen sagen solle, was sie zu bearbeiten hätten. Daran sehe man, dass »die« aus autoritären Gesellschaften stammten und in ihren Schulen dort militärisch getrimmt worden seien. »Die« müssten jetzt aber lernen, »dass bei uns Schule und Gesellschaft demokratisch sind.« Zwei Tage später die umgekehrte Diskussion: Eine Lehrerin hat in ihrer achten Klasse die im Schuljahr zuvor abgeschaffte Regel wieder eingeführt, dass zu Unterrichtsbeginn am Morgen zur Begrüßung alle aufstehen – das sei eine Geste des Respekts voreinander. »Einige Jungs, so Moslems glaube ich, weigern sich aufzustehen. Das geht bestimmt gegen mich!«

Auch diese Lehrkräfte betrachten ihre Schüler als Gegner – und von »Habitussensibilität« keine Spur. Wer einmal längere Zeit im Ausland gelebt hat, weiß, wie lange es dauert, bis man auch nur annähernd in die tieferen Dimensionen der kulturellen Gewebe komplexer Gesellschaften vordringt und die jeweiligen Verhaltensregeln und Wertesysteme zumindest nachvollziehen, aber deswegen noch lange nicht verstehen kann. Wir verlangen hingegen, dass Fremde in einem 300-stündigen Integrationskurs oder innerhalb eines Schuljahres »ganz schnell« Deutschland begreifen sollen. Nehmen wir uns denn genügend Zeit, um uns den Lebenswelten der Fremden anzunähern? Lassen wir uns von all den Beobachtungen und Irritationen, die die jungen Leute beschäftigen, zum Nachdenken anregen? Und bieten wir mehr als das, was Kurt Edler eine ›Pädagogik der Rechthaberei‹ nennt?

In dem Buch »Unter einem Dach« berichten Amir Baitar und Henning Sußebach (2016), was es ihnen wechselseitig abverlangte, als die deutsche Familie den jungen Syrer bei sich zuhause für etwa ein halbes Jahr aufnahm. Was hier im Privaten geschah (»Weltgeschehen als Kammerspiel«, S. 185) unterscheidet sich kaum von dem, was »unter dem Dach einer Schule« passiert. So heißt es an einer Stelle: Mit dem Umzug aus der Asylunterkunft in das Haus der Familie Sußebach betrat der Syrer Amir Baitar »gewissermaßen erstmals deutschen Boden« (S. 19) – wird ein solcher Schritt nicht auch bei der Einschulung gegangen? Oder: »Syrien brannte, und wir raschelten mit Gelben Säcken vor ihm rum« (S. 26) – ähnlich kafkaeske Aktivitäten finden in der Schule tagtäglich statt. »Amir schien das Demütigungsgefühl des Nahen Ostens in unser Haus gebracht zu haben, wo es wiederum auf die Islamängste des Westens traf. Das würde hier etwas anderes werden als die Aufnahme eines Gastschülers aus England oder Frankreich« (S. 38) – hatte man diesen Unterschied auch mal in der Kurt-Tucholsky-Schule zu Altona diskutiert? Amir Baitar schreibt: »Für mich war die erste Zeit mit der Familie ein einziges Zuviel« (S. 62) – ob das in der Schule anders ist? »Ich strenge mich also an, die Deutschen zu verstehen, und stieß auf immer neue Rätsel. Niemand konnte mir erklären, was hier eigentlich passiert« (S. 63) – ist *erklären* nicht mehr die Aufgabe von Lehrkräften? »Ich habe im Unterricht immer viele Fragen gestellt, weil ich die deutsche Sprache wirklich verstehen wollte, doch der Lehrerin gefiel das nicht. Erst hat sie gesagt, ich solle mich melden, wenn ich etwas fragen möchte. Als ich mich gemeldet habe, hat sie mich meistens ignoriert« (S. 57).

Die Ursache für schulische Konflikte vermuten von Freyberg und Wolff (2005) in »institutionellen und strukturellen Bedingungen, die verantwortliches Handeln behindern oder verbieten« (S. 16). Das heißt, nicht nur im Handlungsfeld Flucht und Asyl, hier aber ganz besonders, sind Bedingungen zu schaffen, die ein verantwortliches pädagogisches Handeln in der Institution Schule sichern: Explizite Verantwortlichkeit des *Kollegiums* und nicht nur der jeweiligen Klassenlehrkraft oder Schulleiterin für *alle* Schülerinnen und Schüler, auch der Schwierigen und Nicht-Angepassten, der Suchenden und Störenden. *Unbedingte Parteilichkeit* der Lehrkräfte mit den Jugendlichen – vor allem dann, wenn die jungen Leute »manchmal dämliche Sachen machen«. »Unbedingt« heißt nicht bedingungslos, aber auf die Solidarität ihrer Schule müssen sich Kinder und Jugendliche uneingeschränkt verlassen können. Das meint auch die Übernahme von *Anwaltschaft* und *Fürsprache* bei Familien und Angehörigen, im Praktikumsbetrieb, Jugendamt und beim Jugendgericht, und die Anbahnung von *Mentorenschaften* (▶ Kap. 2). Auf dass die jungen Leute verantwortliche Erwachsene finden können, die sie beim Einrichten in einer schwierigen Gesellschaft unterstützen – bevor die Salafisten dies tun!

So richtig es ist, in der Arbeit mit Geflüchteten die Parteilichkeit der Schule zu fordern, so falsch ist es meines Erachtens, diese anwaltschaftliche Funktion ausschließlich der Schulsozialarbeit zuzuordnen (wie das zum Beispiel Würfel 2017, S. 121 macht). In solchen Vorschlägen wird »Habitussensibilität« im schulischen Feld wieder einmal zu besonderen Professionellen ausgelagert: Die Lehrkräfte machen stoffbezogenen Unterricht »as usal«, und die Sozialpädagogik kümmert sich um die Lebenslagen der Schülerinnen und Schüler. Freilich, da auch Lehrkräfte »manchmal dämliche Sachen machen«, braucht es in der Schule dann Erwachsene, die die Schülerinnen und Schüler vor den »Unterrichtsbeamten« schützen. Doch abgesehen davon, dass nicht alles schon Gold ist, nur weil es sozialpädagogisch glänzt, werden in dieser Art von arbeitsteilig angelegten Konzepten unbedingte Parteilichkeit und Solidarität mit der Schülerschaft gleichsam aus der Arbeitsplatzbeschreibung der Lehrkräfte herausgenommen. Die *institutionelle Verantwortlichkeit* wird auf eine *professionelle Zuständigkeit* reduziert – eine pädagogische Kommunikation »auf Augenhöhe« im Klassenzimmer wird so gewiss nicht befördert.

1.5 Identifizierung verborgener Barrieren

Vor etwa zehn Jahren eröffnete bei mir um die Ecke ein kleines Restaurant. Es wird von einer afghanischen Familie betrieben: Papa kocht, Mama wäscht ab, zwei

Söhne servieren. Der dritte und jüngste Sohn ist sehr schwer behindert. Er wird morgens um 10 Uhr in seinem riesigen Elektro-Rollstuhl in das Restaurant gestellt, und nachts um Eins fährt die ganze Familie dann nach Hause. Der junge Mann ist jetzt 26 Jahre alt, zur Schule ging er nie: In Afghanistan gab es am Wohnort der Familie keine geeignete Einrichtung. Als die Familie nach Deutschland kam, lebte sie zunächst in einem Bundesland, das Flüchtlingskinder damals nicht beschulte, und als sie das Restaurant eröffnete, war der Junge 16 Jahre alt und Schule war irgendwie kein Thema mehr. Tagaus, tagein sitzt der junge Mann im Restaurant. Gut finde ich, dass die Familie ihn nicht versteckt. Aber irgendwie steht er da mit seinem Rollstuhl herum wie ein Möbelstück – als Lebensentwurf finde ich das ziemlich deprimierend. Die Familie sagt, zu den Angeboten der Behindertenarbeit in Hamburg fänden sie keinen rechten Zugang, und in der afghanischen Community interessiere man sich schon gar nicht für dieses Thema.

Obwohl ich mich schon seit Jahrzehnten mit Geflüchteten befasse, lassen mich Begegnungen wie diese an meiner »Habitussensibilität« zweifeln. Habe ich mich zu sehr auf die »integrationsfähigen«, also auf die gesunden, leistungsfähigen, begabten, Flexibilität und Anpassungsbereitschaft zeigenden Geflüchteten fokussiert, die mit geeigneten Beratungs-, Bildungs-, Unterstützungs- und Qualifizierungsmaßnahmen relativ rasch »fit« für den Arbeitsmarkt werden können? Nehme ich auch jene Geflüchteten in den Blick, die aufgrund körperlicher, seelischer oder kognitiver Beeinträchtigungen den impliziten gesellschaftlichen Erwartungen an Leistungsfähigkeit, Lernvermögen, Bildungskapital, Gesundheit, Sprachkompetenzen usw. nicht so ohne weiteres entsprechen bzw. sich diesen nicht schnell genug oder absehbar niemals werden annähern können, und deren Chancen auf umfassende Teilhabe in den verschiedenen gesellschaftlichen Feldern, insbesondere im Arbeitsmarkt, deshalb vermutlich recht gering sind?

Gelernt habe ich inzwischen, dass es zwar keine kollektive Exklusion von Geflüchteten mit Behinderung aus den Leistungen der Sozialgesetzbücher gibt, doch es finden sich Ausschlüsse bei den Eingliederungshilfen (§§ 53 bis 60 SGB XII), die sich aus einem bestimmten Aufenthaltstitel, dem Einreisedatum, der Aufenthaltsdauer, der Bleibeperspektive oder den einzelnen Leistungsarten ableiten (Weiser 2016). Klar ist aber auch, dass über diese Gruppe in der auf Schule bezogenen Inklusionsdebatte kaum geredet wird. Denn die Sonderpädagogik hat das gesellschaftliche Teilhaberisiko »Migrationshintergrund« ausgeblendet, und die Migrationspädagogik hat sich lange Zeit nicht um das Exklusionsrisiko »Behinderung« gekümmert (Hedderich 2016). Ich persönlich schäme mich, dass wir offensichtlich erst 60 Jahre nach Abschluss der ersten Anwerbeverträge in der Arbeitsmigration beginnen, die verborgenen Mechanismen der Ausgrenzung von Migrantinnen und Migranten mit einer Behinderung in den gesellschaftlichen Funktionssystemen zu »entdecken«.

In ersten kleinen empirischen Studien haben wir in Hamburg – teilweise mit Studierenden zusammen – begonnen, uns mit den Lebenslagen von Geflüchteten mit einer Behinderung zu befassen (Grotheer/Schroeder 2018): Von lokalen Behindertenverbänden erhielten wir beispielsweise Hinweise, dass in manchen Erstunterkünften die Kinder und Jugendlichen mit einer schweren Behinderung teilweise gar nicht oder zumindest nicht wie vorgesehen sofort, in den Schulen angemeldet würden. In vielen Erstunterkünften wurden Gemeinschaftsräume eingerichtet, in denen Hausaufgabenhilfen, Sprachkurse usw. stattfinden. Doch diese Räume sind – wie auch die Wohncontainer – nicht barrierefrei gebaut und somit für Kinder und Jugendliche mit physischen Einschränkungen kaum zugänglich. In einer Folgeunterkunft traf das Unterkunftsmanagement die integrationsfördernde Entscheidung, dass die dazu gehörenden Spiel- und Sportplätze auch für die (deutschen) Kinder des Quartiers geöffnet werden, weil es für diese im Stadtteil keine Spielmöglichkeiten gibt. Integrationshemmend ist indes, dass die Anlagen nicht barrierefrei gebaut sind und somit nicht von allen Kindern genutzt werden können. Mir ist auch bewusst geworden, dass wir uns (wieder) mit Krankheiten befassen müssen – Beispiel: Polio –, die es in Deutschland schon lange nicht mehr gibt. Und dass es in Hamburger Schulen vorkommen kann, dass ein junger Geflüchteter ein halbes Jahr lang durch die Klasse humpelt, bis die Lehrerin mal nachfragt, ob er denn eine Gehhilfe benötige, eine Frage, die dem Jugendlichen auch in der Erstunterkunft bislang niemand gestellt hatte.

Weil diese verborgenen Mechanismen der Exklusion so schwierig zu identifizieren sind, befürchte ich, dass weder multiprofessionelle Teams noch interdisziplinäre Arbeitsansätze hierfür ausreichen werden. Offensichtlich genügt auch eine Inklusionsrhetorik nicht, die alle Kinder und Jugendlichen in den Erziehungs- und Bildungseinrichtungen willkommen heißt. Sondern im Handlungsfeld Flucht und Asyl braucht es eine *aufsuchende* Schulpädagogik, die so genannte schwer Erreichbare und rechtlich Exkludierte aufspürt, sodass die pädagogische Kommunikation überhaupt in Gang kommen kann.

Literatur

Adam, Hubertus; Inal, Sarah (2013): Pädagogische Arbeit mit Migranten- und Flüchtlingskindern. Weinheim und Basel: Beltz.
Baitar, Amir; Sußebach, Henning (2016): Unter einem Dach. Ein Syrer und ein Deutscher erzählen. Reinbek bei Hamburg: Rowohlt Verlag.
Europäische Kommission (2001): Einen europäischen Raum des lebenslangen Lernens schaffen. Brüssel: KOM 678.
Freyberg, Thomas von; Wolff, Angelika (2005): Störer und Gestörte. Band 1: Konfliktgeschichten nicht beschulbarer Jugendlicher. Frankfurt am Main: Brandes + Apsel.
Geda, Fabio (2010): Im Meer schwimmen Krokodile. Eine wahre Geschichte. München: btb Verlag.
Grotheer, Angela; Schroeder, Joachim (2018): Unterbringung von Geflüchteten mit einer Behinderung – ein Problemaufriss am Beispiel von Hamburg. In: Wansing, Gudrun; Westphal, Manuela (Hrsg.): Migration, Flucht und Behinderung: Herausforderungen für Politik, Bildung und psychosoziale Dienste. Wiesbaden: VS Verlag, S. 81–101.
Hedderich, Ingeborg (2016): Migration – Flucht – Behinderung: Zusammenhänge und Perspektiven. In: Sonderpädagogische Förderung 60, 4, S. 397–407.
Hollenstein, Oliver (2016): »Flapsige Sprüche helfen«. Ein muslimischer Abiturient verweigert seiner Lehrerin den Handschlag. Braut sich ein neuer Kulturkampf in der Schule zusammen? In: Die ZEIT Nr. 30 vom 14.7.2016.

Kubisch, Sonja (2014): Habitussensibilität und Habitusrekonstruktion. Betrachtungen aus der Perspektive der dokumentarischen Methode am Beispiel Sozialer Arbeit. In: Sander, Tobias (Hrsg.): Habitussensibilität. Eine neue Anforderung an professionelles Handeln. Wiesbaden: Springer VS, S. 103–134.

Laubstein, Claudia; Holz, Gerda; Dittmann, Jörg; Sthamer, Evelyn (2012): Von alleine wächst sich nichts aus. Lebenslagen von (armen) Kindern und Jugendlichen und gesellschaftliches Handeln bis zum Ende der Sekundarstufe I. Frankfurt am Main: Institut für Sozialarbeit und Sozialpädagogik e.V.

Lewis, Oscar (1982): Ensayos antropológicos. México: grijalbo.

Opp, Günther; Fingerle, Michael (Hrsg.) (2007): Was Kinder stärkt. Erziehung zwischen Risiko und Resilienz. München: Ernst Reinhardt.

Pries, Ludger (2008): Die Transnationalisierung der sozialen Welt. Sozialräume jenseits von Nationalgesellschaften. Frankfurt/Main.

Sander, Tobias (Hrsg.) (2014): Habitussensibilität. Eine neue Anforderung an professionelles Handeln. Wiesbaden: Springer VS.

Schmitt, Lars (2014): Habitus-Struktur-Reflexivität – Anforderungen an helfende Professionen im Spiegel sozialer Ungleichheitsbeschreibungen. In: Sander, Tobias (Hrsg.): Habitussensibilität. Eine neue Anforderung an professionelles Handeln. Wiesbaden: Springer VS, S. 67–84.

Schroeder, Joachim (2012): Schulen für schwierige Lebenslagen. Studien zu einem Sozialatlas der Bildung. Münster: Waxmann Verlag.

Schroeder, Joachim; Seukwa, Louis Henri (2018): Bildungsbiografien: (Dis-)Kontinuitäten im Übergang. In: Dewitz, Nora von; Terhart, Henrike; Massumi, Mona (Hrsg.): Übergänge in das deutsche Bildungssystem: Eine interdisziplinäre Perspektive auf Neuzuwanderung. München und Weinheim: Juventa Verlag S. 141–157.

Seukwa, Louis Henri (2006): Der Habitus der Überlebenskunst. Zum Verhältnis von Kompetenz und Migration im Spiegel von Flüchtlingsbiographien. Münster: Waxmann-Verlag.

Weckwerth, Jan (2014): Sozial sensibles Handeln bei Professionellen. Von der sozialen Lage zum Habitus des Gegenübers. In: Sander, Tobias (Hrsg.): Habitussensibilität. Eine neue Anforderung an professionelles Handeln. Wiesbaden: Springer VS, S. 37–66.

Weiser, Barbara (2016): Sozialrechtliche Ansprüche für behinderte Menschen mit einer ausländischen Staatsangehörigkeit und Bilanz rechtlicher Ausschlussmechanismen. Hamburg: passage gGmbH.

Würfel, Gisela (2017): Auftrag, Rolle und Angebote der sozialpädagogischen Fachkräfte in Schulen. Handlungsfelder, Ansätze und Hinweise für die Praxis. In: Seibold, Claudia; Würfel, Gisela (Hrsg.): Soziale Arbeit mit jungen Geflüchteten in der Schule. Weinheim und Basel: Beltz Juventa, S. 120–131.

2 Nur Sprache und Berufsschulunterricht? Was brauchen unbegleitete, minderjährige Flüchtlinge wirklich?*

Gotthilf Gerhard Hiller & Dejan Mater

2.1 Befähigung zum klugen Umgang mit besonderen Antinomien: Hypotheken abtragen, Ressourcen erkennen, nutzen und konvertieren, Anschlüsse schaffen

Fast ausschließlich sind es junge Männer, die meisten im Alter zwischen 16 und 17 Jahren, die ohne Familienangehörige auf der Flucht sind. Wenn sie zufällig irgendwo in Deutschland landen, werden sie vom zuständigen Jugendamt in Obhut genommen, mit einem Vormund sowie einem Hilfeplan versorgt und dann mehrheitlich in die Einrichtung eines freien Trägers vermittelt, wo Sozialpädagogen und Erzieherinnen sich weiter um sie kümmern. Um die deutsche Sprache zu erlernen, schickt man sie in Baden-Württemberg parallel in VABO-Klassen an Beruflichen Schulen[1].

Was daran ist bedenklich? Es ist die Selbstverständlichkeit, mit der die Ankömmlinge »möglichst rasch« in die hiesigen Strukturen eingepasst werden. Eine Berufsausbildung oder der Besuch einer weiterführenden Schule, das sind mittelfristig die einzig akzeptierten jugendspezifischen Lebenswege, die wir in Deutschland im Angebot haben. *Tertium non datur.* Was aber wollen diese jungen Männer selbst, was brauchen sie? Sind unsere möglichst raschen Antworten wirkliche Lösungen für ihre Probleme, oder sind da Zweifel angebracht? Es muss ja nicht immer an den Flüchtlingen liegen, wenn diese nicht wirklich attraktiv finden, was ihnen hierzulande erlaubt oder abverlangt wird, und wenn sie nicht so funktionieren, wie das erwartet wird.

Ein geschärfter Blick für sechs Punkte, in denen sich minderjährige, unbegleitete Flüchtlinge von ihren Altersgenossen gravierend unterscheiden, die hierzulande mit und ohne Migrationshintergrund in ihren Familien aufwachsen, kann zur Klärung der aufgeworfenen Fragen beitragen.

---

* Geringfügig überarbeiteter Nachdruck eines Beitrags für die Zeitschrift: Lehren und Lernen, 42 (2016), H. 10, S. 28-33 u. H. 11, S. 6–13.
1 VABO steht für »Vorqualifizierungsjahr Arbeit/Beruf mit Schwerpunkt Erwerb von Deutschkenntnissen«. In den sog. VABO-Klassen erhalten die jugendlichen Migrantinnen und Migranten eine fundierte Förderung in Deutsch und erwerben erste berufliche Vorkenntnisse, um anschließend möglichst rasch in eine Berufsausbildung oder in weiterführende Bildungsgänge wechseln zu können (LO-BW Nachrichten 2015).

2 Nur Sprache und Berufsschulunterricht?

Unbegleitete minderjährige Flüchtlinge unterscheiden sich von den Jugendlichen, mit denen Lehrkräfte und Fachleute der Sozialen Arbeit ansonsten zu tun haben in sechs zentralen Punkten, die wir im folgenden Schaubild visualisiert haben (▶ Abb. 2.1).

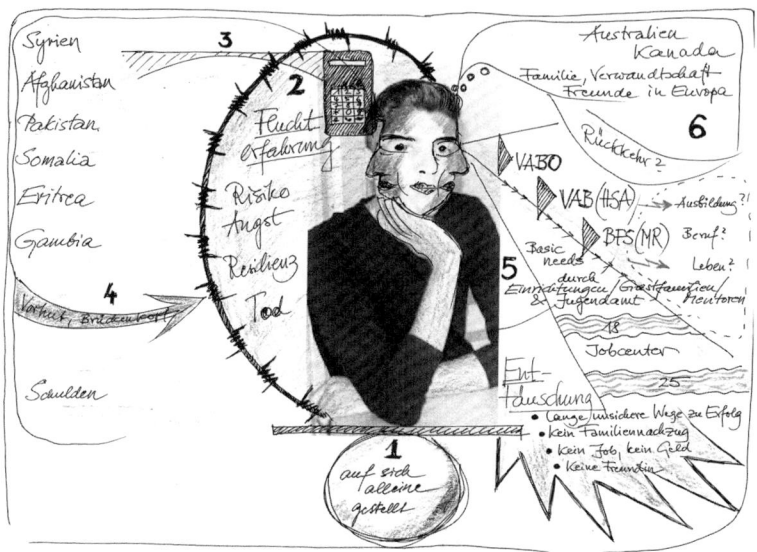

Abb. 2.1: Sechs Punkte, die unbegleitete minderjährige Flüchtlinge charakterisieren

Fast alle diese Punkte werden höchst ambivalent erlebt. Alles, was unbegleitete jugendliche Flüchtlinge hinter sich haben, alles was sie aktuell in Anspruch nimmt, und all das, was künftig auf sie wartet, wurde und wird von ihnen keinesfalls ausschließlich negativ erlebt, erfahren oder verhandelt. Die jungen Männer signalisieren, dass sie in den Monaten und Wochen, die hinter ihnen liegen, eben auch immer wieder in echter Aufbruchsstimmung waren, dass es Momente der Befreiung und großer Zuversicht gab, dass sich günstige Zufälle und wirkliche Chancen einstellten, in denen sie sich als zuverlässig, kompetent, geschickt, schlau, ja sogar als liebenswert erweisen und erleben konnten. Und sie geben zu verstehen, dass sie manchmal auch mit Stolz erfüllt, was ihnen gelungen ist und was sie geleistet haben.

Punkt 1: Auf sich alleine gestellt

Ihre Kernfamilie ist physisch nicht in ihrer Nähe. In ihrem Alltag fehlen die Mutter und der Vater, die Brüder und die Schwestern. Das bedeutet, dass seit Monaten, bei einigen seit Jahren, die Hülle der normalen Rhythmisierungen im Familienleben weggefallen ist: feste Essens- und Ruhezeiten, regelmäßig wiederkehrende Besorgungen, Alltagsrituale und Haushaltspflichten, aber auch die

> familialen Versorgungsleistungen, das Beisammensein sowie die Kontrolle und Fürsorge.
> All dies muss nun selbstverantwortlich in neuen Vernetzungen und Konfigurationen bewältigt werden. Es geht um die Neu-Inszenierung eines gelingenden Alltags in einem weithin ungewohnten Kontext und mit fremden Anderen.

Das wird als extrem belastend erlebt. Die meisten zeigen sich deshalb sehr dankbar, wenn Erwachsene sich ihrer als Mentoren annehmen und sie respektvoll und ohne viel Aufheben beim Klarkommen im Neuland unterstützen und mit ihnen immer wieder klären, was anliegt. Dabei zeigt sich durchaus nicht allzu selten, dass dieses Ausgesetztsein hin und wieder eben auch als »Befreiung« empfunden wird, als (aufgenötigte) Chance, das eigene Leben selbst in die Hand nehmen zu dürfen, als Entlastung vom Druck einer schwierigen Familienkonstellation, als Abbruch von Trost- und Perspektivlosigkeit in zerfallenden Verhältnissen zu Hause.

Punkt 2: Unmittelbar im Rücken: eine mindestens mehrwöchige Flucht

> Während der Flucht haben unbegleitete minderjährige Flüchtlinge vielerlei schwierige Situationen gemeistert, einschließlich demütigender und sehr belastender Erfahrungen. Sie sind »erwachsen« geworden. Sie haben Anspruch auf Respekt. Zu prüfen ist, ob ein PBS (posttraumatisches Belastungssyndrom) vorliegt: »Kannst du gut schlafen?« Indizien dafür sind Albträume, Weinen, Zähneknirschen im Schlaf, Traurigkeit, erhöhte Aggressivität, Verschlossenheit, Angst, plötzliches Ausrasten ohne erkennbaren Anlass. Wenn man unbegleitete junge Flüchtlinge fragt, wann sie das letzte Mal glücklich waren, verlieren manche plötzlich die Fassung und brechen in Tränen aus.

Doch jede Flucht hat immer auch Züge eines großen Abenteuers und einer – wenn auch grausam aufgenötigten – Bildungsreise, auf der man »zum Mann geworden« ist. Es macht Sinn, die jungen Männer danach zu fragen, ob sie sich während ihrer Flucht an Momente, an Situationen erinnern können, in denen sie etwas besonders gut hingekriegt haben, wo sie etwas geleistet haben, wo ihnen etwas gelungen ist, auf das sie noch immer stolz sind, woran sie gerne denken.

Punkt 3: Physisch displaced persons, doch mental und psychisch keineswegs ausgewandert

> Unbegleitete minderjährige Flüchtlinge sind zwar physisch *displaced persons*, aber im Gegensatz zu Flüchtlingen früherer Zeiten befinden sie sich dank ihrer Handys in mehr oder weniger permanentem Kontakt mit Familie und Verwandtschaft, mit Freunden und Bekannten. Die geistigen und die seelischen Brücken sind nicht zerstört. Im Gegenteil, sie können bei Bedarf in Echtzeit aktiviert und genutzt werden.

2 Nur Sprache und Berufsschulunterricht?

Auch dieser Befund einer dauerhaften Präsenz in zwei Welten ist ambivalent: Dass der Kontakt nach Hause nicht abreißt, garantiert einerseits Trost und Schutz. Andererseits erweist er sich als auf Dauer gestellte Ängstigung und Bedrängnis, vor allem aber als gravierendes Hindernis, sich den Verhältnissen wirklich zu stellen, mit denen man hierzulande konfrontiert ist. Es besteht die Gefahr, dass der unbegleitete, minderjährige Flüchtling – seiner Standleitung wegen – bald zwischen allen Stühlen sitzt: Er kann nicht zurück und kriegt hier nichts gebacken.

Punkt 4: »Brückenköpfe« mit imperativem Mandat

> »Du bist vorausgeschickt, du musst die Familie nachholen, und du musst zum Überleben beitragen.« Im Gespräch mit den jungen Männern wird deutlich, die Flucht hat mindestens 3.500 Euro, in vielen Fällen sehr viel mehr gekostet. Dafür hat die Familie ihr ganzes Vermögen ausgegeben, manchmal bei Geldverleihern Schulden aufgenommen oder Familienangehörige in Knechtschaft verkauft. Der junge Mann ist für die Abtragung solcher Schulden mitverantwortlich. Oft wird auch erwartet, dass er Geld schickt fürs Überleben der im Heimatland Verbliebenen. Und er verliert sein Gesicht, wenn er mitteilen muss, dass er dazu auf lange Sicht nicht in der Lage sein wird und an einen Nachzug der Familie in absehbarer Zeit nicht zu denken ist.

Solche Mandate sind eine Belastung, aber sie erfüllen ihre Träger zugleich mit Stolz ob der »Ehre«, für die Familie eine existentiell wichtige Funktion erfüllen zu dürfen. In dieser Hinsicht erleben viele unbegleitete minderjährige Flüchtlinge eine weit größere »Daseinsberechtigung« als viele der hier heimischen Jugendlichen, die niemand zu nichts wirklich braucht.

Punkt 5: Konfrontiert mit Bürokratie und einer rigiden Kultur

> Öffentliche Institutionen in Deutschland, die für die Sozialisation der Jugend zuständig sind, halten für junge Männer zwischen 16 und 25 Jahren nur zwei rigide standardisierte, so genannte »jugendspezifische Bildungswege« vor, die beide auf nichts anderes als die Einmündung in Vollerwerbsarbeit zielen, weil nur diese die Berechtigung zur Teilhabe am Konsum erteilt und die Absicherung der Existenz garantiert.

Weg A führt vom Hauptschulabschluss oder der Mittleren Reife/Fachschulreife über drei bis dreieinhalb Jahre Berufsausbildung. Frühestens als 19/20-Jähriger ist man dann als Geselle oder Facharbeiter im Job. Weg B führt im Anschluss an eine gute bis sehr gute Mittlere Reife entweder über ein zweijähriges Berufskolleg zur Fachhochschulreife und weiter auf eine Hochschule für Angewandte Wissenschaften oder über eine Gymnasiale Oberstufe zum Abitur und dann zur Universität. Mit einem universitären Masterabschluss ist man frühestens mit 24/25 Jahren im Job. Diesen Bildungswegen in die Arbeitswelt ist alles andere, was junge Menschen sonst noch interessiert und was sie ausmacht, nach- und untergeordnet.

In Deutschland sind die Lebensjahre der 16- bis 25-Jährigen extrem zeitintensiv und nahezu ausschließlich auf die Grundlegung und die Vorbereitung von Beschäftigungskarrieren fokussiert. Alles andere: Familienleben und Hobbys, Freund- und Partnerschaften, Reisen und Lebensgenuss, finden spärlich an Abenden unter der Woche, ansonsten an Wochenenden und im Urlaub statt. Familiengründung und Selbständigkeit, alternative Lebensentwürfe, Abenteuer gibt es, wenn überhaupt, frühestens nach Abschluss der Berufsausbildung und/oder des Studiums. Wer dies nicht akzeptieren kann oder will, riskiert seine Karriere. Auf diese job- und konsumfixierten Lebensmuster ausgelegt sind die Dienstleistungen der Schulen und des Jobcenters, der Versicherungen und der Krankenkassen sowie die Angebote zahlreicher weiterer Institutionen und Organisationen.

Dem unbegleiteten minderjährigen Flüchtling wird rasch klar gemacht, dass ihm – wie jenen anderen auch, die nicht problemlos auf diese Königswege in die Jobs finden und/oder auf ihnen kaum zu Erfolgen kommen – bis zum 25. Lebensjahr eine Reihe von Hilfen angeboten werden. Auch für ihn gibt es besondere Zwischenphasen, damit er doch noch etwas werden kann. Solche Einfädelungsspuren (VABO, VAB, EQ) auf die Königswege sind allerdings zeitintensiv, wie die nachstehende Grafik zeigt (▶ Abb. 2.2).

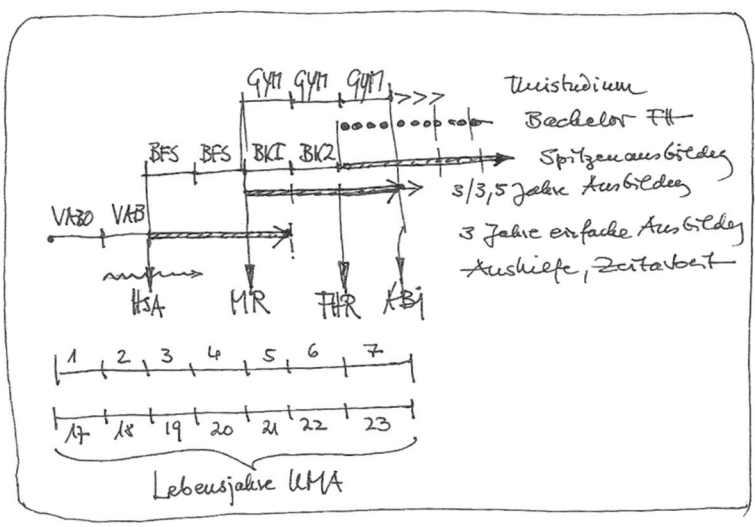

Abb. 2.2: Lebenswege der unbegleiteten minderjährigen Ausländer (UMA)

Was die unbegleiteten minderjährigen Flüchtlinge bald desillusioniert, sieht konkret so aus: Sie kommen, wie angedeutet, mehrheitlich im Alter zwischen 16 und 17 nach Deutschland. Junge Migranten in diesem Alter sind karrieretechnisch in einer besonders ungünstigen Lage. Deutsche Jugendliche und Bildungsinländer haben ihre schulische Grundbildung abgeschlossen. Sie stehen am Anfang ihrer Ausbildung oder besuchen weiterführende Schulen. Die altersgleichen Flüchtlinge können da nirgends mithalten: Sie haben alle ein massives Sprachproblem. Es dauert mindestens zwei Jahre, bis sie Deutsch in Wort und Schrift so gut beherrschen, dass sie eine Berufsausbildung durchstehen oder eine weiterführende Schule besuchen können. Nicht wenige haben eine unzureichende Schulbildung und müssen viel nachholen. Je anspruchsvoller ihre Karrierewünsche, desto drastischer verlängert sich zwangsweise ihre Jugendzeit.

Wer in einer VABO an einer Berufsschule startet, lernt dort vor allem Deutsch, um dann im zweiten Jahr in eine normale VAB zu gelangen, wo er in der Regel einen »Ersten Schulabschluss« (ESA), meist einen Hauptschulabschluss, erreicht. Wenn er anschließend eine zweijährige BFS besucht, um die Mittlere Reife zu erlangen, ist er zum Zeitpunkt dieses Abschlusses bereits vier Jahre in Deutschland und mindestens 20 Jahre alt. Es schließt sich eine drei bis dreieinhalb Jahre dauernde Ausbildung an. Danach ist er bereits sieben bis siebeneinhalb Jahre hier. Falls er schon nach dem ersten Schulabschluss in eine einfache Ausbildung kommt, dauert es dennoch mindestens fünf Jahre ab Einreise, bis er »fertig« ist. Ein deutsches Abitur lässt sich für einen jungen Flüchtling, der bei seiner Ankunft kein Deutsch spricht, frühestens nach sieben Jahren erreichen. Dieser Befund ist für viele frustrierend, die »studieren« wollen und akademische Berufe zum Ziel haben. Unter den Bedingungen, dass man sein Leben neu aufbauen muss und fast alles unsicher und ungewiss ist, kann man mit solchen in die Länge gedehnten Hoffnungen kaum leben. Stattdessen warten auf junge Flüchtlinge massive Enttäuschungen: Sie haben Jahre ohne Job und mit nur wenig Geld vor sich, ob und wann ihre Familien nachkommen dürfen, ist ungewiss. Und wie man es anstellt, in verlässliche Freundschaften und tragfähige Partnerschaften zu finden, sagt ihnen niemand.

Es braucht eine Weile, bis die jungen Männer begreifen: Gut bezahlte Erwerbsarbeit steht für fast alle Deutschen im Zentrum ihres Lebens, denn sie brauchen die daraus erzielten Mittel zur Verwirklichung und Absicherung ihres Lebensstandards. Um beruflich Karriere zu machen, sind ab der Kindheit und während der ganzen Jugendzeit erhebliche Investitionen nötig, die sich sehr viel später in der Regel noch immer einigermaßen verlässlich auszahlen. Der junge Flüchtling merkt allmählich aber auch: Ich komme aus Verhältnissen, in denen es stets weit mehr Arbeitslose gegeben hat als solche, die von ihrem Entgelt aus abhängiger Beschäftigung gut leben konnten. Bezahlte Erwerbsarbeit hat in meiner Heimat bei weitem nicht den exklusiven Stellenwert wie hierzulande. Man muss sich dort mit wenig begnügen, man hilft sich wechselseitig aus, man organisiert sein Leben ganz anders, es verläuft in anderen Tempi und wenig spektakulär. Kaum etwas hat Spätfolgen, und fast nichts lässt sich auf lange Sicht planen. Nicht wenige der jungen Männer kommen aus Kontexten, in denen sie fast nie die Erfahrung machen konnten, dass sich langfristige Pläne tatsächlich verwirklichen lassen, dass es empirische Bestätigungen dafür gibt, dass es klug ist, sich jahrelang anzustrengen, weil sich dies sehr viel später tatsächlich auszahlt. Viele sind stattdessen darin geübt, sehr viel kurzfristiger zu handeln und zu denken. Es wird viel improvisiert, denn bisher war die Zukunft stets *foggy*, und es war närrische Zeitverschwendung, sich darüber Gedanken zu machen, was man heute investieren müsste, um in drei, fünf, gar zehn Jahren zu Erfolgen und einem guten Leben zu gelangen. Ein glückliches Leben bedeutet überdies in jenen Ländern, aus denen die jungen Männer geflohen sind, ganz sicher nicht nur das, was die in Süddeutschland Heimischen sich normalerweise darunter vorstellen.

Demgegenüber übt die ganz andere Lebensweise hierzulande eine vage Faszination aus. Einerseits dämmert den jungen Flüchtlingen, dass sie mit einigem brechen und manches aufgeben müssen, was bislang selbstverständlich war, wenn sie hier zu Erfolg kommen wollen. Andererseits legen sie es darauf an, im Herkunftsland erworbene Lebensmuster unter den Bedingungen und mit den Mitteln zu inszenieren, die ihnen die deutsche Gesellschaft bietet. Das macht Angstlust.

Punkt 6: Für die Zukunft stets mehrere Optionen

Minderjährige unbegleitete Flüchtlinge haben nicht nur eine meist dramatische Fluchtgeschichte hinter sich, sie stammen mehrheitlich aus Großfamilien, in denen es bereits mehrere junge Menschen gibt, die Vergleichbares durchgestanden haben und schon in späteren Phasen einer mehr oder minder erfolgreichen Migrationsbiografie leben. Sie alle sind nicht mehr in dem Maße verwurzelt, wie dies für Menschen gilt, die ihre Heimat nie haben verlassen müssen. Dies zeigen die Momentaufnahmen der Familienkonstellationen sehr deutlich, die wir unmittelbar nach der Einreise zusammen mit den minderjährigen Flüchtlingen rekonstruiert und in Form von Soziogrammen (im Kern sprachfrei als eine ikonische Struktur) aufgezeichnet haben.

Im Netzwerk dieser Großfamilien, in dem es neben der eigenen Kernfamilie oft 15 und noch mehr Kernfamilien von Onkeln und Tanten gibt, die ihrerseits Kinder im gleichen Alter haben, zeigen sich ganz unterschiedliche Stadien von Migrantenbiografien. Teile der Großfamilie leben noch in der alten Heimat, zu ihnen könnte man irgendwann früher oder später zurückkehren. Teile davon befinden sich in Lagern im unmittelbar benachbarten Ausland, oder sie haben dort bereits eine eigene Existenz aufgebaut; denen könnte man sich anschließen. Weitere Verwandte leben z. B. in Saudi-Arabien, in Kanada oder Australien sowie in anderen europäischen Ländern; zu ihnen könnte man weiterwandern. Es ist also durchaus vorstellbar, dass nicht wenige über kurz oder lang erneut aufbrechen, zu Geschwistern, sonstigen Angehörigen oder zu Freunden und Bekannten. Andere werden zurückkehren, sobald dies möglich und hinreichend sicher ist.

> Die tatsächlichen und die eingebildeten Optionen des unbegleiteten minderjährigen Flüchtlings sind für ihn Chance und Belastung zugleich. Die Chance liegt in einer tröstlichen »Hintergrundserfüllung«: Man hält dem Leben und den Anforderungen hier stand, weil man weiß, dass man eigentlich auch ganz anders könnte, nämlich sich erneut aus dem Staub machen und anderswo noch einmal neu anfangen. Aber genau das tut man nicht, solange es hier einigermaßen erträglich bleibt. Belastend sind solche Optionen dann, wenn sie fortgesetzt zu Fluchtfantasien werden: »Ich muss mich dem nicht stellen, was man mir hier abverlangt und zumutet. Anderswo ist alles einfacher und besser.« Auch im Wartesaal einer fantastischen Zukunft kann man zugrunde gehen.

Transmigration, d. h. das Weiterwandern im Lauf der kommenden Lebensjahre ist ein ganz normaler Vorgang. *Rotationsmigration* ist dagegen die Karikatur solchen Verhaltens. So genannte Gastarbeiter, die früher zwischen Italien und Deutschland oder zwischen der Türkei und Deutschland hin- und herwanderten, mal da, mal dort einige Monate oder Jahre verbrachten, ihre vermeintlich oder tatsächlich gefährdeten Kinder zu Großeltern und Verwandten schickten, um sie dann kurz vor dem 16. Lebensjahr wieder hierher zu holen, die dann, wenn ihnen jeweils der Boden zu heiß oder die Lage unerträglich wurde, ins andere Land wechselten: Sie haben sich und ihre Nachkommen häufig ins soziale Aus manövriert. Bei Kosovaren und irakischen Kurden waren in den letzten Jahren solche Muster der Lebensführung ebenfalls zu beobachten.

Durch diese Charakteristik unbegleiteter junger Flüchtlinge wird unmissverständlich deutlich, dass es nicht ausreicht zu meinen, man müsse sie nur möglichst rasch durch Sprach- und Berufskurse in unsre Systeme »integrieren«. An Beispielen und Erfahrungen aus unserer Praxis erörtern wir deshalb im Folgenden, wie stattdessen der Umgang mit diesen »Newcomern« anzulegen und auszugestalten ist, was es dabei zu bedenken gilt und was Fachpersonal und Ehrenamtliche folglich können und bieten sollten. Denn Bildung, für junge Flüchtlinge ausbuchstabiert als Anleitung und Einübung in einen klugen Umgang mit den beschriebenen Antinomien, entsteht nur dort, wo man sich mit Interesse und Respekt auf die Lebenswelten dieser jungen Männer einlässt, um jene Sensibilität (▸ Kap. 1) und jene Kompetenzen zu erwerben, die unabdingbar sind, um mit ihnen Konzepte zu entwickeln und zu trainieren, die ihnen nicht nur irgendwann in einen lukrativen Job sondern möglichst schnell in Formen eines gelingenden Alltags verhelfen.

2.2 Solidarische Begleitung und emanzipierende Bildung

> Die Frage, was unbegleitete minderjährige Flüchtlinge wirklich brauchen, lässt sich mit einem Begriff beantworten: Sie brauchen kompetente Komplizen (Hiller 1994). Damit sind neugierige und bescheidene Erwachsene gemeint, die bereit sind, für längere Zeit sich verlässlich der jungen Menschen anzunehmen und für sie einzutreten, Erwachsene, mit denen sie sozial verträgliche Ziele aushandeln und diese sodann gemeinsam konsequent verfolgen können, Erwachsene, die dabei selbst einen Lernprozess durchlaufen, der beide verändert.

Diese Behauptung ist zu erläutern und die Einlösung des Anspruchs ist zu konkretisieren mit Beispielen, die wir erprobt, und mit Material, das wir entwickelt oder recherchiert haben.

2.2.1 Elemente einer solidarischen Begleitung

Sich flüchtlingstauglich machen

> Auf sich allein gestellte junge Männer, die sich in einer fremden Umgebung zurechtfinden und überleben müssen, sind fortgesetzt teils vorsätzlich, teils unbewusst auf der Suche nach Erwachsenen (Professionellen und ehrenamtlich Aktiven), von denen sie in den Blick genommen, respektiert und nicht übersehen werden, die sie ansprechen und nicht übergehen, von denen sie angespielt, einbezogen und nicht ausgegrenzt werden. Sie wollen Orientierungsfiguren, die mit Tat und Wort Vertrauen stiften, die sich Zeit für sie nehmen und sie anleiten, die sie um Rat und Erklärungen bitten und mit denen sie sich auch streiten können.

Wer als Fachkraft oder im Ehrenamt mit jungen Flüchtlingen zu tun hat und ihnen wirklich nützlich werden will, sollte sich auf die kommenden Aufgaben und Herausforderungen sorgfältig vorbereiten. Das kann zum einen dadurch geschehen, dass man sich intensiv mit Fallstudien befasst, die anschaulich beschreiben, wie bisher längerfristige Arbeitsbündnisse zwischen jungen Flüchtlingen, Fachkräften und ehrenamtlich Aktiven ausgestaltet wurden. Zum anderen bieten einschlägige TV-Reportagen und Dokumentationen, vor allem aber die analytische Beschäftigung mit literarischen Selbstzeugnissen von Flüchtlingen und deren Geschichten vielerlei Chancen, jene spezifische Neugier auf das Gewordensein und die Potentiale dieser jungen Leute auszubilden.

> Durch die Beschäftigung mit Fallstudien und Flüchtlingsgeschichten kann man auch zu jenem bescheidenen Menschen im Doppelsinn des Wortes werden, der einerseits bereits sehr viel über die Verhältnisse und Probleme der Zielgruppe weiß, und der andererseits so viel kritische Selbstdistanz zu den eigenen Selbstverständlichkeiten erworben hat, dass er nicht Gefahr läuft, seine Gegenüber einfach kolonialisieren und eindeutschen zu wollen.

Junge unbegleitete Flüchtlinge hauptsächlich aus Afghanistan gibt es in Deutschland mindestens schon seit einem Vierteljahrhundert. Seither wurden ausführliche Fallstudien über meist mehrjährige Arbeitsbündnisse mit jungen Frauen und Männern veröffentlicht, die auf ihrem Weg in ein oft fragil bleibendes Leben begleitet wurden. Unter dem Titel *Hammad. Eine Dokumentation zu zwanzig Monaten Alltagsbegleitung* hat Joachim Schroeder 1994 zum ersten Mal und zwei Jahre später unter der Überschrift *Ungleiche Brüder* 1996 noch einmal ausführlich und sehr eindrücklich jene »wechselseitige Alltagsbegleitung« (ebd., S. 305) beschrieben, die Hammad[2] und er im Mai 1992 angefangen hatten und die bis 2010 bestand. Hammad war 1991 als 17-Jähriger nach monatelanger Flucht aus Afghanistan ins Lager einer süddeutschen Großstadt gelangt, Schroeder hatte ihn dort entdeckt und sich mit Freunden seiner angenommen. Hiller berichtete zunächst 2006 und dann 2012 in zwei weiteren Aufsätzen über die Alltagsbegleitung von

Ashraf[2], einem jungen Palästinenser. Ashraf war 2003 als 16-Jähriger nach Süddeutschland gekommen; seit 2005 muss er völlig alleine klarkommen, nachdem sein behinderter Onkel auf eine bis heute nicht aufgeklärte Weise plötzlich verschwunden war. Einer der späteren Texte (Hiller 2012 a) enthält bemerkenswerte Passagen eines Interviews, in dem Ashraf selbst schildert, wie er das Arbeitsbündnis erlebt und was es ihm bedeutet. 2015 hat Hiller weitere Fallstudien zu Sema[2], einer jungen Kurdin, und zu Halim[2], einen auf sich allein gestellten Hazara aus Afghanistan, vorgelegt.

Eine insgesamt acht Jahre dauernde Fluchtgeschichte des am Anfang zehnjährigen Enaiat aus Nawa/Afghanistan über Pakistan, Iran, Türkei und Griechenland nach Turin in Italien hat Fabio 2010 in seinem Bestseller *Im Meer schwimmen Krokodile* veröffentlicht. Der Roman ist 2012 auf Deutsch erschienen. Schroeder (2017) liefert zu diesem Buch eine Anleitung, wie sich aus dem Text wichtige Antworten zu zentralen pädagogischen Fragen im Umgang mit Flüchtlingen rekonstruieren lassen. Und er beschreibt erneut in einem seiner Beiträge zu diesem Buch, auf welche Weise er Studierende in Hamburg dazu anstiftet »Habitussensibilität« zu entwickeln, sobald sie sich seinen Aufgaben stellen (▶ Kap. 1).

Interesse zeigen, Respekt bekunden

Was in den ersten Stunden, Tagen und Wochen geschieht, wenn man mit einem jungen Flüchtling zu tun bekommt, ist von besonderer Bedeutung. Im Folgenden beschreiben wir Aktivitäten, mit denen es uns regelmäßig gelingt, von Anfang an in ein konstruktives Miteinander hineinzufinden und Vertrauen aufzubauen. Dabei benutzen wir Techniken, die es uns ermöglichen, trotz der sprachlichen Barrieren zwischen Farsi, Urdu und Arabisch auf der einen und Deutsch, Englisch und weiterer europäischer Sprachen auf der anderen Seite in einen sachlich anspruchsvollen Dialog zu kommen und dabei gemeinsam Produkte herzustellen, die das jeweils Verhandelte dokumentieren.

> Entscheidend ist, dass der junge Mann begreifen kann, dass wir nicht indiskret in seinen Verhältnissen und in seiner Vergangenheit herumschnüffeln, sondern dass es uns darum geht, möglichst schnell ihn und seine Lage zu verstehen sowie ihm selbst diesbezüglich größere Klarheit zu verschaffen. Denn wir wollen rasch mit ihm Ansatzpunkte dafür finden, wie es für ihn konstruktiv weitergehen könnte.

Familien- und Verwandtschaftsbeziehungen klären

Mit den Symbolen, die zur Erstellung von Genogrammen verwendet werden (vgl. BMSFJ, Familienhilfe, o.J. [2016]), gelingt selbst unter höchst eingeschränkten

---

2 Alle Namen sind geändert

Verständigungsmöglichkeiten eine präzise Momentaufnahme der aktuellen Konstellationen, in die ein junger Flüchtling eingebunden ist. Wer mit den Betroffenen solche Diagramme erstellt, zeigt Interesse, das Vertrauen bewirkt. Die folgende Abbildung vergegenwärtigt die Großfamilie eines 16-jährigen Syrers im April 2016, als er in Süddeutschland in Obhut genommen wird. Dejan Mater hat deren Rohentwurf mit dem jungen Mann in 40 Minuten ohne Übersetzer skizziert.

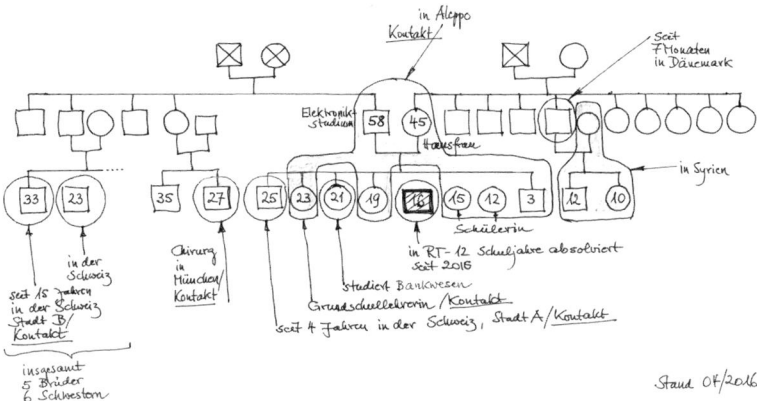

Abb. 2.3: Genogramm (Ausschnitt) eines 16-jährigen unbegleiteten Flüchtlings aus Syrien

Eine Fülle wichtiger Details über den Betroffenen tritt auf diese Weise zu Tage:

- Der hier erfasste Ausschnitt des familialen und verwandtschaftlichen Netzes, in das der Jugendliche nach wie vor eingeknüpft bleibt, zeigt u. a., dass die Kernfamilie aus den Eltern und acht Geschwistern besteht; nur noch eine Großmutter lebt. Vom Vater sind drei Brüder und eine Schwester, von der Mutter vier Brüder und sechs Schwestern erfasst. Sämtliche Tanten und Onkel sind nach Aussage des jungen Mannes verheiratet. Im Bild sind jedoch nur die Ehegatten von zwei Vaterbrüdern und einer Mutterschwester sichtbar, weil von deren Kindern fünf Cousins und eine Cousine für den Betroffenen offenbar größere Relevanz besitzen als alle übrigen. Tatsächlich sind die Verwandten der Elterngeneration wie auch der Generation der Altersgleichen wesentlich zahlreicher, als dies die Abbildung zeigt.
- Der sichtbare Ausschnitt der Großfamilie ist über vier Länder und mindestens acht Wohnorte verteilt. Zum Zeitpunkt der Aufzeichnung befinden sich die Eltern mit zwei älteren und zwei jüngeren Schwestern sowie dem kleinen Bruder noch in Aleppo. Auch die meisten sonstigen Verwandten der Elterngeneration leben in Syrien. Eine weitere ältere Schwester studiert vermutlich ebenfalls in Syrien, sie lebt jedoch alleine, außerhalb der Familie. Der älteste Bruder des Betroffenen wohnt seit vier Jahren in der Schweiz, das gilt auch für zwei Cousins, die jedoch schon sehr viel länger in anderen Städten dort leben. Ein weiterer Cousin arbeitet als Arzt in München. Ein Mutterbruder lebt seit sieben Monaten

alleine in Dänemark, seine Frau und seine beiden Kinder hat er in Syrien zurückgelassen.
- Kontakte via Internet und Skype hat der Betroffene zu den Eltern und zur ältesten Schwester in Syrien sowie zum ältesten Bruder in der Schweiz, außerdem zu einem der beiden Cousins in der Schweiz und zum Cousin in München. Dem Vernehmen nach besteht derzeit allerdings keine Möglichkeit, dass der 16-Jährige bei einem dieser Verwandten unterkommen könnte.

Ein solches Dokument liefert zahlreiche Anknüpfungspunkte für künftige Treffen. So bietet sich an, in der Folgezeit z. B. diese Fragen zu klären:

- Wie entwickeln sich Teile dieses Netzwerks in den nächsten Wochen und Monaten weiter? Welche Veränderungen treten ein? Wie sieht die wirtschaftliche Lage dieser Verwandtschaftsteile aus?
- Wer sind derzeit und wer werden für den Betroffenen die wichtigsten Personen in diesem Netzwerk? Wem fühlt er sich verpflichtet, welchen konkreten »Auftrag« hat er von wem, oder welchen meint er zu haben? Bei wem hat er Schulden? Wer ist hinter ihm her? Vor wem muss er sich in Acht nehmen, gar fürchten?
- Wer ist positives/negatives Vorbild (z. B. in punkto Lebensstil und im Blick auf die beruflichen Wunschvorstellungen)? Wer unterstützt ihn? An wen hat er welche Erwartungen?
- Zu wem hat er welchen Kontakt, wie und in welcher Intensität wird dieser aufrechterhalten?
- Gibt es aufgrund dieses Netzwerks Weiter- oder Rückwanderungsziele? Werden diese offen geäußert? Verheimlicht? Verworfen? Wie realistisch, wie utopisch sind solche Optionen?

Zugang zum äußeren und inneren Handeln des Jugendlichen finden

Wer sich ernsthaft im Leben eines jungen Flüchtlings nützlich machen will, muss klären, wie man sich gegenseitig ins Konzept passt. Hierzu ist es hilfreich, mit dem Jugendlichen in Analogie zum Stundenplan einen Wochenplan zu erstellen, aus dem (mittels Farben und Symbolen) ersichtlich wird, wodurch der junge Mann wann und wo in Anspruch genommen wird. Wo liegen unter der Woche und am Wochenende Arbeitszeiten (Schule/Nachhilfe, Kurse/Erwerbsarbeit, Behördentermine usw.), wann erledigt er Pflichten und erfüllt unabweisbare Bedürfnisse (Hausarbeit, Besorgungen, Einkäufe, Schlafen, Essen, Hygiene, Mitgliedschaften, Verabredungen), wie viel wirklich freie Zeit bleibt ihm, und womit füllt er diese? Im Zuge solcher Erhebungen lässt sich verbindlich klären, wo die Zeitfenster liegen, in denen man miteinander ins Geschäft kommen wird.

Beim Erstellen solcher Wochennutzungspläne erfährt man sehr viel vom Alltag des Betroffenen, auch welche Hobbys er im Herkunftsland hatte, welche er unterwegs ausübte und womit er sich hierzulande befassen möchte. Viele wollen ins Fitness-Studio. Daraus entsteht der Anlass, über die physische Leistungsfähigkeit und bereits erreichte Erfolge zu sprechen. Wenn die jungen Männer dann ihre Selfies im Handy präsentieren oder anbieten, ihr Können auf der Stelle unter Beweis zu stellen, ist das Eis gebrochen. Es gilt dann, realistische Anschlüsse für die Interessen des Jugendlichen zu finden und Sponsoren, die ggf. bereit sind, ihm solche Möglichkeiten zu eröffnen.

Zugang zu den inneren Welten der jungen Männer bekommt man, wenn diese sich darauf einlassen, die in ihrem Handy gespeicherten Informationen (ihr »Handygedächtnis«) gemeinsam zu erforschen.

- Lass mich raten, wie viele Telefonnummern hast Du in Deinem Handy gespeichert? Wie viele aus welchen Ländern? Wie viele von Männern, wie viele von Frauen? Machen wir das Spiel: Wir schreiben alle gespeicherten Telefonnummern nacheinander auf. Zu jeder Nummer, zu der Du mir sagen willst, wem sie gehört und warum Du sie gespeichert hast, erzählst Du mir eine kleine Geschichte. Zu Nummern, von denen Du denkst, dass sie mich nichts anzugehen brauchen, sagst Du nichts.
- Manchmal bekommt man eine wichtige SMS, eine gute Mail oder ein wunderschönes Bild. Hast Du solche Texte und Bilder auf Deinem Handy gespeichert?
- Was steckt sonst noch Spannendes in Deinem Handy, was Du mir zeigen möchtest (Bilder von Zuhause, Bilder von der Familie, Bilder von unterwegs, Bilder die Du gemacht hast, seit Du hier bist)?
- Was hast Du Dir aus dem Netz an Interessantem heruntergeladen (Bilder, Karikaturen, Texte, Sprüche, Videos)?

Aus den gewonnenen Informationen lässt sich mit dem Jugendlichen u. a. ein so genanntes »Sozioatom« (Schellong 2007, Jansen 2003) rekonstruieren, eine vereinfachte Form der egozentrierten Netzwerkkarte. Sie macht die Bezugspersonen von Ego sichtbar, die Qualität der Beziehungen kann durch verschiedene Linien symbolisch dargestellt werden (z. B. Doppellinie für beidseitig positive, Wellenlinie für problematische, Blitze für konfliktträchtige, Punkte für schwache Relationen). Zu beachten ist, dass mit jedem neuen Kontakt hierzulande das Netzwerk des jungen Flüchtlings komplizierter und dessen Management anspruchs- und meist auch widerspruchsvoller wird.

Worauf man sich mit solchen gemeinsamen Recherchen einlässt und zu welchen Erkenntnissen dies führt, kann das folgende Fallbeispiel zeigen. Ein junger, unbegleiteter Flüchtling erzählt, dass er gerne zeichne. Er wird gebeten, Proben vorzulegen. In seinem Handy hat er unter anderem dieses Blatt (▶ Abb. 2.4) abgespeichert. Ein solches Bild löst Besorgnis aus. Als weitere Zeichnungen zum Vorschein kommen, die gleichermaßen Einsamkeit und Trostlosigkeit ausdrücken, vereinbart der Vormund einen Termin in der Psychiatrie, Verdacht auf suizidale Tendenz.

Der junge Mann erklärt daraufhin sehr empört, er habe 1:1 eine Vorlage aus dem Internet übernommen. Vor allem habe er damit Druck machen wollen, damit sich überhaupt etwas bewege. Unsere Recherche bringt die Vorlage zum Vorschein[3], und

---

3   https://de.pinterest.com/pin/480548222710089786/

2 Nur Sprache und Berufsschulunterricht?

Abb. 2.4: Zeichnung eines Flüchtlings

wir stellen fest, dass »Double suicid« offenbar tatsächlich ein verbreitetes ikonografisches Motiv ist, von dem im Netz weitere Varianten zu finden sind[4].

Dieses Beispiel liefert den eindeutigen Beweis dafür, dass auch junge Flüchtlinge sehr aktiv im Netz auf der Suche nach Bildern sind. Vermutlich legen sie sich – wie viele andere Jugendliche – eigene Bildersammlungen an. Damit bebildern sie auch ihre »Innenwelten«. Sie beschäftigen sich damit in Gedanken und in ihrer Fantasie. Die Bilder werden zu Medien, um sich und die eigenen Gefühle zu spiegeln und auszudrücken. Junge Flüchtlinge nutzen Bilder aber auch als Waffe und Protest.

Es ist somit dringend anzuraten, sich mit den Bilderwelten der jungen Männer zu beschäftigen. Das gilt auch für die Realfotografien, die entweder auf Speichermedien mitgebracht oder inzwischen aus dem Herkunftsland übermittelt wurden. Aber auch Bilder, die auf der Flucht und seit Ankunft in Deutschland aufgenommen wurden, sind wichtig. Denn dabei handelt es sich um »aufbewahrte«, abgespeicherte Momente aus der Lebensgeschichte, die zu Bilddokumenten, wenn nicht zu »Ikonen« geworden sind. Dazu zählen zum Beispiel auch das Bild einer Fußballmannschaft, mit der ein junger Flüchtling bei einem Turnier den zweiten Platz holte oder Bilder von einem Stadtlauf, an dem er teilgenommen hat (▶ Abb. 2.5).

Das Gleiche gilt für abgespeicherte Lieder und Musikstücke. Dabei ist allerdings zu beachten: Weder bei der Bild- noch bei der Musikauswahl und deren Beurteilung durch die pädagogischen Fachkräfte kann die Differenz zwischen den kulturellen Kontexten und den geschmacklichen Präferenzen des Flüchtlings auf der einen und der deutschen Fachkraft auf der anderen Seite außer Acht gelassen werden. Auf beiden Seiten werden Bilder immer mit je anderen Augen gesehen und Musik mit je anderen Ohren gehört.

---

4 Weitere Beispiele unter: www.google.de > Bilder > Suchbergriff *cartoon-fish-suicid*

2.2 Solidarische Begleitung und emanzipierende Bildung

Abb. 2.5: Altstadtlauf in Reutlingen, Juli 2016 (Foto: privat)

Erklären, was man von wem erwarten darf

Es ist zweckmäßig, junge Flüchtlinge nicht sofort mit Fragen zu ihren Fluchtgründen, zu ihrer Fluchtgeschichte und zu ihren Erfahrungen unterwegs zu bedrängen. Viel wichtiger ist, ihnen zunächst zu erklären, wie es jetzt, da sie hier angekommen sind, ganz konkret weiter geht.

Im Wesentlichen sind es fünf Gruppen von Akteuren, mit denen sie es zu tun bekommen:

- Im **Jugendamt** gibt es für jeden eine/n Sachbearbeiter/in, die/der für ihn zuständig ist. Bis zum Zeitpunkt seiner Volljährigkeit wird ihm dort ein Vormund vermittelt, der in allen Fragen der Personensorge für den Minderjährigen zuständig ist. Es wird für ihn ein Hilfeplan erstellt, und er wird einer Einrichtung bzw. einer Pflegefamilie zugewiesen, die für sein Wohl und die Gestaltung seines Alltags zuständig sind. Die wirtschaftliche Jugendhilfe regelt die Finanzierung seiner aktuellen und künftigen Bedarfe. Dem Jugendamt obliegt die Koordination des Zusammenwirkens der weiteren Akteure, und es ist in Konfliktfällen Ansprechpartner für alle Beteiligten.
- In den VABO-Klassen der **Berufsschulen** trifft der Jugendliche auf Lehrkräfte, die ihm vorrangig Deutschunterricht erteilen, damit er in seinem Alltag besser klar kommt. Es werden aber auch schulische und berufliche Orientierung sowie lebensweltbezogenes Kompetenztraining angeboten (vgl. dazu den VABO-Leitfaden des MKJS Baden-Württemberg 2015/16). Meist gibt es in diesen Schulen auch Schulsozialarbeiter, an die sich der Jugendliche wenden kann.
- In den stationären **Einrichtungen** oder **im betreuten Jugendwohnen** unterschiedlicher freier Träger werden die Jugendlichen untergebracht und versorgt. Ihre direkten Bezugspersonen sind die dort tätigen Fachleute der Sozialen Arbeit sowie Erzieherinnen und Erzieher. Freie Mitarbeiter werden als Honorarkräfte für besondere Aktivitäten im Rahmen der Alltagsgestaltung eingesetzt. Einige Flüchtlinge werden in Pflegefamilien vermittelt.

- Regelmäßig hat es jeder junge Flüchtling mit Ärzten und Rechtsanwälten sowie mit **Fachleuten** in verschiedenen Behörden (Ausländeramt, Jobcenter) zu tun.
- Schließlich gibt es im Umfeld des Jugendamts, der Schulen und der Einrichtungen verschiedene Gruppierungen und Vereine, die junge Flüchtlinge materiell fördern oder etwas mit ihnen unternehmen und in denen **ehrenamtlich Aktive** sich als Vertrauenspersonen oder Mentor/innen den jungen Männern zur Verfügung stellen.

> Den Ankömmlingen muss man diese Struktur verständlich machen. Ihnen muss klar werden, wer wofür zuständig ist, bei wem sie mit welchem Problem, mit welcher Frage an der richtigen Adresse sind. Sie müssen herausfinden, zu wem sie in diesen fünf Feldern Vertrauen aufbauen können. Jeder braucht in diesem Netzwerk mindestens eine, am besten mehrere verlässliche Vertrauenspersonen, einen oder mehrere Coachs, die sich wirklich für ihn interessieren, mit denen der junge Mensch **Lebenspläne schmieden** kann und die ihm helfen, in **schwierigen Situationen durchzuhalten** sowie **Rückschläge und Enttäuschungen zu verkraften**.

Fluchterfahrungen vergegenwärtigen – Aspekte der Fluchtgeschichte rekonstruieren und objektivieren

Für die Gründe und den Anlass zur Flucht, für die Fluchtroute und die Erlebnisse zwischen dem Aufbruch im Heimatland und der Ankunft in Deutschland interessieren sich bei jedem jungen Flüchtling sehr viele Institutionen aus den verschiedensten Gründen, nicht nur die Polizei, die Migrations- und Ausländerbehörden sowie regionale und kommunale Sozial- und Jugendämter, sondern auch jene Menschen, die beruflich (z. B. als Lehrerin, als Arzt, als Rechtsanwalt, als Therapeutin, als Sachbearbeiter in einer Behörde) oder privat mit diesen jungen Männern zu tun bekommen. Selten macht man sich klar, dass die Aufforderung, der Betroffene möge seine Geschichte erzählen, stets eine besondere Belastung bedeutet. Junge Flüchtlinge wissen, und sie meinen auch zu wissen, was sie preisgeben können und was besser ihr Geheimnis bleibt. In der Regel kennen sie ihr Gegenüber zu wenig, so dass sie nicht nur aus sprachlichen Gründen oder aufgrund traumatischer Erfahrungen oft einsilbig bleiben.

Wer mit jungen unbegleiteten Flüchtlingen in ein konstruktives Verhältnis kommen möchte, wird zuerst mit den oben beschriebenen Verfahren das Vertrauen der Betroffenen zu gewinnen suchen. Erst *danach* geht es darum, die Vergangenheit behutsam zu vergegenwärtigen, auch die Fluchterfahrungen. Dabei ist es für die Jugendlichen hilfreich, wenn man ihnen vorab zu verstehen gibt, dass man ihre erfolgreiche Flucht nicht nur als Glück im Unglück, sondern vor allem als eine höchst bemerkenswerte persönliche Leistung wertet, für die sie großen Respekt und viel Anerkennung verdient haben. Nahezu ausnahmslos haben alle ein extremes Maß an Resilienz (Widerstandskraft) an den Tag gelegt, sie haben Mut und Ausdauer gezeigt, und viele haben übergroßen Erfahrungen standgehalten. Es lohnt sich, wenn man vor dem Hintergrund einer solchen Positionierung die jungen Männer darum bittet, Episoden zu erzählen, in denen sie sich während der Flucht trotz allem als selbstwirksam erlebt haben: *Was ist Dir damals gelungen, worauf bist Du heute noch stolz? Wann hast Du über Dich selbst gestaunt? Was hast Du durchgestanden, obwohl Du Dir das niemals zugetraut hättest? Gab es glückliche Momente, wie kamen sie zustande?*

Wenn solchermaßen die Stärken der jungen Leute aktualisiert sind, lässt sich leichter nach Gefährten und Schlüsselfiguren fragen, die in besonderer Weise hilfreich waren. Manchmal führt auch die Frage nach Gegenständen und Kleidern weiter, die sie aus der Zeit vor und während der Flucht noch immer besitzen und absichtlich aufbewahren. Wenn bis dahin der Fluchtweg und die Dauer der Flucht einschließlich der Aufenthalte in Transitländern noch nicht hinreichend klar sind, wird man sich vornehmen, derlei bei späteren Treffen weiter aufzuhellen. Denn auch sonst ist es üblich, dass man miteinander gut ins Geschäft kommen kann, ohne dass man alles voneinander weiß.

> Insbesondere empfiehlt es sich zu warten, bis der junge Flüchtling von sich aus anfängt, über belastende und leidvolle Erfahrungen z. B. mit Sterben, Tod und Trauer (über den Verlust von Angehörigen und Freunden) oder über schreckliche Erlebnisse, über eigenes Versagen, Selbstvorwürfe oder gar schwere Schuld zu sprechen. Wenn der junge Mann allerdings posttraumatische Belastungssyndrome zeigt, ist unverzüglich professionelle Hilfe zu organisieren.

Sehr ausführlich haben wir bis jetzt dargelegt, mit welchen Mitteln wir anfangs das Vertrauen der jungen Flüchtlinge zu gewinnen suchen und wie wir dafür sorgen, dass ein tragfähiges Fundament für eine weitere Zusammenarbeit entstehen kann. Wir halten die sorgsame Befassung mit jedem einzelnen für absolut notwendig. Denn man kann nur dann nachhaltig etwas bewirken, wenn man über seinen Schützling oder seinen Schüler viel Wichtiges tatsächlich weiß. Wir haben die Erfahrung gemacht, dass sich nahezu alle jungen Männer auf diese sehr direkten Formen von Einmischung und Inanspruchnahme einlassen. Sie begreifen die geschilderte Instrumentierung unserer Neugier als vertrauensbildende Maßnahmen. Wir benötigen keinen wochenlangen Klamauk, um uns oberflächlich kennen zu lernen.

2.2.2 Bausteine einer emanzipierenden Bildung für junge Flüchtlinge

So wichtig es ist, den ankommenden jungen Flüchtlingen mit wirklichem Interesse zu begegnen, ihnen auf gekonnte Weise Respekt zu zollen und ihnen die Strukturen begreiflich zu machen, in denen man ihren Schutz, ihren Alltag und ihr Vorankommen hierzulande organisiert, und mit ihnen ihre Fluchterfahrungen aufzuarbeiten, so dringend ist zu klären, wie die weiteren Bausteine aussehen müssen, damit das Recht auf Bildung für Flüchtlinge so eingelöst wird, dass diese weitgehend selbstbestimmt über ihr weiteres Leben entscheiden können und nicht nur den (vermeintlichen) Interessen des Aufnahmelandes dienstbar gemacht werden.

Ein solch emanzipatorisches Bildungskonzept auszuarbeiten ist nicht einfach. Wir beschränken uns im Folgenden abschließend auf einige stichwortartige Anmerkungen.

Mentoren und Paten sichern den gelingenden Alltag

Jeder unbegleitete junge Flüchtling braucht Erwachsene, die sich Zeit für ihn nehmen und die ihm helfen, das Erlebte in Bildern, Texten, Liedern, Diagrammen, Karten zu objektivieren, die ihm Landschaft und Kultur zeigen, seine Interessen fördern, Lebenspläne mit ihm schmieden, die Türen öffnen, Optionen verhandeln und austesten, die ermutigen und trösten. Nicht jeder junge Flüchtling findet eine Pflegefamilie, aber es kann zur Aufgabe von Schulen und sozialen Einrichtungen werden, Zirkel von ehrenamtlichen Mentoren und Sponsoren aufzubauen und zu moderieren (Hiller 2009), die für die jungen Leute zu Ankerfiguren werden.

Bildungs- und Erwerbsbiographien von »Alt-Flüchtlingen« als Unterrichtsmedien aufbereiten

Junge Flüchtlinge brauchen Bildungsangebote, die ihnen helfen, künftig auf ganz unterschiedlichen Wegen in der ganzen Welt weiter zu kommen. Man sollte sie nicht nur mit rigiden und alternativlosen Konzepten einer »Menschwerdung nach deutschem Muster« beglücken wollen, sondern gleichermaßen flexibel auf sie reagieren, wo immer dies möglich ist.

Es ist deshalb gründlich zu recherchieren, welche Chancen zugewanderte junge Flüchtlinge und die Kinder von Flüchtlingsfamilien hierzulande in den letzten zehn Jahren empirisch nachweisbar hatten. Wir müssen die Endzwanziger und Anfang Dreißigjährigen gezielt aufspüren. Was ist aus ihnen geworden? Geglückte, aber auch leidlich funktionierende und durchaus auch prekäre Eindeutschungsgeschichten sind für die heute Ankommenden gleichermaßen wichtig wie Transmigranten- und Rückkehrerbiographien. Die Fachleute in den Schulen, den Jobcentern und in den sozialen Einrichtungen haben aus den ermittelten Befunden Konsequenzen zu ziehen.

Schulsozialarbeiter kennen junge Flüchtlinge aus langjähriger Arbeit. Wünschenswert wäre, wenn solche Fachleute den weiteren Werdegang derer eruieren und nachzeichnen könnten, die sie in den letzten Jahren als Schüler kennen gelernt hatten. Wir haben viel zu wenig empirisches Wissen darüber, wie tatsächliche Biografien und Karrieren von jungen Flüchtlingen verlaufen, obwohl sie seit Jahren nach Deutschland einwandern.

Von guten Flüchtlingsschulen und Flüchtlingsprojekten lernen

Im bereits erwähnten Leitfaden für VABO-Klassen (MKJS 2015/2016) wird auf eine *Sharepoint*-Plattform des Landesinstituts verwiesen, die unter der Adresse https://sps.flska.de für alle Schulen mit VABO-Klassen eingerichtet ist. Auf dieser Seite werden erprobte Unterrichtsbeispiele, Projekte, Ideen und vielfältige Informationen veröffentlicht. Die Plattform soll sowohl als Informationsquelle als auch als Forum für Lehrer der VABO-Klassen dienen.

Aber es gibt auch Schulen, von denen man viel lernen kann: So wurde z. B. die SchlaU-Schule in München als eine exzellente Ersatzschule für Flüchtlinge mit dem Deutschen Schulpreis 2014 ausgezeichnet (Robert-Bosch-Stiftung [2014]). Dort weiß man von jedem ehemaligen Schüler, was aus ihm geworden ist, weil man das wissen will!

Alltagstaugliche Wissens- und Könnensbestände vermitteln

Werner Bleher (2017) hat ausbuchstabiert, wie eine alltagstaugliche Bildung für Flüchtlinge inhaltlich auszulegen ist. Er entwirft ein entsprechendes didaktisches Strukturgitter und verweist auf das Unterrichtswerk »Durchblick im Alltag« (Hiller/Stein/Bleher/Jauch 2011–2013), das geeignete Materialien und Anregungen dafür bietet.

Flüchtlinge als moderne Nomaden begreifen, die uns zurecht irritieren

> Es macht wenig Sinn, sich einzureden, Flüchtlinge, insbesondere junge Flüchtlinge, seien Menschen, die definitiv ihre »Heimat« ein für allemal zurückgelassen haben *und* die definitiv, also »für immer« in Deutschland bleiben und sich hier integrieren wollten. Viel klüger wäre es, junge Flüchtlinge als Menschen zu behandeln, deren Zukunft auf lange Sicht ungewiss bleiben wird, bleiben muss und bleiben darf.

Dies hätte zumindest vier Konsequenzen:

1. Wir hätten uns einzugestehen, dass Flüchtlinge uns vorleben, dass wir nicht länger von biografischen Konstanten und einem unverbrüchlichen Recht auf Heimat ausgehen können und beides auch nicht wirklich brauchen. Wie aber sieht ein menschenwürdiges Leben in wechselnden Konstellationen und Kulissen aus? Welche Bildung braucht man dafür?
2. Wir hätten sie und uns zuzurüsten für mehrere Lebensentwürfe. Dies hätte gravierende Auswirkungen auf die Selbstinszenierungsmuster von Lehrkräften und ebenso auf die Unterrichtsinhalte in nahezu allen Fächern der Sekundarstufe 1 des allgemeinen und des beruflichen Schulwesens.
3. Notgedrungen müssen wir die jungen Flüchtlinge (und uns?) zugleich auf ein Leben eher im Hier und Jetzt und in einer absehbar nahen Zukunft fokussieren statt auf das Schmieden langfristiger Karrieren. Es wäre stattdessen klug, sich eher in Quartalen, Halbjahren, maximal in Jahren einzurichten und dafür zu sorgen, dass in diesen Zeitspannen die Lebensqualität derer zumindest auf einem gemeinverträglichen Niveau erhalten bleibt, für die wir Verantwortung tragen.

4. Im Übrigen hätten wir unseren Teil dazu beizutragen und dafür einzutreten, dass überall auf der Welt die *Basic Human Needs* (Wohnung, Kleidung, Ernährung, Zugang zu sanitärer und medizinischer Versorgung) gewährleistet sind. Eine erweiterte Abbildung der Maslowschen Bedürfnispyramide zeigt aus der Sicht junger Flüchtlinge, was sie meinen, zusätzlich als Basis zu brauchen.

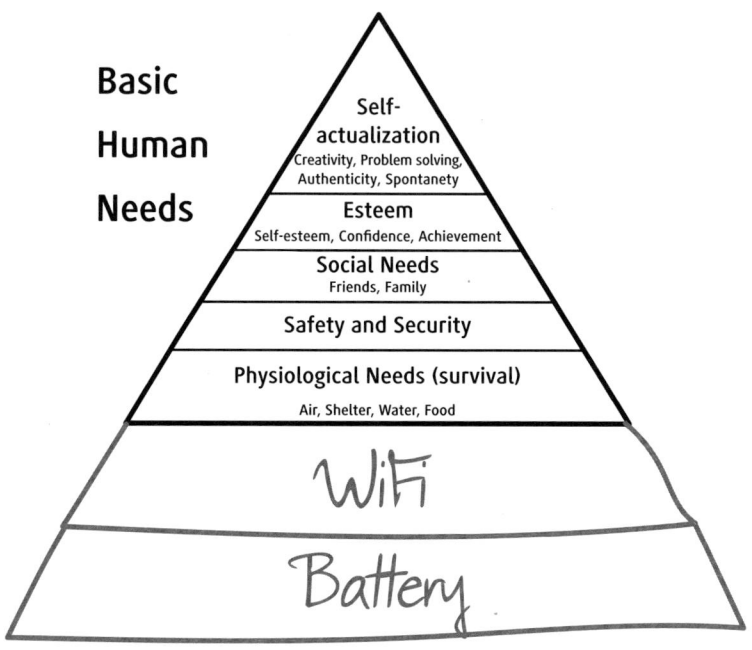

Abb. 2.6: Basic Human Needs aus der Sicht junger Flüchtlinge

Literatur

Bleher, Werner (2017): Förderung von Alltagskompetenzen bei Kindern und Jugendlichen mit Fluchterfahrungen – eine Ideensammlung. In: Bleher, Werner; Gingelmaier, Stephan (Hrsg): Kinder und Jugendliche nach der Flucht. Notwendige Bildungs- und Bewältigungsangebote. Weinheim, Basel: Juventa, S. 141–170.

BMSFJ-Internetredaktion (Hrsg.): Sozialpädagogische Familienhilfe in der Bundesrepublik Deutschland. 10.9.3. Das Genogramm. In: http://www.bmfsfj.de/doku/Publikationen/spfh/10-Methoden-und-arbeitsansaetze-der-sozialpaedagogischen-familienhilfe/10-9/10-9-3-das-genogramm.html (Zugriff: 29.07.2016).

Geda, Fabio (2012): Im Meer schwimmen Krokodile. Eine wahre Geschichte. München: btb-verlag.

Hiller, Gotthilf Gerhard (1994): Vom hilflosen Helfer zum kompetenten Komplizen. Zur Befreiung pädagogischer Verhältnisse aus fundamentalistischen Ideologien. In: Schroeder,

Joachim; Storz, Michael (Hrsg.): Einmischungen. Alltagsbegleitung junger Menschen in riskanten Lebenslagen. Langenau-Ulm: Vaas Verlag, S. 209–228.
Hiller, Gotthilf Gerhard (2006): Ashraf. Oder: Alltagsbegleitung als wechselseitige Kultivierung. In: Lehren und Lernen 32, Heft 10, S. 13–16.
Hiller, Gotthilf Gerhard (2009): Mentoring in der Jugendberufshilfe. Zielgruppen – Konzepte – Standards – Risiken. In: Kommunalverband für Jugend und Soziales Baden-Württemberg [KVJS] (Hrsg.): Wege zum Mentoring in der Jugendberufshilfe. Empfehlungen und Anregungen für Fachkräfte und Träger. Stuttgart 2009, S. 6–21.
Hiller, Gotthilf Gerhard (2012a): »Das ist sein Hobby«. Wie benachteiligte Jugendliche Alltagsbegleitung erleben. In: Stinkes, Ursula; Schwarzburg-von Wedel, Ellen (Hrsg.): Sonderpädagogik und Verantwortung. Heidelberg: Universitätsverlag Winter, S. 93–108.
Hiller, Gotthilf Gerhard (2012b): Inkludieren statt über Inklusion schwadronieren. In: Sonderpädagogische Förderung heute 57, S. 322–325.
Hiller, Gotthilf Gerhard (2015): Sema und Halim – Oder: Wie funktioniert und wem nützt Mentoring? In: Sonderpädagogische Förderung heute 60, S. 78–90.
Hiller, Gotthilf Gerhard; Stein, Christine; Bleher, Werner; Jauch, Peter (2011–2013): Durchblick im Alltag. Erste Folge mit Lehrerheft [1992] aktualisiert 2013, Zweite Folge mit Lehrerheft [1994], aktualisiert 2011/2012. Tipps, Informationen und Arbeitsmaterial für junge Leute und ihre Begleiter/innen. Berlin: Cornelsen.
Jansen, Dorothea (^{2}2003): Einführung in die Netzwerkanalyse. Grundlagen, Methoden, Forschungsbeispiele. Wiesbaden: VS Verlag.
MKJS Ministerium für Kultus, Jugend und Sport, Baden-Württemberg: Leitfaden zur Einführung in das VABO. Stuttgart 2015/2016. In: http://moocit.de/images/6/6b/Leitfa¬den_VABO_aktuelle_Version.pdf (Zugriff 09.08.2016).
Robert Bosch Stiftung (2014): 10 Jahre Der Deutsche Schulpreis [2014]: SchlaU-Schule – Schulanaloger Unterricht für Flüchtlinge. In: http://schulpreis.bosch-stiftung.de/content¬/language1/html/53432.asp (Zugriff 09.08.2016)
Schellong, Christiane (2007): Das soziale Atom. Online unter: http://www.pixeltier.de/CS¬chellong/Main/data/CSchellong_SozialesAtom.pdf. (Zugriff 28.03.2016)
Schroeder, Joachim (1994): Hammad. Eine Dokumentation zu zwanzig Monaten Alltagsbegleitung. In: Schroeder, Joachim; Storz, Michael (Hrsg.): Einmischungen. Alltagsbegleitung junger Menschen in riskanten Lebenslagen. Langenau-Ulm: Vaas Verlag, S. 71–84.
Schroeder, Joachim (1996): Ungleiche Brüder. Männerforschung im Kontext sozialer Benachteiligung. In: BauSteineMänner (Hrsg.): Kritische Männerforschung. Neue Ansätze in der Geschlechtertheorie. Berlin: Argument, S. 300–326.
Schroeder, Joachim (2017): Pädagogik im Übergang vom Asyl in die Arbeitswelt. Begleitung von vielfältigen »Übergängen«. In: Bleher, Werner; Gingelmaier, Stephan (Hrsg): Kinder und Jugendliche nach der Flucht. Notwendige Bildungs- und Bewältigungsangebote. Weinheim, Basel: Juventa, S. 199–213.

3 Transnationale Formen der Remigration von Geflüchteten als Herausforderung für Integration und Bildung

Simon Moses Schleimer

Seit dem Jahr 2015 sind die meisten Migrantinnen und Migranten, die nach Deutschland kommen, Geflüchtete. Entsprechend bestimmt die Form der Fluchtmigration den aktuellen öffentlichen und wissenschaftlichen Migrations- und Integrationsdiskurs. Die Debatte lässt jedoch tendenziell die Erkenntnis der internationalen Migrationsforschung vermissen, dass sich Migration in den vergangenen Jahren gewandelt hat und dass diese Veränderung auch Auswirkungen auf die Bedürfnisse und Anforderungen der Geflüchteten im Kontext von Integration hat. Während Migration traditionell als einmaliger und abgeschlossener Vorgang galt, wird seit den 1990er Jahren ein verändertes Bild gegenwärtiger Wanderungsbewegungen gezeichnet: Die Anthropologinnen Glick Schiller et al. (1992), die als Begründerinnen des Konzepts der Transnationalität gelten, zeigen auf, dass viele heutige Migrationsbewegungen keine singulären Ereignisse mehr darstellen, sondern anhaltende Prozesse sind, die einer impliziten turn-over-Dynamik, einem Wechsel von Ein-, Aus-, Weiter- und Rückwanderung, folgen und Lebenswelten über Ländergrenzen hinweg entstehen lassen. Transnationale Formen der Migration wurden auch bei Geflüchteten nachgewiesen, für die die Option einer freiwilligen Weiter- oder Rückwanderung oder eine aufgrund von aufenthaltsrechtlichen Bestimmungen erzwungene Rückführung in ihr Herkunftsland zur Lebensrealität gehört. In der Folge muss von der lange Zeit herrschenden Vorstellung der »Integration am neuen Lebensort nach ein oder zwei Generationen« (Gogolin/Pries 2004, S. 13) Abschied genommen werden. Um Missverständnissen vorzubeugen: Es geht nicht darum, Menschen mit Migrations- oder Fluchtgeschichte als temporär anwesende Gäste zu verstehen, die auf eine Rückkehr oder weitere Migration vorbereitet werden müssen. Stattdessen sind Ansätze der Partizipation und Integration zu diskutieren, die auf die voranschreitende Pluralisierung der Migrationsgesellschaft und der Migrationsformen reagieren.

Dieser Beitrag widmet sich Kindern und Jugendlichen mit Fluchthintergrund, die mit ihren Familien aus Deutschland in die Region Kurdistan im Norden des Iraks, ihr bzw. das Heimatland ihrer Eltern, zurückgekehrt sind. Im Fokus stehen nicht Asylsuchende, deren Asylantrag abgelehnt wurde und die keine Bleibeperspektive haben, sondern diejenigen Migrantinnen und Migranten mit Fluchtgeschichte, die Teile ihres Bildungsweges im deutschen Bildungssystem absolvierten und tendenziell freiwillig, ausgestattet mit der deutschen Staatsangehörigkeit, in das Land remigrieren, in dem sie oder ihre Eltern geboren wurden. Obwohl die Jugendlichen einen dezidiert transnationalen Lebensentwurf ausgebildet haben, wird aufgezeigt, dass die Remigration nicht lediglich eine Rückkehr, sondern eine erneute Migration darstellt, die mit krisenhaften Erfahrungen verbunden ist. Dabei wird der Frage nachgegangen, wie ein produktiver Umgang mit der remigrationbedingten Krise gelingen kann und welche Bedeutung Bildung in diesem Prozess einnimmt. Anschließend wird dargestellt, welche Relevanz die Remigration von jugendlichen Migrantinnen und Migranten für den aktuellen pädagogischen und bildungspolitischen Diskurs zu Flucht, Integration und Bildung besitzt.

3.1 Traditionelle Remigrationsforschung

Im Gegensatz zur Migrations- war die Remigrationsforschung in der internationalen Debatte lange Zeit weitgehend marginalisiert, da eine Rückkehr als »Spezialfall der Migration« (Unger 1983, S. 30) galt. Auffällig ist, dass in den Ansätzen der Remigrationsforschung (ausführlich dazu: Cassarino 2004, Currle 2006) zunächst stets von einer freiwilligen Rückkehr ausgegangen wurde. Erst in den 1980er und 1990er Jahren wurde durch den Anstieg der Fluchtmigration auch die erzwungene Remigration Teil der internationalen Remigrationsdebatte (Cassarino 2008, S. 99), die jedoch in theoretischen Ansätzen nicht auftaucht.[1]

Neoklassische Remigrationsansätze konzentrieren sich auf die ökonomischen Faktoren der Remigration und gehen von der Annahme aus, dass Migrationsentscheidungen auf dem Ziel beruhen, eine Verbesserung der eigenen wirtschaftlichen Situation zu erreichen (Djajic 1989). Die Rückkehr wird dann als ein Scheitern verstanden, wenn die angestrebten Migrationsziele nicht erreicht und die Kosten der Wanderung nicht beglichen werden konnten (Constant/Massay 2002, S. 9 f.). Insbesondere Ansätze der New Economic of Labour Migration (Cassarino 2004, S. 255) gehen hingehen davon aus, dass eine Rückkehr erst dann vollzogen wird, wenn die zuvor gesteckten Ziele erreicht wurden. Die Migration ist somit auf einen limitierten Zeitraum und nicht auf Dauer angelegt und dient dazu, ökonomischen Missständen im Herkunftsland temporär auszuweichen (Currle 2006, S. 10). Kritisch anzumerken ist, dass neben ökonomischen Motiven, die für oder gegen eine Remigration sprechen, weitere Kontextbedingungen, die Erhöhung des Humankapitals, der Status der Migrantinnen und Migranten im Herkunfts- und Ankunftsland sowie Integrationsprozesse, nicht in den Ansätzen berücksichtigt werden. Hier setzen strukturelle Konzepte an, die beispielsweise auch die soziopolitischen Bedingungen im Herkunftsland mit einbeziehen. Cassarino (2004) betont, dass Migrantinnen und Migranten sich für oder gegen eine Remigration entscheiden, indem sie die Erwartungen, die sie an die Herkunftsregion haben, mit den realen Bedingungen in Bezug setzen (ebd., S. 257). Bei der Entscheidungsfindung werden neben wirtschaftlichen Veränderungen im Herkunfts- und Zielland

---

1 Seitdem ist der Begriff der Freiwilligkeit im Kontext von Remigration stark umstritten, da unterschiedliche Definitionen von Freiwilligkeit herangezogen werden (dazu ausführlich: Black/Gent 2006).

u. a. auch »Traditionen und Werte« (Curle 2006, S. 12) berücksichtigt. Die Theorien können, ebenso wie ökonomische Ansätze, die Rückkehr aufgrund von Erfolg oder Misserfolg im Ankunftsland erklärbar machen. Cassarino (2004) bemerkt jedoch kritisch, dass ebenfalls davon ausgegangen wird, dass der Erwerb von Kompetenzen und finanziellen Ressourcen im Mittelpunkt der Entscheidungsfindung steht. Damit orientieren sich die Ansätze am Push-Pull-Modell, welches zwar bis heute zur Erklärung von Migration und Remigration herangezogen werden kann, jedoch die Migrantinnen und Migranten, mit ihren individuellen sozialen Praktiken und Beziehungen, nicht als aktive Akteurinnen und Akteure betrachtet. Gemein haben die traditionellen Perspektiven weiterhin, dass mit der Rückkehr der gesamte Migrationsprozess als abgeschlossen gilt.

3.2 Die Transnationalisierung der Migration und Remigration

Aus der Kritik an den traditionellen Migrations- und Remigrationsansätzen entwickelte sich die Theorie der transnationalen Migration, der seit knapp drei Dekaden die internationale Debatte bestimmt. Glick Schiller et al. (1992) definieren Transnationalismus wie folgt:

> »We have defined transnationalism as the processes by which immigrants build social fields that link together their country of origin and their country of settlement. Immigrants who build such social fields are designated ›transmigrants‹. Transmigrants develop and maintain multiple relations – familial, economic, social, organizational, religious, and political – that span borders. Transmigrants take actions, make decisions, feel concerns, and develop identities.« (Glick Schiller et al. 1992, S. 1 f.)

Während sich das Konzept zunächst auf die Etablierung von »dauerhafte[n], massive[n] und strukturierte[n] bzw. institutionalisierte[n] Beziehungen« (Pries 2002, S. 264) aufgrund mehrmaliger Migrationsbewegungen bezog, konnten nachfolgende Studien zeigen, dass transnationale Bindungen zwischen Herkunfts- und Ankunftsland ebenfalls durch soziale, kulturelle und symbolische Beziehungen aufgebaut und aufrechterhalten werden können. Insbesondere durch die Ausbreitung moderner Kommunikationstechnologien und -mittel etablierten sich neue Möglichkeiten für den Aufbau und die Aufrechterhaltung transnationaler Lebenswelten. Cohen (1996) beschreibt diesbezüglich:

> »[T]ransnational bonds no longer have to be cemented by migration [...]. In the age of cyberspace a diaspora can, to some degree, be held together or re-created through the mind, through cultural artefacts and through a shared imagination.« (ebd., S. 516)

Durch alltägliche Kommunikationsformen wie das Telefonieren, Chatten, Skypen und das Verfolgen von Nachrichten in den Medien sowie das Tagträumen können somit ebenfalls transnationale Lebensentwürfe ausgebildet werden, da sie, ebenso wie mehrfache Migrationsbewegungen, das Normen- und Wertesystem, die Berufsstrategien, persönliche Liebes- und Freundschaftsbeziehungen, und damit das alltägliche Leben, beeinflussen können (Sievers et al. 2010, S. 75 ff.). Levitt/Glick Schiller (2004) treffen die Unterscheidung zwischen »ways of being«, mit denen auf wiederholte Migrationen aufmerksam gemacht wird, und »ways of belonging«, die Identifikation mit unterschiedlichen Bezugssystemen ohne dauerhafte Mobilität. In beiden Fällen wird die Migration tendenziell als unabgeschlossener Prozess verstanden, der auch über mehrere Generationen hinweg, individuell in Ausmaß und Dauerhaftigkeit, ausgestaltet und verhandelt wird.

Es ist nicht der Schluss zu ziehen, dass alle internationalen Migrationsprozesse transnational gestaltet sind. Im Gegenteil, traditionelle Formen der Migration prägen auch weiterhin das weltweite Migrationsgeschehen, die jedoch um den Ansatz der Transmigration erweitert und ergänzt werden müssen (Dahinden 2012).

Im Kontext der Transmigrationsdebatte wird auch das Konzept der Remigration neu analysiert und zugunsten einer transnationalen Perspektive erweitert. Mit einer Rückkehr geht folglich nicht mehr das Bild der Abgeschlossenheit einher. Stattdessen ist sie Teil eines Prozesses, der von Temporarität gekennzeichnet ist und zukünftige Migrationen einschließen kann (Eastmind 2006, Žmegač 2010). Für viele Transmigrantinnen und Transmigranten ist eine erneute Migration daher zugleich eine Rückkehr.

Transnationale Lebenspraktiken konnten bei unterschiedlichen Migrationsgruppen nachgewiesen werden. So zeigte sich, dass Geflüchtete transnationale Migrationsverläufe ausbilden, da Flucht immer mehr zu »einer permanenten, ungeplanten, kumulativen, nicht aufhörenden oder erst sehr spät endenden und vor allem viel später als erwartet endenden Mobilität zwischen mehreren Ländern« (Ottersbach 2016, S. 19) wird. Zwar sind die Chancen der Transnationalisierung der Lebenswelten von Geflüchteten vor dem Hintergrund restriktiver Gesetzgebungen und politisch-rechtlicher Rahmenbedingungen sowie ihrer sozioökonomischen Lage und der Situation im Herkunftsland beschränkt, jedoch zeigten die Studien von Neumann et al. (2003) zu jugendlichen afrikanischen Geflüchteten und von Al-Ali et al. (2001), die bosnische und eritreische Migrantinnen und Migranten mit Fluchterfahrungen untersuchten, dass trotz eines unsicheren Aufenthaltsstatus' politische, ökonomische, soziale und kulturelle transnationale Aktivitäten, mindestens jedoch »features of transnationalism« (ebd., S. 632), aufgebaut werden können. Das Konzept der Transmigration versteht Geflüchtete somit als aktive Akteure, die sich eigene transnationale Lebenswelten erschließen und sich im transnationalen Raum positionieren. Seukwa (2007) spricht beispielsweise von einem »Habitus der Überlebenskunst« und verdeutlicht so, dass Geflüchtete trotz widriger Lebensumstände eigene Potentiale entfalten und sich aktiv und eigenständig Lebenswelten erschließen können.

3.3 Transnationale Migration, Bildung und Krise

Es existieren zahlreiche erziehungswissenschaftliche Studien, die transnationale Aktivitäten von Kindern und Jugendlichen im Kontext von Bildung diskutieren. Diese stellen heraus, wie transnationale Bildungsverläufe dazu beitragen können, kulturelles Kapital zu erlangen (u. a. Griese 2013), Ressourcen zu entfalten (u. a. Sutton 2004, Tosić/Streissler 2009), soziale Chancen und Strategien des sozialen Aufstiegs zu eröffnen (u. a. Fürstenau/Niedrig 2007) und wie Kinder und Jugendliche ihre mannigfaltigen Sozialisationserfahrungen produktiv nutzen und die angesammelten Kompetenzen als Ressource für Bildungserfolg dienlich machen können (u. a. Seukwa 2007). Hervorzuheben ist die Studie von Fürstenau (2008) zu Bildungsorientierungen von Jugendlichen mit portugiesischer Transmigrationsgeschichte. Sie weist nach, dass transnationale Bildungsbiographien bewusst gestaltet und nicht als Bruch in der Bildungslaufbahn, sondern als Bereicherung wahrgenommen werden. Sievers et al. (2010) können in ihrer Studie mit Fokus auf Migrantinnen und Migranten türkischer Herkunft herausarbeiten, dass transnationale Orientierungen auch eine Strategie sein können, um Diskriminierungen im Bildungssystem auszuweichen. Ähnlich argumentiert Siouti (2013), die darauf verweist, dass Bildungserfolg bei den von ihr untersuchten Migrantinnen und Migranten mit griechischer Migrationsgeschichte oftmals erst durch einen transnationalen Lebensentwurf ermöglicht wurde. Goeke (2007) kann in seiner Studie zu Migrantinnen und Migranten mit kroatischer Migrationsgeschichte belegen, dass durch transnationale Aktivitäten auch Bildungserfolge in mehreren Ländern erzielt werden können.

Der Großteil der Studien erweckt den Eindruck, dass von Transmigrantinnen und Transmigranten eine Position eingenommen wird, in der sie sich herrschenden Bedingungen und Anforderungen in verschiedenen Ländern und Kontexten anpassen und widersetzen können, um in der Folge die eigenen Handlungs- und Partizipationsmöglichkeiten zu erweitern und Benachteiligung und Diskriminierung auszuweichen (Gesemann 1999, S. 12). Einher geht damit die Vorstellung, dass sich Transmigrantinnen und Transmigranten in verschiedenen Regionen heimisch fühlen, und sich dadurch der wiederholte Wechsel zwischen verschiedenen Bezugssystemen tendenziell konflikt- und herausforderungslos darstellt (Portes 1997, S. 812). Damit nimmt die Transmigrationsdebatte eine Perspektive ein, die sich deutlich von der traditionellen Migrationsforschung absetzt, die Defizite, Krisen und Konflikte in den Mittelpunkt rückte. So beschreibt Siouti (2013):

> »Der vorherrschende, problemzentrierte Blick der um die Ankunftsnation zentrierten Migrationsforschung wurde abgelöst bzw. erweitert durch einen Blickwechsel, der die Ressourcen der MigrantInnen und die Transkulturalitätsperspektive in den Vordergrund gerückt hat. Die Vorstellung von MigrantInnen als zwischen den Kulturen zerrissenen und entwurzelten Menschen wurde verabschiedet, und das Oszillieren zwischen Kulturen und Regionen wurde auf theoretischer Ebene aus einer neuen Perspektive im Konzept der Transmigration konzeptualisiert.« (ebd., S. 23).

Bisher fand lediglich vereinzelt eine Auseinandersetzung mit Herausforderungen von Transmigration statt (Palenga-Möllenbeck 2006, Rohr 2016). Insbesondere

Schroeder (2009) kritisiert die »vorwiegend optimistische Sicht auf das Phänomen der Transnationalisierung« (ebd., o. S.). Göhlich (2006) fragt in diesem Kontext, ob Transmigration tatsächlich »so ungebrochen positiv wirkt« (ebd., S. 5), da »die Übergangslage, das Dazwischen-Sein von diesen Betroffenen keineswegs [...] als Erweiterung, sondern eher als Mangel oder zumindest als Problem wahrgenommen wird« (ebd.). Auch Žižek (1999) schreibt, dass die »gelobte ›Hybridität‹« (ebd., S. 155) auch »die sehr spürbare, traumatische Erfahrung [sein kann], sich nie richtig niederlassen und seinen Status legalisieren zu können« (ebd., S. 155).

Im Folgenden soll eine sozialpsychologische Perspektive eingenommen werden, um neben den Potentialen ebenfalls die Herausforderungen von Transmigration diskutieren zu können. Diese Perspektive versteht Migration als »schmerzliche Erfahrung von Trennung und Trauer« (Rohr et al. 2014, S. 8). Nach Kronsteiner (2009) geht jede Migration mit einer Krise (ebd., S. 329) einher, die ausgelöst wird durch den Verlust der »bedeutsamsten und wertvollsten Objekte: Menschen, Dinge, Orte, Sprache, Kultur, Gebräuche, Klima, manchmal den Beruf, gesellschaftliche beziehungsweise ökonomische Stellung usw.« (Grinberg/Grinberg 1990, S. 28). Schütz (1972), der sich aus sozialpsychologischer Sicht mit Remigrationsprozessen beschäftigte, stellte heraus, dass Remigrationen ebenfalls Auswirkungen »auf alle Bereiche [der] Persönlichkeit« (ebd., S. 81) haben. Eine Rückkehr ist somit eine »zweite Auswanderung« (Wolbert 1995, S. 19), da u. a. das individuelle Konzept der Heimat neu definiert werden muss (Olivier 2014). So kann eine Remigration sogar als bedeutsamer und konfliktreicher als die zuvor stattgefundene Migration verstanden werden (Markowitz/Stefansson 2004, Scholl-Schneider 2011). Eine Remigration ist somit in vielerlei Hinsicht nicht einfach nur eine Rückkehr in das Herkunftsland, sondern beinhaltet eine erneute Migration mit all den damit verbundenen Erfahrungen.

Die migrations- bzw. remigrationsbedingte Krise gilt als »ein normaler Zustand« (Kronsteiner 2009, S. 330) und kann sich auf individueller Ebene unterschiedlich ausdrücken, beispielsweise in einer Identitätskrise oder Desintegration in die Gesellschaft. Nach Garza-Guerrero (1974) ist ein Trauerprozess nötig, um die Krise zu bewältigen. Durch den Trauerprozess können die stattgefundenen Veränderungen akzeptiert und die Migration bzw. Remigration zur kreativen und innovativen Lebenserfahrung werden. Bleibt die Krise hingegen unbewältigt, kann sie zur dauerhaften Desintegration oder psychischen Erkrankungen führen. Der Umgang mit ihr ist somit mitentscheidend für die Integration bzw. Reintegration in die Gesellschaft und die Entwicklung neuer Lebensentwürfe.

Die Verknüpfung der beiden Ansätze, Transmigration und Krise, führt zu neuen Fragestellungen, die bisher noch nicht in die internationale Transmigrationsdebatte eingebunden sind. So gilt es zu diskutieren, ob Krisen überhaupt im Kontext von Transmigration auftreten, wenn der Verbleib in einem Land bzw. einer Gesellschaft lediglich durch Temporarität gekennzeichnet und eine erneute Migration bereits fest in den eigenen, transnationalen Lebensentwurf eingeplant ist.

3.4 Transnationale Remigration am Beispiel von Jugendlichen in der Region Kurdistan im Irak

Seit der Unabhängig des Iraks von Großbritannien im Jahr 1932 kämpfte die kurdische Bevölkerung für Autonomie der kurdischen Region im Norden des Landes. Ahmad et al. (2012) erwähnen die folgenden Ereignisse, die die Region in besonderem Maße prägten:

- der vom irakischen Regime durchgeführte Genozid (»Anfal-Operation«) der kurdischen Bevölkerung zwischen den Jahren 1986 und 1989;
- der Zweite Golf-Krieg 1990–1991;
- der Aufstand 1991 gegen das irakische Regime und dessen Niederschlagung, der die Deportationen kurdischer Bevölkerungsteile und eine humanitäre Krise in der Region Kurdistan auslöste;
- die Einrichtung der Flugverbotszone im Frühjahr 1991 durch die Vereinten Nationen zum Schutz der kurdischen Bevölkerung;
- der Bürgerkrieg (1994–1998) zwischen den bedeutendsten kurdischen Parteien, in dessen Folge zwei kurdische Verwaltungen entstanden;
- die irakische Verfassung von 2005, die die Region Kurdistan als autonome Regionalregierung anerkennt und
- die Wiedervereinigung des Parlaments der Region Kurdistan in Erbil im Jahr 2006 durch die Zusammenlegung der beiden kurdischen Verwaltungen.

Die bis in das Jahr 1998 anhaltenden Kriege und Konflikte in der Region Kurdistan trieben zahlreiche Kurdinnen und Kurden aus dem Irak in die Flucht, darunter auch nach Westeuropa. Es existieren keine offiziellen Daten über die Anzahl kurdischer Migrantinnen und Migranten in Deutschland, da nur die Staatsangehörigkeit, nicht aber die ethnische Zugehörigkeit von Migrantinnen und Migranten erfasst wird. Die Vertretung der Regionalregierung Kurdistan-Irak in Deutschland schätzt die Zahl der in Deutschland lebenden Kurdinnen und Kurden auf zwischen 60.000 und 80.000 (persönliche Mitteilung).

Seit dem Sturz des irakischen Regimes von Saddam Hussein im Jahr 2003 entscheiden sich viele Familien aus individuellen, familiären, ökonomischen, ethnischen und strukturellen Gründen, in die Region Kurdistan im Norden des Landes zurückzukehren. Die Kinder und Jugendlichen, die in Deutschland geboren oder in jungen Jahren mit ihren Familien nach Deutschland flüchteten, kehren in eine Gesellschaft zurück, die sich inmitten einer tiefgreifenden Transformation befindet. Diese kennzeichnet sich einerseits durch Globalisierungs- und Modernisierungsprozesse, andererseits bestehen in der Gesellschaft traditionell-ethnische sowie patriarchale Ordnungsprinzipien und Gesellschaftsstrukturen weiter fort. Hervorzuheben ist die Bedeutung von Bildung in der Region. So beschreibt Yakub Othman (2013), dass »die Kurden als […] ursprünglich bäuerliche Gesellschaft über lange Zeit an Bildung als Teil der Kultur und als Voraussetzung für soziale und individuelle Entwicklung wenig Interesse zeigten« (ebd., S. 330) und folglich »keinen Wert auf Ausbildung und Studium legten« (ebd., S. 332). Hinzu kam, dass während der Kriegs- und Konfliktjahre in der kurdischen Region im Irak das Bildungssystem stark zerstört war und somit kaum Zugang zu Bildung bestand (ebd., S. 86). Zugleich war es für die Bevölkerung überlebenswichtig, möglichst früh Geld zu verdienen, um das eigene und das Leben der Familie zu sichern. So arbeiteten auch Hochschulabsolventinnen und Hochschulabsolventen in anderen Berufen, die zwar nicht ihren Qualifikationen entsprachen, durch die sie jedoch mehr Geld erwirtschaften konnten. Aufgrund der politischen und gesellschaftlichen Veränderungen seit Ende der 1990er Jahre hat Bildung sowohl für Männer als auch für Frauen an Bedeutung gewonnen. Vor diesem Hintergrund wurden »zahlreiche staatliche, aber auch private Bildungseinrichtungen unter in- oder ausländischer Trägerschaft gegründet« (ebd., S. 353). Heute gilt Bildung in der Region Kurdistan als essenzieller Bestandteil der Gesellschaft, die den Aufbau der Region positiv beeinflussen soll (Salam 2010, S. 279). Massive Investitionen in den Bildungssektor wirken sich positiv auf die Bevölkerung bezüglich ihres gesellschaftlichen und wirtschaftlichen Aufstiegs sowie auf das kurdische Nationalbewusstsein aus (ebd., S. 109). Ziel ist die Ausbildung einer »Bildungselite der Zukunft« (ebd., S. 200), die den Wiederaufbau der Region Kurdistan und die Errichtung eines Nationalstaates vorantreiben kann. Salam (2010) konstatiert, dass insbesondere kurdische Remigrantinnen und Remigranten durch soziokulturellen Transfer sowie Wissenstransfer den Transformationsprozess beeinflussen.

Fragestellung und Methode

Die im Fokus dieses Beitrags stehende qualitative Studie ging der Frage nach, wie Jugendliche den familiären Remigrationsprozess aus Deutschland in die Region Kurdistan erleben und welche Bildungsperspektiven und transnationalen Lebensentwürfe sie nach der Rückkehr entwickeln (Schleimer 2015).

Insgesamt wurden in drei Feldforschungsphasen in unterschiedlichen Städten der Region Kurdistan zwischen den Jahren 2011 und 2013 insgesamt 32 narrative Interviews mit remigrierten Jugendlichen von 14 bis 24 Jahren geführt. Die Auswahl der Interviewpartnerinnen und Interviewpartner folgte dem »Schneeball-Prinzip« (Reinders 2012), indem Interviewte weitere Jugendliche für ein Gespräch vermittelten. Um die Breite des Samples zu erhöhen, wurden zusätzliche Gatekeeper, beispielsweise Lehrerinnen und Lehrer sowie Eltern, hinzugezogen, um Kontakte zu weiteren Jugendlichen zu gewinnen. Darüber hinaus gab es die Möglichkeit, selbstständig weitere Interviewpartnerinnen und Interviewpartner bei Schulbesuchen und in Universitäten kennenzulernen, die den Informationshorizont zusätzlich erweiterten. Falls möglich, wurden Nachfolgeinterviews geführt, um weitere Informationen und dichtere Beschreibungen der Remigrationserfahrungen zu erhalten.

Entscheidend war für die Auswahl, dass die interviewten Jugendlichen Teile ihrer Bildungslaufbahn in Deutschland absolviert haben, frühestens nach dem Sturz des Regimes von Saddam Hussein im Jahr 2003 in die kurdische Region im Norden des Irak remigriert sind und dort ihre Bildungslaufbahn fortgesetzt oder wieder neu aufgenommen haben. Zusätzlich sollten alle Jugendlichen aufgrund ihrer familiären Erziehung und Sozialisation, fortwährender Kontakte nach Kurdistan sowie dortige Aufenthalte während der Ferienzeiten einen transnationalen Lebensentwurf ausgebildet haben, sodass sie ein Geflecht zwischen Deutschland und der Region Kurdistan knüpften, welches ihre Lebenswelten und Identitäten in unterschiedlicher Intensität und Beständigkeit bestimmt.

Da in den Interviews neben einer chronologischen Wiedergabe von Abläufen zur Migration nach Deutschland, zur Integration und zum Leben in Deutschland und zur Remigration bzw. zur Reintegration in die Region Kurdistan auch selbstreflexive Elemente, subjektive Gedanken und Erinnerungen zum individuellen Erleben der eigenen Migrationsgeschichte im Fokus standen, konnten die Interviewpartnerinnen und Interviewpartner das Setting selbstständig bestimmen. Dadurch sollte die größtmögliche Offenheit der Jugendlichen erreicht werden. Die Gespräche fanden u. a. bei den Interviewten zuhause, in Cafés oder Restaurants, in der Universität oder in der Schule statt.

Das Datenmaterial wurde nach der hermeneutischen Methode des »szenischen Verstehens« nach Lorenzer (2006 [1985]) ausgewertet. Dieses fallrekonstruktive Verfahren erlaubt es, sowohl manifeste als auch latente Sinnzusammenhänge zu erfassen, indem bei der Analyse »unterhalb des sprachlich organisierten [Zusammenhangs]« (Lorenzer 2006 [1985], S. 64) angesetzt wird. Dadurch konnte die Bedeutung von Bildung für die transnationalen Lebenswelten der Remigranten herausgearbeitet werden, die aus ihren Kommunikationsstrukturen tendenziell ausgeschlossen ist. Die Interviews wurden anschließend im Rahmen von Einzelfallanalysen aufbereitet.

Obwohl keine Angabe über die Häufigkeit bestimmter Muster und Phänomene getätigt werden kann, wurden die erarbeiteten Fallanalysen einer Generalisierung zugänglich gemacht, indem im Anschluss fallübergreifende Gemeinsamkeiten herausgearbeitet wurden, die der »Genauigkeit der Einzelbeschreibungen« (Geertz 1983, S. 37) zugrunde liegen.

Im Folgenden wird, stellvertretend für das Gesamtsample, ein Einzelfall vorgestellt, an welchem entscheidende Ergebnisse der Studie, das Erleben der Remigration und die Bedeutung der eigenen Bildungsbiographie im Kontext der Rückkehr, besonders anschaulich dargestellt werden können. Anzumerken ist, dass kein Interview dem anderen gleicht. Jedoch machen Fischer-Rosenthal/Rosenthal (1997) deutlich, dass sich bereits an einem Einzelfall »präzise Rekonstruktionen gesellschaftlicher Strukturen« (S. 157) zeigen lassen (dazu auch: Yin 2009).

Das Fallbeispiel Rebaz

Zum Zeitpunkt des Interviews ist Rebaz 16 Jahre alt. Er flüchtete im Jahr 1999 mit seiner Familie aus der Region Kurdistan nach Deutschland. Seine beiden Geschwister, ein jüngerer Bruder und eine jüngere Schwester, sind in Deutschland geboren. Die gesamte Familie besitzt die deutsche Staatsbürgerschaft, die es ihnen ermöglichte, mehrere Male im Jahr in die Region Kurdistan zu reisen, um dort lebende Verwandte zu besuchen. Aufgrund der Reisen und der Bemühungen der Eltern, ihren Kindern die kurdische Sprache und die kurdischen Traditionen näherzubringen, hat Rebaz enge Bindungen an die Region ausgebildet, die sich insbesondere durch Nationalstolz zeigen. Zugleich berichtet er im Interview, dass er

3.4 Transnationale Remigration am Beispiel von Jugendlichen in der Region Kurdistan

kaum Kenntnisse über die Geschichte und die Gesellschaft der Region Kurdistan besitzt: »[S]owas brauche ich nicht. Ich hab ja alles, was ich brauche, 'ne? Da brauche ich nicht die Geschichte erfahren.«

Die Entscheidung zur Remigration trafen seine Eltern aufgrund sozioökonomischer Herausforderungen; während Rebaz' Mutter in Deutschland keiner Arbeit nachging, war sein Vater Taxifahrer. Obwohl Rebaz im Interview erwähnt, dass er keinen Einfluss auf die Entscheidung zur Remigration hatte, zeigt er sich durchweg euphorisch über sein neues Leben in der Region Kurdistan und äußert sogar, dass »alles […] besser geworden« sei. Die Familie erhielt nach der Remigration Unterstützung von Verwandten, die die Rückkehr mitorganisierten. Rebaz hat wenige Wochen vor der Rückkehr seinen Hauptschulabschluss nach der Jahrgangsstufe 9 absolviert und wurde in der Region Kurdistan erneut in eine 9. Klasse einer Sekundarschule eingeschult. Er hat nun die Möglichkeit, die Hochschulreife nach der Klasse 12 zu erlangen.

Da Rebaz nach der Rückkehr die Möglichkeit bekommt, seine schulische Bildung fortzusetzen, nimmt seine Bildungslaufbahn eine bedeutende Rolle in seinem Leben ein. Dies hängt vermutlich auch damit zusammen, da er sich in Deutschland als Bildungsverlierer verstand und nun die Möglichkeit erhält, den ausgebliebenen Bildungserfolg in eine erfolgreiche Bildungslaufbahn in der Region Kurdistan zu verwandeln. So sagt er:

> »Wenn meine Familie nicht gekommen wäre, wäre ich in Deutschland geblieben. Dann hätte ich in Deutschland die Berufsschule besucht und hätte dann gleichzeitig auch Bewerbungen abgeschickt. Elektriker, KFZ-Mechaniker oder irgendso 'ne Drecksarbeit. […] Die anderen haben Hauptschulabschluss, können nichts aus ihrem Leben machen. […] Ich hab Hauptschulabschluss und kann was aus meinem Leben machen. Ich hab, ich hab noch nicht verloren sozusagen… Neuanfang. Treppe für Treppe hoch.«

Als Rebaz über seine Schulerfahrungen in Deutschland berichtet, spricht er auch an, dass er sowohl von seinen Mitschülerinnen und Mitschülern als auch von seinen Lehrerinnen und Lehrern diskriminiert wurde:

> »Ich wurde schon so gemobbt. Aber nicht so jeden Tag, weißte. So aus Spaß: ›Du kommst aus Kurdistan!‹, ›Geh zurück zu deinen Bergen!‹ […] Hier können die nichts sagen, die sind alle Kurden. Hier sagen die ja gar nichts. Ich sehe viel zu viel kurdisch aus. […] Meine Lehrer haben auch manchmal so gesagt ›Aus dir wird eh nichts!‹«

Im Verlauf der Interviews wird deutlich, dass Rebaz von Bildung spricht, es ihm jedoch nicht um Bildung geht. Stattdessen soll Bildungserfolg allein dazu dienen, ökonomischen Aufstieg zu erreichen. Dieser soll ihn für die erlebte Diskriminierung, Ausgrenzungserfahrungen und Kränkungen entschädigen:

> »Ich will hier mein Geld verdienen und […] den ganzen deutschen Freunden […] einen Korb geben, wenn ich da mit 'nem geilen … geilen Auto komme und viel Geld in der Tasche und aus meinem Leben was gemacht habe.«

Dass Bildung dem Zweck des sozioökonomischen Aufstiegs dient, zeigt sich ebenfalls daran, dass Rebaz' Bildungspläne unausgereift erscheinen. So spricht er zwar mehrmals davon, nach seinem Schulabschluss ein Studium zu beginnen, jedoch fragt er während des Interviews, was eine Universität sei und was diese mit einem Studium zu tun habe. Nichtsdestotrotz helfen ihm seine Bildungsaspirationen und Bildungspläne, dass er sich eine Zukunft ausgestaltet und sich in die Gesellschaft in der Region Kurdistan integrieren kann. Er lässt sich zunächst auch nicht von auftretenden Misserfolgen demotivieren, die jedoch bereits andeuten, dass sich seine Bildungsambitionen nur schwerlich realisieren lassen werden:

> »[...] wir haben heute einen Test geschrieben. Und ich habe nicht gelernt ... Und man hat Nachteile gesehen. Und ich hab, ich hab, ich hab gedacht, das ist jetzt einfach, weil ich Montag zugeguckt hab, aber man hätte wirklich lernen müssen.«

Festzuhalten ist zunächst, dass Rebaz die Remigration in die Region Kurdistan nicht als Krise, sondern als Chance erlebt und dass er die Potentiale, welche die Rückkehr beinhaltet, nutzen möchte. Dabei wird auch deutlich, dass die Remigration seiner Familie keine endgültige Entscheidung für ihn darstellt. So betont er, dass seine Eltern eine dauerhafte Niederlassung in der Region Kurdistan anstreben, er selbst möchte jedoch für ein Studium nach Deutschland zurückkehren.

Ein halbes Jahr später fand ein Nachfolgeinterview mit Rebaz statt, in der gleich zu Beginn deutlich wurde, dass die Euphorie und positive Einstellung, die er noch im ersten Interview hatte, einer Frustration gewichen ist. So berichtet er nicht lediglich von seinen schlechten Schulleistungen, sondern ebenfalls von handgreiflichen Auseinandersetzungen mit seinen Mitschülern und einem seiner Lehrer. Darüber hinaus ist er mit außerschulischen Herausforderungen konfrontiert. Er spricht darüber, dass er in eine Mitschülerin verliebt sei, diese Liebe jedoch unerfüllt bleiben muss, da weder seine noch die Familie der jungen Frau eine außereheliche Beziehung dulden. Er beschreibt:

> »Ich wusste das alles nicht, was hier wirklich abgeht. Meine Eltern haben mir immer gesagt ›So und so ist es. Das ist unser Land. Du wirst dort ein besseres Leben haben und viel Geld verdienen. Es wird so sein wie in den Ferien. Und du kannst sogar Abi machen und alles wird viel besser und einfacher sein für dich.‹ Aber so ist es nicht. Das Leben ist hart, man! Meine Familie, meine Onkel und Tanten und meine Oma und Opa und meine Cousins, die wissen gar nicht, wie es ist in Deutschland und nun soll ich sein wie sie. Das geht nicht. Ich kann nicht mal eine Freundin haben. Alles verboten.«

Da Rebaz sich nicht in der Region Kurdistan integriert fühlt, plant er, dauerhaft nach Deutschland zu migrieren:

> »Ich will zurück nach Deutschland. Aber meine Eltern erlauben es nicht. Sie haben entschieden, dass wir jetzt hier leben und haben mir alles versprochen, wie gut es hier ist. Aber so ist es nicht.«

Lediglich die Hoffnung auf einen erfolgreichen Schulabschluss hält ihn in der Region Kurdistan: »Ich muss durchhalten bis ich Abi hab, damit ich alleine nach Deutschland gehen kann. Da ist alles besser. Hier will ich nur noch raus!«

Rebaz' Einstellung gegenüber der Remigration war zunächst positiv, da er die Möglichkeiten auf Bildungserfolg und sozialen Aufstieg nutzen wollte, die er nach der Rückkehr erhielt. Einige Monate später zeigte sich hingegen die remigrationsbedingte Krise, die sich durch Schwierigkeiten im Integrationsprozess ausdrückt. Rebaz muss sich mit den realen Bedingungen in der Region Kurdistan auseinandersetzen und sein alltägliches Leben in der Region bestreiten. Dabei stellt es sich für ihn als besonders herausfordernd dar, sich in das Schulsystem und die Gesellschaft zu integrieren. Die sich bereits im ersten Interview abzeichnenden

Misserfolge in der Schule wirken sich zusätzlich negativ auf Rebaz' zunächst positive Einstellung gegenüber der Remigration aus.

Grund für die Remigrationskrise könnte u. a. sein, dass Rebaz zwar regelmäßige Kontakte zu seinen Verwandten in der Region besaß, viele kurdische Traditionen durch seine Familie auch in Deutschland aufrechterhalten wurden und er Kurdisch, zumindest mündlich, beherrschte, jedoch allein die familiären Bindungen seine Vorstellungen und Phantasien über das Leben in der Region Kurdistan prägten. Aufgrund der hinzukommenden Diskriminierung in Deutschland als Angehöriger der kurdischen Ethnie und seines Unwissens über die kurdische Geschichte, idealisierte und romantisierte Rebaz die Region Kurdistan.

Auffällig ist, dass die Hoffnungen auf Bildungserfolg Rebaz sowohl im ersten als auch im zweiten Interview Halt und Stabilität verleihen. Die Hoffnungen auf Bildungserfolg und materiellen Wohlstand stellen für ihn zunächst einen Weg dar, sich Zukunftspläne in der Region Kurdistan zu erarbeiten und sich so in die Gesellschaft zu integrieren. Zusätzlich begründete sein Bildungsweg seinen transnationalen Lebensentwurf, da zukünftige Migrationen eng an seine Bildungslaufbahn gebunden wurden. Als sich seine Hoffnungen auf Bildungserfolg jedoch nicht erfüllten, schafft es Rebaz kaum noch, beide Lebenswelten reflektiert miteinander zu verbinden, ohne Deutschland und die Region Kurdistan als zwei gegensätzliche Welten zu verstehen. Dadurch weicht sein zunächst transnationaler Lebensentwurf immer deutlicher dem Wunsch, dauerhaft nach Deutschland zurückzukehren. Doch gibt er die Hoffnung auf Bildungserfolg und ein anschließendes Studium in Deutschland nicht auf und kann sich dadurch sogar während seiner Krise mit seinem Leben in der Region Kurdistan, mindestens temporär, arrangieren.

Die Remigration als Krise und die Bewältigung der Krise durch Bildung

Stellvertretend für das gesamte Sample zeigt das Fallbeispiel, wie herausfordernd sich die Remigration für die Jugendlichen aus Deutschland in die Region Kurdistan darstellt. Trotz transnationaler Lebensentwürfe und Aktivitäten ist die Remigration nicht lediglich als Rückkehr, sondern als ein vielschichtiger und komplexer Einschnitt in ihre bisherigen Lebenswelten zu betrachten. Obwohl transnationale Lebenswelten durch Besuche der Region Kurdistan und symbolische Verbindungen von den Kindern und Jugendlichen aufgebaut und aufrechterhalten wurden, stellen Migrationen im transnationalen Raum hohe Anforderungen und Herausforderungen an sie, da sie ihr Leben wiederholt neu organisieren und gestalten müssen. Die Transmigration löst eine Krise aus, die sich insbesondere in den Herausforderungen im Kontext der Integration zeigt.

Auffällig ist, dass die Remigration und die damit verbundene Krise innerhalb der Familien nicht besprochen werden. Im Interview mit Rebaz wird deutlich, dass seine Eltern von ihm eine Anpassung an die familiäre Remigrationsentscheidung und Lebensperspektive erwarten. Die Diskussion und Reflexion der Migrationsgeschichte innerhalb der Familie stellen jedoch eine entscheidende Ressource für die Verarbeitung von migrationsbedingten Krisen dar (Delcroix 2000).

Es wird der Anschein erweckt, dass die remigrationsbedingte Krise und die damit verbundenen Herausforderungen der Integration innerfamiliär tabuisiert und verleugnet werden müssen, sodass in der Folge auch eine kritische Reflexion und Diskussion der Remigrationsentscheidung ausbleibt. Die Entscheidung zur Remigration der Familien erscheint als nicht anzweifelbar. Dies könnte damit zusammenhängen, dass die Kinder und Jugendlichen und die Eltern die Migrations- und Remigrationsprozesse unterschiedlich erleben. Die Eltern können tendenziell als Diasporamigrantinnen und -migranten angesehen werden, die unfreiwillig außerhalb ihres Heimatlandes leben, zu welchem sie dauerhafte und enge Loyalitäts- und Abhängigkeitsbeziehungen besitzen. Safran (2004) beschreibt, dass bei Diasporamigrantinnen und -migranten der fortwährende Wunsch nach einer Rückkehr in das Heimatland besteht, und aus diesem Grunde auch nur eine teilweise Integration in die Aufnahmegesellschaft angestrebt wird (ebd., S. 83 f.). Die Kinder und Jugendlichen haben hingegen transnationale Lebenswelten ausgebildet, die sich durch eine stärkere Anbindung an beide Bezugssysteme kennzeichnen. Dadurch erleben sie Deutschland nicht als Exil und die Remigration nicht als die Erfüllung des fortwährend bestandenen Remigrationswunsches. Es erscheint, als müssten die Kinder und Jugendlichen die remigrationsbedingte Krise und die mit der Remigration verbundenen Widersprüche und herausfordernden Erfahrungen tabuisieren, da der elterliche Traum der Rückkehr und die Entscheidung zur Remigration nicht angezweifelt werden darf.

In den Interviews zeigt sich die besondere Bedeutung von Bildung für die remigrierten Familien. Sowohl die Kinder und Jugendlichen als auch ihre Eltern haben hohe Bildungsaspirationen (dazu u. a. Ditton et al. 2005, Becker 2010). Die Kinder und Jugendlichen haben die Hoffnung, ihren Bildungsweg erfolgreich fortzusetzen oder Bildungsmisserfolge in eine erfolgreiche Bildungskarriere zu verwandeln. So zeigt sich anhand ihrer Bildungsbiographien das innovative Potential der Transmigration, das neue Bildungschancen und gesellschaftlichen Aufstieg ermöglichen kann (Fürstenau 2008, Siouti 2013, Goeke 2007).

Zusätzlich gibt die Planung und Ausgestaltung der eigenen Bildungsbiographie den Jugendlichen Halt und Stabilität, sodass es ihnen in der Folge ermöglicht ist, die Krise der Remigration zu bewältigen. Sie gestalten ihre Bildungspläne transnational, sodass die Rückkehr in die Region Kurdistan sowohl als ein Teil ihrer Migrationsbewegungen als auch ihrer Bildungslaufbahn angesehen wird. Die Hoffnung, nach dem Schul- oder Hochschulabschluss wieder nach Deutschland zu migrieren, um den Bildungsweg dort fortzusetzen, gibt den Jugendlichen die Möglichkeit, sich temporär in die Region Kurdistan zu integrieren, ohne sich vollständig an die Region Kurdistan zu binden und ihre transnationalen Lebensentwürfe und Lebenswelten aufgeben zu müssen.

Darüber hinaus erhalten die Kinder und Jugendlichen durch eine erfolgreiche Bildungsbiographie die Möglichkeit, sich in die Gesellschaft zu integrieren. Denn obwohl Teile der kurdischen Gesellschaft an den ethnischen, kulturellen und traditionellen Strukturen festhalten und die transnationalen Lebenswelten der remigrierten Kinder und Jugendlichen mit diesen Lebensformen zunächst unvereinbar scheinen, sichert ihnen Bildungserfolg soziale Akzeptanz und Anerkennung. In der

Folge werden ihre Integration und damit auch ein kreativer und produktiver Umgang mit der remigrationsbedingten Krise erleichtert.

3.5 Pädagogische, bildungspolitische und gesellschaftliche Konsequenzen

Es stellt sich abschließend die Frage, welche Konsequenzen aus den Befunden zur transnationalen Rückkehr der Kinder und Jugendlichen und zur remigrationsbedingten Krise für den gesellschaftlichen, bildungspolitischen und pädagogischen Umgang mit Migrantinnen und Migranten mit Fluchtgeschichte in Deutschland abgeleitet werden können.

Zunächst lässt sich festhalten, dass viele heutige Migrationen als dynamische Prozesse zu verstehen sind, die deutlicher durch Temporarität als durch Abgeschlossenheit gekennzeichnet sind. Migrationen sind komplexer geworden und damit nicht mehr ausschließlich durch traditionelle Ansätze und Vorstellungen zu fassen. So zeigte die Studie, dass die remigrierten Jugendlichen zwar durchaus Pläne zu weiteren Migrationsbewegungen besitzen, jedoch bewusst offenlassen, wie und wo sie sich langfristig verorten werden. Dadurch wird sowohl die Vorstellung eines dauerhaften Verbleibens und einer Integration in Form einer Anpassung als auch die Vorstellung, dass die Remigration von Migrantinnen und Migranten mit Fluchtgeschichte eine endgültige Rückkehr in Dauerhaftigkeit darstellt, infrage gestellt.

Transnationale Formen von Migration führen so zu einer weiteren Pluralisierung[2] der Gesellschaft, die neue Integrationskonzepte notwendig machen. Die Interkulturelle Pädagogik macht darauf aufmerksam, dass die Verschiedenheit der Menschen innerhalb der Gesellschaft als Tatsache zu betrachten ist, die »es in den Institutionen und Prozessen der Erziehung und Bildung zu berücksichtigen gilt« (Gogolin/Krüger-Potratz 2013, S. 91). Damit unterscheiden sich aktuelle Ansätze

---

2 Obwohl sich dieser Beitrag explizit auf die Migrations- bzw. Fluchtgeschichte der Migrantinnen und Migranten konzentriert, gilt es anzumerken, dass sich die Identitätsentwürfe der jugendlichen Transmigrantinnen und Transmigranten nicht ausschließlich durch die Migration bzw. Flucht bestimmen lassen, sondern sich durch multikontextuelle Trennlinien voneinander ausdifferenzieren. So beschreibt Georgi (2015), dass Migration an sich bereits heterogen ist und »vielfältige Dimensionen von Differenz, etwa die Wanderungsmotivation, den Bildungshintergrund, den aufenthaltsrechtlichen Status, die religiöse Zugehörigkeit, die beruflichen Qualifikationen und die Beziehungen zum Herkunftsland« (ebd., S. 25) umfasst. Migrantinnen und Migranten definieren sich folglich nicht ausschließlich über ihre Migrationsgeschichte, sondern ebenfalls über andere Diversitätsdimensionen, wie beispielsweise Geschlecht/Gender, Alter, sexuelle Orientierung, Beeinträchtigung. Vermeintliche »Eindeutigkeiten von Zuschreibungen und Positionierungen« (Lutter 2016, S. 12) sind aus einer »differenzsensible[n] Perspektive« (ebd.) im Kontext des Ansatzes der Intersektionalität kritisch zu hinterfragen und zu überdenken.

deutlich von der Perspektive der sogenannten »Ausländerpädagogik« der 1970er Jahre, die »auf einem monokulturellen Weltbild basiert, welches die Heimatkulturen, aus denen die Kinder kommen und die Migrantenkulturen, in denen sie inzwischen leben, ausblendet, ignoriert und damit auch entwertet« (ebd., S. 77) und stattdessen eine strikte Assimilation der Migrantenkinder und -jugendlichen einforderte. Dennoch, so macht Krüger-Potratz (2010) deutlich, sind Ideen und Konzepte der auf Assimilation und Segregation ausgerichteten Ausländerpädagogik im »bildungspolitischen und praktischen Diskurs« (ebd., S. 154) auch weiterhin bedeutsam. Ebenfalls beschreibt Hauenschild (2010), dass die Konzepte zu Transmigration oder Transkulturalität von der praxisnahen Literatur »schlicht nicht zur Kenntnis genommen« (ebd., S. 155) werden. Sie zitiert Dirim/Mecheril (2009), die darstellen, dass Ansätze der Praxis »in ihrer Programmatik nach letztlich dem Ausländerpädagogischen Paradigma zugerechnet werden müssen« (ebd., S. 9, zitiert nach Hauenschild 2010, S. 160). Nieke (2010) bezeichnet dies als Neo-Assimilationismus, womit der Druck der Anpassung aller Minderheiten gemeint ist, »die sich in ihrer Wertebasis von den Grundüberzeugungen der Majoritätskultur [...] unterscheiden und unterscheiden möchten« (ebd., S. 213). So ist festzuhalten, dass Bildungssysteme noch immer vor der Herausforderung stehen, offener zu werden gegenüber gesellschaftlichen Diversifizierungs- und Pluralisierungstendenzen, damit alle Kinder und Jugendlichen die Chance auf Möglichkeiten der chancengerechten Partizipation erhalten. Dies bedeutet auch, auf die Selbstdefinition der Lernenden reagieren zu können, sodass unbefangene Identitätsentwürfe erprobt und selbstbestimmt Lebenswelten gestaltet werden können. So können brüchige Orientierungen produktiv begleitet, gefördert und unterstützt sowie eine auffangende Umgebung geboten werden, die unterschiedlichen Lebensrealitäten, getragen von dem Gedanken der »Anerkennung von Vielfalt« (Prengel 1993), gerecht werden.

Ebenso wie Integrations- müssen sich Bildungsmaßnahmen stärker an den Lebenswelten der Individuen orientieren. Ottersbach (2016) spricht sich für eine lebensweltlich orientierte Bildung im Kontext von Flucht und Migration aus, die »einerseits die Rahmenbedingungen, mit denen Flüchtlinge vor, während und nach ihrer Flucht konfrontiert waren bzw. sind, aber auch ihre subjektiven und individuellen Bewältigungsformen, die sie entwickelten und entwickeln« (ebd., S. 21) berücksichtigt. Es geht also um ein verlässliches Angebot auf Teilhabe im Kontext einer Förderung aller, die ausgerichtet ist an individuellen Voraussetzungen, Bedürfnissen und Anforderungen (▶ Kap. 4). So wird es möglich, dass alle Kinder und Jugendliche mit Migrations- und Fluchterfahrungen Bildung für individuelle Entwicklungsprozesse, auch nach der Remigration oder Weiterwanderung im Kontext von Transmigration, dienlich machen können. Erfolgreiche Bildungsbiographien eröffnen ihnen folglich multiple Möglichkeiten, aktiv transnationale Lebenswelten auszugestalten und sich in unterschiedlichen Bezugssystemen und Kontexten zu integrieren. Bildungsprozesse, an die nach einer Remigration oder Weiterwanderung angeschlossen werden, und Integrationskonzepte, die die bestehenden Bezugssysteme von Migrantinnen und Migranten gewinnbringend berücksichtigen, tragen ebenfalls dazu bei, migrations- und remigrationsbedingte Krisen zu bewältigen.

3.6 Implikationen für weitere Forschung

Der Fokus der internationalen Transmigrationsdebatte auf Ressourcen und Potentiale transnationaler Migration eröffnet gewinnbringende Erkenntnisse und Einsichten darüber, wie Migrantinnen und Migranten durch transnationale Aktivitäten Ressourcen entfalten und dadurch Strategien für erfolgreiche Bildungslaufbahnen und sozialen Aufstiege eröffnen können.

Der vorliegende Beitrag zeigte, dass die Remigration der Kinder und Jugendlichen im transnationalen Kontext Teil eines Prozesses ist, der weitere Migrationen beinhaltet und nicht als Abschluss ihrer Migrationsgeschichte verstanden werden kann. Trotz transnationaler Aktivitäten und Lebensentwürfe, welche sich zwischen verschiedenen Ländern aufspannen, ist die Remigration mit einer Krise verbunden, die durch die multiplen Trennungen, Brüche und Konflikte ausgelöst wird. Die Verarbeitung der transmigrationsbedingten Krise ist mitbestimmend dafür, ob eine Integration in die Gesellschaft gelingen kann und in der Folge die innovativen Potentiale transnationaler Migrationen ausgeschöpft werden können. Es wurde veranschaulicht, dass der Fokus auf die eigene Bildungsbiographie und die Ausgestaltung von individuellen Bildungsplänen im transnationalen Raum dazu beitragen können, die Transmigrationskrise produktiv zu bewältigen.

Das Konzept der Transnationalität erfordert die weitere Diskussion der Herausforderungen im Rahmen von Migrations- und Remigrationskrisen, die sich insbesondere durch eine sozialpsychologische Perspektive erschließen lassen, bisher jedoch lediglich ansatzweise in die Debatte eingebunden sind. Dieser Beitrag ist somit als wichtige Erweiterung des Transmigrationsansatzes zu verstehen, indem Kinder und Jugendliche und ihre spezifischen Erfahrungen im transnationalen Raum in den Mittelpunkt gerückt werden. Dazu wurde eine weitere Gruppe, Jugendliche mit Fluchthintergrund, und eine weitere Form der Transmigration, die transnationale Remigration, fokussiert, die es in der Folge möglich machen, multiple Facetten von Transmigration besser zu verstehen und entsprechende Integrations- und Bildungsmaßnahmen für die (sozial-)pädagogische Praxis zu entwickeln.

Literatur

Ahmad, Niroj; Lybaek, Lena; Mohammed, Izzuddin; Osler, Audrey (2012): Democracy and diversity: teaching for human rights and citizenship in post-conflict Iraqi Kurdistan. In: Race Equality Teaching 30/3, S. 28–33.

Al-Ali, Nadje; Black, Richard; Koser, Khalid (2001): Refugees and transnationalism: the experience of Bosnians and Eritreans in Europe. In: Journal of Ethnic and Migration Studies 27/4, S. 615–634.

Becker, Birgit (2010): Bildungsaspirationen von Migranten (Working Paper Nr. 137). Mannheim: Mannheimer Zentrum für Europäische Sozialforschung.

Black, Richard; Gent, Saskia (2006): Sustainable return in post-conflict contexts. In: International Migration 44/3, S. 15–38.
Cassarino, Jean-Pierre (2004): Theorising return migration: The conceptual approach to return migrants revisited. In: International Journal on Multicultural Studies 6, S. 253–279.
Cassarino, Jean-Pierre (2008): Conditions of modern return migrants. In: International Journal on Multicultural Societies 10/2, S. 95–105.
Cohen, Robin (1996): Diasporas and the nation-state: from victims to challengers. In: International Affairs 72, S. 507–520.
Constant, Amelie; Massey, Douglas S. (2002): Return migration by German guestworkers: neoclassical versus new economic theories. In: International Migration 40, S. 5–36.
Currle, Edda (2006): Theorieansätze zur Erklärung von Rückkehr und Remigration. http://www.gesis.org/fileadmin/upload/dienstleistung/fachinformationen/servicepublikationen/sofid/Fachbeitraege/Migration_2006-2.pdf [10.9.2017].
Dahinden, Janine (2012): Von den »transnationalen Migrationsstudien« hin zu einer Transnationalisierung der Sozialtheorie: Plädoyer für einen integrativen Ansatz. In: Pusch, Barbara (Hrsg.): Transnationale Migration am Beispiel Deutschland und Türkei. Wiesbaden: Springer VS, S. 83–102.
Delcroix, Catherine (2000): The transmission of life stories from ethnic minority fathers to their children. A personal resource to promote social integration. In: Arber, Sara; Attias-Donfut, Claudine (Hrsg.): The myth of generational conflict. London: Routledge, S. 174–189.
Dirim, İnci/Mecheril, Paul (2009): Einführung in den Sammelband Migration und Bildung. In: Dirim, İnci/Mecheril, Paul (Hrsg.): Migration und Bildung. Soziologische und erziehungswissenschaftliche Schlaglichter. Münster: Waxmann, S. 7–10.
Ditton, Helmut; Krüsken, Jan; Schauenberg, Magdalena (2005): Bildungsungleichheit – der Beitrag von Familie und Schule. In: Zeitschrift für Erziehungswissenschaft 8, S. 285–304.
Djajic, Slobodan (1989): Migrants in a guest worker system. In: Journal of Development Economics 31, S. 327–339.
Eastmind, Marita (2006): Transnational returns and reconstruction in post-war Bosnia-Herzegovina. In: International Migration Review, Special Issue 44/3, S. 141–164.
Fischer-Rosenthal, Wolfram; Rosenthal, Gabriele (1997): Narrationsanalyse biographischer Selbstpräsentationen. In: Hitzler, Ronald; Honer, Anne (Hrsg.): Sozialwissenschaftliche Hermeneutik. Opladen: Leske + Budrich, S. 133–165.
Fürstenau, Sara (2008): Transnationalität und Bildung. In: Homfeldt, Hans-Günther; Schröer, Wolfgang; Schweppe, Cornelia (Hrsg.): Soziale Arbeit und Transnationalität. Herausforderungen eines spannungsreichen Bezugs. Weinheim und Basel: Juventa, S. 203–218.
Fürstenau, Sara; Niedrig, Heike (2007): Jugend in transnationalen Räumen. Bildungslaufbahnen von Migrantenjugendlichen mit unterschiedlichem Rechtsstatus. In: Geisen, Thomas; Riegel, Christine (Hrsg.): Jugend, Partizipation und Migration. Orientierungen im Kontext von Integration und Ausgrenzung. Wiesbaden: Springer VS, S. 239–259.
Garza-Guerrero, César (1974): Culture shock: its mourning and vicissitudes of identity. In: Journal of the American Psychoanalytic Association 22/2, S. 408–429.
Geertz, Clifford (1983): Dichte Beschreibung. Beiträge zum Verstehen kultureller Systeme. Frankfurt am Main: Suhrkamp.
Georgi, Viola B. (2015): Integration, Diversity, Inklusion. Anmerkungen zu aktuellen Debatten in der deutschen Migrationsgesellschaft. In: Zeitschrift für Erwachsenenbildung 2/2015, S. 25–27.
Gesemann, Frank (1999): Flucht, Migration und gesellschaftlicher Wandel im Nahen und Mittleren Osten. Frankfurt am Main: Peter Lang Verlag.
Glick Schiller, Nina; Basch, Linda; Blanc-Szanton, Cristina (1992): Towards a transnational perspective on migration: race, class, ethnicity and nationalism reconsidered. New York: Johns Hopkins University Press.
Goeke, Pascal (2007): Transnationale Migration. Post-jugoslawische Biographien in der Weltgesellschaft. Bielefeld: transcript.

Gogolin, Ingrid; Pries, Ludger (2004): Stichwort: Transmigration und Bildung. In: Zeitschrift für Erziehungswissenschaft 7/1, S. 5–19.
Gogolin, Ingrid; Krüger-Potratz, Marianne (2013): Kommt die Interkulturelle Pädagogik erst in der Diversity Education zu sich selbst? In: Berndt, Constanze; Walm, Maik (Hrsg.): In Orientierungen begriffen. Wiesbaden: Springer-VS, 81–93.
Griese, Hartmut M. (2013): Hochqualifizierte TransmigrantInnen. Zum Wandel aktueller Bildungsbiographien im deutsch-türkischen Kontext. In: Pusch, Barbara (Hrsg.): Transnationale Migration am Beispiel Deutschland und Türkei. Wiesbaden: Springer VS., S. 187–196.
Göhlich, Michael (2006): Transkulturalität als pädagogische Herausforderung. In: Zeitschrift für internationale Bildungsforschung und Entwicklungspädagogik 4, S. 3–7.
Grinberg, León; Grinberg, Rebeca (1990): Psychoanalyse der Migration und des Exils. München: Verlag Internationale Psychoanalyse.
Hauenschild, Katrin (2010): Transkulturalität – (k)ein Leitbild für die Weiterentwicklung Interkultureller Bildung? In: Datta, Asit (Hrsg.): Zukunft der transkulturellen Bildung – Zukunft der Migration. Frankfurt am Main: Brandes & Apsel, S. 148–167.
Kronsteiner, Ruth (2009): Migrationsprozess – Trauma – Gesundheit. Theoretische Grundlagen der psychosozialen Unterstützung von MigrantInnen. In: Six-Hohenbalken, Maria; Tošić, Jelena (Hrsg.): Anthropologie der Migration. Theoretische Grundlagen und interdisziplinäre Aspekte. Wien: facultas.wuv, S. 322–343.
Krüger-Potratz, Marianne (2010): Interkulturelle Pädagogik. Fachgebiet, Konzepte, Maßnahmen. In: Dieckhoff, Petra (Hrsg.): Kinderflüchtlinge. Theoretische Grundlagen und berufliches Handeln. Wiesbaden: VS Verlag für Sozialwissenschaften, S. 151–158.
Levitt, Peggy; Glick Schiller, Nina (2004): Transnational perspectives on migration: conceptualizing simultaneity. In: International Migration Review 38.3/2004, S. 1002–1039.
Lorenzer, Alfred (2006 [1985]): Der Analytiker als Detektiv, der Detektiv als Analytiker. In: ders. (Hrsg.): Szenisches Verstehen. Zur Erkenntnis des Unbewußten. Marburg: Tectum, S. 53–69.
Lutter, Andreas (2016): Assimilation – Multikultur – Nationalität. In: Unterricht Wirtschaft + Politik 2/2016, S. 10–12.
Markowitz, Fran; Stefansson, Anders H. (2004): Homecomings: unsetting paths of return. Lanham: Lexington Books.
Nieke, Wolfgang (2010): Von der Ausländerpädagogik zum Capability-Approach: die Entwicklung des erziehungswissenschaftlichen Diskurses in Deutschland in Reaktion auf die gesellschaftliche Tatsache von Einwanderung und sozial ungleichen Bildungsmöglichkeiten. In: Baros, Wassilios; Hamburger, Franz; Mecheril, Paul (Hrsg.): Zwischen Praxis, Politik und Wissenschaft. Die vielfältigen Referenzen interkultureller Bildung. Berlin: Verlag Irena Regener, S. 211–219.
Neumann, Ursula; Niedrig, Heike; Schroeder, Joachim; Seukwa, Louis Henri (2003): Lernen am Rande der Gesellschaft. Bildungsinstitutionen im Spiegel von Flüchtlingsbiografien. Münster: Waxmann.
Olivier, Claudia (2014): TransREmigration. Eine transnationale Perspektive Sozialer Arbeit auf Rückkehr. Mainz: Johannes Gutenberg-Universität.
Ottersbach, Markus (2016): Transnationale Bewegungen als Herausforderung für Bildung. In: Journal für politische Bildung 2/2016, S. 18–23.
Palenga-Möllenbeck, Ewa (2006): Transnational labour migration between Poland and Germany: the case of Upper Silesia. In: Center for International Relations: Reports & Analyses 4, S. 1–9.
Portes, Alejandro (1997): Immigration for a new country. Some problems and opportunities. In: International Migration Review 31/4, S. 799–825.
Prengel, Annedore (1993): Pädagogik der Vielfalt. Verschiedenheit und Gleichberechtigung in interkultureller, feministischer und integrativer Pädagogik. Opladen: Leske und Budrich.
Pries, Ludger (2002): Transnationalisierung der sozialen Welt? In: Berliner Journal für Soziologie 11/2, S. 263–272.
Reinders, Heinz (2012): Qualitative Interviews mit Jugendlichen führen. Ein Leitfaden. 2. Auflage. München: Oldenbourg Verlag.

Rohr, Elisabeth; Jansen, Mechthild M.; Adamou, Jamila (2014): Vorwort. In: Rohr, Elisabeth; Jansen, Mechthild M.; Adamou, Jamila (Hrsg.): Die vergessenen Kinder der Globalisierung. Psychosoziale Folgen von Migration. Gießen: Psychosozial-Verlag, S. 7–11.

Rohr, Elisabeth (2016): Transnational childhood and the globalization of intimacy. In: Hunner-Kreisel, Christine; Bohne, Sabine (Hrsg.): Childhood, Youth and Migration. Connecting Global and Local Perspectives. Wiesbaden: Springer VS, S. 261–273.

Safran, William (2004): Deconstructing and comparing diasporas. In: Kokot, Waltraud; Tölölyan, Khachig; Alfonso, Carolin (Hrsg.): Diaspora, Identity and Religion. New Directions in Theory and Research. New York: Routledge Chapman & Hall, S. 9–31.

Salam, Hallow (2010): Zur Bedeutung von Remigranten für den Transformationsprozess im irakischen Kurdistan. https://depositonce.tu-berlin.de/bitstream/11303/2971/1/Dokument_39.pdf [10.9.2017].

Schleimer, Simon Moses (2015): Transnationale Kindheit und Jugend. Die Remigration kurdischer Jugendlicher in den Nordirak. Gießen: Psychosozial-Verlag.

Scholl-Schneider, Sarah (2011): Mittler zwischen Kulturen. Biographische Erfahrungen tschechischer Remigranten nach 1989. Münster/New York/München/Berlin: Waxmann.

Schroeder, Joachim (2009): Transnationale Perspektiven auf Migration, Arbeit und Bildung. http://www.deutsch-am-arbeitsplatz.de/fileadmin/user_upload/PDF/Transnationale_Perspektiven_auf_Flucht_und_Bildung.pdf [4.1.2012].

Schütz, Alfred (1972): Der Heimkehrer. Ein sozialpsychologischer Versuch. In: Schütz, Alfred; Brodersen, Arvid von; Baeyer, Alexander von (Hrsg.): Gesammelte Aufsätze. Band 2: Studien zur soziologischen Theorie. Den Haag: Springer, S. 71–84.

Seukwa, Louis Henri (2007): Soziokontextualität von Kompetenz und Bildungsprozesse in transnationalen Räumen. Der Habitus der Überlebenskunst. In: Diskurs Zeitschrift für Kindheits- und Jugendforschung 3, S. 295–309.

Sievers, Isabel; Griese, Hartmut M.; Schulte, Rainer (2010): Bildungserfolgreiche Transmigranten. Eine Studie über deutsch-türkische Migrationsbiographien. Frankfurt am Main: Brandes & Apsel.

Siouti, Irni (2013): Transnationale Biographien. Eine biographieanalytische Studie über Transmigrationsprozesse bei der Nachfolgegeneration griechischer Arbeitsmigranten. Bielefeld: transcript.

Sutton, Constance R. (2004): Celebrating ourselves: the family reunion rituals of African-Caribbean transnational families. In: Global Networks 4/3, S. 243–257.

Tošić, Jelena; Streissler, Anna (2009): »Zwischen den Kulturen«? Kinder und Jugendliche der 2. Generation. In: Six-Hohenbalken, Maria; Tošić, Jelena (Hrsg.): Anthropologie der Migration. Theoretische Grundlagen und interdisziplinäre Aspekte. Wien: facultas.wuv, S. 185–204.

Unger, Klaus (1983): Die Rückkehr der Arbeitsmigranten. Eine Studie zur Remigration nach Griechenland. Bielefeld: Breitenbach.

Wolbert, Barbara (1995): Der getötete Paß. Rückkehr in die Türkei. Eine ethnologische Migrationsstudie. Berlin: Akademie.

Yakub Othman, Awat (2013): Zwischen Kriegen und Globalisierung: Der Status der Frau im Nordirak (Südkurdistan). Berlin: EB-Verlag Dr. Brandt e. K.

Yin, Robert K. (2009): Case study research: design and methods. 4th ed. Los Angeles, CA: Sage.

Žižek, Slavoj (1999): Das Unbehagen im Multikulturalismus. In: Kossek, Brigitte (Hrsg.): Gegen-Rassismus: Konstruktionen – Interaktionen – Interventionen. Hamburg: Argument Hamburg, S. 151–166.

Žmegač, Jasna Čapo (2010): Return migration: the changing faces and challenging facets of a field of study. In: Ethnologia Balkanica 14, S. 227–245.

4 Die gängigen Angebote für junge Geflüchtete in der deutschen Schule – und was davon zu halten ist

Joachim Schroeder

4.1 Die Entwicklung der Beschulung junger Flüchtlinge – ein missratener Fortschritt?

Als in Deutschland in den 1990er Jahren schon einmal eine so genannte »Flüchtlingskrise« zu bewältigen war, hatte nur die Hälfte der sechzehn Bundesländer die »Asylbewerberkinder«, wie sie damals offiziell genannt wurden, in die Schulpflicht einbezogen (vgl. Jäger/Neumann 1993). In den anderen Bundesländern bestand lediglich ein Bildungsrecht, d. h. die Kinder konnten in Schulen aufgenommen werden, wenn die finanziellen, sächlichen und personellen Ressourcen zur Verfügung standen. In einzelnen Ländern gab es sogar überhaupt keinen Zugang zu schulischer Bildung während des Asylverfahrens. Dies stellt sich zwanzig Jahre später ganz anders dar (Weiser 2013): In ausnahmslos allen Bundesländern sind junge Geflüchtete zumindest bis zum 16. Lebensjahr und unabhängig vom Aufenthaltsstatus schulpflichtig. Allerdings kann es gesetzliche Wartezeiten bis zu sechs Monaten geben. In den meisten Ländern besteht die Schulpflicht sogar bis zum 18. Lebensjahr, in Bayern ist ein Schulbesuch bis 25 Jahre möglich. Günstig sind auch neuere Regelungen, dass alle jungen Geflüchteten solange einen bereits begonnenen Bildungsgang besuchen dürfen, bis sie einen staatlich anerkannten Schulabschluss erlangt haben, und auch diejenigen mit negativer Asylentscheidung können eine angefangene betriebliche Ausbildung abschließen (Müller et al. 2014).

Außerdem hat der Bundestag 2011 endlich den § 87 AufenthG geändert, sodass Schulen sowie Bildungs- und Erziehungseinrichtungen nicht mehr verpflichtet sind, den Ausländerbehörden mitzuteilen, wenn sie Kenntnis über Schülerinnen und Schüler mit einem »illegalen« Aufenthaltsstatus erlangen. Diese gesetzliche Bestimmung war in solchen Bundesländern ein Problem, in denen bei der Schulanmeldung eine Geburtsurkunde oder eine Meldebescheinigung vorgelegt werden musste. Nun können auch »papierlose« Kinder und Jugendliche in eine Schule aufgenommen werden, wenngleich es bislang kein einziges Bundesland gibt, das explizit eine entsprechende Aufnahmeverpflichtung in das Schulgesetz aufgenommen hat (Funck et al. 2015, S. 9–11). Überdies ergab eine Erhebung in 22 Großstädten in ganz Deutschland, dass »papierlose« Kinder an 80 von 100 befragten Grundschulen nicht aufgenommen werden (ebd., S. 26). Die Studie nennt hierfür drei Gründe: Mal sind an den Schulen die rechtlichen Änderungen nicht bekannt (»Nicht-Kennen«), mal gibt es andere Verordnungen der lokalen Schulbehörden (»Nicht-Können«), mal lehnen die Schulen die Aufnahme der Kinder u. a. aus versicherungsrechtlichen Bedenken ab (»Nicht-Wollen«) (ebd., S. 28).

Trotz veränderter rechtlicher Rahmenbedingungen, die den Zugang zu Bildung und sozialer Unterstützung für junge Geflüchtete deutlich verbesserten, waren Bildungspolitik, Schulpädagogik, Soziale Arbeit und selbst die Migrationspädagogik völlig unvorbereitet, als es 2015 in Deutschland galt, erneut eine beträchtliche Zahl von Schutzsuchenden in das Schulsystem aufzunehmen. Unverzüglich wurde im gesamten Land der pädagogische Notstand ausgerufen und behauptet, es gäbe keine Forschung, keine Konzepte, keine Praxisbeispiele und kein geschultes Personal. Richtig ist: Seit sich etwa ab 2010 in Afrika, im Nahen Osten und in Zentralasien abzeichnete, dass Deutschland bzw. Europa eine neue »Flüchtlingskrise« bevorsteht, waren keinerlei Vorkehrungen getroffen worden, um sich im Bildungssystem auf diese Situation einzustellen. So hätte man schon mal den bis dahin erreichten Forschungsstand sichten, die erprobten Konzepte kritisch vergleichen, sich Vorort über die existierenden Praxisbeispiele informieren und mit einer entsprechenden Personalentwicklung beginnen können. Doch damit fing man erst an, als die geflüchteten Menschen bereits im Land waren.

Unglücklich ist auch, dass die jungen Flüchtlinge zu einem Zeitpunkt schulisch integriert werden mussten, als man sich im Bildungssystem bereits mit der Umsetzung der »Inklusion« mühte. Längst war klar, dass es mit einer Wertschätzung von Heterogenität allein nicht getan ist, wenn Kinder und Jugendliche mit körperlichen, kognitiven oder Sinnesbeeinträchtigungen in den Regelschulen gut gefördert werden sollen. Plötzlich sollten nun potentiell *alle* Schulen und *alle* Schulformen außer »behinderten« auch »geflüchtete« Schülerinnen und Schüler aufnehmen. Vielerorts reagierte man überrascht und überfordert, teilweise unwillig. Denn bis dato hatten sich in Deutschland einzelne Schulen oder sozialpädagogische Bildungseinrichtungen gezielt um die jungen Flüchtlinge gekümmert und Schulprofile, Bildungsgänge oder Förderkonzepte entwickelt, in denen deren besonderen Lebenslagen und Lernbedarfe berücksichtigt wurden (Schroeder 2012, S. 208 ff.). Nun sollten noch die elitärsten Gymnasien, die Grundschulen in Deutschlands reichsten Stadtteilen oder die ausbildungsorientierten Berufsschulen eine Klientel aufnehmen, auf die sie pädagogisch – weshalb auch immer – nicht vorbereitet waren.

Nicht leichter wurde die Lage, als mit dem Asylverfahrensbeschleunigungsgesetz im Herbst 2015 der Pflichtaufenthalt von Geflüchteten in den Erstaufnahmeeinrichtungen (EAE) von drei auf sechs Monate erhöht wurde. Die Unterbringung dort ist in der Regel beengt und laut, und die jungen Leute sind Übergriffen aller Art zumeist schutzlos ausgeliefert. Zumindest in Großstädten bringt die Erstversorgung fast immer einen mehrfachen Wechsel zwischen verschiedenen Wohnformen (Turnhallen, Containerlager, Wohngruppen) mit sich. Manchmal werden die Geflüchteten nach wenigen Wochen oder Monaten an andere Orte umverteilt, was erneut zu Brüchen im Bildungsgang und in den sozialen Bezügen führen kann. Zwar hat 2015 die Bundesregierung ein »Gesetz zur Verbesserung der Unterbringung, Versorgung und Betreuung ausländischer Kinder und Jugendlicher« auf den Weg gebracht, um solchen Schwierigkeiten entgegenzuwirken, gleichwohl bestehen die Probleme vielerorts fort.

In den Bildungsangeboten führt dies dazu, dass ständig neue Schülerinnen und Schüler integriert werden müssen, selten sind die Lerngruppen über einen längeren

Zeitraum hinweg stabil. Von zentraler Bedeutung für ein Ankommen in Deutschland und die soziale sowie berufliche Integration sind aber tragfähige pädagogische Beziehungen und die personelle Kontinuität von Ansprechpartnern bzw. Bezugspersonen. Pädagogisch zwiespältig ist auch der Übergang von den Erstaufnahmeeinrichtungen in die Folgeunterkünfte: Für minderjährige Geflüchtete und deren Familien ist in der Erstversorgung überwiegend die sozialpädagogische und schulische Betreuung gesichert, außerdem wird diese mit viel ehrenamtlichem Engagement unterstützt. Zwar führt die Folgeunterbringung eher zu einer besseren Wohnsituation, häufig bricht jedoch die pädagogische Begleitung jäh ab; zumeist ist ein neuerlicher Schulwechsel erforderlich. Die Erstversorgung von unbegleiteten minderjährigen Flüchtlingen sieht die Unterbringung in Einrichtungen der Jugendhilfe vor (»Clearinghäuser«), die auch eine Erstbeschulung organisieren.

Ergebnis dieser Entwicklungen ist ein nunmehr flächendeckendes Beschulungssystem, das in ganz Deutschland ähnlich aufgebaut ist: Die Kinder und Jugendlichen werden als »Quereinsteiger« in die Primarstufe oder in die Sekundarstufe I, und Ältere in seltenen Fällen in die gymnasiale Oberstufe der allgemeinbildenden Schulen aufgenommen. Dort besuchen sie überwiegend erst einmal spezielle Klassen zur Vorbereitung auf den Übergang in die Regelklassen. Die meisten Geflüchteten, die 16 Jahre und älter sind, durchlaufen jedoch eine »Förderkette« im beruflichen »Übergangssystem«, um in verschiedenen Bildungsangeboten einen ersten Schulabschluss und berufsvorbereitende Qualifikationen zu erlangen, um anschließend eine Berufsausbildung zu absolvieren und dann in eine sozialversicherungspflichtige Beschäftigung einzumünden. Doch sind die jungen Geflüchteten in diesen Angeboten wirklich gut versorgt? Was wird ihnen dort inhaltlich geboten? Was sind die Zielsetzungen dieser Angebote – und was ist davon zu halten?

4.2 Vorbereitungsklassen für jüngere Geflüchtete – der Einstieg in die Bildungsarmut?

Junge Geflüchtete kommen überall in Deutschland zunächst in ein- bis zweijährige *Vorbereitungsklassen*, deren Ziel es ist, sprachlich und fachlich den Wechsel in eine Regelklasse der Primar- oder Sekundarstufe I oder auch in die gymnasiale Oberstufe zu begleiten. Diese Lernsettings wurden in der »alten« Bundesrepublik bereits in den 1970er Jahren eingeführt, seitdem stellen sie für die meisten zugewanderten Kinder und Jugendlichen das erste Bildungsangebot des deutschen Schulsystems dar. Drewitz/Massumi (2015) zeigen, dass junge Flüchtlinge nur selten vom ersten Tag an in die Regelklassen der allgemeinbildenden Schulen integriert werden. Dieser *Submersionsansatz* gilt allerdings nur dann als effektiv, wenn der Regelunterricht von einer additiven Sprachförderung begleitet ist. Häufiger kommen die Kinder und Jugendlichen in spezielle Klassen, die parallel zum Regelunterricht geführt werden *(Separates Modell)*. Manchmal nehmen die zugewanderten Kinder und Jugendlichen frühzeitig zumindest in einigen Fächern am Regelunterricht teil *(Teilintegratives Modell)*. In einigen Bundesländern wird ein einziges Organisationsmodell vorgeschrieben, in anderen dürfen die Schulen situativ selbst entscheiden (Schroeder et al. 2015).

Früher gab es überall in Deutschland grundständige oder aufbauende Lehramtsstudiengänge zu »Ausländerpädagogik« oder »Interkultureller Pädagogik«, die in mindestens vier Semestern für die Arbeit in den Vorbereitungsklassen ausbildeten. Neben Deutsch als Zweitsprache wurde ausführlich in die Didaktik des interkulturellen Lernens und in die Problemstellungen des Fachunterrichts in mehrsprachigen und multikulturellen Lerngruppen eingeführt. Intensiv konnte man an beobachteter oder eigener Praxis reflektieren, wie »Ausländerfeindlichkeit durch Unterricht« (Göpfert 1985) produziert wird und worauf zu achten ist, um in der Entwicklung von Unterrichtsmaterialien die Reifizierung von Vorurteilen, Kulturalisierungen und Ethnozentrismen zu vermeiden. Außerdem »paukte« man Ausländerrecht, rekonstruierte die geschlechtsspezifisch vorgezeichneten Ausbildungswege der Jugendlichen und reflektierte die Besonderheiten der Elternarbeit in diesem Feld. Diese Studienangebote wurden – samt ihrer Inhalte – in der Lehrerbildung in Deutschland stark zurückgefahren, nur noch ganz wenige Hochschulstandorte bieten eine solche Qualifizierung an. Stattdessen ging man dazu über, ein Pflichtmodul für alle Lehrämter einzuführen, das zumeist auf Deutschförderung verengt ist (Robert Bosch Stiftung 2015, S. 12, Wilbers 2016).

In diesem Trend liegen auch die 2015 von einer hochrangig besetzten Expertenkommission zur Neuausrichtung der Flüchtlingspolitik in Deutschland vorgelegten Handlungsempfehlungen und Reformvorschläge zur Gestaltung der Schulorganisation und insbesondere der Vorbereitungsklassen (Robert Bosch Stiftung 2015). Laut Auffassung der Kommission werden »Vorbereitungsklassen für das Erlernen der deutschen Sprache eingerichtet« (ebd., S. 17), und vermutlich deshalb zielen fast alle der sechzehn Einzelvorschläge auf die Verbesserung und Intensivierung der Sprachförderung. Hinzu kommen noch Empfehlungen, Lehrkräfte zum Thema Trauma und Traumatisierungen von Flüchtlingskindern weiterzubilden oder Elternvertreter aus Flüchtlingsfamilien (beratend) in die Schulelternvertretung einzubeziehen (ebd., S. 17–19). In dem Vorschlagskatalog lässt sich kein Bildungskonzept erkennen, das auf die Lebenslagen der jungen Geflüchteten ausgerichtet wäre, und in dem neben der Sprachbildung auch allgemeine und berufliche Bildung sowie Fragen der Existenzsicherung mitbedacht würden.

Obgleich die individuellen Lebenslagen sehr verschieden sind, gibt es »typische« Herausforderungen, denen sich die jungen Geflüchteten bei der Ankunft in Deutschland stellen müssen. Auf dieser Einsicht gründen mehrere bildungstheoretische Entwürfe für das Handlungsfeld Flucht und Asyl. So schlägt Neumann (1995) vor, nach der Bedeutung von Schule für junge Flüchtlinge zu fragen, um dann den Unterricht in stabilisierende und orientierende Funktionen, sozialpädagogische Aufgaben sowie sprachliche, berufliche und interkulturelle Bildung auszulegen. Böhmer (2016) entwirft eine »Pädagogik der Fremde«, in der einerseits alltägliche »Befremdungserfahrungen« (Diskriminierungen, Zuschreibungen etc.) unterrichtlich reflektiert und andererseits von den Schulen alltägliche sozialräumliche Kontakte gestiftet werden sollen. Bleher (2017) bestimmt Alltagskompeten-

4.2 Vorbereitungsklassen für jüngere Geflüchtete – der Einstieg in die Bildungsarmut?

zen, die für junge Flüchtlinge sinnstiftend sind und hilfreich sein könnten, um in verschiedenen Lebensbereichen wie dem Wohnen, der Gesundheit oder den Finanzen kompetent agieren zu können.

Gewiss unterscheiden sich diese Bildungskonzepte in ihren wissenschaftstheoretischen Begründungen, doch sie eint, dass die ersten Bildungsmöglichkeiten der deutschen Schule den jungen »Seiteneinsteigern« klug arrangierte Erfahrungsfelder zur Lebenshilfe, Selbstverteidigung, Umwelterschließung, Fitness und Erinnerungsarbeit anzubieten haben. In anderen Aufsätzen habe ich dies ausführlich begründet und konkretisiert (Schroeder 1998, 2003, 2007, 2016a, 2017a, 2017b). In den didaktischen Konferenzen in den Schulen können entlang dieser Erfahrungsfelder für die prekäre Lebenslage Flucht und Asyl relativ präzise Lerngegenstände, Themenangebote, Methoden und Aufgabenformate des Unterrichts bestimmt werden.

Wichtige Erfahrungsfelder für Unterricht in Vorbereitungsklassen

Lebenshilfe
Die meisten jungen Fremden bringen aus ihren Herkunftsländern ein Bündel familiärer Aufträge mit: sie sollen Geld nach Hause schicken, den Familiennachzug organisieren, für kleinere Geschwister sorgen. Sie sollen sich um Angehörige kümmern, die bereits in Deutschland sind. Die Einwanderungsgesellschaft überhäuft sie ebenfalls mit Erwartungen, Vorschriften und Pflichten; die Schule sowieso. Migration zwingt die jungen Leute, ihr Leben ein Stück weit neu zu entwerfen und ihr »altes« Leben darin »irgendwie« zu integrieren, dies unter extrem heteronomen Rahmenbedingungen. Es ist durchaus nützlich, im Unterricht das Zurechtfinden im Streckennetz und Fahrplan des Öffentlichen Nahverkehrs zu üben, doch genauso dringlich ist es, mit den jungen Leuten ihren eigenen biografischen »Fahrplan« und ihr persönliches »Streckennetz« neu zu entwickeln. In der Schule konzentriert man sich zumeist darauf, sie möglichst rasch durch das deutsche Bildungs- und Ausbildungssystem zu schleusen. Doch junge Geflüchtete müssen sich auch in den anderen Segmenten der Lebenslage (Gesundheit, Freizeit, Familienplanung, Wohnen) teilweise neu zurechtfinden. Unterricht kann hierfür ein Navigator sein.

Selbstverteidigung
Die jungen Leute erleben nicht nur eine Willkommenskultur, sondern sie müssen sich vor allem gegen institutionellen und insbesondere gegen Alltagsrassismus zur Wehr setzen. Nachbarschaften lehnen die Unterbringung von Geflüchteten ab, je situierter das Viertel, desto größer der Widerstand. Im Unterricht sind Möglichkeiten verbaler Selbstverteidigung einzuüben gegen Beschimpfungen oder Beleidigungen in unterschiedlichen sozialen Situationen (im Laden, auf dem Amt, auf der Straße, auf dem Schulhof, im Schwimmbad). In Zusammenarbeit mit Vereinen sollten Schulen unbedingt Kurse zur körperlichen Selbstverteidigung organisieren, denn bekanntlich sind Fremde in Deutschland immer wieder Übergriffen und Überfällen ausgesetzt: in den ge-

schlossenen Erstversorgungs- und Folgeeinrichtungen genauso wie im öffentlichen Raum – auch der Schule.

Umwelterschließung
Kinder und Jugendliche werden von Beratungsstellen, Sozial- und Sonderpädagoginnen, Jugendpolizei und in der Schule mit Informationen zum asylspezifischen Unterstützungssystem und zur für den Alltag notwendigen Infrastruktur am Wohnort gleichsam zugeschüttet, doch Filtern müssen sie all das alleine. Vieles davon wiederholt sich häufiger als notwendig. Sich eine Fahrkarte am Automat lösen, den Weg zur Schule finden oder die Geldscheine und Münzen unterscheiden, das haben viele junge Geflüchtete bereits gelernt, bevor sie eingeschult werden – aber halt nicht alle. Auch so manche Exkursion zum Supermarkt, zur Bank oder zum Second-Hand-Shop bringt vielen keinen Lernzuwachs, anderen aber schon. Deshalb ist individuell sehr genau zu prüfen, welche Alltagskompetenzen tatsächlich (noch) ausgebildet und welches Überblickswissen zu Alltagsthemen (noch) vermittelt werden muss, um didaktische Doubletten zu vermeiden.

Fitness
In Vorbereitungsklassen macht man sich möglichst rasch ein präzises Bild über den gesundheitlichen Zustand der Schülerinnen und Schüler. Im Sportunterricht erfahren die Jugendlichen mit einem *body check* mehr über sich selbst. Viele Flüchtlinge können nicht schwimmen, möchten das aber gerne lernen. Andere möchten das nicht, und dann gibt es keinen Grund, dass Schule meint, sie dazu zwingen zu müssen. Sportkleidung wird Schülern vom Amt gestellt, sie wird in den Unterkünften aber häufig gestohlen, dies muss man in den Schulen bedenken. Ein Erste-Hilfe-Kurs sollte rasch angeboten werden, auch die »Hausapotheke« ist ein wichtiges Thema, denn es kann zum Beispiel nicht davon ausgegangen werden, dass alle Kinder und Jugendlichen sachgerecht mit einem Fieberthermometer umgehen können. Die Bundeszentrale für gesundheitliche Aufklärung hat zu Verhütungsmitteln und zur Aids-Prävention jugendnahe Materialien in vielen Sprachen herausgegeben.

Erinnerungsarbeit
Insbesondere mit sprach- und textentlasteten kulturpädagogischen Ansätzen kann die Schule – in der verfremdenden Distanzierung – auf Heimweh, Traurigkeit und Einsamkeit ein Stück weit eingehen: In einer Klasse wurden afrikanische Masken genutzt, um den dahinter »versteckten« Gefühlen nachzuspüren. Subjektiv bedeutsame Gegenstände, wie die auf der Flucht getragenen Schuhe oder der Koffer, wurden zu Fotocollagen montiert, Theatergruppen bringen selbst entwickelte »Flüchtlingsgeschichten« auf die Bühne. Es genügt aber nicht, die jungen Leute auf eine ästhetische Praxis oder für eine Sportart »heiß« zu machen, sondern es ist dann auch Sorge zu tragen, dass die notwendige Ausrüstung, die Teilnahmegebühren und die Kosten, die anfallen, um sich in einer kulturellen Ausdrucksform bis zur Meisterschaft weiterentwickeln

4.2 Vorbereitungsklassen für jüngere Geflüchtete – der Einstieg in die Bildungsarmut?

zu können, gesichert werden. Denn die Asylbewerberleistungen sehen für kulturelle Teilhabe keinen einzigen Euro vor, Hartz IV veranschlagt hierfür 10 Euro pro Monat. Und etliche junge Fremde müssen sich ziemlich lange gedulden, bis sie das staatliche »Bildungspaket« beantragen dürfen, das ja insbesondere sozial Benachteiligten den Zugang zu Kunst, Musik und Sport sichern soll.

Hier wird somit die Position vertreten, dass die Vorbereitungsklassen weder auf einen Intensiv-Deutschkurs beschränkt, noch zur »Brücke« des Übergangs in die Regelbeschulung funktionalisiert werden dürfen. Sie sind vielmehr als relativ eigenständige Lernsettings zu konzipieren, weil nur dies die Chance eröffnet, zumindest die Einstiegsphase in das deutsche Schulsystem pädagogisch »fluchtsensibel« gestalten zu können. Denn es wäre naiv zu meinen, dass es nach dem ersten Jahr in einer Vorbereitungsklasse im anschließenden Regelunterricht noch um die Themen, Probleme und sozialen Lagen der Geflüchteten gehen wird. Im Gegenteil: Dort werden sie dem knallharten Drill zum Erwerb fachwissenschaftlicher Kompetenzen unterworfen, in ein stofforientiertes Curriculum »für alle« gezwängt und unerbittlich den Standards der Lernkontrollen sowie der Schulabschlüsse unterworfen – um die Vermittlung fluchtsensibler Alltagskompetenzen oder um eine Lebenslagenpädagogik des Asyls kümmert man sich in der Regelschule nicht mehr.

Allerdings haben meine Beobachtungen in etlichen Vorbereitungsklassen an Hamburger Schulen ergeben, dass bereits dort im Unterricht überwiegend allen Schülerinnen und Schülern derselben Lerngruppe dasselbe und zur selben Zeit geboten wird. Aufgrund akuten Personalmangels an den Schulen arbeiten manche meiner Studierenden in solchen Vorbereitungsklassen, und so konnten wir gemeinsam in Seminaren individuelle Bildungspläne entwickeln, die möglichst gut abgestimmt auf die aktuellen Lebenslagen und Lerninteressen der Schülerinnen und Schüler sein sollten. Zur Umsetzung mussten teilweise Eingriffe in die bestehende Schulorganisation vorgenommen werden, weil eine Begrenzung allein auf die Vorbereitungsklassen die pädagogische Arbeit zu sehr eingeschränkt hätte. Es hat sich als günstig erwiesen, solche Bildungspläne (analog zu den individuellen Hilfeplänen der Sozialpädagogik) für etwa zwei Monate zu konzipieren und dann zu überprüfen, ob es in dieser Spur weitergehen soll und kann, oder ob Änderungen vorzunehmen sind. Denn zu Beginn liegen meist (u. a. der Verständigungsprobleme wegen) nur ein paar spärliche Informationen zu den einzelnen Schülerinnen und Schülern vor, die erst mit Kompetenzfeststellungsverfahren, Sprach- und Lernstanddiagnostik oder intensiver Einzelbeobachtung nach und nach ergiebiger werden.

Beispiele für individualisierte Bildungspläne in der Sekundarstufe I

Demba
Das Mädchen ist 14 Jahre alt, seit vier Wochen in Deutschland, eine ältere Schwester lebt in Schweden. Demba ist als Alleinreisende in einer Jugendwohngruppe untergebracht. Als Westafrikanerin hat sie eine eher schlechte Asylprognose. Sie sagt, sie sei in Afrika drei Jahre in der Schule gewesen, au-

ßerdem habe sie in einer Schneiderei gearbeitet. Sie verfügt über Basiskenntnisse im Schreiben und Rechnen, spricht ausgezeichnet Englisch, kann es aber nicht schreiben, in Französisch hat sie Grundkenntnisse. Ausgehend von diesen ersten Annäherungen, wurden für Demba folgende Lernangebote organisiert:

- Ein maßgeschneidertes individuelles Rechentraining (6–8 Stunden wöchentlich, von einer Studentin begleitet): Erweiterung des Zahlenraums, Erlernen der deutschen Zahlwörter (mündlich/schriftlich), Umgang mit dem Taschenrechner, Basisgeometrie und deren Fachbegriffe (Arbeit mit Schnittmusterbögen, Falttechniken u. ä.)
- Teilnahme an der »Alpha«-Gruppe (6–8 Stunden wöchentlich): Deutschförderung zu Alltagssprache und zur Sprache der Schule, Arbeit am Schriftbild, individuelle Arbeit mit einer bilingualen Sprachlernsoftware englisch/deutsch
- Teilnahme an einer Englischgruppe für Fortgeschrittene
- Schulung der Alltagskompetenz »Nutzung des Öffentlichen Nahverkehrs« (in Absprache mit der Jugendwohngruppe, um didaktische Doubletten zu vermeiden)
- Teilnahme an mindestens einem Selbstverteidigungs-, Fußball- oder Schwimmkurs der Schule
- Eigenständige Durchführung einer selbstgewählten, mehrwöchigen Projektarbeit, die benotet wird, aber nicht sprach- und textbasiert ist, sodass Demba auch ohne Deutschkenntnisse gute Leistungen erzielen kann (sie entscheidet sich, ein Kleidungsstück zu nähen)
- »Peer counselling« durch eine ältere Mitschülerin (die Stadt zeigen, Radfahren lernen, Mädchentreffs erkunden etc.)

Sahil
Der junge Mann ist 15 Jahre alt, er stammt aus dem Irak, hat sechs Geschwister und lebt mit seiner Familie seit einer Woche in einer Folgeunterkunft, deshalb musste er die Schule wechseln. Er ist seit sechs Monaten in Deutschland, das Asylverfahren läuft noch, er und seine Familie haben aber eine gute Bleibeperspektive. Sahil spricht arabisch, kurdisch und bereits ein recht passables Deutsch, er schreibt sicher und fast kalligraphisch die alphabetischen Buchstaben. Rechnen kann er indes überhaupt nicht. Berufliche Erfahrungen und Vorstellungen hat er keine. Ein Bein ist gelähmt, sodass er beim Gehen stark hinkt.

- Ein maßgeschneidertes individuelles Rechentraining (6–8 Stunden wöchentlich, von einer Studentin begleitet): »Rund ums Geld« (Wert von Münzen und Geldscheinen erkennen, Taschenrechner beim Einkaufen nutzen, Preisschilder und Kassenbons lesen, einkaufsrelevante Maßeinheiten kennen)
- Teilnahme am Deutschkurs für Fortgeschrittene (6–8 Stunden wöchentlich): Laut- und schriftsprachliche Förderung in Alltagssprache mit Schwerpunkt Textproduktion

- Teilnahme am Englischkurs für Anfänger
- Ein individuelles Fitness-Training (4–6 Stunden wöchentlich, von einem Sportlehrer der Schule durchgeführt): Der Sportlehrer hat eine Ausbildung in Physiotherapie und entwickelt deshalb ein auf Sahils Gehbeeinträchtigung abgestimmtes Bewegungstraining
- Mitarbeit im Schulkiosk (eigener Wunsch)
- Selbstständige Durchführung einer benoteten Projektarbeit (er wählt die Erarbeitung einer »Familienchronik« mit Fotos und kurzen Geschichten aus)
- »Peer counselling« durch einen älteren Mitschüler (Hafenrundfahrt, Naturkundemuseum, Tierpark Hagenbeck)

Nach den ersten zwei Monaten konnten sich Demba und Sahil schon recht gut in die Formulierung ihrer eigenen Lernziele einbringen. Ihnen wurden sehr genau die verschiedenen Bildungsangebote der Schule erläutert und gezeigt (Regelklassen mit drei unterschiedlichen Profilen, Schülerkiosk in der siebten Jahrgangsstufe, »Kombi-Klasse« ab Klasse acht). Demba wurde in Deutsch und Mathematik gezielt auf den Übergang in eine »Kombi-Klasse« mit zwei betrieblichen Praxistagen pro Woche und einem arbeitsweltorientierten Curriculum vorbereitet. Sie blieb im Englisch- und im Selbstverteidigungskurs und trifft sich weiter mit ihrer älteren Mitschülerin, bei der sie auch oft zuhause ist. Sahil entschied, im Schülerkiosk weiterzumachen und sich auf Deutsch und Mathematik zu konzentrieren. An Englisch nahm er nicht weiter teil, stattdessen belegte er an einer Nachbarschule einen Arabischkurs. Außerdem wollte er schwimmen lernen. Auch er hat sich mit dem älteren Mitschüler angefreundet und hat viele weitere Kontakte zu Jugendlichen gefunden. Überdies hat er sich einer Jugendgruppe des B.U.N.D. angeschlossen.

4.3 Berufsvorbereitende Bildungsgänge für ältere Jugendliche – der sichere Weg in die Warteschleifen?

Für jugendliche Geflüchtete zwischen 16 und 18 Jahren, in Ausnahmefällen bis 25 Jahren, werden überall in Deutschland in den Beruflichen Schulen ein- bis zweijährige *arbeitsweltbezogene Vorbereitungsklassen* angeboten. Auch dieser Bildungsgang hat eine lange Tradition, er knüpft an das Berufsvorbereitungsjahr (BVJ) an, das man ab den 1970er Jahren für schulpflichtige Jugendliche ohne Schulabschluss und/oder ohne einen Arbeits- bzw. Ausbildungsplatz eingeführt hatte (Schroeder/Thielen 2009). Bis 2015 hatte das BVJ für Migrantinnen und Migranten in etwa dieses Profil: Neben allgemeinbildenden Unterrichtsfächern wurden berufsvorbereitende Themen vermittelt, zumeist war auch ein Betriebspraktikum zu absolvieren. Die Berufsfelder wurden in den Werkstätten der Berufsschulen unterrichtet. In manchen dieser Bildungsgänge gab es zusätzliche Fördermaßnahmen, insbesondere in der sprachlichen Bildung. Hin und wieder wurden für Jugendliche, die auch in ihrer Herkunftssprache nicht literalisiert waren, spezielle »Alpha-Klassen« eingerichtet. Fast immer gab es eine sozialpädagogische Begleitung und Beratung, die von Trägern der Migrationssozialarbeit durchgeführt wurde.

In den 1990er Jahren unterlagen Flüchtlinge während des Asylverfahrens einem strikten Arbeitsverbot. Da sie keine Beschäftigungserlaubnis hatten, durften sie keine Berufsausbildung beginnen, zu manchen Zeiten war es ihnen sogar untersagt, ein Betriebspraktikum zu absolvieren. Jugendliche und junge Erwachsene, die aufgrund des Alters nicht mehr in die Sekundarschulen aufgenommen wurden, waren somit oftmals für Jahre vom Bildungssystem ausgeschlossen. Deshalb wurden Bildungsgänge geschaffen, die dem BVJ nachgebildet waren, aber keine berufsqualifizierenden Anteile haben durften: In Hamburg führte man beispielsweise 1997 das »Vorbereitungsjahr für Migranten« (VJM) ein, das aus Deutschförderung, Fachunterricht und der Vermittlung basaler vorberuflicher Kompetenzen in den Werkstätten der Berufsschulen bestand, denn die Teilnahme daran war auch ohne Arbeitsgenehmigung erlaubt (Gag/Schroeder 2012).

Ab 2015 wurde in etlichen Bundesländern damit begonnen, diese Bildungsgänge zu reformieren und spezielle Konzepte zur Beschulung von Asylbewerbern, Flüchtlingen, Geflüchteten und Neuzugewanderten – die Terminologie variiert – zu entwickeln. Denn es gab einschneidende gesetzliche Veränderungen. Beispielsweise können Asylsuchende und geduldete Personen nun nach einem dreimonatigen Aufenthalt eine Beschäftigungserlaubnis erhalten, jedenfalls, wenn sie nicht mehr in der Erstaufnahmeeinrichtung wohnen. Auch Pflichtpraktika in der allgemein- oder berufsbildenden Schule dürfen, sofern sie nicht vergütet werden, je nach Typus maximal drei Monate oder zeitlich unbefristet absolviert werden (BA 2015, GGUA 2015). Einige Bundesländer – so Bayern und Hessen – sehen jetzt überhaupt erst die Berufsschulpflicht für junge Geflüchtete vor. Meiner Kenntnis nach sind bislang sechs dieser neuen Bildungsgänge eingeführt worden: In Baden-Württemberg das »VABO« und in Bayern das »BIJ/V«, Hamburg hat nun ein »AvM Dual«, Hessen versucht es mit »InteA«, Niedersachsen mit »SPRINT« und Nordrhein-Westfalen mit den »IFK«.[1] Auf diese neuen Konzepte und die in der Fußnote genannten Dokumente bezieht sich die folgende kritische Analyse.

---

1 Ministerium für Kultus, Jugend und Sport Baden-Württemberg (MK 2015/16): Leitfaden zur Einführung in das VABO. Vorqualifizierungsjahr Arbeit/Beruf mit Schwerpunkt Erwerb von Deutschkenntnissen. Stuttgart. – Staatsinstitut für Schulqualität und Bildungsforschung (ISB 2015): Beschulung von berufsschulpflichtigen Asylbewerbern und Flüchtlingen an bayerischen Berufsschulen. München. – Behörde für Schule und Berufsbildung Hamburg (BSB 2015): Flüchtlinge lernen künftig gleichzeitig in Schule und Betrieb. Hamburg. – Hessisches Kultusministerium (HKM 2015): Intensivklassen an beruflichen Schulen: InteA – Integration durch Anschluss und Abschluss. Wiesbaden. – Ministerium für Schule und Weiterbildung des Landes Nordrhein-Westfalen (MSK 2015): Internationale Förderklassen (IFK) am Berufskolleg. Düsseldorf. – Niedersächsisches Kultusministerium (NKM 2016): SPRINT. Sprach- und Integrationsprojekt für jugendliche Flüchtlinge. Schulversuch zur Erprobung eines neuen pädagogischen und organisatorischen Konzeptes für zugewanderte Jugendliche. Hannover.

In der *Organisation* und den *Zielsetzungen* der »neuen« Flüchtlingsklassen an Berufsschulen sind einjährige Bildungsgänge (Baden-Württemberg, Bayern, Nordrhein-Westfalen) von zweijährigen Formen (Hamburg, Hessen, Niedersachsen) zu unterscheiden. Auf Jugendlichen, die in einen einjährigen Bildungsgang geraten, lastet viel Druck, weil sie diesen erfolgreich absolvieren müssen, um in eine Anschlussmaßnahme wechseln zu dürfen. Besonders hart geht es in Nordrhein-Westfalen zu, weil dort die »Internationalen Förderklassen« (IFK) an die Ausbildungs- und Prüfungsordnung (APO-BK) des Berufskollegs angebunden wurden, und die Jugendlichen somit innerhalb eines Jahres einen dem Ersten Schulabschluss vergleichbaren Abschluss schaffen müssen, wenn sie in einen Folgebildungsgang wechseln wollen (MSK 2015, S. 1). Die damit erzeugten Probleme bestehen darin, dass »[…] zur Feststellung der Berechtigung zum Besuch weiterführender Bildungsgänge die APO-BK einen Leistungsnachweis im Fach Englisch vor[sieht], wo früher schulinterne Empfehlungen ausreichend waren. Zusammen mit dem Wegfall der sog. Muttersprachenprüfung, die den Jugendlichen eine Substitution von Englisch durch ihre Heimatsprache erlaubte, wirkt dies stark erschwerend auf Übergänge der Flüchtlinge im Schulsystem« (vgl. Elm et al. 2016, S. 9).

Anders ist die Lage in Baden-Württemberg, wo man im einjährigen VABO keinen Schulabschluss erhält; hierfür müssen die Jugendlichen ein weiteres Jahr ein reguläres VABR erfolgreich absolvieren (MK 2015/16, S. 11). »Entlastet« ist das VABO aber dennoch nicht, denn die Jugendlichen müssen eine Abschlussprüfung bestehen, um das Teilnahmezertifikat zu erhalten. In Bayern und Hessen machen junge Geflüchtete im zweiten Jahr einen externen Hauptschulabschluss, weshalb dann vor allem die prüfungsrelevanten Fächer Englisch, Naturwissenschaften und Gesellschaftslehre unterrichtet werden (ISB 2015, S. 33, HKM 2015, S. 1). In Hamburg wird bei erfolgreicher Teilnahme und einer Prüfung in der zweijährigen AvM Dual ein Abschluss der Berufsvorbereitungsschule erreicht, der in seinen Berechtigungen einem ersten bzw. einem mittleren allgemeinbildenden Schulabschluss entspricht (BSB 2015, S. 1). Unzureichend alphabetisierte Jugendliche müssen dieses Bildungsangebot sogar drei Jahre besuchen. In Niedersachsen speist man die jungen Flüchtlinge besonders schnöde ab, dort erhalten sie für ihre zweijährigen Lernbemühungen nicht mehr als eine unbenotete Bescheinigung der Schule (NKM 2016, S. 14).

In allen sechs Bildungskonzepten dominiert die *Sprachförderung*. Hessen hat seinen zweijährigen Bildungsgang mit einer Stundentafel konstruiert, in der im ersten Jahr 20 von 28 Wochenstunden als Deutschunterricht stattfinden und in den übrigen acht Stunden noch sprachsensibler Fachunterricht erteilt wird (HKM, S. 1) – wer, bitte, soll so was aushalten? Offensichtlich haben sich die Bildungsgang-Designer von der Überzeugung leiten lassen, man müsse die Jugendlichen zunächst durch ein möglichst hochschwelliges Angebot schleusen, und diejenigen, die dieses Jahr durchstehen, dürfen sich dann im zweiten Jahr in der Arbeitswelt erproben. Auch in den anderen Bundesländern ist Sprachförderung durchweg das wichtigste (und teilweise das einzige) Ziel: Das VABO in Baden-Württemberg ist ein Bildungsgang mit »Schwerpunkt Erwerb von Deutschkenntnissen« (MK 2015/16, S. 5), und in Bayern heißt es: »Der inhaltliche Schwerpunkt liegt im BIJ/V auf dem Spracherwerb« (ISB 2015, S. 31). In den meisten Bundesländern ist der Deutschunterricht am Konzept der »Bildungssprache« und am »sprachsensiblen Fachunterricht« ausgerichtet. In Bayern ist es im ersten Jahr die »Alltagssprache« und im zweiten Jahr dann »Berufssprache Deutsch« (ISB 2015, S. 71). Hamburg folgt in beiden Jahren einem Ansatz »integrierter betrieblicher Sprachförderung« (BSB 2015, S. 2).

Nicht in allen Bundesländern ist ein *Praktikum* vorgesehen. In Baden-Württemberg sollen »die Schüler im VABO nur dann ein Praktikum absolvieren, wenn sie über ausreichende Deutschkenntnisse verfügen« (MK 2015/16, S. 15) – wer auch immer bestimmen kann, was »ausreichende« Deutschkenntnisse sind. In den anderen Bundesländern (außer Hamburg) ist – wenn überhaupt – ein Praktikum zumeist erst im zweiten Jahr vorgesehen, vermutlich in der (irrigen) Annahme, dass die im Jahr zuvor erworbene »Bildungssprache« ein erfolgreiches Absolvieren befördere. Die Vernachlässigung der Praktika ist falsch, weil die Praxis zeigt, dass durch alle Aktivitäten, die die Arbeitsmarktintegration fördern und somit Integrationsbemühungen dokumentieren, die Chancen steigen, früher oder später ein Aufenthaltsrecht zu erhalten (vgl. GGUA 2015). Überdies finden Geflüchtete Arbeits- und Ausbildungsplätze nur selten über die regulären Bewerbungsverfahren, sondern über Praktika, in denen sie die Betriebe persönlich von ihrer Eignung überzeugen können.

In den meisten Bundesländern werden Geflüchteten die *berufspraktischen Kompetenzen* wie früher in den Berufsschulen vermittelt. In Baden-Württemberg belegen die Jugendlichen mindestens vier Stunden pro Woche ein bis drei »berufsbezogene Arbeitsfelder« (MK 2015/16, S. 17). Eine dem Konzept angehängte Liste mit »Ideen für die Arbeitsfelder/Lernfeldprojekte« macht indes fassungslos, denn sie scheint dem Lehrplan für Sechstklässler entnommen worden zu sein: »Wir organisieren ein Klassenfest«, »Wir erstellen ein Kochbuch mit Fotos« oder »Wir machen den Fahrradführerschein« (ebd., S. 39). Relativ überzeugend ist hingegen der in Niedersachsen verfolgte Ansatz, wo nach der »Durststrecke« des Deutschunterrichts des ersten Jahres dann der Unterricht auf 1,5 Schultage reduziert wird und die übrigen 3,5 Tage im Betrieb stattfinden (NKM 2016, S. 13). Hamburg geht mit dem zweijährigen »AvM Dual« noch einen Schritt weiter: »Die Dualisierte Ausbildungsvorbereitung für Migranten« besteht aus einer halbjährigen Vorbereitung in der Berufsschule auf den Lernort Betrieb, dann lernen und arbeiten die Jugendlichen wöchentlich drei Tage in der Berufsschule und zwei Tage in einem Betrieb. So genannte betriebliche Integrationsbegleiter der Berufsschulen coachen die Jugendlichen und werten mit ihnen die Praxiserfahrungen in der Schule aus (BSB 2015, S. 1).

Eine *curriculare Lebenslagenorientierung* findet sich in den Konzepten so gut wie nicht. Bayern sieht »Lebenskunde« vor, in der »Alltagskompetenzen« zu Mobilität im öffentlichen Raum, gesundem Leben, Umgang mit Geld, Wohnen, Familienplanung und Sexualität sowie »Medienkompetenzen« ausgebildet werden sollen (ISB 2015, S. 32–36). In den anderen Konzepten sind die Alltagsthemen der Jugendlichen in den Deutschunterricht integriert, beispielsweise in Baden-Württemberg, wo es um das Lesen von Versicherungspolicen, Krankmeldungen und Wohnungsanzeigen gehen soll (MK 2015/16, S. 34). In Niedersachsen ist im ersten Jahr ein Modul »Einführung in die regionale Kultur- und Lebenswelt« zu absolvieren, in dem es allerdings nicht um Flüchtlingsthemen geht (NKM 2016, S. 6). Hamburg, Hessen und Nordrhein-Westfalen haben (noch) keine Bildungspläne herausgegeben.

Jugendliche und junge Erwachsene aus Eritrea, Syrien oder Afghanistan fliehen nicht nach Deutschland, weil sie unbedingt einen deutschen Schulabschluss erlangen oder eine duale Ausbildung absolvieren wollen, sondern um möglichst rasch und auf legale Weise Geld zu verdienen, sodass sie die im Herkunftsland oder in einem Flüchtlingslager verbliebene Familie unterstützen und sich selbst baldmöglichst eine eigene Existenz aufbauen können. ›Wir wollten Brot, sie gaben uns Unterricht‹ klagten arbeitslose Jugendliche in der Weimarer Republik, als man sie statt in Arbeit in die Erwerbslosenschule vermittelte (Reh 1995). Ganz genauso wie damals setzen heute die »fluchtsensiblen« Vorbereitungsklassen der Berufsschulen die »Newcomer« auf die einspurigen Gleise des deutschen Bildungssystems. Dort verbringen die Jugendlichen zunächst ein bis zwei Jahre ihres Lebens, um ein Zertifikat zu erlangen, das nichts wert ist, um – mit Glück – einen Schulabschluss zu schaffen, der auf dem Arbeitsmarkt nichts zählt, um Kompetenzen auszubilden, die zur Bewältigung ihrer gewiss harten Lebensrealität nicht viel bringen und bei einer Rückkehr im Herkunftsland nicht anschlussfähig sind. In den zwei Jahren werden sie vorbereitet auf weitere drei Jahre im Ausbildungssystem, ohne jegliche Garantie, die Berufsausbildung erfolgreich abzuschließen und danach einen Arbeitsplatz zu finden.

Selbst das mit seiner hohen Nähe zur Arbeitswelt noch am ehesten überzeugende Hamburger Modell presst – alternativlos – *alle* jungen Geflüchteten ab 16 Jahren, die nicht in der gymnasialen Oberstufe unterkommen, in die *Ausbildung*svorbereitung und somit in die zutiefst deutsche Leitkultur der *Beruflichkeit*. Bei einer Befragung von Akteuren der beruflichen Bildung aus Schulen, Verbänden und Kammern im Rheinland und im Ruhrgebiet kommen sehr unterschiedliche Vorstellungen zur Flüchtlingsbildung zutage, »doch in einem Punkt sind sich alle Ansprechpartner_innen einig: Das Berufsprinzip sollte, auch zu Integrationszwecken, besser nicht angetastet werden« (Elm et al. 2016, S. 19). Von einer »Flexibilisierung der Berufsbildung« raten diese Expertinnen und Experten genauso ab wie von »Modularisierung« (ebd.). Gegen solche dogmatischen und ethnozentrischen Positionen haben wir Eckpfeiler eines Bildungskonzepts entworfen, das an den *Lebenslagen* junger Geflüchteter orientiert ist und deswegen auf eine radikale Flexibilisierung, Modularisierung und Teilzertifizierung dieses ersten Bildungsganges in Deutschland setzt (Gag/Schroeder 2012, S. 57–62). Die wichtigsten Eckpunkte des Entwurfs sind nachfolgend zusammengefasst.

Umrisse eines zeitlich flexibilisierten und inhaltlich modularisierten Bildungskonzepts für junge Geflüchtete im Übergang in die Arbeitswelt

Flexibilisierte Modularisierung des Curriculums
Um die Passgenauigkeit der Bildungsangebote zu den individuellen aufenthaltsrechtlichen Entwicklungen, den sozialrechtlichen Hindernissen, den vielfältigen Lernausgangslagen und den sehr unterschiedlichen Zukunftsentwürfen

sowie Bildungs- und Berufszielen der jungen Flüchtlinge, Asylsuchenden und Geduldeten zu erhöhen, müssen in den beruflichen Schulen schulpolitische Bedingungen geschaffen werden, verschiedene migrationspädagogische Bildungs- und Qualifizierungsmodule für die Sprachbildung, Alltagsbewältigung, Freizeitgestaltung, Berufsorientierung und Überleitung in Arbeit vorhalten zu können, die individuell und zeitlich flexibilisiert absolviert und in denen Teilqualifikationen erworben bzw. zertifiziert werden können:

- *Sprachmodule*: Individuelle Förderung sprachlicher Kompetenzen (Alphabetisierung und sprachliche Grundbildung im Deutschen, arbeitsweltbezogene Fachsprachen, Deutsch am Praktikumsplatz);
- *Alltagsrelevante Grundbildungsmodule*: Maßgeschneiderte Kurse zum Erwerb von Kompetenzen zur Bewältigung von asylrelevanten bzw. auf die Lebenslage »Flucht« fokussierenden Alltagsanforderungen (Behördengänge, Rechtskenntnisse, Gesundheit, Wohnen, Finanzkompetenzen, Umgang mit Diskriminierung und Rassismus, Selbstverteidigung etc.);
- *Arbeitsweltrelevante Grundbildungsmodule:* Passgenaue Angebote zum Erwerb gewerblicher, kaufmännischer oder sozial-pflegerischer Schlüsselqualifikationen, Vorbereitung und Durchführung der Führerscheinprüfung Klasse B, Erwerb verschiedener Maschinen-Scheine;
- *Freizeitorientierte Module:* Jede/r Jugendliche meldet sich in mindestens einem Verein oder zur Teilnahme an einem Angebot eines sport- oder kulturpädagogischen Trägers ihrer/seiner Wahl an, die kontinuierliche Teilnahme wird im Schulzeugnis zertifiziert;
- *Praxismodule*: Rasche Vermittlung in zeitlich umfangreiche Praktika des ersten Arbeitsmarktes;
- *Prüfungsmodule*: Intensive, jedoch zeitlich begrenzte Prüfungsvorbereitung zum Erwerb allgemeinbildender, besser noch berufsvorbereitender Schulabschlüsse.

Flexibilisierte Modularisierung der Prüfungsordnungen

Die Bestimmungen der Prüfungsordnungen zum Erwerb eines Ersten Allgemeinbildenden Schulabschlusses in den »Flüchtlingsklassen« der Berufsschulen basieren in ihren Inhalten und Anforderungen auf der impliziten Annahme, dass zuvor ein zehnjähriger allgemeinbildender Bildungsgang in Deutschland absolviert wurde. Diese Norm kann auf Quereinsteiger nicht angewandt werden. Vielmehr ist eine Prüfung zu entwickeln, die in ihren Anforderungen und Gegenständen einem Bildungsgang entspricht, der maximal zwei Jahre umfasst, der modularisiert absolviert wird und der einen hohen arbeitsweltorientierten Praxisanteil hat. Beispielsweise könnte – wie es an den Universitäten gang und gäbe ist – jedes der oben skizzierten Module mit einer geeigneten Prüfung beendet werden, aus denen sich dann sukzessive ein formaler Abschluss bildet. Da die Berufsschulen im Verlauf des Schuljahres neue Jugendliche kontinuierlich aufnehmen, müssen folglich auch die Prüfungstermine zeitlich flexibilisiert werden.

Vereinheitlichung der Dokumentation von Bildungsverläufen

Für eine möglichst systematische und umfassende Klärung der aktuellen, individuellen Lebenslagen der Schülerinnen und Schüler sind lokal in den Erstversorgungseinrichtungen, in der Jugendhilfe, an den Schulen sowie in den Schulbehörden einheitliche bzw. aufeinander abgestimmte Erhebungsmethoden zu verwenden, die ermöglichen, den Anschluss oder Verbleib nach Abschluss eines Bildungsganges nachvollziehen zu können. Neben Daten zur Person sind Informationen zum Aufenthalt, zur Arbeitserlaubnis, zu den Schulabschlüssen im Herkunftsland, zu den herkunftssprachlichen und deutschen Sprachkompetenzen sowie zum Bezug von Sozialleistungen eine wichtige Grundlage, um bedarfsgerechte Interventionen einzuleiten. Um die Vermittlung in Erwerbsarbeit oder Ausbildung zu erleichtern, wird der Erfahrungszuwachs zumindest im arbeitsweltbezogenen Bereich in Form von Portfolios dokumentiert. Auch die vor der Ankunft in Deutschland bereits erworbenen Arbeitserfahrungen können somit besser sichtbar gemacht und zur Optimierung von Anschlussperspektiven genutzt werden.

Vermittlung von Mentorinnen und Mentoren

Eine Bildungsbegleitung, die sich lediglich auf die betriebliche Praxis bezieht und mit Ende des Bildungsganges abbricht, reicht beileibe nicht aus, um den Übergang der jungen Geflüchteten in Arbeit und deren Integration in die Gesellschaft zu sichern. Deshalb werden die Jugendlichen von der Schule darin unterstützt, einen Mentor/eine Mentorin zu finden, die sich auf eine dichte, alltagsbezogene Begleitung einlässt. Diese engagierten Erwachsenen werden weiter den Übergang in die Arbeitswelt coachen (gemeinsame Suche nach Arbeits- und Ausbildungsplätzen; Komplettierung des Bildungsportfolios; Unterstützung bei Verhandlungen mit der Bundesagentur für Arbeit und anderen Behörden; Beratung bei Abbrüchen etc.). Außerdem werden sie sich um die anderen Alltagsprobleme kümmern, die die Jugendlichen außerdem noch lösen müssen.

Qualitative Bewertung der Ergebnisse

Ob Bildungskonzepte taugen, erweist sich letztlich erst in der Rückschau auf die Bildungs-, Erwerbs- und Lebensverläufe der Schülerinnen und Schüler: Hat gesellschaftliche Integration dauerhaft stattgefunden – bei wie vielen und wie? Ist die Einmündung in das Beschäftigungssystem gelungen – und wie lange dauerte sie an? Zur qualitativen Bewertung der Datenerhebung sollte deshalb alle zwei Jahre eine lokale bzw. kommunale Studie zur Bildungs- und Ausbildungssituation von Flüchtlingen erstellt werden. Um die Aussagekraft über die Wirkung des lokalen Berufsbildungssystems zu erhöhen, ist es zudem unabdingbar, eine wissenschaftliche Schulwirkungsforschung zu etablieren, die mit qualitativen, biografischen Methoden sorgfältig und detailliert Bildungsverläufe über einem längeren Zeitraum dokumentiert bzw. rekonstruiert und auch die Sichtweisen der Betriebe einbezieht sowie auf dieser empirischen Grundlage Empfehlungen zur Weiterentwicklung des lokalen bzw. kommunalen Übergangssystems gibt.

In anderen Beiträgen dieses Buches finden sich vertiefende Erörterungen und pädagogische Konkretionen zu dem hier nur angedeuteten Bildungskonzept, beispielsweise zur Mentorenschaft (▶ Kap. 2), zur Didaktik (▶ Kap. 6 und 8), zur Schulsozialarbeit und Bildungsbegleitung (▶ Kap. 5) oder zur Schulprogrammentwicklung (▶ Kap. 9).

4.4 Bildungssprache – kein Allheilmittel!

Wie gezeigt, schreiben die Konzepte für die Vorbereitungsklassen an den allgemeinbildenden und beruflichen Schulen ganz überwiegend vor, dass die Kinder, Jugendlichen und jungen Erwachsenen mit Fluchterfahrungen bereits in den ersten Jahren im deutschen Schulsystem intensiv, gar ausschließlich die »Bildungssprache«, mithin die Sprache der Bildungsinstitutionen erlernen sollen. Zu bedenken ist jedoch, dass »Bildungssprache« immer die Sprache der Gelehrten war, und im 19. Jahrhundert »Bildungssprache zusammen mit einer sozial eng umschriebenen Gymnasialbildung gut institutionalisiert« wurde (Habermas 1981, S. 352). Das ist bis heute so geblieben. Zwar habe sich, so Habermas, der »bildungshumanistische Wortschatz« (S. 353) der »Bildungssprache« geändert, weil in das vorwiegend geisteswissenschaftliche Vokabular des 19. Jahrhunderts dann im 20. Jahrhundert rasch sozial- und naturwissenschaftliche Begriffe eindrangen (S. 353). Doch die gesellschaftliche Funktion und Bedeutung von »Bildungssprache« sei unverändert geblieben (S. 358): Sie ist die Sprache, mit der man sich »mit den Mitteln der Schulbildung ein Orientierungswissen verschaffen kann« (S. 345).

Dieses »Orientierungswissen« ist allerdings sozial überformt: »Die Bildungssprache ist ein Medium, durch das Bestandteile der Wissenschaftssprache von der Umgangssprache assimiliert werden« (S. 346). Habermas nennt in dem 1977 erstmals veröffentlichten Text einige damals aktuelle bildungssprachliche Begriffe wie Arsenschlamm, Generalbundesanwalt, Nukleare Planungsgruppe, Konjunkturrücklage, Feminismus (S. 345–347).

> »Sobald ein solcher Begriff über die Bildungssprache in das Alltagsbewußtsein von sozialwissenschaftlichen Laien eindringt, kann er zu einer Umorientierung in der Wahrnehmung und der Interpretation eines wichtigen Ausschnittes ihrer Lebenswelt führen. [...] Indem wir einen Ausdruck, der auf theoretische Zusammenhänge verweist, auf bisher naiv verstandene Lebensverhältnisse anwenden, gewöhnen wir uns daran, diesen Teil unserer Umwelt anders zu interpretieren, mit anderen Augen zu sehen« (S. 349/350).

Dabei seien die »weiterführenden Schulen« eine der »wichtigsten Kanäle«, durch die »theoretische Entwicklungen und terminologische Neuerungen« der Wissenschaften »in die Bildungssprache einfließen« (S. 354).

In den aktuellen Vorschlägen zur Sprachförderung in der Schule wird mit Bildungssprache »dasjenige Register bezeichnet, dessen Beherrschung von ›erfolgreichen Schülerinnen und Schülern‹ erwartet wird« (Gogolin/Lange 2011, S. 111). An den linguistischen Merkmalen der Bildungssprache (Ortner 2009, Schleppegrell

2010, Feilke 2012, Riebling 2013) lässt sich erkennen, dass dieses sprachliche Register in anspruchsvollen Schriften oder öffentlichen Verlautbarungen, in elaborierten Presseorganen, akademischen Vorträgen, Referaten, Büchern etc. verwendet wird (Gogolin/Lange 2011, S. 108). Das heißt, Bildungssprache ist an den Ausdrucksstandards von gesellschaftlichen Funktionsbereichen orientiert, in denen tagtäglich mit komplexen Texten umgegangen wird, also in textbasierten Segmenten der Arbeitswelt (Wissenschaft, Jura, Medizin, Journalismus, Politik). Nebenbei bemerkt, ist auch die längst nicht mehr nur im Gymnasium gelehrte »Bildungsmathematik« außerhalb des schulischen Raums nur in »mathematikintensiven Berufen« (Heymann 1996, S. 153) von Nutzen.

Aus einer migrationspädagogischen Perspektive würdigen Mecheril/Quehl (2015) die Debatte um Bildungssprache, weil dadurch auf die Bedeutung von Sprache bei der Reproduktion ungleicher Bildungschancen insbesondere bei jungen Migrantinnen und Migranten hingewiesen und zu einer »Kritik der Schule als Institution« beigetragen werde (S. 153). Mit dem pädagogischen Ansatz der »Bildungssprache« werde jedoch auch ein »Bildungsversprechen« gegeben: »›Sprich (bildungssprachliches) Deutsch, und alles wird gut‹«, ein Versprechen, das sich »in seiner reduktiven Suggestion als illusionär« erweise (S. 159).

> »Wenn Bildungssprache mit einer quasi objektiv gegebenen Notwendigkeit der Aneignung schulischer Wissens- und Sprachformen begründet wird, treten Aspekte des außercurricular bei den Schüler/innen vorhandenen Wissens, ihrer biografischen Lagerungen und darin sich spiegelnde Zugehörigkeits- und Diskriminierungsverhältnisse in der Schule in den Hintergrund« (S. 159/160).

Denn »was unter dem Stichwort ›Bildungssprache‹ in den Blick genommen wird, das sind die besonderen sprachlichen Formate und Prozeduren einer auf Texthandlungen wie Beschreiben, Vergleichen, Erklären, Analysieren, Erörtern etc. bezogenen Sprachkompetenz, wie man sie im schulischen und akademischen Bereich findet« (Feilke 2012, S. 5). Deshalb ist »das Register Bildungssprache [...] kommunikativ auf vorwiegend schriftliche Situationen bezogen, auch wenn es zugleich medial mündlich im Gebrauch ist« (S. 6). Folglich wird Bildungssprache in der Schule in Lern- und Bildungsprozessen vermittelt, die überwiegend auf schriftsprachlichen Texten beruhen. Genau diese Didaktik ist im Deutschkurs jedoch fatal, weil sie Schülerinnen und Schülern den mündlichen Zugang zu den Bildungsinhalten erschwert, und Kindern und Jugendlichen, die nur rudimentär alphabetisiert sind, ist auch noch der schriftsprachliche Zugang zu den Lerngegenständen versperrt. Die bildungssprachliche »Buchschule« behindert somit subjektiv und lebensweltlich bedeutsame Lern- und Bildungsprozesse in doppelter Weise und benachteiligt zugewanderte Kinder und Jugendliche fortgesetzt.

Was also sind die sprachlichen Register, die in den ersten Bildungsangeboten für junge Geflüchtete im Mittelpunkt des Unterrichts stehen sollten, um die mündlichen und schriftsprachlichen Kompetenzen von Schülerinnen und Schülern zu erweitern und zu stärken, die aufgrund ihrer allenfalls basalen Deutschkenntnisse ihr Orientierungswissen nicht zuvörderst aus Druckerzeugnissen und Printmedien gewinnen können, ihr Handlungswissen nicht durch die Lektüre von Informationsmaterialien aller Art (Broschüren, Ratgeber, Fachliteratur, rechtliche Dokumente) erwerben und ihr Weltwissen nur in geringem Maße textbasiert vertiefen können, die dazu hin ihre Freizeit nicht unbedingt mit Büchern – auch nicht mit E-Books – verbringen möchten und die überwiegend in »schriftarmen« und »sprachlosen« beruflichen Feldern tätig sein werden, in denen auch nicht allzu viel gerechnet wird?

Bildsprache

Als nach den Sommerferien 2015 in Hamburg die jungen Geflüchteten in den neu eingerichteten »Internationalen Vorbereitungsklassen« an Grund- und Sekundarschulen angemeldet wurden, waren manche Lehrkräfte überrascht, »dass die ja kein einziges Wort Deutsch können!« In Hamburg werden diese Kinder und Jugendlichen sofort eingeschult und nicht, wie in anderen Bundesländern, erst wenn sie nach sechs Monaten aus den Erstaufnahmeeinrichtungen in eine Folgeunterkunft kommen. Somit nehmen sie vielleicht im Containercamp an einem sprachlichen Erstangebot teil, haben aber in aller Regel noch nicht allzu viele Deutschkenntnisse erworben. Einzelne Lehrkräfte riefen mich an, um nach didaktischen Tipps zu fragen. Ich empfahl, statt mit großem Aufwand Wortkärtchen zu basteln und zu laminieren, mit den Kindern oder Jugendlichen lieber den Gebrauch der kostenfreien App »Icoon for Refugees« zu üben, ein »Bildwörterbuch zur ersten Kommunikation für Geflüchtete und ihre Helfer_innen« (Warrink/Pfau 2016). Dieses nützliche Material war 2015 binnen weniger Monate entwickelt worden, zuerst eine Printversion, die durch eine Crowdfunding-Kampagne finanziert wurde (wer einen Euro spendete, erhielt ein Exemplar des Bildwörterbuchs). Aufgrund der Beobachtung, dass viele Geflüchtete Android-Smartphones nutzen, wurde entschieden, das Bildwörterbuch auch als kostenfreie App zur Verfügung zu stellen.

Icoons for Refugees

Das Bildwörterbuch enthält 1.200 Symbole, die zwölf Kategorien zugeordnet sind: Gesundheit, Hygiene, Kleidung, Menschen, Unterkunft, Behörden, Geld, Essen, Freizeit, Maße, Reise und Welt. Durch Fingerzeig auf ein Bild können Bedürfnisse über Sprachbarrieren hinweg kommuniziert werden. »Die Vereine und Initiativen klagten über massive Sprachbarrieren und den Mangel an Übersetzer_innen an den Grenzübergängen und in den Notunterkünften. Insbesondere die Fragen nach der Herkunft, Verpflegung und der medizinischen Versorgung bereiteten den Helfer_innen aufgrund der Sprachenvielfalt große Probleme. Reguläre Wörterbücher waren aufwändig und langwierig in der Handhabung. Viele Flüchtlinge sprachen aufgrund von Traumata gar nicht, wiederum andere konnten weder lesen noch schreiben« (Warrink/Pfau 2016, S. 287). In Gesprächen mit in der Flüchtlingshilfe engagierten Menschen wurden die Begriffe gesammelt: »Ein großer Fokus lag zunächst auf medizinischen Symbolen und denen zum Thema Krieg und Flucht. Grafisch war es eine große Herausforderung, neue Symbole, z. B. für Tuberkulose, Krätze, Polio oder

Traumata zu gestalten. Weiterhin wurden Symbole für Geflüchtete, die sich auf den Fluchtstrecken bewegten, benötigt: Mobiltelefone dürfen nicht an Strommasten angeschlossen, Gleise nicht als Wege benutzt werden. Auch Deeskalationssymbole wurden aufgenommen. Dem Verlag war es wichtig, auch politisch abstrakte Begriffe wie Demokratie und Gleichberechtigung grafisch darzustellen. Einen Teil der Diskussion nahm auch die Frage ein, wie weit z. B. bei der medizinisch notwendigen Darstellung einer nackten, dennoch schematischen, weiblichen Brust im Symbol für Milchpumpe auf religiöse Gefühle der Geflüchteten Rücksicht genommen werden soll. […] Es wurde deutlich, dass das Ziel auch darin liegen sollte, das Ankommen der Geflüchteten im Alltag zu erleichtern und Aktivitäten in die Piktogramm-Auswahl einzubeziehen, die außerhalb der Befriedigung von Grundbedürfnissen liegen. Folglich wurden Symbole für sportliche und insbesondere kulturelle Aktivitäten wie Tanz, Musik, Theater und Kunst eingebettet. Konzerte, Gemälde oder auch Filme sind kulturelle Erfahrungen, die auch aus der Heimat der Geflüchteten bekannt sein können« (Warrink/Pfau 2016, S. 10/11).

Die didaktischen Potenziale des Materials für die ersten Wochen der Spracharbeit im Unterricht der Vorbereitungsklassen liegen auf der Hand:

- Die Erarbeitung des Bildwörterbuchs war als »dialogischer« Lernprozess angelegt, wodurch das »thematische Universum« und die »generativen Wörter« (Freire 1971) einer Lebenswelt, nämlich der von Flüchtlingen, aufgeschlossen werden konnte. Lehrkräfte können bezüglich ihrer Wortschatzarbeit somit einigermaßen sicher sein, dass sie sinnhafte, bedeutsame und relevante Begriffe vermitteln.
- Das Material ermöglicht es den Schülerinnen und Schülern, auch jene, die nicht in der lateinischen Schrift alphabetisiert sind, von Anfang an die eigenen Bedürfnisse, Fragen und Wünsche auszudrücken und sich somit auch im Unterricht einzubringen. Die App regt an, sich Wortfelder selbst zu erschließen, und sie kann als Lernhilfe für die Wortschatzarbeit genutzt werden.
- Mit einem Printformat, das in jede Hosentasche passt, oder in der digitalen Version, ist das Bildwörterbuch handlich und transportabel. Die altmodischen Wortkärtchen bleiben für gewöhnlich nach dem Unterricht in der Schule, zumal sie selten im Klassensatz vorhanden sind. Die App kann von den Schülerinnen und Schülern hingegen auch im Alltag genutzt werden, zumal es »cooler« ist, in der U-Bahn oder im Bus mit der App zu hantieren als mit selbstgebastelten Wortkärtchen.
- Die Fokussierung auf Symbole ermöglicht erste oder auch vertiefende Erfahrungen und Einsichten zur Bedeutung der Bildsprache im Alltag, die sich an Verkehrs- und Gefahrenzeichen, der Bedienung von Automaten usw. systematisch erweitern lassen. Aber auch die Ambivalenzen und Grenzen ikonischer Texte werden deutlich: Zwar sind in Bildern und Symbolen codierte Wörter leichter verständlich als die schriftsprachlichen Pendants im Deutschen, aber insbesondere abstrakte Visualisierungen sind dennoch nicht immer selbster-

klärend. So kann der Unterricht gleichsam eine Propädeutik der semiotischen Kommunikation anbieten.

Textproduktion und Inklusion mittels Handys und Smartphones

Unglücklich ist es, wenn Schulen kein WLAN haben und/oder den Gebrauch von Handys und Smartphones im Unterricht grundsätzlich verbieten, anstatt zu überlegen, wann eine gezielte Verwendung didaktisch klug ist. Mit Smartphones wird das Internet zugänglich und nutzbar, die Schülerinnen und Schüler können somit digitale Formate nicht nur als Wörterbücher und Übersetzungshilfen nutzen, sondern auch eigene Texte relativ selbständig und effektiv produzieren oder bearbeiten. Zudem müssen Jugendliche, deren Aufenthaltsstatus noch nicht geklärt ist, für ihre Betreuer und Anwälte erreichbar sein. Ein solcher Anruf stellt natürlich eine kurzfristige Störung des Unterrichts dar, gleichwohl sollte man dies zulassen und erlauben, dass die Jugendlichen kommentarlos den Raum verlassen, um auf dem Flur ungestört telefonieren zu können (vgl. Frenzel et al. 2015, S. 32).

Alltagssprache

Wie viel Grammatik braucht der Mensch? Erstaunlich wenig, wenn es um die Alltagskommunikation geht. Ziemlich viel, wenn man die Anforderungen des Gemeinsamen Europäischen Referenzrahmens (GER) oder gar die für den deutschen Hauptschulabschluss erfüllen muss. Dann gilt es, das Futur II zu lernen, als ob irgendjemand im Alltag Sätze formulieren wie »Ich werde getrunken haben.« Es werden Passivkonstruktionen (»der Quark wird unter Rühren langsam erhitzt«) und Partizipalattribute verlangt (»die verflüssigte Masse mit Salz würzen«), als ob man diese Anweisungen nicht genauso präzise in Aktiv-Sätzen mit schlichten Verben (»den Quark langsam erhitzen, dabei rühren und dann salzen«) ausdrücken könnte (vgl. Feilke 2012, S. 4). Auch den Konjunktiv II hat man bundesweit in die Lehrpläne für die Erstbeschulung der jungen Geflüchteten aufgenommen, die sich nun im Unterricht mit Phrasen herumschlagen wie »Würde ich doch endlich einmal im Lotto gewinnen!« oder »Hätte ich doch nur ein paar Freunde!«

In manchen Lehrplänen für die arbeitsweltbezogenen Vorbereitungsklassen wird als Ziel des Deutsch-als-Zweitsprache-Unterrichts für junge Geflüchtete die Ausbildung von Sprachkompetenzen zur Alltagsbewältigung bestimmt. Hierfür werden auf den ersten Blick angemessene Themenfelder und Alltagssituationen benannt, an denen sich diese sprachlichen Handlungsfähigkeiten ausbilden lassen: Sich begrüßen, sich vorstellen, sich verabschieden; Fahrpläne lesen, Einkaufsdialoge üben, den Zweck einer Krankmeldung verstehen, beim Arzt die Befindlichkeiten ausdrücken können usw. Für einen solchen alltagsbezogenen Sprachunterricht gibt es einige wenige Sprachlehrwerke.[2] Die Materialien richten sich vor allem

---

[2] Bitte einsteigen! Deutsch in der Erstintegration. Lehr- und Arbeitsbuch. Klett Verlag. – Erste Hilfe Deutsch – Deutschunterricht für erwachsene Asylsuchende. Hueber Verlag. – Alpha plus. Basis- und Aufbaukurs Deutsch als Zweitsprache. Cornelsen.

an Erwachsene und sind somit auch für Jugendliche geeignet. Der in diesen Sprachbüchern abgebildete Alltag hat allerdings mit den Lebenslagen von Geflüchteten nur wenig zu tun.

Außerdem liegen für den Sprachunterricht einige Handreichungen und sogar ein Handbuch vor.[3] In diesen werden die Lebenslagen im Asyl teilweise recht realistisch beschrieben, auch die Tipps zu organisatorischen Fragen, die methodischen Hinweise zur Unterrichtsgestaltung und zu Übungen sind nützlich. Doch diesen Materialien fehlt die Systematik der Sprachvermittlung und der verschiedenen Sprachkompetenzen (Lesen, Hören, Schreiben und Sprechen). Schließlich finden sich spezielle Lehrbücher für das Berufsvorbereitungsjahr mit Themenbänden oder Kapiteln zu Alltagsthemen wie Geld oder Wohnen.[4] Der hier gezeigte »Alltag« von Jugendlichen entspricht schon gar nicht dem, den neu angekommene Geflüchtete bewältigen müssen, zumal sich diese Schultexte eher an den deutschen Muttersprachler richten. Gut geeignet sind die Hefte der Reihe »Durchblick im Alltag«, die zwar auch nicht speziell Flüchtlingsjugendliche adressieren, aber den Alltag in erschwerten Lebenslagen didaktisch für den Unterricht aufarbeiten.

Durchblick im Alltag

In der Reihe »Durchblick im Alltag« (Hiller/Stein 2007, 2008) und in dem Heft »Durchblick im Betrieb« (Bleher/Jauch 2009) sind viele Materialien für einen realitätsnahen Unterricht zu finden, in denen konsequent darauf geachtet wurde, die Themen so darzustellen, dass die Problematik benachteiligter Jugendlicher eigens mitreflektiert, aber auch die Vielfalt faktisch existierender und möglicher Lebensformen angemessen abgebildet wird. In jugendnaher Sprache sind viele der Themen didaktisch aufbereitet, die für junge Leute im unteren Qualifikationsbereich von Bedeutung sind: Wohnen, Bewerbungen, »Papierkram«, Verträge, Finanzen, Girokonto, Versicherungen, Kredite, Schulden, Zeitplanung, Verfassen von Lebensläufen usw. Diese Hefte sind Ratgeber, die Schülern Hilfen für die Bewältigung von Alltagsproblemen während und vor allem nach der Schulzeit bieten können. Aufgabe des Unterrichts in der Förder- bzw. in der Inklusionsschule oder in den Bildungsgängen der Berufsvorbereitung ist es, in den Gebrauch der Hefte einzuführen, deren Handhabung zu trainieren, und mit den Schülern zu erarbeiten, für welches Problem sie was in den Heften an welcher Stelle finden können. Die Handreichungen helfen bei der

---

3 Deutsch lernen mit Flüchtlingen. Tipps und spielerische Übungen für den erfolgreichen Erstunterricht. Cornelsen Scriptor. – Sprachanker. Handreichung für die Gestaltung von Deutschkursen mit Flüchtlingen. Herausgegeben vom Bildungswerk der Erzdiözese Köln e.V. – Erstorientierung und Deutsch Lernen für Asylbewerber. Herausgegeben vom Bundesamt für Migration und Flüchtlinge. – Von A bis Z – Praxishandbuch Alphabetisierung: Deutsch als Zweitsprache für Erwachsene. Klett Verlag.
4 Reihe: Vorbereiten auf Ausbildung und Beruf. Westermann-Verlag. Bände zu Themen (Wohnen, Geld), Fächern (Deutsch, Mathematik) und Berufsfeldern (Metall, Gastgewerbe/Hauswirtschaft). – Reihe: Starke Seiten. Ernst Klett Verlag. Schwerpunkt: »Berufsorientierung«: Band 1 (5./6. Klasse), Band 2 (7./8. Klasse), Band 3 (9./10. Klasse).

> realitätsnahen Umsetzung. Editierbare Arbeitsblätter auf der beigefügten CD-ROM ergänzen und vertiefen die Inhalte; hier gibt es auch ausgewählte Seiten der Schülerhefte in russischer und türkischer Sprache.

Die nüchterne Analyse ergibt, dass sowohl in den Lehrplänen als auch ganz überwiegend in den Lehrwerken und Lehrmaterialien die Herausforderungen der Alltagsbewältigung junger Geflüchteter und ihrer Familien im Asylverfahren oder auch nach der Anerkennung merklich unterschätzt werden. Nehmen wir das Thema »Wohnen«, das in allen Bildungsplänen zu finden ist. Die didaktischen Vorschläge laufen sämtlich darauf hinaus, eine sprachliche Handlungsbewältigung zum »Verstehen von Wohnungsanzeigen« und dem »Informieren über eine Wohnung« auszubilden. Zumindest in Hamburg findet man allerdings schon lange keine Wohnung mehr durch Inserate, sondern nur noch über teure Makler oder mittels privater Kontakte. Und wer mit Nachnamen »Kabiri« oder »Agbor« heißt, der wird auch mit einer telefonischen Kontaktaufnahme zu einem Wohnungsangebot aufgrund von Vorbehalten bei Vermietern gegenüber Ausländern nicht sehr erfolgreich sein (Breckner et al. 2013). Mit dem »Verstehen von Wohnungsanzeigen« würde man die Geflüchteten somit auf die sprachliche Bewältigung einer Alltagssituation vorbereiten, die für sie eher nicht relevant ist.

Fremdsprache(n)

In Bayern wurden im Schuljahr 2014/15 insgesamt 538 Jugendliche in den Berufsschulklassen für neuzugewanderte Schülerinnen und Schüler zu ihren Bildungs- und Sprachbiografien befragt (Baumann/Riedl 2016). Viele Jugendliche befanden sich noch im Asylverfahren. Nur 15 Prozent kommen aus einem der Länder mit Bleibewahrscheinlichkeit (Eritrea, Irak, Iran und Syrien), 76 Prozent stammen aus Staaten mit schlechter Bleibeperspektive (z. B. Afghanistan, Nigeria, Pakistan), davon 23 Jugendliche aus so genannten sicheren Herkunftsländern (Kosovo, Serbien). In vielen Vorbereitungsklassen in Deutschland ist von ähnlichen Verhältnissen auszugehen (Pothmann/Kopp 2016, Kärner et al. 2017). Daraus folgt, dass individuell sehr genau zu klären ist, welche Herkunftssprachen oder/und welche Fremdsprachen neben dem Deutschen zu welchem Zweck gefördert werden sollten.

Die Bildungsminister der Länder meinten, für den qualifizierten Haupt- bzw. Ersten allgemeinbildenden Schulabschluss zwingend eine Fremdsprache verlangen zu müssen. Deshalb wird in den Vorbereitungsklassen, in denen ein Schulabschluss vorgesehen ist oder die zum Übergang in Schulstufen führen, die mit einem Abschluss enden, teilweise vom ersten Tag an, manchmal nach sechs Monaten, neben Deutsch eine weitere Fremdsprache, zumeist Englisch, unterrichtet. Sicherlich werden etliche Schülerinnen und Schüler auch dieses zusätzliche Pensum irgendwie schultern, für andere ist es hingegen anstrengend und mühsam, neben all dem sonstigen Schulstoff gleich noch zwei neue Sprachen simultan erlernen zu müssen. Etliche Jugendliche werden mit Ach und Krach in Berufe und Jobs im unteren Segment des Arbeitsmarktes einmünden (BAMF 2016). Vielleicht kommen ja einzelne Backwarenverkäufer an einem Verkaufsstand an einem Flughafen oder am Hauptbahnhof einer Großstadt unter, und vielleicht müssen sie dann wissen, was »Brezel« und »Nusshörnchen« auf Englisch heißt – als didaktische Begründung für ein verpflichtendes, prüfungsrelevantes Unterrichtsfach reicht das aber nicht aus.

In einigen Bundesländern kann durch eine Sprachfeststellungsprüfung die Herkunftssprache als erste oder zweite »Fremdsprache« anerkannt werden. In der Liste der erlernten Muttersprachen in den bayerischen Berufsschulklassen wird allein 171 Mal Dari angegeben (Baumann/Riedl 2016, S. 66). Vor allem in großen Städten können für große Sprachgruppen bilinguale Bildungsgänge eingerichtet werden, weil dieses sprachpädagogische Setting nachweislich für den Erwerb beider Sprachen am günstigsten ist. Nämliches gilt für Farsi, das laut der bayerischen Studie jeder fünfte Jugendliche spricht (S. 66). Für Jugendliche beispielsweise mit einer afghanischen Staatszugehörigkeit wäre nicht nur die Sprachfeststellung, sondern insbesondere ein Sprachunterricht in der Herkunftssprache wichtig, da eine Rückführung dieser Jugendlichen nach Afghanistan sehr wahrscheinlich und die Weiterentwicklung ihrer herkunftssprachlichen Kompetenzen somit unabdingbar ist. In einer der seltenen empirischen Studien zur Remigration beschreibt Schleimer (2015) eindringlich für kurdische Jugendliche, die in den Nordirak zurückkehrten, die Schwierigkeiten, die sie aufgrund ihrer teilweise sehr unzureichenden Kurdisch- und auch Arabischkenntnisse dort haben, um einen Zugang zu Bildung, Studium und Arbeit zu finden.

Die Herkunftssprachen zugewanderter Jugendlicher sollten auch als »Bildungskapital« wahrgenommen und deshalb systematisch gefördert werden. Türkisch und Arabisch, Spanisch und Russisch sind Sprachen, die in Deutschland einen hohen Marktwert haben, weil sie in den internationalen Wirtschaftsbeziehungen wie auch für den Binnenmarkt bedeutsam sind: Mehrsprachige Mechaniker und Lkw-Fahrer sind ebenso gesucht wie Pflegepersonal, das andere Sprachen kann als lediglich Deutsch (Redder et al. 2013). Jugendliche werden in Deutschland oftmals überhaupt nicht in ihren Herkunftssprachen gefördert, was fatal ist, wenn man davon ausgeht, dass nicht alle Jugendlichen in Deutschland bleiben dürfen oder leben wollen. Kenntnisse in international relevanten Sprachen sind jedoch ein Kapital, das an andere Lebensorte mitgenommen werden kann und dort unter Umständen verwertbar ist.

Immerhin jede/r zehnte Neuzugewanderte gibt Englisch oder Französisch als Familiensprache oder als Unterrichtssprache im Schulsystem des Herkunftslandes an (Baumann/Riedl 2016, S. 66). Es sind ganz überwiegend Jugendliche aus west- und ostafrikanischen Regionen sowie zu einem geringeren Anteil aus Südasien (Pakistan, Indien). Außerdem geben 263 Jugendliche an, Englisch bereits im Herkunftsland als Unterrichtsfach belegt zu haben. Auch wenn über die individuellen Sprachkompetenzen nichts bekannt ist, ist aus diesen Zahlen ableitbar, dass sich der Englischunterricht in den Vorbereitungsklassen nicht ausschließlich an Sprachanfänger richten kann. Viele Jugendliche würden in einem solchen Unterricht völlig unterfordert, ein Problem, das sich in den Regelklassen fortsetzt. Nicht anders stellt sich dies für Französisch dar.

Die Zahlen verweisen auch auf sprachdidaktische Problemstellungen: Unter den befragten Schülerinnen und Schülern ist ein beträchtlicher Anteil, der es gewohnt ist, dass Lehrkräfte in der Schule Sprachen sprechen, welche nicht die eigene Muttersprache sind, sei es weil die amtliche »Bildungssprache« der Schulfächer nicht mit der Familiensprache identisch ist, sei es im Fremdsprachenunterricht (S. 75). Für viele befragte Jugendliche »kann gesagt werden, dass sie Sprachlernerfahrungen aus dem Kinder- und/oder Jugendalter mit nach Deutschland bringen. Ein Teil von ihnen ist zudem mit dem institutionalisierten Erlernen der Sprache vertraut« (S. 76). Das heißt, es ist damit zu rechnen, dass bei vielen bereits Lernstrategien und metasprachliche Kompetenzen vorliegen, die zur Vermittlung des Deutschen genutzt werden können (Benholz et al. 2016, Harboe et al. 2016, McElvany et al. 2017).

Deutsch im Betriebspraktikum

Laut einer Erhebung des BAMF (2016) arbeiten Asylberechtigte und anerkannte Flüchtlinge insbesondere in vier Tätigkeitsbereichen: Gastronomie, Verpackung/ Lagerung/Logistik/ Transport, Reinigung sowie Herstellung und Verkauf von Lebensmitteln. Dieses sehr eingeschränkte Tätigkeitsspektrum verweist auf dramatische Marktbenachteiligungen. Für die sprachliche Bildungsarbeit der Schule im Übergangssystem in die Arbeitswelt wird daran deutlich, dass man mit der Zielsprache: »Berufsdeutsch« eher danebenliegt. Umso mehr, als die Jugendlichen ein Betriebspraktikum sprachlich bewältigen müssen, und dort allenfalls mit restringierten Formen der Fachsprache von Ausbildungsberufen konfrontiert werden, weil sie nur eingeschränkte Tätigkeiten verrichten dürfen und von ihnen vor allem kommunikative Kompetenzen wie Freundlichkeit, Höflichkeit, Interesse und Teamfähigkeit erwartet werden (▶ Kap. 6). Seit längerem befassen wir uns mit den laut- bzw. schriftsprachlichen Bedingungen und kommunikativen Anforderungen unter anderem in den vom BAMF genannten Tätigkeiten, um dieses »sprachliche Register«, also »typische« arbeitssprachliche Merkmale im Wortschatz, im Satzbau und in der Grammatik zu beschreiben (Schroeder 2011, 2016b).

Tab. 4.1: Linguistische Merkmale und Textsorten der »Arbeitssprache« in Einfachtätigkeiten

Merkmal	Beispiele
Sehr viele diskontinuierliche (nicht-lineare) Textformate	*Tabellen, Formulare, Listen, Pläne, Karten, Skizzen, Displays, Navigatoren*
Bevorzugung von Ein-Wort-Sätzen	*Aufhöhen, Ansaat*
Einfache Satzbaupläne ohne Interpunktion	*Sätze müssen als SMS verschickt werden können*
Vor allem Infinitivsätze	*Geräte abschalten und Stecker ziehen*
Häufung von Imperativsätzen	*Unbedingt befolgen!*
Intensiver Gebrauch imperativer Konstruktionen mit modalen Hilfsverben (haben + zu)	*Tuch hat am Handlauf zu liegen*

Tab. 4.1: Linguistische Merkmale und Textsorten der »Arbeitssprache« in Einfachtätigkeiten – Fortsetzung

Merkmal	Beispiele
Dominanz nominaler und adjektivischer Komposita	*Gerüstbelagbreite, passgenau*
Artikel werden zumeist weggelassen	*Computer starten, Passwort eingeben*
Zahlreiche Funktionsverbgefüge	*Fenstersims trocken entstauben*
Verschmelzung von Präpositionen mit Artikeln	*Müllsäcke zum Container bringen*
Einsparung gleicher Wortteile	*Holz- und Kunststoffplatten*
Unvermittelter Gebrauch englischer Wörter	*off, on*
Oftmals Verwendung unterschiedlicher typografischer Mittel und bedeutungstragender Farbcodes	*Fett- und Sperrdruck, Schrifttypen und -größen, Grautöne, Rahmungen, Spaltensatz, Hervorhebungen*
Nutzung vielfältiger ideografischer und ikonischer Zeichen: Ziffern, fachsprachliche Zeichen, Buchstaben-Ziffern-Kombinationen, Abkürzungen und Formeln	*%, &, R35, IBAN, 198 x182 x 61 cm Bilder, Symbole*

Dominierende kommunikative Handlungen in diesen Tätigkeiten sind das Protokollieren, das Auflisten, das Bescheinigen oder das Reklamieren. Deshalb sind Warenlisten, Tabellen, Pläne oder Empfangsbestätigungen hier besonders wichtig. Alle diese Textsorten zeichnen sich durch eine sparsame Verwendung von Fachbegriffen sowie durch Verknappung, Einsparung und Verbildlichung der Rede- und Schreibmittel aus. Sie werden dadurch schnell lesbar. Hingegen erschweren der freie Gebrauch der Regeln in Orthografie und Interpunktion sowie ein nicht immer gut lesbares Layout die Verständlichkeit der Arbeitssprache. Komplexe Verknüpfungen von Satzgliedern werden in der Arbeitssprache vermieden, dies vereinfacht die Satzbaupläne und die Interpunktion. An diesen Arbeitsplätzen sind die kommunikativen Handlungen des Argumentierens oder Begründens selten, es dominiert die Anweisung: Für Anleitungen, Hinweise, Warnungen oder Verbote sind Infinitiv-Sätze mit hohem Aufforderungscharakter am präzisesten, begründende Nebensätze sind unnötig. In Verhaltensanweisungen überwiegen der Imperativ bzw. imperative Konstruktionen mit modalen Hilfsverben; Konjunktivsätze werden äußerst selten verwendet. An diesen Arbeitsplätzen kommen zumeist drei verschiedene Texttypen zum Einsatz:

- *Kontinuierliche Texte*, insbesondere Fahrzeugprotokolle, Leistungsbeschreibungen, Empfangsbestätigungen, Bedienungsanleitungen, Merkblätter und Sicherheitshinweise. Für diese Anweisungstexte ist typisch, dass sie auf Satzglieder verzichten und eher im Telegrammstil verfasst sind (»Fenstersims trocken entstauben«).

- *Diskontinuierliche Texte* wie Formulare, Tabellen, Tourenpläne und Kontrollbögen, deren Zweck es ist, möglichst platzsparend möglichst viele relevante Informationen und Daten zusammenzufassen. Anders als bei monosequenzierten Texten, die einem linearen Leseweg folgen, erfordert die Lektüre mehrfach sequenzierter Texte eine aktive texträumliche Orientierung.
- *Ikonische Texte*, in denen Informationen in einem Bild oder Symbol ausgedrückt werden. Die gemalte Flamme verweist auf Brandgefahr, der gezeichnete Feuerlöscher auf das entsprechende Löschgerät. In den Betrieben werden solche Piktogramme häufig genutzt, denn sie sind effektiv, weil die Arbeitskräfte das Wort »Feuerlöscher« oder gar den Satz »Warnung vor feuergefährlichen Stoffen« nicht lesen (können) müssen, um sich und andere dennoch umfassend zu schützen.

Wir haben somit in vielen Tätigkeiten von einer *Multimodalität* (Kress 2009) auszugehen, also von einer komplexen und aufeinander bezogenen Verwendung alphabetischer, numerischer, symbolischer und visueller sowie akustischer Codes zur Strukturierung von Arbeitsprozessen. Deshalb würde es zu kurz greifen, Literalität in diesen Segmenten der Arbeitswelt ausschließlich auf schriftsprachliche Anforderungen hin zu erfassen.

4.5 Staatbürgerlicher Unterricht – eine pädagogische Überheblichkeit

»Ende April, nach etwas mehr als einem Jahr in Deutschland und vier Monaten bei uns, bestand Amir seinen Sprachtest. Deutsch schreiben, lesen, hören, sprechen: fast überall erhielt er Bestnoten. Das Bundesamt für Migration und Flüchtlinge bestätigte ihm außerdem, auch die Integrationsprüfung mit Bravour gemeistert zu haben. Amir kennt jetzt das Wappen der Bundesrepublik Deutschland und die Flagge der DDR; er hat gelernt, dass nicht die Todesstrafe, sondern die Geldstrafe mit dem Grundgesetz vereinbar ist; er weiß, wofür die Abkürzung CDU steht, dass der Bundestag für vier Jahre gewählt wird und dass ein Richter der Judikative angehört. Außerdem hat Amir gelernt, dass Rauchen in deutschen Restaurants seit 2007 verboten, Alkohol trinken hingegen nach wie vor erlaubt ist, dass der Regierungschef des Bundeslandes Berlin ›Regierender Bürgermeister/Regierende Bürgermeisterin‹ heißt und dass Millionen Deutsche am Rosenmontag ›bunte Kostüme und Masken‹ tragen. Nach Ansicht der Behörden ist Amir Baitar, geboren 1991 in Syrien, 2015 nach Deutschland geflohen, damit offiziell integriert« (Baitar/Sußebach 2016, S. 163).

Die hier aufgezählten Themen stehen auch im Lehrplan für das »Vorqualifizierungsjahr Arbeit/Beruf« (VABO) für Geflüchtete in Baden-Württemberg (MK 2015/16, S. 37 ff). Und nicht nur dort. Hingegen bin ich nicht der Meinung, dass es in den ersten Monaten nach der Ankunft wichtig ist, die sechzehn Bundesländer mit ihren Landeshauptstädten auswendig zu lernen, Elbe, Rhein, Oder und Weser in der richtigen West-Ost-Abfolge ordnen oder alle Städte der Bundesrepublik mit mehr als einer halben Million Einwohnern benennen und orthografisch richtig schreiben zu können. Es ärgert mich, wenn die Vorzüge der »Sozialen Marktwirtschaft« im Unterricht gepriesen werden, ohne die Zugangsbarrieren zum Arbeitsmarkt für Fremde mit zu problematisieren. Und es ist unfair, wenn man

Deutschland im Unterricht nicht in all seinen gesellschaftlichen Widersprüchen zeigt oder nicht deutlich macht, dass soziale Konflikte bei uns wahrlich nicht nur durch Einwanderung entstehen.

Neben Sprachförderung und beruflicher Vorbereitung ist »Staatsbürgerkunde« die dritte curriculare Säule in den Bildungsangeboten für Geflüchtete. Außer einem fragwürdigen landeskundlichen Überblick erhalten die jungen Fremden hier eine Einführung in das Grundgesetz sowie Belehrungen über die Werte der demokratischen Grundordnung. Dieser Unterricht unterliegt indes dem didaktischen Widerspruch, dass er junge Menschen auf die Anerkennung von Gesetzen und Rechten verpflichten soll, die vor der Einbürgerung – also noch viele Jahre lang – für sie nicht gelten: Es ist vermutlich wenig motivierend, sich mit dem komplizierten politischen System zu befassen, wenn man als Ausländer gar kein Wahlrecht hat. Was geht in Geflüchteten vor, wenn sie Artikel 8 GG lesen: »Alle Deutschen haben das Recht, sich ohne Anmeldung oder Erlaubnis friedlich und ohne Waffen zu versammeln« – sind hiervon Ausländer ausgeschlossen? Es mag interessant sein, aus Artikel 11 zu erfahren, dass alle Deutschen im ganzen Bundesgebiet Freizügigkeit genießen. Warum aber gesteht der deutsche Staat dieses Recht nicht auch Asylsuchenden zu? Weshalb also soll man sich mit einer Grundordnung identifizieren, die einen in jedem zweiten Artikel ausschließt? Und wollen sich Lehrkräfte wirklich im Unterricht mit solch unbequemen Fragen auseinandersetzen?

Um nicht missverstanden zu werden: Ich halte es für richtig und wichtig, »Deutschland« im Unterricht der Vorbereitungs- und Regelklassen zu thematisieren. In der deutschen Schule gilt jedoch auch für junge Geflüchtete der Auftrag, zur Aufklärung und Bewusstseinsbildung der Schülerinnen und Schüler beizutragen. Dies wird nicht durch »-kunde« gelingen, ein Fachformat, das Daten und Fakten liefert, nicht aber Zusammenhänge und Widersprüche aufzeigt. Vielmehr ist eine mehrperspektivische Didaktik gefragt, die mit Methoden des interkulturellen Lernens »Deutschland« aus verschiedenen Sichtweisen aufschließt (vgl. Hiller 1995): Gerade neu Angekommene benötigen einen »Crash-Kurs« zu den wichtigsten »Spielregeln«, die explizit oder implizit das Leben der deutschen Gesellschaft steuern und die man kennen muss, um im Alltag den gröbsten Fettnäpfchen zu entgehen. Auch die Einheimischen sind Adressatinnen und Adressaten interkultureller Bildung und müssen im Unterricht die Chance erhalten, ihre Normalitätsvorstellungen zur Leitkultur hinterfragen zu können. Und drittens geht es um die ganz alltäglichen Konsequenzen, die aus dem Fakt zu ziehen sind, dass Deutschland in der ungleichen Weltgesellschaft dem globalen Norden und nicht, wie die Herkunftsregionen der meisten Flüchtlinge, dem globalen Süden zugehört.

Deutschland für Anfänger

Bei der Ankunft in einem fremden Land ist erst einmal vieles unverständlich, weil unerklärt. Gerade in den ersten Wochen und Monaten gilt es, Basiswissen über eine Gesellschaft zu erwerben, um sich in ihr zunehmend sicherer bewegen und »korrekt« verhalten zu können. Dringend abzuraten ist, die »Spielregeln« in einem schlichen Kulturvergleich zu vermitteln. Denn sowohl in der deutschen Gesellschaft als auch im Herkunftsland sind »Regeln« immer zugleich umstritten und in der praktischen Anwendung kompliziert. Wenn es in Unterrichtsmaterialien[5] heißt: »In Deutschland wird aus Liebe geheiratet«, so ist dies eine ebenso falsche Generalisierung wie die, dass in islamischen Gesellschaften ausschließlich »arrangierte Ehen« geschlossen werden. »Vor Betreten einer Freizeiteinrichtung Eintrittspreise bezahlen« – das gehört sich auf der ganzen Welt so. »Für eine respektvolle Begrüßung gibt man sich die Hand und schaut sich in die Augen« ist ethnozentrisch, die in einem Arbeitsblatt aus dem Mund einer Polizistin kommende Sprechblase »Homosexualität muss toleriert werden« ist eine paternalistische Formulierung. Die Einsicht: »sich lange vor Privatgebäuden aufzuhalten, verunsichert die Anwohner« sollte man vor allem mit den Demonstrierenden vor den Flüchtlingsunterkünften diskutieren.

Deutsche Schule für Anfänger

Es genügt nicht, mit den Kindern und Jugendlichen am ersten Schultag einen Rundgang durch das Schulgebäude zu machen, sondern es ist vor allem das erforderliche Wissen zu erarbeiten, damit die Schule als kulturelles System transparent wird, weil man sich dann besser aktiv in eine solche Institution einbringen kann. Weshalb halten es deutsche Lehrkräfte für so wichtig, dass zu Beginn des Schultags erst mal im Morgenkreis über das gestern Erlebte gesprochen und nicht gleich mit einem Diktat begonnen wird? Weshalb legen sie so viel Wert auf den Inhalt der Pausenbrotdose und weshalb wird im Unterricht ständig Obstsalat zubereitet? Weshalb gibt es präzise und nicht zur Diskussion stehende Vorgaben über das Format und die Linierung, die Farbe des Einbandes und die Beschriftung von Heften, Ordnern und Mappen? Weshalb ist es aus deutscher Sicht unabdingbar, am Schwimmunterricht oder am Schulausflug teilzunehmen? Weshalb bevorzugen deutsche Lehrkräfte das Selbstlernen, Gruppenarbeit, Differenzierung, Meinungsaustausch? In einem Forschungsprojekt wurden elf türkischsprachigen Vätern einige Videoaufzeichnungen aus dem Grundschulunterricht gezeigt und mit ihnen über Erziehungsvorstellungen diskutiert, um gemeinsam die »impliziten Regeln in pädagogischen Institutionen« herauszuarbeiten und Missverständnisse zwischen Lehrkräften, Schülern und Eltern zu klären (El-Mafaalani 2012). Dies würde ich mir auch für die alltäglichen interkulturellen Väterabende in der Schule wünschen.

Bei YouTube findet man unter dem Titel »Deutschland für Anfänger« eine Reihe von dreiminütigen Videoclips, in denen zwei junge Frauen in Deutsch und Arabisch

---

5 Vgl. zum Beispiel die drei im Fink Verlag erschienenen Unterrichtsmaterialien »Grenzen erfahren. Brücken bauen. Lernheft zum Verständnis von Lebenswelten, Werten und Gesetzen«; »Lernheft zum deutschen Grundgesetz. Artikel 1–10« und »Lernheft zum deutschen Grundgesetz. Artikel 11–20«. Alle drei Hefte sind in Deutsch, Englisch und Arabisch verfasst. Zwar bieten sie zahlreiche grafische, sprachliche und grammatikalische Hilfen, jedoch keinerlei Anregungen zur kritischen Reflexion und Diskussion des Stoffs.

Basisinformationen zu den Themen »Trinkwasser«, »Bus fahren«, »Nachtruhe«, »Rauchen, Zigaretten«, »Gummibärchen« und auch »Schule« vermitteln und somit neu eingereisten Menschen einige alltägliche Aspekte des Lebens in Deutschland nahebringen. Im Netz lässt sich auch anderes, oftmals mehrsprachiges Filmmaterial entdecken, teilweise von Geflüchteten erstellt, das mal sachlich, mal ironisch Facetten des »deutschen« Alltags thematisiert.

Reziproke Kulturkritik

Es war immer ein Ziel der Interkulturellen Bildung, im Spiegel von »Fremdem« den deutschen Schülerinnen und Schülern mit und ohne Migrationserfahrungen ein kritisches Verhältnis zu ihrer Gesellschaft zu eröffnen, um borniertem Ethnozentrismus und Dünkel der Überlegenheit zu überwinden (Frieters-Reermann/Sylla 2017). Mit Lehramtsstudierenden prüfe ich regelmäßig in Seminaren hierzu geeignetes Unterrichtsmaterial. Gerne arbeite ich mit einem schmalen Jugendbuch »Im Land der Schokolade und Bananen«.[6] Zum Einstieg frage ich die Studierenden, was sie bei einem Buch mit diesem Titel erwarten. Die meisten tippen auf Geschichten aus Afrika oder Lateinamerika, einige glauben, es gehe sicherlich um Kinderausbeutung oder um arme Landarbeiterfamilien. Das Buch handelt hingegen von Deutschland, über das man in Rumänien, dem Herkunftsland der beiden Aussiedlerkinder Uwe und Ingrid Herbert, erzählt hat, dass dort Schokolade und Bananen im Überfluss vorhanden sind. Obgleich es den Einwanderungsstatus »Aussiedler« inzwischen nicht mehr gibt, eignen sich die fünfzig Kurzgeschichten des Buches dennoch gut für einen interkulturellen Unterricht.

Denn zum einen thematisiert der Text, basierend auf eigenen Erfahrungen der Autorin, die erste Zeit der Ankunft von Menschen, die ihre Heimat verlassen haben. Aussiedler kamen früher zunächst in das Lager Friedland bei Göttingen, dann wurden sie umverteilt und lebten oftmals wiederum in einer vom zugewiesenen Bundesland bereitgestellten Unterkunft. Eine Illustration zu den Klingeln am Hauseingang (▶ Abb. 4.1) regt an zu überlegen, wie viele Menschen in dem Haus wohl wohnen. Eine kleine Geschichte schildert die Alltagsprobleme, wenn sich drei Familien (eine davon ist die von Uwe und Ingrid) eine Wohnung mit einer Küche und einer einzigen Toilette teilen müssen (S. 15 f.). Eine andere Erzählung berichtet über einen Supermarkteinkauf. Da das Geld nicht reicht, kaufen die Eltern nur den beiden Kindern jeweils eine Banane und verzichten selbst (S. 11 f.). Ein paar Seiten weiter fährt die Straßenbahn ohne die Familie Herbert ab, weil sie nicht wissen, dass sich die Tür nicht automatisch öffnet (S. 22). Der Vater hat große Schwierigkeiten, eine Arbeit zu finden (S. 83).

---

6 »Im Land der Schokolade und Bananen« von Karin Gündisch ist 1987 im Beltz & Gelberg Verlag erschienen. Das Buch wurde von Peter Knorr illustriert. 1992 verfasste Hannelore Daubert ein Lehrerbegleitheft mit Informationen zur Autorin, Zusatzmaterialien und didaktischen-methodischen Anregungen. Eine Neuausgabe präsentiert die Texte in der Neuen Rechtschreibung, leider werden Preise weiterhin in D-Mark angegeben. 2008 erschien ein weiteres Begleitmaterial für einen handlungs- und produktionsorientierten Literaturunterricht, das Stefanie Müller erarbeitet hat.

4 Die gängigen Angebote für junge Geflüchtete in der deutschen Schule

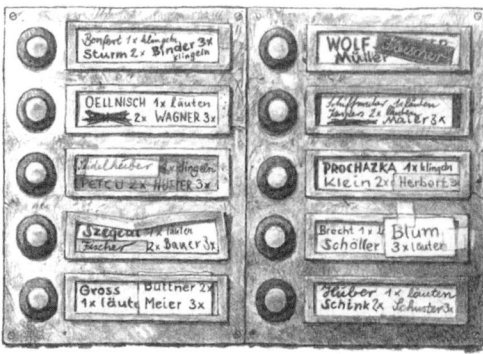

Abb. 4.1: Türklingeln in einem Übergangswohnheim, Karin Gündisch, Im Land der Schokolade und Bananen, S. 5 © 1987, 1990 Beltz & Gelberg in der Verlagsgruppe Beltz, Weinheim Basel

Zum anderen wirft der Text aber auch immer wieder einen kritischen Blick auf die deutsche Wohlstandsgesellschaft. Die Geschichte »Die Senta« ist mit einer Zeichnung illustriert (▶ Abb. 4.2). Wieder frage ich die Studierenden vorab, worüber hier wohl erzählt wird, oder lasse sie rasch eine Geschichte zu dem Bild schreiben. Zumeist entstehen sozialromantische Texte: Die »Senta« gehört einer Nachbarin, und Uwe und Ingrid freunden sich mit dem Hund an. Oder: Den Beiden wird der Hund unerwartet geschenkt. Oder: Sie würden sich einen Hund wünschen, aber die Familie könne sich ein Haustier nicht leisten. Oder: Die »Senta« ist den Beiden zugelaufen und sie nehmen den Hund auf.

Abb. 4.2: Die Senta von der Frau Krüger, Karin Gündisch, Im Land der Schokolade und Bananen, S. 67 © 1987, 1990 Beltz & Gelberg in der Verlagsgruppe Beltz, Weinheim Basel

4.5 Staatsbürgerlicher Unterricht – eine pädagogische Überheblichkeit

Tatsächlich geht es darum, dass Ingrid sich wundert, wie sehr in Deutschland Haustiere verwöhnt werden. Die »Senta« bekommt beispielsweise nur abgeschabtes Fleisch (S. 66), in einer anderen Geschichte wird einer Katze nur bester Schinken verfüttert (S. 38). Wir debattieren: Ist das »unsere Art zu leben«, die wir uns nicht nehmen lassen? Was kostet eine Haustiergesellschaft die öffentliche Hand? Wie viele Arbeitsplätze schafft die Hunde-Industrie? Einige Studierende wollen sich (von mir) ihre Hundeliebe nicht nehmen lassen und halten dagegen. Die riesigen Tierfutterabteilungen in deutschen Supermärkten finden sie in Ordnung. Auf Reisen habe man schon so oft erlebt, wie räudig Hunde in vielen Ländern leben müssten, weil sich niemand um sie kümmere. Und gerade für ältere Menschen seien Hunde wichtig. Gegenfrage: Wie soll man sich das Thema Haustiere im inklusiven Unterricht vorstellen, wenn die eine Schülerin ein eigenes Pferd und die andere ein Meerschweinchen besitzt, die dritte indes für sich selbst nicht immer genügend zu essen hat? Wie soll daraus ein auf Wertschätzung, Respekt und gegenseitige Anerkennung basierender Umgang miteinander erwachsen können?

Der Alltag des Nord-Süd-Konflikts

Mit der Zuwanderung und/oder Flucht von Menschen aus dem globalen Süden, also aus den so genannten Entwicklungs- und Schwellenländern, ist die »Dritte Welt« im Unterricht der deutschen Schule nicht mehr nur als Lehrplanthema repräsentiert, sondern »leibhaftig« anwesend. Hat sich Deutschland seiner kolonialen Vergangenheit schon nicht wirklich gestellt, tut man sich in der Auseinandersetzung mit der postkolonialen Gegenwart erst recht schwer. Auch das »globale Lernen« gehört zur Interkulturellen Pädagogik, denn nun geht es zentral um die Frage, wie direkte Gewalt (Krieg, Folter), strukturelle Gewalt (Armut, Marginalisierung) und kulturelle Gewalt (Rassismus) zusammenwirken (Galtung 1998). Nicht nur die jungen Geflüchteten, sondern alle Heranwachsenden werden in Deutschland in eine Gesellschaft hineinzogen und in einem Bildungssystem erzogen, in dem Weißsein ein »Ort relativer Privilegierung« (Wollrad 2005, S. 127) ist. Die meisten Geflüchteten wissen das, denn gerade gegen sie ist der alltägliche wie auch der politische Rassismus in der Bundesrepublik gerichtet. Die Weißen wissen das ebenfalls – trotzdem muss im Unterricht darüber geredet werden.

Gute Erfahrungen haben wir in der Sekundarstufe mit dem Film »Schwarzfahrer« (Danquart 1995) gemacht, der in 15 Minuten die postkoloniale Unordnung im Mikrokosmos einer Berliner Straßenbahn vergegenwärtigt. Die Geschichte ist simpel: Ein dunkelhäutiger junger Mann steigt ein und fragt eine weiße ältere Dame, ob der Platz neben ihr frei ist. Unwillig rückt sie zur Seite, kurz darauf beginnt sie mit einem Monolog, den alle Mitreisenden hören, doch fast niemand sagt etwas dagegen. Nur zwei Jungen regen sich über die Frau auf – aber auf Türkisch, sodass es die anderen nicht verstehen.

> **Monolog einer alten Dame im Film »Schwarzfahrer«**
>
> Sie Flegel, warum setzen Sie sich nicht woanders hin? Es gibt doch genug Plätze hier! Jetzt kann man schon nicht mehr Straßenbahn fahren, ohne belästigt zu werden. Wer von unseren Steuern profitiert, könnte sich wenigstens anständig benehmen. Als ob man sich nicht an unsere Sitten anpassen könnte!
> Warum kommt Ihr überhaupt alle hierher? Hat Euch denn jemand eingeladen? Wir haben es alleine geschafft, wir brauchen keine Hottentotten, die uns nur auf der Tasche herumliegen. Jetzt, wo wir selber so viele Arbeitslose haben. Und dann arbeiten die alle noch schwarz. Als ob das jemand kontrollieren könnte, wo von denen einer aussieht wie der andere. Man müsste wenigstens verlangen können, dass sie ihre Namen ändern bevor sie zu uns kommen. Sonst hat man ja gar keinen Anhaltspunkt. Im Übrigen riechen sie penetrant, aber das kann man ja schließlich nicht verbieten!
> Als ob nicht die Italiener und Türken schon genug wären. Jetzt kommt auch noch halb Afrika. Das wäre früher nicht passiert, dass alle reindürfen zu uns. Mein Hans sagte immer: »Lassen wir einen rein, dann kommen sie alle, die ganze Sippschaft.« Die vermehren sich ja wie die Karnickel da unten, alle quer durcheinander. Kein Wunder, dass die da alle AIDS haben. Die kriegen wir nie wieder los!
> Wenn das jetzt so weiter geht bei uns, gibt's bald nur noch Türken, Polen und Neger hier. Man weiß ja schon bald nicht mehr, in welchem Land man lebt.

Wir beginnen in Schulklassen zumeist gleich mit dieser Szene – aber ohne Ton. Denn man kann den Inhalt des Monologs der Dame »von den Lippen ablesen« und an ihrer Mimik erkennen. Sicher ist, dass sie den jungen Mann nicht freundlich fragt, wie lange er in Deutschland ist und ob es ihm hier gefällt. Deshalb lautet die Aufgabe: »Seht Euch den Filmausschnitt an. Versucht Euch auszudenken, was die Frau wohl sagt.« Ein Vergleich mit dem Transkript ergibt, dass die zugewanderten Jugendlichen dem Gesagten sehr nahe kommen, weil ihnen, wie sie erzählen, solche Situationen nicht fremd sind. Auch die in Deutschland geborenen Jugendlichen formulieren treffsicher, weil sie solche Szenen ebenfalls kennen. Doch warum hören sich das fast alle in der Straßenbahn stumm an? Was könnte man sagen oder tun?

Der Schluss des mit einem »Oscar« ausgezeichneten Kurzfilms ist legendär: Bei der Fahrscheinkontrolle nimmt der junge Mann der älteren Dame ihr Ticket aus der Hand, steckt es sich in den Mund und schluckt es. Dem Schaffner zeigt er ordnungsgemäß seine gültige Monatskarte vor. Als die Frau behauptet: »Der Neger hat meinen Fahrschein gefressen«, hält der Schaffner dies für eine besonders blöde Ausrede. Er führt die »Schwarzfahrerin« ab und diese jammert mit Blick auf die Mitfahrenden: »Die haben es doch alle gesehen!« Aber wieder bleiben alle stumm.

4.6 Traumapädagogik – oder Kurpfuscherei?

In *nachgerade allen* didaktischen Handreichungen, asylspezifischen Lehrplänen und insbesondere in der pädagogischen Fachliteratur zur Beschulung von Kindern, Jugendlichen und jungen Erwachsenen mit Fluchterfahrungen finden sich oftmals *seitenlange Ausführungen* zu *immer demselben Satz*: ›Die meisten Flüchtlinge sind traumatisiert‹. Die Traumatisierung ist gleichsam zum Erkennungszeichen und Persönlichkeitsmerkmal *des Flüchtlings* geworden. Sonst oft bemüht, auf die sprachliche, kulturelle und religiöse Heterogenität unter den geflüchteten Menschen hinzuweisen, werden beim Thema Trauma alle über einen Kamm geschert und *kollektiv pathologisiert*. Folglich gilt »Traumapädagogik« (Bausum et al. 2014) als grundlegend für die schulische Bildungsarbeit im Handlungsfeld Flucht und Asyl. Die handlungsleitenden Empfehlungen oszillieren zwischen einerseits wohlfeilen Ratschlägen, den Unterricht strukturiert, individualisiert, verlässlich und ermutigend zu gestalten, als ob das nicht für jede gute Didaktik gelten sollte, und andererseits quasi-therapeutischen Vorschlägen wie Atemübungen, fluchtsensiblem Yoga und Ablenktechniken, die geeignet sind, das Klassenzimmer flugs in einen Ort pädagogischer Küchenpsychologie zu verwandeln.

Psychologische Fachleute kritisieren die »Konstruktion« des traumatisierten Flüchtlings durch naturalisierende Zuschreibungen (Becker 2014). Wenn Schlafstörungen, Kopfschmerzen und Appetitlosigkeit als sichere Zeichen für ein Trauma gelten, dann fragt man nicht mehr, ob diese Symptome nicht schlicht auf die Verhältnisse im Wohncontainer zurückzuführen sind. Zeigen geflüchtete Menschen hingegen ein starkes, fröhliches und lernmotiviertes Auftreten, wird man bei ihnen keine Traumatisierungen vermuten, weil ihr Verhalten dem Symptomkatalog nicht entspricht. Hat man in der traumapädagogischen Fortbildung gelernt, dass bei Geflüchteten ein erhöhtes Suizidrisiko besteht, dann wird man bei jedem Weinen im Unterricht gleich das Schlimmste befürchten. Besonders fatal ist die Annahme, Lernprobleme von geflüchteten Kindern und Jugendlichen in der deutschen Schule kausal auf erlittene Traumatisierungen im Herkunftsland zurückzuführen. Dieses Deutungsmuster kommt auch bei anderen schulisch erfolglosen Schülerinnen und Schülern zum Tragen, bei denen man ebenfalls häufig die Ursachen für Lernprobleme in der Herkunftsfamilie oder in der Herkunftskultur verortet, anstatt sie in der Didaktik, Methodik und im Schulprogramm zu suchen. Aus solchen generalisierenden Behauptungen können sich rasch geschlossene Vorurteilsstrukturen bilden, beispielsweise, dass Geflüchtete aufgrund von mangelhafter Grundbildung, Sprachproblemen, traumatischen Erfahrungen, psychischer Instabilität, unzureichender Motivation und fehlendem Durchhaltevermögen ungeeignet für einen Arbeitsplatz seien.

Wichtige Einsichten der Traumapsychologie werden in der Pädagogik oftmals nicht genau genug zur Kenntnis genommen (vgl. zum Folgenden DRK 2003, Zito/Martin 2016, Gitschier/Gingelmeier 2017 und Hopf 2017). Aus guten Gründen wird zwischen »belasteten« und »traumatisierten« Geflüchteten unterschieden. Niemand mit Verstand wird leugnen, dass Kriegserlebnisse, Fluchterfahrungen und das Leben in einem Flüchtlingscamp psycho-soziale belastende Wirkungen haben können. Aber die Psychologie betont, dass eine traumatische Situation nicht per se zu einem Trauma führen muss, und dass nicht alle Menschen, die eine Traumatisierung erleben, Traumastörungen entwickeln. Überdies werden Traumafolgen manchmal erst nach Jahrzehnten deutlich. Zwar sind Kinder wohl stärker gefährdet als Erwachsene, traumatische Situationen nicht mit den eigenen psychischen Ressourcen bewältigen zu können. Entscheidend ist jedoch, ob Kinder die traumatische Situation alleine erlebt haben oder ob sie schützende Bezugspersonen bei der Flucht hatten, die sie emotional stabilisieren konnten. Die zeitliche Dauer und die Art der Bedrohung sind ebenfalls wichtige Ereignisfaktoren, beispielsweise führen Vergewaltigungen weitaus häufiger zu Traumatisierungen als Unfälle.

Neuere Forschungen haben auch das Konzept der posttraumatischen Störung stark relativiert, weil es zu sehr die Traumatisierung in der traumatisierenden Situation festmacht. (In den mir bekannten pädagogischen Handreichungen ist dieses Erklärungsmodell indes am häufigsten referiert). Stattdessen geht man aktuell vom Modell der sequenziellen Traumatisierung aus, das nicht auf ein einmaliges Ereignis, sondern auf einen prozesshaften Verlauf fokussiert. Das Trauma wird nicht ausschließlich in den kriegerischen und anomischen Verhältnissen des Herkunftslands lokalisiert (erste Sequenz), sondern es werden ebenso die nachfolgende Flucht (zweite Sequenz) und insbesondere die gesellschaftlichen Bedingungen im Ankunftsland auf traumatisierende Wirkungen hin untersucht (dritte Sequenz). Manche Fachleute behaupten sogar, die Ankunft im Exilland sei die entscheidende, weil eine individuelle Traumaverarbeitung in der Heimat oder unterwegs auf der Flucht zumeist nicht möglich sei, sondern erst beginnen könne, wenn etwas Ruhe, Struktur und Routinen in den Alltag eingekehrt sind. Mithin kommt es auf die Bedingungen der Ankunftsgesellschaft an, inwieweit diese es zulassen, dass sich Geflüchtete mit ihren Erlebnissen auseinandersetzen können oder ob, beispielsweise durch die Androhung von Abschiebung, der Traumatisierungsprozess fortgeführt wird. Vor allem die durch politische und behördliche Entscheidungen erzwungene Rückkehr in das Herkunftsland kann dort ebenfalls – vierte Sequenz – traumatisierende Wirkungen haben (Schleimer 2015, S. 79 ff).

Anders als es in der pädagogischen Fachliteratur dargestellt wird, kommen *dissoziative Zustände* sehr selten im Unterricht vor. In einer Grundschulklasse habe ich dies einmal miterlebt, als die Lehrerin im Sachunterricht einige Verhaltensmaßregeln vermitteln wollte, was zu tun sei, wenn man als Kind vor einem nicht bekannten Hund stehe. Dazu hatte sie Fotos mitgebracht, die zähnefletschende Hunde zeigten. Ein Mädchen in der Klasse flüchtete laut schreiend unter die Schulbank und fing an zu weinen. Es dauerte eine Weile, bis sie zu bewegen war, ihren Schutzort zu verlassen. Im Gespräch stellte sich heraus, dass die Schülerin schon immer Angst vor Hunden hatte, und dass sie und ihre Familie mehrfach auf der Flucht an Grenzübergängen von der Polizei oder von Soldaten mit Hunden regelrecht gejagt worden waren. Das Hundefoto wirkte als *trigger*, das sind Hinweisreize, die Erinnerungen an früher erlebte angstbesetzte Situationen – *flashbacks* – auslösen. Mit einer klaren und ruhigen Ansprache und Augenkontakt (der Körperkontakt sollte hingegen vermieden werden) ist in solchen Situationen verbale und emotionale Sicherheit zu vermitteln. Fragen nach dem Namen, Alter,

Datum und der Uhrzeit, oder die Aufforderung, mit den Beinen fest auf den Boden zu stampfen, können die Betroffenen in die Gegenwart und Realität zurückholen (*Re-Orientierung*). Wie erwähnt, sind solche Situationen jedoch äußerst selten.

Die Schule in Deutschland, als Teil der dritten Sequenz, muss somit für Schülerinnen und Schüler ein sicherer Ort sein. Gewaltvorfälle, Diebstähle und Cyber-Mobbing; die Anonymität von Einrichtungen mit tausenden Schülerinnen und Schülern und mehr als hundert Lehrkräften; die Unwirtlichkeit vieler Klassenräume und insbesondere die oftmals unzumutbaren Toiletten; eine unzureichende räumliche, visuelle und akustische Barrierefreiheit der Schulgebäude: das sind Probleme, die viele Schulen nicht erst seit dem Eintreffen von Geflüchteten haben. Eine Überbetonung des kognitiven Lernens und die Vernachlässigung der lebensweltlichen Bezüge von Schülerinnen und Schülern; latente Fremdenfeindlichkeit, pädagogischer Rassismus und institutionelle Diskriminierung; ein häufiger Wechsel der Lehrkräfte und übermäßiger Stundenausfall sind chronifizierte Defizite der Beziehungsarbeit in der Schule, die *auch* für junge Geflüchtete wenig zuträglich sind. Wenn manche Lehrkräfte aber noch nicht einmal wissen, in welcher Unterkunft ihre Schülerinnen und Schüler leben, ob sich verlässlich jemand um die jungen Leute kümmert oder dass einzelne junge Erwachsene bereits selbst Kinder haben, die sie unterrichtsbegleitend versorgen müssen, dann sind basale Voraussetzungen einer »fluchtsensiblen« Schule nicht gegeben.

Literatur

BA – Bundesagentur für Arbeit (2015): Kurzübersicht »Praktika« für Asylbewerber und geduldete Personen. www.arbeitsagentur.de/arbeitsmarktzulassung [3.12.2015]

Baitar, Amir; Sußebach, Henning (2016): Unter einem Dach. Ein Syrer und ein Deutscher erzählen. Reinbek bei Hamburg: Rowohlt Verlag.

BAMF – Bundesamt für Migration und Flüchtlinge (2016): BAMF-Kurzanalyse. Asylberechtigte und anerkannte Flüchtlinge in Deutschland. Qualifikationsstruktur, Arbeitsmarktbeteiligung und Zukunftsorientierung.

Baumann, Barbara; Riedl, Alfred (2016): Neu zugewanderte Jugendliche und junge Erwachsene an Berufsschulen. Ergebnisse einer Befragung zu Sprach- und Bildungsbiografien. Frankfurt/Main: Peter Lang.

Bausum, Jacob; Besser, Lutz-Ulrich.; Kühn, Martin; Weiß, Wilma (Hrsg.) (2014): Traumapädagogik. Grundlagen, Arbeitsfelder und Methoden für die pädagogische Praxis. Weinheim/Basel: Beltz Juventa.

Becker, David (2014): Die Erfindung des Traumas – Verflochtene Geschichten. Gießen: Psychosozial Verlag.

Benholz, Claudia; Frank, Magnus; Niederhaus, Constanze (Hrsg.) (2016): Neu zugewanderte Schülerinnen und Schüler – eine Gruppe mit besonderen Potenzialen. Beiträge aus Forschung und Schulpraxis. Münster: Waxmann.

Bleher, Werner (2017): Förderung von Alltagskompetenzen bei Kindern und Jugendlichen mit Fluchterfahrungen – eine Ideensammlung. In: Bleher, Werner; Gingelmaier, Stephan (Hrsg.): Kinder und Jugendliche auf der Flucht. Notwendige Bildungs- und Bewältigungsangebote. Weinheim und Basel: Beltz, S. 141–170.

Bleher, Werner; Jauch, Peter (2009): Durchblick im Betrieb. Tipps, Informationen und Arbeitsmaterial für junge Leute und ihre Begleiter/innen. Berlin: Cornelsen Verlag.
Böhmer, Anselm (2016): Bildung als Integrationstechnologie? Neue Konzepte für die Bildungsarbeit mit Geflüchteten. Bielefeld: transcript.
Breckner, Ingrid; Bührig, Kristin; Dafateri-Moghaddam, Nima (2013): Mehrsprachigkeit als Zugang zum städtischen Alltag – das Beispiel Wohnen. In: Redder, Angelika et al. (Hrsg.): Mehrsprachige Kommunikation in der Stadt. Das Beispiel Hamburg. Münster: Waxmann Verlag, S. 55–79.
Danquart, Pepe (1995): Schwarzfahrer. Das Buch zum Film. Frankfurt/Main: Ullstein.
Drewitz, Nora von; Massumi, Mona (2015): Schulmodelle für zugewanderte Kinder: parallel oder integrativ? In: Grundschule 10/2015, S. 35–37.
DRK – Deutsches Rotes Kreuz (Hrsg.) (2003): Materialien zur Traumaarbeit mit Flüchtlingen. Manual 1–6. Karlsruhe: von Loeper Verlag.
El-Mafaalani, Aladin (2012): Migrations- und ungleichheitsbedingte Missverständnisse in der Schule. In: interculture journal 11, 19, S. 33–40.
Elm, Marcus; Scheiermann, Gero; Walter, Marcel (2016): Zentrale Herausforderungen und Entwicklungsbedarfe bei der Integration berufsschulpflichtiger Asylsuchender aus Akteursperspektive. In: berufsbildung, Heft 158, S. 8–10.
Feilke, Helmuth (2012): Bildungssprachliche Kompetenzen – fördern und entwickeln. In: Praxis Deutsch, Heft 233, S. 4–13.
Freire, Paulo (1971): Pädagogik der Unterdrückten. Bildung als Praxis der Freiheit. Reinbek: Rowohlt.
Frenzel, Beate et al. (2015): Leitfaden zum Unterricht mit neu zugewanderten Schüler/-innen im berufsbildenden Schulsystem. Download-Lehrerhandreichung. Berlin: Cornelsen-Verlag.
Frieters-Reermann, Norbert; Sylla, Nadine (2017): Kontrapunktisches Lesen von fluchtbezogenen Bildungsmaterialien. Anfragen an die Bildungsarbeit über/mit/durch Geflüchtete(n) aus postkolonialer Perspektive. In: ZEP. Zeitschrift für internationale Bildungsforschung und Entwicklungspädagogik 40(1), S. 22–26.
Funck, Barbara J.; Karakaşoğlu, Yasemin; Vogel, Dita (2015): »Es darf nicht an Papieren scheitern«. Theorie und Praxis der Einschulung von papierlosen Kindern und Jugendlichen. Frankfurt am Main: GEW.
Gag, Maren; Schroeder, Joachim (2012): Refugee Monitoring. Zur Situation junger Flüchtlinge im Hamburger Übergangssystem Schule/Beruf. Hamburg: passage.
Galtung, Johan (1998): Kulturelle Gewalt. In: Ders.: Frieden mit friedlichen Mitteln. Friede und Konflikt, Entwicklung und Kultur. Opladen: Leske & Budrich, S. 341–366.
Gitschier, Lorenz; Gingelmaier, Stephan (2017): Das Konzept der Sequentiellen Traumatisierung und seine Bedeutung für die pädagogische Arbeit in der Schule. In: Bleher, Werner; Gingelmaier, Stephan (Hrsg.): Kinder und Jugendliche auf der Flucht. Notwendige Bildungs- und Bewältigungsangebote. Weinheim und Basel: Beltz, S. 65–79.
Gogolin, Ingrid; Lange, Imke (2011): Bildungssprache und Durchgängige Sprachbildung. In: Fürstenau, Sara; Gomolla, Mechtild (Hrsg.): Migration und schulischer Wandel: Mehrsprachigkeit. Wiesbaden: VS Verlag, S. 107–127.
Göpfert, Hans (1985): Ausländerfeindlichkeit durch Unterricht. Konzepte und Alternativen für Geschichte, Sozialkunde und Religion. Düsseldorf: Pädagogischer Verlag Schwann.
GGUA Flüchtlingshilfe e.V. (2015): Erfordernis einer Arbeitserlaubnis bzw. einer Zustimmung zur Beschäftigung für ein Praktikum für Personen mit Duldung oder Aufenthaltsgestattung. www.einwanderer.net [3.12.2015]
Habermas, Jürgen (1981): Umgangssprache, Bildungssprache, Wissenschaftssprache. In: ders.: Kleine Politische Schriften (I-IV). Frankfurt am Main: Suhrkamp, S. 340–363.
Harboe, Verena Cornely; Mainzer-Murrenhoff, Mirka; Heine, Lena (Hrsg.): (2016): Unterricht mit neu zugewanderten Kindern und Jugendlichen. Interdisziplinäre Impulse für DaF/DaZ in der Schule. Münster: Waxmann.
Heymann, Hans Werner (1996): Allgemeinbildung und Mathematik. Weinheim und Basel: Beltz Verlag.

Hiller, Gotthilf Gerhard (1995): Aufgabenfelder einer interkulturellen Erziehung. In: Mack, Wolfgang (Hrsg.): Hauptschule als Jugendschule? Beiträge zu einer pädagogischen Reform der Hauptschulen in sozialen Brennpunkten. Ludwigsburg: Süddeutscher Pädagogischer Verlag, S. 91–106.

Hiller, Gotthilf Gerhard; Stein, Christine (2007, 2008): Durchblick im Alltag 1 und 2. Tipps, Informationen und Arbeitsmaterial für junge Leute und ihre Begleiter/innen. Berlin: Cornelsen Verlag.

Hochleitner, Thomas (2016): Beschulungsmodell für junge Asylbewerber und Flüchtlinge in Berufsintegrationsklassen in Bayern. In: berufsbildung, Heft 158 (2016), S. 11–13.

Hopf, Hans (2017): Flüchtlingskinder gestern und heute. Eine Psychoanalyse. Stuttgart: Klett-Cotta.

Jäger, Iris; Neumann, Ursula (1993): Flüchtlingskinder. In: Pädagogik 45. Jg., Heft 3, S. 50–53.

Kärner, Tobias; Feldmann, Alexander; Heinrichs, Karin; Neubauer, Jörg; Sembill, Detlef (2017): Flüchtlingsbeschulung an beruflichen Schulen aus der Perspektive von Lernenden und Lehrenden. Eine qualitative Analyse zu Herausforderungen und Bewältigungsmöglichkeiten. In: Niedermair, Gerhard (Hrsg.): Berufliche Benachteiligtenförderung. Theoretische Einsichten, empirische Befunde und aktuelle Maßnahmen. Linz: Trauner, S. 293–311.

Kress, Gunter (2009): Multimodality: A Social Semiotic Approach to Contemporary Communication. London: Routledge, Chapman & Hall.

McElvany, Nele; Jungermann, Anja; Bos, Wilfried; Holtappels, Heinz Günter (Hrsg.) (2017): Ankommen in der Schule. Chancen und Herausforderungen bei der Integration von Kindern und Jugendlichen mit Fluchterfahrung. Münster: Waxmann.

Mecheril, Paul; Quehl, Thomas (2015): Die Sprache der Schule. Eine migrationspädagogische Kritik der Bildungssprache. In: Thoma, Nadja; Knappik, Magdalena (Hrsg.): Sprache und Bildung in Migrationsgesellschaften. Machtkritische Perspektiven auf ein prekäres Verhältnis. Bielefeld: transcript, S. 151–177.

Müller, Doreen; Nägele, Barbara; Petermann, Fanny (2014): Jugendliche in unsicheren Aufenthaltsverhältnissen im Übergang Schule-Beruf. Herausgegeben von Zoom – Gesellschaft für prospektive Entwicklung e.V. Göttingen.

Neumann, Ursula (1995): Die Bedeutung von schulischer Bildung für Flüchtlingskinder. In: Cropley, Arthur; Ruddat, Hartmut/ Dehn, Detlev/ Lucassen, Sabine (Hrsg): Probleme der Zuwanderung. Göttingen (Verlag für Angewandte Psychologie, S. 104–113.

Ortner, Hanspeter (2009): Rhetorisch-stilistische Eigenschaften der Bildungssprache. In: Fix, Ulla; Gardt, Andreas; Knape, Joachim (Hrsg.): Rhetorik und Stilistik. Band 2. Bern/New York: de Gruyter, S. 2227–2240.

Pothmann, Jens; Kopp, Katharina (2016): Junge Flüchtlinge im Spiegel der Statistik. In: DJI Impulse, Heft 3, S. 7–10.

Redder, Angelika et al. (Hrsg.) (2013): Mehrsprachige Kommunikation in der Stadt. Das Beispiel Hamburg. Münster: Waxmann Verlag.

Reh, Sabine (1995): »Man gibt uns Unterricht statt Brot«. Arbeitslosenbildung zwischen Arbeitsmarktpolitik und Wohlfahrtspflege in Hamburg 1914-1933. Hamburg: Ergebnisse Verlag.

Riebling, Linda (2013): Heuristik der Bildungssprache. In: Gogolin, Ingrid; Lange, Imke; Michel, Ute; Reich Hans H. (Hrsg.): Herausforderung Bildungssprache – und wie man sie meistert. Münster: Waxmann, S. 106–153.

Robert Bosch Stiftung (2015): Themendossier Zugang zu Bildungseinrichtungen für Flüchtlinge: Kindertagesstätten, Schulen und Hochschulen. Stuttgart: Robert Bosch Stiftung GmbH.

Schleimer, Simon Moses (2015): Transnationale Kindheit und Jugend. Die Remigration kurdischer Jugendlicher in den Nordirak. Gießen: Psychosozial-Verlag.

Schleppegrell, Mary J. (2010): The Language of Schooling. A Functional Linguistics Perspective. New York: Routhledge.

Schroeder, Christoph; Gornitzka, Lydia; Steinbock, Dorothee (2015): Bildungszugang und Deutscherwerb für Flüchtlinge in Deutschland. Expertise im Auftrag der Robert Bosch Stiftung. Stuttgart: Robert Bosch Stiftung GmbH.

Schroeder, Joachim (1998): Zwischen Scham und Beschämung. Anregungen für einen lebensweltorientierten Unterricht mit jungen Flüchtlingen. In: Carstensen, Corinna u. a. (Hrsg.): Movies. Junge Flüchtlinge in der Schule. Hamburg: Bergmann + Helbig, S. 75–95.

Schroeder, Joachim (2003): Poesie der Städte. Gespräche über Lyrik mit jungen Flüchtlingen. In: Ders. (Hrsg.): Unverhoffte Resonanz. Literarische Texte im Zugriff »schwieriger« Kinder und Jugendlicher. Ulm: Vaas Verlag, S. 132–138.

Schroeder, Joachim (2007): Recht auf Bildung – auch für Flüchtlinge. Aktuelle Regelungen, konzeptionelle Überlegungen und bildungspolitische Folgerungen. In: Die Deutsche Schule, 99, 2, S. 224–241.

Schroeder, Joachim (2011): Gar nicht so einfach! Arbeitsplatzanalysen zum Gebrauch der Kulturtechniken in einfachen Tätigkeiten im Niedriglohnsektor. In: Bindl, Anne; Schroeder, Joachim; Thielen, Marc: Arbeitsrealitäten und Lernbedarfe wenig qualifizierter Menschen. Bad Heilbrunn: Klinkhardt: S. 159–208.

Schroeder, Joachim (2012): Schulen für schwierige Lebenslagen. Studien zu einem Sozialatlas der Bildung. Münster: Waxmann Verlag.

Schroeder, Joachim (2016a): Unterricht im Asylverfahren und in der Duldung. In: Markmann, Gesa; Osburg, Claudia (Hrsg.): Kinder und Jugendliche mit Fluchterfahrungen in der Schule. Baltmannsweiler: Schneider Verlag Hohengehren, S. 72–78.

Schroeder, Joachim (2016b): Sprachliche Förderung an »bildungsfernen« Arbeitsplätzen. In: Berufsbildung in Wissenschaft und Praxis 45, 6, S. 40–43.

Schroeder, Joachim (2017a): Pädagogik im Übergang vom Asyl in die Arbeitswelt. In: Bleher, Werner & Gingelmaier, Stephan (Hrsg.): Kinder und Jugendliche nach der Flucht - Notwendige Bildungs- und Bewältigungsangebote. Weinheim und München: Beltz Juventa, S. 199–213.

Schroeder, Joachim (2017b): Fremd – und nur geduldet. Unterricht mit neu angekommenen Kindern und Jugendlichen hinterfragt. In: SCHÜLER. Wissen für Lehrer 2017. Seelze: Friedrich Verlag, S. 48–50.

Schroeder, Joachim; Thielen, Marc (2009): Das Berufsvorbereitungsjahr. Eine Einführung. Stuttgart: Verlag W. Kohlhammer.

Warrink, Gosia; Pfau, Monika (2016): »Icoon for Refugees«. Bildwörterbuch zur ersten Kommunikation für Geflüchtete und ihre Helfer_innen. In: Ziese, Maren; Gritschke, Carolin (Hrsg.): Geflüchtete und Kulturelle Bildung. Formate und Konzepte für ein neues Praxisfeld. Bielefeld: transcript, S. 285–293.

Weiser, Barbara (2013): Recht auf Bildung für Flüchtlinge. Rahmenbedingungen des Zugangs zu Bildungsangeboten für Asylsuchende, Flüchtlinge und Migranten mit Duldung (schulische oder berufliche Aus- und Weiterbildung). Beilage zum Asylmagazin 11/2013. Berlin: Informationsbund Asyl und Migration e.V.

Wilbers, Karl (2016): Die Verankerung der Anforderungen aus dem Unterricht von Flüchtlingen in der ersten Phase der Ausbildung von Lehrkräften an beruflichen Schulen. In: berufsbildung, Heft 158, S. 39–41.

Wollrad, Eske (2005): Weißsein im Widerspruch. Feministische Perspektiven auf Rassismus, Kultur und Religion. Königstein/Taunus: Ulrike Helmer.

Zito, Dima; Martin, Ernest (2016): Umgang mit traumatisierten Flüchtlingen. Ein Leitfaden für Fachkräfte und Ehrenamtliche. Weinheim: Beltz Juventa.

5 Praktika und noch viel mehr ... Betriebe als wichtige »Lernbegleiter« und Bildungsorte

Maren Gag

5.1 Herausforderungen am Lernort Betrieb

Betriebe stehen als Lernorte schon seit vielen Jahren im Fokus der wissenschaftlichen Berufsbildungsdiskussion, insbesondere im Kontext der Förderung von benachteiligten Jugendlichen. Denn es hat sich in zahlreichen Modellversuchen erwiesen, dass Betriebe in besonderer Weise für eine praxisnahe vorberufliche Qualifizierung geeignet sind und die Integrationschancen der Jugendlichen in den ersten Arbeitsmarkt, in die Berufsausbildung sowie in die Gesellschaft erhöhen. Wissenschaftlich begleitete Modellversuche haben vielfältige didaktische Konzepte erprobt und Strategien hervorgebracht, die dazu beitragen, in Betrieben arbeitsplatznahe Lernprozesse zu fördern (vgl. Oberth/Zeller/Krings 2006). Die praktische Arbeit im betrieblichen Kontext ermöglicht ein Heranführen und Hineinwachsen in die Normalität betrieblicher Strukturen. Erlernt werden somit auch die Fähigkeiten, in konkreten Arbeitssituationen mit anderen Mitarbeitenden zu kooperieren und insbesondere bietet es für junge Geflüchtete die Möglichkeit, einen Einblick in den deutschen Arbeitsmarkt zu erhalten und sich dem Betrieb mit ihren bereits erworbenen und oftmals verborgenen Fähigkeiten zu präsentieren. In Folge kann sich die Perspektive einer möglichen Übernahme in ein Ausbildungs- oder Beschäftigungsverhältnis ergeben; dies ist vor allem für diejenigen jungen Geflüchteten relevant, die ihre Bildungskarrieren migrationsbedingt unterbrechen mussten und/oder über keinerlei Bildungsnachweise aus ihren Herkunftsländern verfügen und somit schlechtere Startchancen haben.

Gleichwohl stellen sich den Ausbilderinnen und Ausbildern in den Betrieben erhebliche Herausforderungen – insbesondere wenn es um die Beteiligung von jungen Geflüchteten am Lernort Betrieb geht, die noch nicht über ausreichend deutsche Sprachkenntnisse verfügen und die für das Ausbildungspersonal oftmals eine fremde Zielgruppe darstellen, weil in der Regel zu wenig Kenntnisse über deren besondere Lebenssituation vorliegen. Vor diesem Hintergrund ergibt sich umso mehr die Anforderung, dass das betriebliche Ausbildungspersonal über die reine Wissens- und Kompetenzvermittlung auch langfristige und vielfältig angelegte Lernprozesse installieren sollte, die jungen Geflüchteten ermöglichen, soziale und methodische Kompetenzen zu erwerben, damit sie ihr Leben in Deutschland bewerkstelligen können. Wertvolle Einblicke aus der Ausbildungspraxis von jungen Geflüchteten illustriert eine Studie, die aufgrund von Befragungen in kleinen und mittelständischen Betrieben erarbeitet wurde, die mit dem Netzwerk FLUCHTort

Hamburg[1] kooperieren. Sie thematisiert anschaulich die Herausforderungen und Umgangsweisen von Ausbilderinnen und Ausbildern und konstatiert, welche kreativen Wege gefunden wurden, um noch nicht lange in Deutschland lebenden Geflüchteten das Lernen im Betrieb zu ermöglichen, welche Unterstützungsangebote eingesetzt wurden, um die widrigen Lebensumstände aufzufangen, aber auch welche Hürden sich in der Zusammenarbeit mit beruflichen Schulen stellen (vgl. Meyer 2014). Ertragreich ist der Einblick in die verschiedenen individuellen Didaktiken der Ausbilderinnen und Ausbilder: Dabei geht es um den klassischen Vierschritt aus »Vorbereiten-Vormachen-Nachmachen-Selbermachen«, um die Kombination verschiedener Methoden, z. B. Vierschritt und selbstständiges Erarbeiten der Hintergründe und Zusammenhänge für einzelne Teilaufgaben, sowie um die Vermittlung komplexer Vorgehensweisen. Bedeutsam ist auch die Anwendung verschiedener betrieblicher Lernangebote wie z. B. Kurse, informell organisierte Lernsettings zum Theorie-Praxis-Transfer oder zur Prüfungsvorbereitung sowie das soziale Engagement der Ausbilderinnen und Ausbilder, das zum Teil den üblichen Rahmen einer Ausbildung überschreitet, in dem die jungen Flüchtlinge z. B. durch Hilfen bei der Wohnungssuche, bei Mietschulden oder durch private Einladungen unterstützt werden (ebd.).

Auf dem Weg in die duale Ausbildung oder in ein sozialversicherungspflichtiges Arbeitsverhältnis gibt es eine Reihe von Praxismöglichkeiten, erste betriebliche Einsichten in die deutsche Arbeitswelt zu erhalten. In diesem Beitrag werden Implikationen rund um den betrieblichen Lernort thematisiert, gesetzliche Regelungen und verschiedene Formate von praktischer Qualifizierung am Arbeitsplatz vorgestellt. Beispiele verschiedener Kooperationen mit Betrieben illustrieren die Praxis mit jungen Geflüchteten im Kontext des Übergangs von der Schule in die Ausbildung bzw. in die Arbeitswelt und reflektieren Aspekte lernförderlicher Bedingungen im Betrieb.

5.2 Betriebliche Praktika – nicht immer ohne Einschränkungen

Ein Praktikum ist ein flexibles Instrument, Abläufe in einem »Echtbetrieb« kennenzulernen, um eigene Berufswünsche zu überprüfen und sich zu erproben. Seit

---

1 Das Netzwerk FLUCHTort Hamburg unterstützt die berufliche Integration von Geflüchteten mit einem ungesicherten Aufenthaltsstatus und ergänzt die Angebote des Regelsystems im Bereich der Bildung und Arbeitsmarktförderung. Neben der operativen Arbeit mit Flüchtlingen betreibt das Netzwerk eine Kooperation mit diversen strategischen Partnern, wie u. a. Fachbehörden, Arbeitsverwaltung, Kammern und Betrieben. Seit 2002 wurden verschiedene Netzwerkverbünde umgesetzt, die ebenso vom Bundesministerium für Arbeit und Soziales, dem Senat der Freien und Hansestadt Hamburg sowie aus dem Europäischen Sozialfonds finanziert wurden. Siehe auch www.fluchtort-hamburg.de. Zu dem hier genannten Netzwerk gehört der Verbund Chancen am FLUCHTort Hamburg, der aus dem Hamburger ESF-Programm finanziert wird.

August 2015 wurde der Zugang zu Praktika für Personen mit einer Aufenthaltsgestattung und einer Duldung erleichtert. Gleichwohl sind dabei bestimmte gesetzliche Bestimmungen zu beachten (▶ Tab. 5.1), weil es sich bei einem Praktikum in der Regel um eine Beschäftigung handelt, die von der Ausländerbehörde genehmigt bzw. von der Bundesagentur für Arbeit geprüft werden muss. Die Genehmigungspflicht hängt von Typ und Format des jeweiligen Praktikums ab.

Tab. 5.1: Gesetzliche Regelungen für verschiedene Praktikumsformate (2017), Quelle: Bundesagentur für Arbeit (2017)

Format	Gesetzliche Bestimmungen der Bundesagentur für Arbeit (BA)
Hospitation	Wenn eine Person ohne Eingliederung in den Betriebsablauf als »Gast« Kenntnisse in den Betriebsablauf erlangen will und sie dem regulär Beschäftigten lediglich »über die Schulter« schaut, stellt dies keine Beschäftigung dar und es ist weder eine Genehmigung durch die Ausländerbehörde noch durch die BA nötig.
Praktikum	Wenn auf eine künftige berufliche Tätigkeit oder Ausbildung vorbereitet wird, weil damit ein Mindestmaß an Eingliederung in den Betriebsablauf verbunden ist, ist dies einem Beschäftigungsverhältnis gleichzusetzen, deshalb erfordert ein Praktikum die Genehmigung der Ausländerbehörde, für Ausnahmen entfällt die Zustimmung der BA.
Pflichtpraktikum	Wenn schulrechtliche Bestimmungen, eine Ausbildungsordnung o. ä. diese Maßnahme verpflichtend vorschreiben, bedarf es keiner Einwilligung der BA. Es unterliegt auch nicht dem gesetzlichen Mindestlohn.
Berufsorientierung	Praktika bis zu drei Monaten zur Berufsorientierung auf eine Ausbildung oder ein Studium sind von der Zustimmungspflicht durch die BA ausgenommen und unterliegen auch nicht dem gesetzlichen Mindestlohn. Es muss einen Bezug zur angestrebten Ausbildung ausweisen. Bei einer Dauer von mehr als drei Monaten ist die Genehmigung der BA erforderlich und es muss Mindestlohn gezahlt werden.
Ausbildungsbegleitendes Praktikum	Ein Praktikum von bis zu drei Monaten ist zustimmungsfrei sofern ein inhaltlicher Bezug zur Ausbildung gegeben ist, es unterliegt nicht dem gesetzlichen Mindestlohn.
Maßnahmen der Arbeitsförderung	Eine Maßnahme zur Aktivierung und beruflichen Eingliederung (§ 45 SGB III) bei einem Arbeitgeber darf die Dauer von sechs Wochen nicht überschreiten. Zweck darf es nicht sein, ausschließlich Tätigkeiten auszuüben, für die i. d. R. Arbeitsentgelt gezahlt wird. Eine Genehmigung durch die Ausländerbehörde ist nicht erforderlich, die BA prüft allerdings die leistungsrechtlichen Voraussetzungen. Asylsuchende aus sicheren Herkunftsstaaten können nicht daran teilnehmen, weil sie keinen Zugang zum Arbeitsmarkt haben. Bei denjenigen, die eine sogenannte gute Bleibeperspektive zu erwarten haben, ist die Teilnahme ohne Wartezeit möglich (betrifft zurzeit die Herkunftsstaaten Syrien, Iran, Irak, Eritrea und Somalia).

Tab. 5.1: Gesetzliche Regelungen für verschiedene Praktikumsformate (2017), Quelle: Bundesagentur für Arbeit (2017) – Fortsetzung

Format	Gesetzliche Bestimmungen der Bundesagentur für Arbeit (BA)
Einstiegsqualifizierung	Kann im Vorfeld zu einer betrieblichen Berufsausbildung durchgeführt werden. Sie bietet lernbeeinträchtigten oder sozial Benachteiligten die Möglichkeit, eine berufliche Handlungsfähigkeit im Zeitraum von sechs bis zu zwölf Monaten zu erreichen (§ 54a SGB III). Asylsuchende und Geduldete müssen die Genehmigung der Ausländerbehörde einholen. Eine Zustimmung der BA ist nicht erforderlich.

Dieser Einblick zeigt, dass die für Praktika geltenden gesetzlichen Bestimmungen für Betriebe und auch für weitere »fachfremde« Akteure eine besondere Herausforderung darstellen, den notwendigen Überblick zu gewinnen, und somit für die pädagogischen Kräfte viel Aufwand entsteht, entsprechende Aufklärungsarbeit zu leisten.

5.3 Mit der Wirtschaft in einem Boot?

In den letzten Jahren wurden in Deutschland verstärkt Unternehmensinitiativen gestartet, die der Förderung von Vielfalt in Unternehmen und Institutionen dienen. Ziel ist es, die Anerkennung und Wertschätzung zu stärken bei der vorurteilsfreien Berücksichtigung von Verschiedenheit unter den Mitarbeitenden – bezogen auf das Geschlecht, die Nationalität, die ethnische Herkunft, Religion oder Weltanschauung sowie Behinderung, Alter, sexuelle Orientierung und Identität. Diversity-Management-Konzepte, wie sie u. a. von der Charta der Vielfalt propagiert werden, sollen dazu beitragen, die steigende Heterogenität in der Arbeitswelt zu bewältigen und demografische Veränderungsprozesse auszugleichen: u. a. den Fachkräftemangel, die sinkende Zahl von Erwerbstätigen sowie der steigende Anteil von Menschen mit Migrationshintergrund. Im Zuge der verstärkten Flüchtlingszuwanderung wurden die Diversity-Strategien auch auf diese Zuwanderungsgruppe fokussiert, nicht zuletzt, weil im Kontext der Anstrengungen, die von der Bundesregierung und der Länder unternommen wurden, insbesondere große Unternehmen angesprochen werden sollen, sich an der Bewältigung der humanitären Herausforderung zu beteiligen, mit der Zivilgesellschaft, Politik und Verwaltung insbesondere in den Jahren 2015 und 2016 verstärkt konfrontiert waren (Initiative »Wir zusammen«). Das Rekrutieren künftiger Fachkräfte – sowohl potenzielle Auszubildende als auch Fachkräfte und Akademiker – war und ist aus der Perspektive der Unternehmen mit erheblichen bürokratischen Hürden verbunden, weil mit Bemühungen um die Teilhabe von Geflüchteten an Bildung und Arbeitsmarkt der Abbau von bürokratischen und ausländerrechtlichen Hürden zwar begonnen, aber nur unzureichend vollzogen wurde.

Um die Integrationsbemühungen zu optimieren, wurden im Zusammenhang mit den Absprachen zwischen Bund und Ländern auch diverse Programme und Initiativen aufgelegt, die dazu beitragen sollen, dass das »Matching« zwischen unternehmerischen Interessen und den Bedarfen der Geflüchteten verbessert wird. Die regionalen Kammern – Handwerk und Handel – richten Messen aus und schaffen Begegnungsmöglichkeiten für Unternehmen und potenzielle Auszubildende und Arbeitssuchende, um die Rekrutierung voranzutreiben. Ein Beispiel dafür ist das vom Deutschen Industrie- und Handelskammertag (DIHK) initiierte Netzwerk »Unternehmen integrieren Flüchtlinge«, in dem mehr als 1.300 Firmen zusammengeschlossen sind. Das Netzwerk bietet neben Fachveranstaltungen, Informationen zu Rechtsfragen, Integrationsinitiativen und ehrenamtlichem Engagement auch Informationsmaterialien für die Geflüchteten, z. B. so genannte Erklärfilme, die das duale System in Deutschland sowie zahlreiche Ausbildungsberufe in deutscher sowie in den Herkunftssprachen der Geflüchteten anschaulich erläutern.

Repräsentative Daten über die Effekte vielfältiger Integrationsbemühungen und Lobbyarbeit auf Seiten der Politik und Arbeitgeberverbände liegen nicht vor. Erste Erkenntnisse liefert eine Befragung der OECD, des DIHK und des Bundesministeriums für Arbeit und Soziales, an der 200 Arbeitgeber teilnahmen. Danach wurde die Einstellung von Geflüchteten vor allem aus gesellschaftlicher Verantwortung vorgenommen, überwiegend in Form von Verträgen für Praktika und Ausbildung. In regulären Arbeitsverhältnissen wurden Flüchtlinge vorwiegend für Stellen mit geringen Qualifikationsanforderungen berücksichtigt (vgl. Degler/Liebig 2017, S. 34). Auch in unserer Praxis und im Dialog mit Betrieben zeigt sich immer wieder, dass oftmals »nur« diejenigen Instrumente eingesetzt werden, die Unternehmen durch öffentliche Förderung zugänglich sind und für die finanzielle Anreize geschaffen wurden, wie z. B. bei der Einstiegsqualifizierung (§ 54a SGB III), die den Arbeitgebern Zuschüsse zur Finanzierung der monatlichen Vergütung gewährt, die die jungen Menschen erhalten. Auch von Unternehmen installierte sprachliche Vorschaltkurse reichen oft nicht aus, um für Geflüchtete die Einstiegshürden zu senken, damit sie in die Unternehmen eintreten können. Hier müssen Vorbehalte hinsichtlich einer ausreichenden Betriebsreife und oftmals zu hohe Erwartungen z. B. an perfekte Deutschkenntnisse überprüft und systematische Förderketten sowie unterstützende Begleitsysteme entwickelt werden, die andere Einstiegsmöglichkeiten zulassen. Im Sinne eines Nachteilsausgleichs sollten die obligatorischen Assessmentverfahren überdacht werden, weil die Geflüchteten aufgrund ihrer Marktbenachteiligung keine Chance haben, mit anderen im hiesigen Schulsystem sozialisierten Bewerberinnen und Bewerbern zu konkurrieren.

5.4 Mit Betrieben gemeinsam lernen ….

Beispielhaft für eine wirksame Vernetzung mit Betrieben ist die Kooperation des Netzwerkes FLUCHTort Hamburg, das mit einem Hamburger Konzern, der Körperpflegeprodukte herstellt, verbindliche Absprachen zur Zusammenarbeit getroffen hat. Ein Kontakt – vermittelt über einen behördlichen strategischen Partner des Netzwerkes – war zustande gekommen, weil das Unternehmen im Rahmen seines gesellschaftlichen Engagements eine Strategie verfolgt, Projekte zusammen mit NGOs und Organisationen mit lokaler Expertise zu unterstützen, wobei die humanitäre Flüchtlingshilfe ein Schwerpunkt werden sollte.

Vor dem Hintergrund des Portfolios des Betriebes wurden in den ersten Kontaktgesprächen zwischen der Netzwerkleitung sowie der Unternehmensvertreterin Beschäftigungsmöglichkeiten in Form von Praktika sondiert und Anforderungsprofile künftiger Bewerberinnen und Bewerber realistisch überprüft. Über eine passgenaue Akquise von Praktikantinnen und Praktikanten konnten eine Reihe von Teilnehmenden des Netzwerks diverse Berufsfelder kennenlernen. Besonders interessant sind sowohl Inhalte als auch Qualität der Kooperationskultur: Über einen kontinuierlichen fachlichen Austausch konnten Sichtweisen zu den mitgebrachten Ressourcen der Geflüchteten auf Seiten des Unternehmens erweitert und das Spektrum der Arbeitsbereiche für die Praktikumsverhältnisse gemäß der Heterogenität der Zielgruppe aufgeschlossen werden. Bemerkenswert ist auch die Vielfalt der Unterstützungsleistungen, die das Unternehmen bereitstellt, um eigene Mitarbeitende in die Begleitung der Praktikanten und Praktikantinnen einzubinden: Auf der Grundlage der Unternehmensleitlinie »We care« werden Beschäftigte des Konzerns auf freiwilliger Basis als Mentorinnen und Mentoren für Betreuung der Praktikantinnen und Praktikanten eingesetzt, mit dem Ziel, über die Solidaritätsarbeit eine stärkere Bindung an das Unternehmen im Sinne der Nachhaltigkeit zu erreichen. Für die Geflüchteten eröffnen sich somit Hilfestellungen in vielfältiger Art und Weise: bei Sprachproblemen, Behördengängen sowie bei Bewerbungen, bei der Jobsuche und bei der Freizeitgestaltung. Die »Buddy-Funktion« trägt auch dazu bei, potenzielle Missverständnisse im Rahmen des Praktikums am Arbeitsplatz aufzuklären und ermöglicht den Konzernmitarbeitenden, ein tieferes Verständnis für die Lebenslage der Geflüchteten in Deutschland zu erwerben.

Die Kooperation erbringt noch einen weiteren Mehrwert für das Netzwerk: Aus finanziellen Zuwendungen des Unternehmens konnten zusätzliche finanzielle Bedarfe gedeckt werden, die aus der öffentlichen Förderung der Netzwerkarbeit nicht aufgebracht werden können. Einen weiteren Erfahrungszuwachs hat das Netzwerk FLUCHTort durch ein von den Mitarbeitenden des Unternehmens ehrenamtlich durchgeführtes Bewerbungstraining (im Betriebsjargon als »Social day« bezeichnet) für die Geflüchteten, das in einem der Teilprojekte des Netzwerkes stattgefunden hat. Auf diese Weise konnte eine authentische Bewerbungssituation simuliert werden, die eine betriebsnahe Vorbereitung für die teilnehmenden Flüchtlinge im Netzwerk ermöglicht. Bemerkenswert ist, dass das Unternehmen auch dazu beiträgt, innerbetrieblich für nachhaltige Effekte zu sorgen und die Wissens- und Erfahrungsbasis der an der Unterstützungsarbeit beteiligten Belegschaft durch eine Vorbereitung bzw. Reflexion der eigenen Praxis unter interkulturellen Vorzeichen zu steigern. Im Vorfeld der Besetzung eines Praktikumsplatzes werden die zuständigen Mitarbeitenden in Workshops unter Anleitung einer Expertin zu Hintergründen der Lebenslagen von Geflüchteten sowie zu interkulturellen Anforderungen im Umgang mit ihnen im Betrieb geschult. Die über das Netzwerk vermittelte interkulturelle Trainerin und Mediatorin ist erfahren im Umgang mit Diversity-Strategien in der Arbeitswelt, wird jedoch vom Unternehmen eigenständig beauftragt. Ausgehend von den konkreten Fragen der Mitarbeitenden werden Themen wie Umgang mit Mehrsprachigkeit behandelt, Sensibilisierungsübungen angewandt, um eigene Sichtweisen zu reflektieren und Stereotypen sowie ethnisierende und kulturalisierende Zuschreibungen zu minimieren, die oftmals dazu führen, dass Menschen im pauschalen Sinne aufgrund ihrer Herkunft, ihrer Religion oder vermeintlicher Kultur als nicht kompetent oder nicht integrationsbereit stigmatisiert werden (»Unsere Werte vs. Eure Werte«, vgl. Fögen/Ngo/Taşdemir 2016). In einer gemeinsamen Diskussion entwickelte Handlungsempfehlungen für den Arbeitsalltag stärken die Handlungskompetenz des anleitenden Personals.

5.5 Annäherung an die Arbeitswelt geht auch anders!

Unter dem Motto »Alle an einem Boot« restaurieren Geflüchtete und Einheimische, Junge und Alte, Fachkräfte und Laien in Hamburg-Bergedorf gemeinsam einen historischen Jugendwanderkutter. Das alte Schiff soll wieder schwimmen und junge Flüchtlinge sollen Wind in die Segel bekommen – mit diesem Leitbild haben die Initiatoren der vor Ort ansässigen Stiftung »Haus im Park« 2016 ein Projekt begonnen, das geflüchteten Schülerinnen und Schülern aus der im Stadtteil angesiedelten allgemeinbildenden sowie beruflichen Schule Arbeitsmöglichkeiten in regelmäßigen Tagespraktika, an Nachmittagen oder im Rahmen von Projekten ermöglicht.[2] Für die an der Kooperation beteiligte Gewerbeschule fungiert die kleine Bootsbauerwerft als Praxisstelle zur Ableistung von unterrichtsbegleitenden Praktika im Rahmen der Beschulung in der Hamburger Berufsvorbereitungsmaßnahme AvM-Dual, in der jeweils ein betrieblicher Lernort regelhaft vorgesehen ist, an dem die jungen Flüchtlinge parallel zum Schulunterricht zwei Tage im Betrieb verbringen. Das Projekt wird überwiegend ehrenamtlich getragen, lediglich der »Chef« ist ausgebildeter Bootsbauer und erhält eine Aufwandsentschädigung. Finanziell unterstützt wird das Vorhaben von einigen Stiftungen sowie einzelnen Gewerbetreibenden aus der Nachbarschaft.

---

2 Das Projekt ist bei der Stiftung Haus im Park angesiedelt, als Kooperationspartner sind weitere Institutionen eingebunden. Siehe auch http://www.stiftung-hausimpark.de/projekte/¬ship-ahoi-alle-an-einem-boot/

Alle an einem Boot!

Da das »Betriebsgelände« räumlich an die benachbarte Schule angekoppelt ist und die Schülerinnen und Schüler dort zu Mittag essen und die sanitären Anlagen nutzen können, kann die Baustelle – ausgenommen in den Hamburger Schulferien – kontinuierlich an zwei Tagen in der Woche betrieben werden. Fertigstellung und Stapellauf sind für das Jahr 2018 geplant, dann soll das Schiff an den Verein Haus Warwisch e.V. übergeben werden, der erlebnispädagogische Angebote für benachteiligte Kinder und Jugendliche im Stadtteil offeriert.

Die zurzeit mitarbeitenden Jungs sind zwischen 15 und 18 Jahre alt und kommen überwiegend aus Eritrea. Sie sind ca. ein halbes Jahr dort, die Arbeit am Boot startet sofort nach Eintritt in das Praktikum. Dabei funktioniert die Verständigung anfangs mit Händen und Füßen, Sprachbarrieren werden durch »machen und lachen« schnell abgebaut – berichtet eine Anleiterin[3]. Dadurch entsteht kaum Zeit, um verlegen herumzustehen: »Die Jungs lernen bei uns, wie man ein altes Boot mit eigenen Händen wieder fit machen kann, sie lernen Fachbegriffe, Sorgfalt, Verlässlichkeit und erfahren ein hohes Maß an Zuwendung und Zugehörigkeit. Sie arbeiten eigenverantwortlich und sind stolz auf ihre Leistungen.«

Es kann vermutet werden, dass das Boot jenseits des Bezugspunkts zu einer arbeitsweltbezogenen Kommunikation in deutscher Sprache selbst Medium für die Verarbeitung eigener Fluchterlebnisse ist, auch wenn die jungen Geflüchteten in der Regel darüber schweigen. Der desolate Zustand des Bootes, an dem viele marode Holzplanken erst einmal herausgenommen werden müssen, um dann neue Planken einzupassen, schafft immer wieder Gesprächsanlässe: »… in so ein Boot wäre ich niemals gestiegen, da war unser Boot aber in einem besseren Zustand« – kommentierte einer der jungen Flüchtlinge. Eine Betreuerin berichtet, dass beim Hämmern an der Planke Geschichten erzählt werden und Emotionen zutage kommen, die die Verschlossenheit der Jugendlichen aufbricht, indem diese von ihrem Zuhause erzählen, über ihre Eltern und ihre Erlebnisse mit Freunden berichten, die in den Herkunftsländern zurückgeblieben sind. »Oftmals handeln die Geschichten auch vom Alleinsein hier in Deutschland, von dem belastenden Leben in den Unterkünften, von kaputten Füßen, Schlaflosigkeit und Bauchweh.« Die Arbeit an einem Schiff sei als Integrationsprojekt besonders geeignet, weil es einen starken emotionalen Zugang ermöglicht, so die Projektleiterin: »So ein Boot öffnet die Herzen.«[4] Sprachbarrieren werden im Unterricht der Gewerbeschule aufgegriffen und praxisbegleitend bearbeitet.

Neben der Arbeit am Schiff, die unter fachkundiger Anleitung stattfindet, gehört auch der Ausbau eines Bauwagens zum Arbeitsprogramm, der als Aufenthalts-, Besprechungs- und Pausenraum für die Teilnehmenden fungiert. Das Projekt bietet den Jugendlichen gute Möglichkeiten, die Anforderungen des deutschen

---

3 Gespräch mit der ehrenamtlichen Mitarbeiterin Ursula Schindler 07.06.2017.
4 Siehe Billewochenblatt: SHiP Ahoi – Am Boot der Herzen wird nicht geflucht. Ausgabe Nr. 20, vom 12. Mai 2017.

> Arbeitsalltages kennenzulernen. Dabei geht es um den Grunderwerb von handwerklichen Tätigkeiten, aber auch um die Erprobung sozialer Kompetenzen wie u. a. Zuverlässigkeit oder Pünktlichkeit. Vor allem bietet der Lernort durch den niedrigschwelligen Zugang und geringe formale Eingangsvoraussetzungen die Möglichkeit, auch mit bislang nur gering ausgebildeten deutschen Sprachkenntnissen informelle und non-formale Kompetenzen zu entdecken und zu entfalten. Der Arbeitsgegenstand schafft laut Auskunft der beteiligten Anleiterinnen und Anleiter ein hohes Maß an Identifikation mit dem Betrieb, weil die Arbeit einen Sinn hat, der für die Jugendlichen transparent ist, und bei dem sie neben hämmern und bohren auch viel über die verwendeten Baumaterialien lernen.

Diese Beispiele illustrieren – parallel zu den formalisierten Abläufen eines geregelten Berufsschulunterrichts – ein Lernsetting, das auf die Bedürfnisse der Jugendlichen zugeschnitten ist und ihnen praktische Handlungsmöglichkeiten eröffnet. Insbesondere diejenigen Schülerinnen und Schüler, die sich aufgrund spezifischer Lebensumstände in einer prekären Lebenslage befinden, mit erheblichen Barrieren konfrontiert sind, an eigene Lernerfahrungen im Herkunftsland oder auf der Flucht anzudocken, oftmals keinerlei Zeugnisse über den Schulbesuch aus ihrem Herkunftsland beibringen können, ihre Flucht nach Deutschland in vielen Fällen ohne ihre Familien bewältigen müssen, brauchen bestärkende Lernprozesse, um ihre Verletzungen zu überwinden und neue Perspektiven zu entwickeln.

Somit bietet dieses Projekt eine Teilhabemöglichkeit an *Sozialer Bildungsarbeit*, wie Schroeder/Seukwa (2017) sie definieren, die das gesellschaftliche Problem aufgreift, dass in formalen Bildungsinstitutionen, in non-formalen Bildungssettings und informellen Bildungsräumen Bildungsungleichheit produziert und reproduziert werden. In der *Sozialen Bildungsarbeit* werden deshalb Handlungsansätze, Arbeitsformen und Methoden entwickelt, um Menschen in schwierigen Lebenslagen den Zugang und die Nutzung von formalen, non-formalen und informellen Lernsituationen zu ermöglichen, so dass sie jene Habitusmuster weiterentwickeln bzw. ausbilden können, die sich aus den Anforderungen zur Bewältigung (drohender) prekärer Lebenslagen und der Teilhabe an der Gesellschaft ergeben (ebd., S. 322).

5.6 Netzwerkarbeit generiert Bildungsbündnisse

Die Kooperation mit der Wirtschaft ist im Kontext des Übergangsmanagements von der Schule in den Beruf unerlässlich und erfordert von den beteiligten Akteuren in Schule und Sozialer Arbeit neue Formen der Zusammenarbeit und Anstrengungen, die Vernetzung auf neue Akteure auszuweiten. Diese Kooperationsform bildet in der Praxis der o. g. Netzwerkarbeit einen wichtigen Schwerpunkt. Durch das Zusammenwirken der beteiligten Akteure wurden immer mehr Betriebe akquiriert, die vorhandene Potenziale der jungen Flüchtlinge erkennen und sie in

Ausbildung nehmen. Die Netzwerkarbeit ist vielerorts[5] auch mit den Bemühungen der Länder und Kommunen sowie der örtlichen Arbeitsverwaltungen verknüpft, mit dem Ziel, eine Willkommenskultur zu stärken und Serviceangebote (sog. »Integration points«) innerhalb der Regelsysteme bereit zu stellen, die Geflüchteten den Einstieg in Bildung, Ausbildung und Beschäftigung erleichtern sollen. Die Teilhabe von Betrieben ist jeweils von den regionalen Gegebenheiten sowie von der Verfügbarkeit persönlicher Kontakte abhängig. In Hamburg hat das Netzwerk FLUCHTort Hamburg über die langjährige Praxis einen umfangreichen Pool von mehr als 200 Betriebskontakten aufgebaut, aus dem für die Vermittlung in Praktika und Ausbildungs- und Beschäftigungsverhältnisse geschöpft werden kann. Bis es zu einer Aufnahme in z. B. ein Ausbildungsverhältnis kommt, ist häufig ein hohes Maß an kooperativer Vorarbeit zwischen Netzwerk und Arbeitgeber zu leisten. Das Netzwerk übernimmt eine wichtige Servicefunktion für die Arbeitgeber, unterstützt das Unternehmen bei den ausländerrechtlichen Verfahren und kann vor allem aufgrund der umfassenden Kenntnisse zu den Lebenslagen der Teilnehmenden die Potenziale der jungen Flüchtlinge vorstellen und den Mehrwert für das Unternehmen verdeutlichen und bei Konflikten oder interkulturellen Missverständnissen im Ausbildungsverlauf bei Bedarf moderieren.

Wegweisend ist der Ansatz des Netzwerkes »ELNet plus« aus Nordrheinwestfalen[6], das mit einem großen Industriekonzern in Marl ein Kooperationsmodell zum Übergangsmanagement für Geflüchtete betreibt, in dem Jugendliche, die das Assessmentverfahren im Rahmen der Bewerbung um einen Ausbildungsplatz nicht geschafft haben, durch eine passgenaue Brückenmaßnahme auf den Einstieg in duale Ausbildung im Unternehmen vorbereitet werden.

Das Netzwerk ELNet plus

Unter dem Stichwort »Start in den Beruf« durchlaufen benachteiligte Jugendliche – und eben seit der verstärkten Flüchtlingszuwanderung auch geflüchtete Jugendliche – in einem achtmonatigen Projekt verschiedene Stationen im Unternehmen, die sie dabei unterstützen, ihre Neigungen für die Berufswahl herauszufinden und die sie befähigen, die Ausbildungsreife zu erlangen: Die Geflüchteten erhalten ein Sprachtraining zur Stabilisierung ihrer Deutschkenntnisse, eine Einstiegsphase enthält neben einer organisatorischen Einführung auch ein gruppendynamisches Basisseminar mit einem gemeinsamen Aufenthalt in einer Jugendherberge. Im Anschluss folgen fachpraktische Qualifizierungsphasen zu verschiedenen berufsbezogenen Tätigkeitsfeldern: Elektrotechnik, Metallverarbeitung, Montage, Labortechnik, Verfahrenstechnik und Produktionstechnik. In Folge schließen sich praktische Projekte in den o. g. Bereichen sowie eine betriebliche Vertiefungsphase an. Die Vermittlungsquote

---

5 Aktuell werden bundesweit 41 Netzwerke im Rahmen der ESF-Integrationsrichtlinie Bund gefördert – Handlungsschwerpunkt »Integration von Asylbewerberinnen, Asylbewerbern und Flüchtlingen« (IvAF).
6 Siehe auch http://www.reinit.de/projekte/elnetplus/

von 94,7 % am Standort Marl verweist auf die Passgenauigkeit des Konzepts. Angeboten werden Ausbildungsplätze in den Berufsbildern Chemielaborant/in, Elektroniker/in für Automatisierungstechnik, Anlagenmechaniker/in für Verfahrenstechnik sowie Chemikant/in oder wahlweise Beschäftigungsmöglichkeiten im gleichen Arbeitsmarktsegment.

Das Netzwerk ELNet plus, das ebenfalls mit dem Weiterbildungskolleg der Abendrealschule Gelsenkirchen kooperiert, unterstützt die jungen Geflüchteten bereits während der schulischen Bildungsphase, in der die Jugendlichen nach einem Vorsemester mit einem Förderschwerpunkt Deutsch einen Hauptschulabschluss erwerben können. Dieses Angebot richtet sich explizit an junge Geflüchtete im Alter von 18 bis 30 Jahre – im Einzelfall bis 35 Jahre –, die nicht mehr schulpflichtig sind. Da in der Regel keinerlei Dokumente über den schulischen Werdegang aus dem jeweiligen Herkunftsland der jungen Geflüchteten vorliegen, kommt der Erfassung der Ressourcen und Kompetenzen eine bedeutende Rolle zu. In diesem Kontext werden Förderangebote in den Fächern Deutsch, Englisch und Mathematik unterbreitet, um Lücken zu schließen, die aufgrund unterbrochener Bildungsverläufe entstanden sind. Auf dieser Basis wird in Kooperation mit den Lehrkräften des Weiterbildungskollegs eine Berufswegeplanung angebahnt, um mit den Jugendlichen realistische Ziele zu entwickeln, die an ihre individuellen Fähigkeiten und Neigungen hinsichtlich der Berufswünsche anknüpfen. Bedeutsam ist auch die Begleitung im Alltag der Geflüchteten, bei der nicht selten aufsuchende Arbeit und Krisenintervention aufgrund multipler Belastungen (Lebensumstände in den Unterkünften, Druck durch ausländerrechtliche Restriktionen und Angst vor Abschiebung, Bewältigung traumatischer Erlebnisse etc.) notwendig sind. Durch die intensive Begleitung der Schülerinnen und Schüler haben die Akteure im Netzwerk aufgrund ihrer genauen Kenntnis über die Voraussetzungen der Teilnehmenden die Möglichkeit – je nach individueller Ressourcenbestimmung – eine geeignete Anschlussmaßnahme für die jungen Geflüchteten vorzuschlagen: Während für diejenigen mit noch bestehendem Förderbedarf eine Einstiegsqualifizierung in einem Betrieb oder die assistierte Ausbildung in Frage kommt, kann ein Teil der Schülerinnen und Schüler auch für die Teilnahme an der o. g. Maßnahme »Start in den Beruf« rekrutiert werden. Weitere Anschlussmöglichkeiten ergeben sich in Form von schulischer Ausbildung oder auch sozialversicherungspflichtiger Beschäftigung oder Minijobs.

Wegweisend ist das Kooperationsmodell auch deshalb, weil der Betrieb das Netzwerk als Vorbereitungs- und Begleitinstanz ernst nimmt, in dem z. B. die Lerneffekte der Firma betont werden, die in Zusammenarbeit mit dem Netzwerk und der Umsetzung der Unterstützungsmaßnahme für die benachteiligten Jugendlichen gesammelt wurden. Zudem wurden die sonst allgemein üblichen Zugangsbarrieren, wie z. B. Testungen zum Sprachstand, weitgehend abgeschafft. Das Unternehmen hat erkannt, dass die Teilnehmenden mit hoher Wahrscheinlichkeit durchfallen würden. Es setzt deshalb auf Sprachförderung, die auf die Arbeitswelt im eigenen Betrieb zugeschnitten ist, sowie auf individuelle Unterstützungsmaßnahmen als integriertem Bestandteil der Maßnahme.

In der Umsetzung hat sich das Unternehmen für einen integrativen Ansatz entschieden: Es wurde keine separate »Flüchtlingsmaßnahme« geschaffen, sondern die Teilnehmenden wurden als »eine Gruppe« betrachtet. Diese Entscheidung hat sich sehr schnell als richtig und damit richtungsweisend erwiesen, denn die Jugendlichen haben ohne Vorurteile und ohne zu zögern die Chancen genutzt, voneinander zu lernen und sich gegenseitig zu unterstützen. Der Ausbildungsleiter resümiert:

> »Auch wir als Ausbilder müssen uns didaktisch und methodisch umstellen, wir müssen durch noch gezielteres Nachfragen das ›Verstehen‹ und den Lernerfolg überprüfen und ein verstärktes Augenmerk muss auf anschauliche Beispiele und haptische Übungen gelegt werden, damit die Jugendlichen mit geringeren Deutschkenntnissen besser lernen und den Anschluss schaffen. Auch kleine Betriebe müssen sich darauf einstellen. Wenn sie mehr auf Zuwanderung setzen, um den Fortbestand des eigenen Geschäftes oder des eigenen Betriebes perspektivisch zu sichern, bedeutet dies sicherlich auch, Zeit und Geld zu investieren. Wir müssen auch ein wenig umdenken, wenn wir das Thema Abschlussprüfung in der dualen Ausbildung betrachten. Es ist aus meiner Sicht ein größerer Erfolg, wenn ein Starter oder Geflüchteter erfolgreich eine duale Ausbildung durchläuft und besteht, als wenn dies einem Abiturienten gelingt, um den wir uns zugegebenermaßen im Normalfall viel weniger kümmern müssen.«[7]

Das Unternehmen verweist besonders auf die Heterogenität der Beschäftigten, die aus 59 Herkunftsländern kommen und betont die Diversity-Strategie, die als Leitlinie im Unternehmen verankert ist und unterstreicht, dass auftretender Rassismus konsequent geahndet wird. Zudem ist hervorzuheben, dass das Unternehmen im Jahr 2016 eine Zusage über drei Jahre gegeben hat, je 20 zusätzliche Plätze zur Qualifizierung von Geflüchteten und je 20 Plätze zur Qualifizierung benachteiligter Jugendlicher in Deutschland zu finanzieren.

Mit dem Projekt »Start in den Beruf« endet das Engagement des Unternehmens nicht. Dies lässt sich z. B. mit den Übernahmen in die duale Ausbildung am Standort Marl belegen: Aus der Maßnahme 2015/16 haben dort sieben Geflüchtete Ausbildungsverträge bei Evonik bzw. im Chemiepark erhalten. In der folgenden Maßnahme 2016/17 haben ebenfalls sechs Geflüchtete den Sprung in die duale Ausbildung geschafft.[8]

5.7 Lernort Betrieb – notwendige Bedingungen eines notwendigen Bildungssettings

Aufgrund jahrelanger Praxis und Forschung lassen sich einige Erfolgsfaktoren markieren, die dazu beitragen, dass der betriebliche Lernort zu einem wertvollen

---

7 Ausbildungsleiter von Evonik anlässlich einer Diskussion im Thematischen Netzwerk IvAF (Integration von Asylsuchenden und Flüchtlingen, Förderschwerpunkt der Integrationsrichtlinie Bund) im Bundesministerium für Arbeit und Soziales am 29.03.2017.
8 Lt. Auskunft der Projektmitarbeiterin von ELNet plus.

5.7 Lernort Betrieb – notwendige Bedingungen eines notwendigen Bildungssettings

Lernfeld in den Bildungssettings der vielfältigen Berufsvorbereitungsmaßnahmen werden kann, sofern die Rahmenbedingungen lernförderlich gestaltet sind (vgl. Oberth/Zeller/Krings 2006). Für junge Geflüchtete ist es besonders wichtig, dass sie durch das anwendungsbezogene Lernen eigene praktische Erfahrungen sammeln und diese unter Anleitung auch auswerten können. Diese Lernform bietet einen bedeutsamen Kontrapunkt, um mögliche Blockadehaltungen gegenüber schulischen Lernformen aufzubrechen, eventuelle Konzentrationsschwierigkeiten aufgrund ihrer gesundheitlichen Situation zu überbrücken und die Doppelbeanspruchungen durch Spracherwerb und fachlichem Lernen zu entlasten. In gemischtsprachigen Gruppen bietet es sich an, die Mehrsprachigkeit der Jugendlichen als Kompetenzvorteil einzusetzen, um noch nicht ausreichend vorhandene Deutschkenntnisse auszugleichen. Damit technische Anweisungen oder Arbeitsaufträge, die in der Regel mit der Anwendung der Schriftsprache verbunden sind, bewältigt werden können, ist es besonders wichtig, dass sich die Ausbilder und Ausbilderinnen ausreichend Zeit nehmen für die mündliche Erläuterung und gemeinsame Erörterung der Arbeitszusammenhänge. Die praktische Anwendung bereits vorhandener Kompetenzen oder neu im Betrieb Gelerntem steigert den Zuwachs an Selbstwertgefühl, Selbstvertrauen und die Motivation am Lernen.

Da junge Geflüchtete zumeist durch die Unterbringung in Wohnunterkünften über wenig soziale Kontakte verfügen, sind entsprechende Bildungssettings zur Entwicklung von Teamarbeit hilfreich, um kooperative Lern- und Arbeitsformen zu trainieren, die auch mögliche Integrationsschwierigkeiten in anderen Bereichen minimieren (Oberth/Zeller/Krings 2006, S. 67). Die Anwendung »klassischer« disziplinarischer Maßnahmen im Betrieb, die in der Arbeitswelt regelhaft angewandt werden, um Arbeitstugenden wie Pünktlichkeit, Zuverlässigkeit, Sauberkeit oder Verantwortungsgefühl zu vermitteln, sollten sorgfältig überdacht werden. Denn oftmals könnten auch andere Gründe wie Termindruck bei den Ausländerbehörden oder familiäre transnationale Verpflichtungen gegenüber der Familie im Herkunftsland zu einem augenscheinlichen Fehlverhalten der jungen Flüchtlinge führen, die im Betriebsablauf irritieren.

Nicht in allen Betrieben bieten sich lernförderliche Bedingungen, um für die geflüchteten Jugendlichen sicher zu stellen, dass sie produktive Arbeits- und Lernaufgaben bewältigen, Selbstbewusstsein erwerben sowie ihre berufliche Handlungsfähigkeit erweitern können. Obwohl die Unternehmen einen verstärkten Nutzen durch mitarbeitende Praktikantinnen und Praktikanten haben (können), weil sie die Qualifizierungsphase als Rekrutierungsinstrument für die Auswahl geeigneter und mit betrieblichen Prozessen vertrauter Mitarbeiter nutzen können, muss sich die Investition der Lernbegleitung am Arbeitsplatz für den Betrieb lohnen. In diesem Spannungsfeld ist es für Lehr- und sozialpädagogische Kräfte nicht immer einfach, geeignete betriebliche Lernorte zu finden. Auch hängen die Möglichkeiten von den jeweiligen regionalen Gegebenheiten des Arbeitsmarktes ab, ob eher kleine und mittelständische Unternehmen oder Großbetriebe gewonnen werden können. Als hilfreich haben sich Leitlinien zur Akquise von Betrieben erwiesen, die im Kontext der Ausgestaltung von adressatengerechten Berufsvorbereitungsmaßnahmen und Übergangssystemen gemeinsam von Lehrkräften und Bildungsbegleiterinnen und -begleitern entwickelt und als Checklisten bereit gestellt werden sollten.

> **Checkliste zur Akquise von Betrieben**
>
> - Sind im Betrieb ausreichend Anlässe für praktisches Arbeiten gegeben?
> - Ist es möglich, verschiedene Arbeitsbereiche kennen zu lernen?
> - Ist es für die Jugendlichen möglich, mündliche Erläuterungen und Anleitung zu allgemeinen Arbeitsabläufen zu erhalten?
> - Erhalten sie Zugang zu möglichst allen betrieblichen Systemen, neuen Medien u. a. Technologien am Arbeitsplatz?
> - Erhalten die Jugendlichen Unterstützung bei Bedarf zum nachträglichen Erwerb von Grundbildung? Wird in dem Betrieb Deutsch gesprochen? Erhalten die Jugendlichen ausreichend Erläuterungen und Unterstützung zum Umgang mit der Fachsprache?
> - Ist ausreichend Anleitungspersonal mit entsprechenden zeitlichen Ressourcen vorhanden, um bei der Entwicklung, Durchführung und Reflexion von Arbeits- und Lernaufgaben zu beraten?
> - Ist der Betrieb/das Anleitungspersonal bereit, an Bildungsvoraussetzungen, Arbeitserfahrungen und individuellen und non-formalen Kompetenzen der Jugendlichen anzuknüpfen und dabei die Dimension ihrer transnationalen Biografien zu bedenken?
> - Ist der Betrieb sensibel, um die spezifischen Lebenslagen der Geflüchteten zu berücksichtigen (Termine bei der Ausländerbehörde, evtl. gesundheitliche und/oder familiäre Belastungen etc.)?
> - Ist gesichert, dass die Jugendlichen ein angemessenes Feed-back zu ihren Leistungen erhalten und der Betrieb auch eine aussagekräftige Beurteilung in schriftlicher Form erstellt (auch im Fall eines Praktikums)?
> - Werden Arbeitszeiten eingehalten und berücksichtigt, dass ein Praktikum bzw. eine Ausbildung auch Zeiten zur Recherche im Betrieb bzw. zum selbstgesteuerten Lernen einräumen muss?
> - Ist der Betrieb bereit, Zielvereinbarungen zur Verzahnung der Lernorte Schule und Betrieb zu verabreden und entsprechend mit Lehrkräften und Bildungsbegleiterinnen und -begleitern zu kooperieren?

Insbesondere im Falle einer Dualisierung von schulischen Berufsvorbereitungslehrgängen oder anderen Vorbereitungsmaßnahmen ist es unumgänglich, dass der Lernort Betrieb als Anknüpfungspunkt genutzt werden muss, um von Seiten der Lehrkräfte der Berufsschulen sowie des schulbegleitenden sozialpädagogischen Personals die Sprachförderung mit Berufsbezug sowie das fachliche Lernen zu unterstützen. Die in Hamburg angesiedelte IQ-Fachstelle berufsbezogenes Deutsch empfiehlt das Instrument der Sprachbedarfsermittlung, die eingesetzt wird, um den objektiven Sprachbedarf aus der Perspektive der betrieblichen Akteure zu erheben, an den mit Förderangeboten angeknüpft werden sollte – dies gilt auch für kurze Praktikumsphasen, die in berufsvorbereitenden Maßnahmen eine große Rolle spielen. Dabei ist nicht nur die Fachsprache relevant, sondern vielmehr stehen die kommunikativen Anforderungen im Vordergrund, die in der betrieblichen Arbeitswelt gestellt werden und die sich je nach Berufsfeld, Branche und Betrieb unterschiedlich gestalten (vgl. Weissenberg 2012). Die Geflüchteten selbst können in dem Prozess aktiv werden und eine betriebliche Erkundungsaufgabe übernehmen. Somit hätten auch fachspezifische Lernaufgaben und kommunikative Anforderungen einen realen Bezug, indem sie aus den Betriebsabläufen und Arbeitsprozessen generiert werden, um die an der Arbeitspraxis geprägten fachlichen Unterweisungen mit den fachtheoretischen Inhalten zu verbinden (▶ Kap. 6).

Zur Lernbegleitung im Betrieb bietet sich das Bielefelder Modell des »Sprachcoaching für berufliche Unterstützung und Qualifizierung« an, das Betroffene nach ihren individuellen und beruflichen Bedarfen – orientiert an ihrer Lebens- und Arbeitswelt – unterstützt. Im Wesentlichen enthält dieser Ansatz drei Komponenten: Eine kooperative Bestandsaufnahme erfasst die Ausgangslage hinsichtlich vorhandener Kompetenzen und verfügbarer Ressourcen und identifiziert zudem die beruflichen Ziele unter Berücksichtigung der sprachlichen Faktoren, die eine entsprechende berufliche Handlungsfähigkeit ermöglichen. Davon ausgehend werden gemeinsam mit den Betroffenen Möglichkeiten erarbeitet, den eigenen (Sprach-)Lernprozess zu optimieren, wie u. a. die (Re-)Aktivierung bzw. die Vermittlung von Strategien zur Verbindung von fachlichem und sprachlichem Lernen und/oder welche Lösungen geeignet sind, um vorhandene Lerngelegenheiten systematisch zu strukturieren. Die Spracharbeit ist an konkreten sprachlichen Anliegen ausgerichtet und ist als Hilfe zur Selbsthilfe angelegt.[9] Zusätzliche Bedarfe könnten aber im Schulkontext der Berufsvorbereitung aufgegriffen werden, um die Verzahnung der beiden Lernorte Schule und Betrieb zu stärken.

Literatur

Bundesagentur für Arbeit (2017): Praktische Tätigkeiten Asylbewerber und Geduldete. Stand: März 2017. GR22 https://www3.arbeitsagentur.de/web/wcm/idc/groups/public/documents/webdatei/mdaw/mte2/~edisp/l6019022dstbai772426.pdf?_ba.sid=L6019022¬DSTBAI772429

Degler, Eva; Liebig, Thomas (2017): Nach der Flucht: Der Weg in die Arbeit. Arbeitsmarktintegration von Flüchtlingen in Deutschland. Paris: OECD.

Fögen, Ines; Ngo, Anh; Taşdemir, Ayhan (2016): Kinder- und Menschenrechtsbildung mit Kindern und Jugendlichen mit Fluchterfahrung(en) – demokratiepädagogische Kriterien und Handlungsempfehlungen. In: Dies.: Menschen- und Kinderrechtsbildung mit geflüchteten Kindern und Jugendlichen. Eine demokratiepädagogische Handreichung. Berlin: Deutsche Gesellschaft für Demokratiepädagogik e.V.

---

9 Zum Konzept der Arbeiterwohlfahrt in Bielefeld siehe auch www.sprunq.de. Fortbildungen zum Sprachmentoring werden an verschiedenen Orten der Bundesrepublik und bezogen auf verschiedene Branchen angeboten, siehe www.deutsch-am-arbeitsplatz.de

Meyer, Frauke (2014): »Das ist für uns schon ein Experiment.« Erfahrungen von Ausbilderinnen und Ausbildern mit jungen Flüchtlingen in der dualen Ausbildung. Hamburg: passage.
Oberth, Christa; Zeller, Beate; Krings, Ursula (2006): LERNORT BETRIEB. Berufliche Qualifizierung von benachteiligten Jugendlichen. Methodische Ansätze für Ausbilder und Ausbilderinnen. Eine Expertise. Bonn: Bundesinstitut für Berufsbildung.
Schroeder, Joachim; Seukwa, Louis Henri (Hrsg.) (2017): Soziale Bildungsarbeit mit jungen Menschen. Handlungsfelder, Konzepte, Qualitätsmerkmale. Wiesbaden: transcript.
Weissenberg, Jens (2012): Sprachbedarfsermittlung im berufsbezogenen Unterricht Deutsch als Zweitsprache. Hamburg: passage, IQ-Fachstelle Berufsbezogenes Deutsch.

6 (M)Eine Sprache: pädagogische (Selbst-)Entdeckungen eines angehenden Lehrers in Sprachwelten der dualen Ausbildungsvorbereitung

Maximilian Thinnes

6.1 Dualisierte Ausbildungsvorbereitung in Hamburg

Für Jugendliche, die die Schulpflicht noch nicht erfüllt haben und nach der zehnten Klasse keinen Arbeits- oder Ausbildungsplatz finden konnten, bietet Hamburg verschiedene arbeitsweltbezogene Bildungsgänge an. Angeregt durch ein Seminar erfuhr ich, dass es eine *Dualisierte Ausbildungsvorbereitung für Migranten und Migrantinnen* (kurz: »AvM-Dual«) gibt (vgl. HIBB 2015). In diesen zweijährigen Bildungsgang werden, unabhängig vom Aufenthaltsstatus, Jugendliche im Alter zwischen 16 und 18 Jahren aufgenommen, die nicht in Deutschland aufgewachsen sind, die Deutsch als Zweitsprache erlernen und am Übergang in Ausbildungsberufe oder andere Weiterbildungen stehen. Gegenwärtig werden viele junge Geflüchtete in diesen Klassen unterrichtet. Neben Berufsschullehrkräften arbeiten in diesem Bildungsgang auch so genannte Betriebliche Integrationsbegleiter, die in einer Art Mentorenfunktion die Jugendlichen in ihren Betriebspraktika betreuen und sie beim Übergang in Arbeit oder Ausbildung unterstützen sollen (▶ Kap. 5).

»Dualisierung« meint, dass sich die beiden Lernorte Schule und Betrieb gegenseitig ergänzen sollen, indem praktische betriebliche Erfahrungen mit schulischen Inhalten verknüpft werden. Der berufsbezogene Unterricht findet an drei Tagen pro Woche statt und ist curricular in Lernfeldern wie Betriebliches Lernen und Handeln, Betriebliche Lernaufgabe, Reflexion betrieblicher Erfahrungen und Gestaltung des Übergangs ausgelegt (HIBB 2015, S. 2). Donnerstags und freitags sind die Schülerinnen und Schüler in den Betrieben. Die Größe der Lerngruppen ist auf max. 15 Jugendliche beschränkt, was die Gestaltung des Unterrichts entlang von individuellen Lernprozessen und Voraussetzungen ermöglichen soll (ebd., S. 1).

Ziel ist es, schulische oder berufliche Anschlussperspektiven mit und für Jugendliche zu finden. Neben einem Ausbildungsplatz kann dies auch der Erste oder Mittlere Schulabschluss sein (ebd., S. 1). Darüberhinaus sollen die Jugendlichen im AvM-Dual im Deutschen das Sprachniveau A1 bis B2 erreichen. Hierfür wurde das Konzept der »integrierten Sprachförderung im Betrieb« entwickelt, mit dem der Deutsch-als-Zweitsprache-Unterricht auf betriebliche Sprachanlässe fokussiert wird: »Die Jugendlichen greifen im Deutsch-Unterricht die im Betrieb und im konkreten Handeln erfahrene Sprache auf. […] So wird der Spracherwerb verbessert und der Sprachunterricht bekommt einen konkreten praktischen Bezug« (BSB 2015, S. 2).

Dieser Ansatz hat mich angesprochen, doch fragte ich mich, *wie* diese Ziele in der Praxis konkret angegangen werden. So entschloss ich mich, meine Masterarbeit im Lehramt für Sonderpädagogik zu diesem Thema zu verfassen (Thinnes 2016). Zuerst habe ich mir den *Lernort Schule* angesehen und hospitierte über mehrere Wochen an einer Hamburger Berufsschule in einer Lerngruppe der AvM-Dual, um herauszufinden, welche sprachlichen Anforderungen den Jugendlichen im Unterricht abverlangt werden. Danach habe ich in einem »Selbstversuch« den *Lernort Betrieb* erkundet. Hierfür absolvierte ich ein einwöchiges Praktikum in einem Kfz-Betrieb und versuchte dort, mit Bezug auf die Eindrücke aus dem *Lernort Schule*, sprachliche Anforderungen am Arbeitsplatz zu erkennen. Um das Ergebnis meiner Erhebungen vorweg zu nehmen: Im Betrieb werden insbesondere soziale Aspekte von Sprache relevant, die im schulischen Unterricht jedoch kaum Berücksichtigung finden. Deshalb schließt mein Beitrag mit einem Plädoyer, beispielsweise im Rahmen von betrieblichen Erkundungsaufgaben, diese sprachlichen Anforderungen ins Zentrum der »betrieblich integrierten Sprachförderung« der AvM-Dual zu rücken.

6.2 Lernort: Schule

Wie erwähnt, befasste ich mich zunächst mit den sprachlichen Situationen und potentiellen Sprachbarrieren im Unterricht einer AvM-Dual-Klasse. Ende Januar 2016 besuchte ich diese zum ersten Mal und verbrachte dann über einen Zeitraum von fünf Wochen letztlich sechs Vormittage mit der Lerngruppe. Ich wurde als Student mit Interesse an dem Bildungsgang vorgestellt. Besuche finden in dieser Schule häufiger statt, sodass meine Anwesenheit nicht allzu ungewöhnlich erschien. Die Beobachtungen habe ich während der Erhebungszeit verdeckt durchgeführt, diese schriftlich und in Stichpunkten handschriftlich aufgezeichnet und nach maximal zwei Tagen digitalisiert und inhaltlich geordnet.

6.2.1 Die beobachtete Lerngruppe

Von den 15 Schülerinnen und Schülern der hospitierten AvM-Dual-Gruppe waren im Beobachtungszeitraum durchschnittlich zwölf im Unterricht anwesend, zwei erschienen in den fünf Wochen überhaupt nicht in der Schule. Einige waren bereits seit einem halben Jahr in der Klasse, andere gerade erst neu dazugekommen. Alle sollten aber im Juni 2016 den Bildungsgang abschließen, ein Teil bereitete die Anmeldungen zur ESA-Prüfung vor. Zum Beobachtungszeitpunkt betrug das Durchschnittsalter in der Klasse 17,6 Jahre. Vier Jugendliche kommen aus Afghanistan und drei aus Polen, die anderen aus Somalia, Ghana, Mexiko, Syrien,

Gambia, Ägypten, Benin und Bulgarien. Ein Großteil lebte zum Zeitpunkt der Erhebungen in Wohngruppen, manche bei Eltern bzw. einem Elternteil, andere bei Freunden oder auch alleine.

Die Schülerinnen und Schüler hatten sehr unterschiedliche Vorerfahrungen in Bildungseinrichtungen gemacht. Einzelne hatten im Herkunftsland komplett die allgemeinbildende Schule durchlaufen und einen Abschluss erlangt, welcher mit der deutschen Hochschulreife vergleichbar ist. Andere dagegen hatten bislang erst zwei Jahre eine Schule besucht. War für manche die AvM-Dual der erste Kontakt mit einer Bildungsinstitution seit längerer Zeit, schloss sie für andere hingegen relativ nahtlos an das letzte Schuljahr im Herkunftsland an. Einige in der Lerngruppe hatten bereits eigenes Geld verdient, bspw. als freiberuflicher Fotograph, Fensterbauer, Elektriker, Verkäufer oder Schiffsmechaniker. Es schien als hätten sie mit diesen Tätigkeiten im Herkunftsland nicht nur einen Nebenjob gehabt, sondern in diesen Berufen ihren Lebensunterhalt bestritten. Für andere waren die Praktika der AvM-Dual die ersten Kontakte mit der Arbeitswelt überhaupt.

Die meisten Schülerinnen und Schüler hatten vor dem Besuch der AvM-Dual einen Deutschkurs in Hamburg absolviert. Parallel zur AvM-Dual nahmen einige an Angeboten von außerschulischen Trägern teil, wie kostenlose Deutschkurse oder LernCafés. Im Unterricht sprachen die Pädagoginnen und Pädagogen ausschließlich Deutsch, auch die Unterrichtsmaterialien waren durchweg in deutscher Sprache verfasst. Oftmals war Deutsch die einzige gemeinsame Sprache, um sich miteinander zu unterhalten. Hausaufgaben oder Bewerbungen wurden ebenfalls auf Deutsch geschrieben.

6.2.2 Erwartungen an das Betriebspraktikum

Im Rahmen der Beobachtungen durfte ich Vorstellungen der Jugendlichen über die Arbeitswelt und ihre Erwartungen an die Betriebspraktika kennenlernen. Einmal unterhielt ich mich mit einem Schüler darüber, wie in dem jeweiligen Land, in dem wir aufgewachsen sind, ein Beruf erlernt werden kann. Lächelnd schüttelte er den Kopf und meinte: »Warum macht ihr das so kompliziert? Im Benin gehst du ein halbes Jahr mit einem Chef mit. Und wenn du willst, kannst du dann dein eigener Chef sein!« *Er* wirkte überrascht, dass in Deutschland eine Ausbildung in einem Beruf so lange dauert und umständlich sei; *ich* wunderte mich, dass er unter einer Berufsausbildung »ein bisschen mitlaufen mit einem Chef« verstand – Du kannst doch keinen Beruf in einem halben Jahr und ohne Schule erlernen. Oder!?

Ein anderes Mal informierte eine der betrieblichen Integrationsbegleiterinnen die Klasse über freie Praktikumsstellen bei der Stadtreinigung Hamburg. Daraufhin entbrannte eine Diskussion in der Lerngruppe, die damit zu tun zu haben schien, welcher soziale Status mit einem bestimmten Berufsbild einhergeht. So war für einen Schüler klar, dass er zwar unbedingt den Vorgaben des Bildungsgangs entsprechen wollte und dringend einen Praktikumsplatz brauchte, jedoch auf gar keinen Fall bei der Stadtreinigung arbeiten würde. Andere dagegen schienen sich über das Angebot zu freuen und wollten sich direkt bei der Kontaktadresse melden.

Ein Schüler strebte den Beruf Anlagenmechaniker für Sanitär, Heizung und Klimatechnik an und absolvierte seit Beginn seiner Schulzeit an der AvM-Dual jedes Praktikum in einem Klempnerbetrieb. Für sein nächstes und letztes Praktikum suchte er sich gezielt nur »gute Betriebe« aus, informierte sich bei Freunden, die bereits Firmen kannten, über die Arbeitsbedingungen und Übernahmechancen, Bezahlung etc. In einem selbst verfassten Hausaufgabentext schrieb er, dass der Beruf ihm Spaß mache, weil er abwechslungsreich sei. Zudem ließ sich aus seinen Ausführungen schließen, dass er sich über die Bedingungen der Ausbildung bereits informiert haben musste. Er kannte die Höhe der Ausbildungsvergütung in den jeweiligen Ausbildungsjahren, die Zusammenhänge von Berufsschule und Ausbildungsbetrieb während der Ausbildungszeit und dass von ihm mindestens ein guter Haupt- oder ein Realschulabschluss erwartet wird.

Ein Schüler brachte die Lehrkräfte in Verlegenheit: »Ich möchte aber noch gar nicht arbeiten! Ich bin ja erst 17! Ich mach' noch keine Ausbildung, ich mache erst noch Schule!« Ein anderer erzählte, er wolle an seine langjährigen Erfahrungen als Elektriker anknüpfen und möglichst eine Ausbildung in diesem Beruf beginnen. Danach wolle er wieder zurück zu seiner Familie und eine eigene Firma gründen. Eine Schülerin suchte ihre Praktikumsplätze nicht nach der Branche, sondern hinsichtlich der Nähe zu ihrem Wohnort aus. Ein Schüler hatte in einem Praktikum mehr oder weniger zufällig seine Begeisterung am Kochen entdeckt und suchte seither nach einem Praktikumsplatz in der Gastronomie. Für einen anderen Schüler war eine Ausbildungsstelle vor allem deshalb wichtig, um seinen Aufenthaltsstatus zu sichern. Eine Schülerin verwies auf ihren Vater, der ihr gesagt hatte, mit einer Berufsausbildung in Deutschland habe sie bessere Zukunftschancen.

Ein Schüler wurde mir von einer Integrationsbegleiterin als ein vielversprechender Friseur vorgestellt. Bei ihm liefe es sehr gut und seine Chancen auf einen Ausbildungsplatz in seinem Praktikumsbetrieb stünden gut. Bereits zwei Praktika habe er in diesem Beruf absolviert und es gebe wertvolle Kontakte zu Ausbildungsbetrieben. An einem der Beobachtungstage kam er in die Schule und verkündete, er wolle kein Friseur mehr werden – zum leichten Entsetzen der Integrationsbegleiterinnen. Auf Nachfrage erzählte er mir, er habe festgestellt, dass er in diesem Beruf zu wenig Geld verdiene.

Ich erfuhr, dass es für manche keine große Rolle spielte, in *welchem* Beruf sie ein Praktikum machten, für sie zählte, *dass* sie einen Praktikumsplatz hatten. Ich erfuhr aber auch, dass es für andere dagegen wichtig war, ein Praktikum in einem bestimmten Betrieb oder einer bestimmten Branche zu absolvieren, um persönliche Ziele zu verfolgen, wie z. B. spezielle Kompetenzen zu erlangen, ausreichend Geld zu verdienen, sich selbst zu verwirklichen oder besonders gut vor Eltern oder Freunden dazustehen.

6.2.3 Beobachtungsergebnisse sprachlicher Anforderungen im Unterricht

Obwohl sich die Schülerinnen und Schüler somit in ihren Interessen und Erfahrungen, in ihren Wünschen und Fähigkeiten sehr unterschieden, wurden in dieser

AvM-Dual-Klasse an alle Jugendlichen die gleichen Anforderungen gestellt: So mussten sie zum Beispiel zuerst einen Praktikumsplatz finden, bevor praktische Erfahrungen gemacht werden können, und um diese Erfahrungen reflektieren zu können, sind wiederum bestimmte sprachliche Kompetenzen erforderlich, die sich alle erarbeiten mussten. An vier ausgewählten Situationen aus dem Unterricht möchte ich im Folgenden zeigen, vor welche sprachlichen Herausforderungen die Jugendlichen am Lernort Schule gestellt werden und mit welchen sprachlichen Barrieren sie dadurch konfrontiert sein können.

Situation 1: Einen Praktikumsplatz finden

Geleitet von Vorstellungen über Wunschberufe sammelten die Schülerinnen und Schüler auf der Suche nach Praktikumsplätzen Adressen und Kontaktdaten von Betrieben und verfassten und verschickten Bewerbungen und Lebensläufe. Mit dem näher rückenden Beginn der Praktikumsphase wurde die Atomsphäre im Klassenzimmer zunehmend angespannt. Das Finden von Praktikumsbetrieben hatte Priorität, doch es zeigte sich, dass keiner der Jugendlichen *einfach so* oder *mal eben* einen Platz finden konnte. Es wurden etliche Bewerbungen verfasst und abgeschickt, Betriebe aufgesucht, Telefonate geführt, das Internet nach alternativen Berufen und Branchen durchforstet – leider bis kurz vor Praktikumsbeginn ohne Erfolg. Wenn Betriebe überhaupt reagierten, waren es fast immer Absagen.

Ein Schüler mit Interesse an der mediengestalterischen Branche, insbesondere Fotografie und Journalismus, zeigte sich in der Suche nach Alternativen zu seinem Berufsziel relativ pragmatisch: Er ging in ein nahe gelegenes Einkaufszentrum und stellte fest, dass es zahlreiche Optikergeschäfte gibt. Er schlussfolgerte, dass die Chancen also wesentlich besser für ihn stünden, einen Praktikumsplatz in dieser Branche zu ergattern: »Jetzt brauch ich halt irgendetwas anderes, also mache ich Optiker«. Anderen Jugendlichen erging es ähnlich, auch sie mussten bei der Praktikumssuche immer wieder nach alternativen Berufen, Branchen, Orten oder Wegen suchen. Manche wirkten frustriert und verzweifelt.

Die Praktikumssuche wurde in Einzelgesprächen zwischen den Jugendlichen und den Integrationsbegleiterinnen thematisiert. »Ich weiß nicht, was ich machen soll, wenn daraus nichts wird!«/»Bei mir läuft es nicht, kein Betrieb hat sich gemeldet – soll ich da mal anrufen? Können wir das zusammen machen?«/»Die wollen einen ausführlichen Lebenslauf von mir – was ist das?« Die Integrationsbegleiterinnen unterstützten bei der Suche nach individuellen Lösungen, andererseits nahmen sie sich teilweise auch bewusst zurück: »Wenn ich einen Praktikumsplatz *für* die Schüler suche, lernen die nicht selbständig zu werden. Ich helfe und unterstütze sie, aber schreiben und abschicken müssen sie die Bewerbung schon selbst.« Gleichzeitig stehen die Integrationsbegleitenden unter Leistungsdruck, da die Schulleitung nach der Vermittlungsquote in Ausbildung fragt. So baute sich zunehmend mehr Anspannung in der Klasse auf und es ging nun nicht mehr darum, einen *geeigneten* Praktikumsplatz zu finden, sondern *irgendeinen*.

Gleichwohl standen die Integrationsbegleiterinnen in dieser Klasse zumindest manchen Jugendlichen sehr nahe und verbrachten auch außerhalb der Schule Zeit mit ihnen. So ging eine von ihnen einen Nachmittag lang gemeinsam mit einer Schülerin durch die zahlreichen Einzelhandelsläden eines Einkaufszentrums. In deren Begleitung stellte sich die Schülerin in Geschäften vor und bat darum, ihre Bewerbungsunterlagen hinterlegen zu dürfen. Des Weiteren suchten die Integrationsbegleiterinnen auch in ihrem persönlichen Umfeld von Freunden und Familie nach Personen, die Praktikumsplätze anbieten könnten.

Letztendlich haben alle Jugendlichen ein Betriebspraktikum begonnen. Für erfolgreiche Unterstützung beim Finden eines Platzes scheint ein Vertrauensverhältnis notwendig zu sein, insbesondere, weil die Schülerinnen und Schüler der AvM-Dual mit existenziellen Fragen und Herausforderungen konfrontiert sind, wie bspw. Zukunftsängste, Wünsche, Erwartungen.

> (a) Enge mentorenartige Beziehungen zwischen Jugendlichen und Lehrkräften können sich unterstützend auswirken. (b) Das Finden eines Praktikumsplatzes im AvM-Dual kann Jugendliche vor herausfordernde Situationen bezüglich inhaltlichem und sprachlichem Verständnis der Anforderungen stellen, mit denen unterschiedlich umgegangen wird. (c) Vorausgesetztes Wissen kann nicht vorausgesetzt werden. (d) Sprachliche Herausforderungen können kommunikative Situationen sein, wie Telefon- und Vorstellungsgespräche. Schwierigkeiten liegen hier im Verstehen von Äußerungen eines Gesprächspartners oder einer Gesprächspartnerin bzw. im spontanen Sprechen und Reagieren auf deren Fragen.

Situation 2: Zugang zu Informationen und Umgang mit Medien

Allen Jugendlichen waren Rechner mit Internetzugang zugeteilt, an welchen sie im Unterricht arbeiten konnten. Das Internet wurde für soziale Netzwerke, Kommunikation, Unterhaltung (Musik und Videos) genutzt – in den Pausen und während des Unterrichts. Es stellte außerdem die Hauptquelle für Informationen rund um Ausbildung und Beruf und lokale Realitäten in Hamburg dar. Hier wurden nach Kontaktadressen von potenziellen Betrieben gesucht, Informationen über Berufsbilder und Branchen gesammelt, in manchen Fällen auch das Bewerbungsverfahren selbst online durchgeführt. Kommunikation mit Betrieben via E-Mail konnte ich beobachten, Textbearbeitungssoftware wurde benutzt für das Erstellen, Bearbeiten und Lesen von eigenen und fremden Texten (Bewerbungen, Anschreiben, Hausaufgabentexte, Klassenarbeiten, Informationstexte). Präsentationssoftware diente zur medialen Unterstützung bei Vorträgen in der Klasse.

Ich durfte miterleben wie Schülerinnen und Schüler dabei in die typischen Fallen stolperten, wie veraltete Informationen und unseriöse Web-Seiten im Internet oder Formatierungsprobleme in MS-Office. Aber auch Anforderungen von Betrieben stellen Schwierigkeiten dar, wenn bspw. eine Bewerbung ausschließlich über standardisierte Online-Formulare möglich ist, Dokumente nur in bestimmten

Formaten akzeptiert werden oder das Versenden der Bewerbung per E-Mail verlangt wird. Dies erfordert besonders Fähigkeiten im Umgang mit Medien, wobei sprachliche Hürden die Situation verschärfen können: Die Textverarbeitungssoftware ist auf Deutsch und die integrierte Rechtschreibkorrektur garantiert nicht für die grammatikalisch richtige Schreibweise bzw. den korrekten Satzbau. Auch im Internet liegen Informationen, zumindest zu den hier relevanten Themen wie Berufsbeschreibungen oder Hinweise auf freie Stellen in Hamburg, fast ausschließlich in deutscher Sprache vor, meist in komplizierten Satzstrukturen und gespickt mit Fremdbegriffen. Schließlich erschweren komplexe und unübersichtliche Webseiten das Zurechtfinden und Orientieren im Internet.

Gehörte für die einen das Internet seit Jahren zum Alltag, sie schienen auf sämtlichen sozialen Plattformen vernetzt zu sein, sodass »mediale Kompetenz« für sie eher kein Problem war, stellte nur ein Tisch weiter eine Schülerin die Frage, was eigentlich eine E-Mail-Adresse sei. Wo zwei Mitschüler am Online-Tutorial *Crashkurs MS-Office* verzweifelten, verbrachte eine Schülerin den Vormittag damit, deutschsprachige Internettexte zu übersetzen.

(a) Im Unterricht werden von den Jugendlichen mediale Fähigkeiten gefordert. Die Art und Weise des Umgangs mit Medien hat einen Einfluss darauf, wie sie mit Anforderungen zurechtkommen. Eventuell ergeben sich daraus erst Schwierigkeiten. (b) Schülerinnen und Schüler müssen komplexe und umfangreiche Texte lesen, verstehen und daraus relevante Informationen entnehmen können. Diese liegen häufig nur in Deutsch vor.

Situation 3: Die Präsentationsaufgabe

Die Lerngruppe war aufgefordert, Vorträge auf Deutsch auszuarbeiten und vor der Klasse vorzustellen. Im Anschluss an jede Präsentation wurde eine Feedback-Runde durchgeführt, in der jeder Schüler und jede Schülerin den Vortrag kommentieren sollte. Es wurde angekündigt, dass die Schülerleistungen von den Integrationsbegleiterinnen benotet werden. Es war allerdings nicht ersichtlich, anhand welcher Kriterien die Präsentationen bewertet wurden. Offensichtlich legten die Integrationsbegleitenden Wert darauf, dass die Vorträge selbst verfasst wurden, »in euren eigenen Worten«. Mehrmals sprachen sie diesen Punkt in ihrem Feedback an. Medien und Themen sollten selbst ausgewählt werden.

Ich konnte drei Präsentationen beobachten. Die Jugendlichen hatten Themen wie Traumberufe oder Fußballstars ausgewählt. Alle drei hatten raffinierte PowerPoint-Präsentationen mit zahlreichen Effekten und Bildern vorbereitet. Die Folien waren mit sehr viel Text gefüllt, wobei diese augenscheinlich im Wesentlichen aus Internetquellen bestanden und von den Jugendlichen vorgelesen wurden. Die Feedback-Runden vergingen schnell: »Joa, war gut!« Die Integrationsbegleitenden hingegen schienen mit den Ergebnissen unzufrieden. Besonders störten sie sich daran, dass offensichtlich keine eigenen Texte verfasst worden waren: »Die wissen gar nicht, was sie da sagen! Die verstehen das gar nicht!« Mitunter ergaben sich daraus auch Probleme bei der Bewertung der Vorträge. Wenn die Jugendlichen die Texte nicht selbst geschrieben haben, was soll dann bewertet werden? Das Aufgabenformat trug folglich nicht dazu bei, das angestrebte Lernziel zu erreichen, durch die Präsentation den sprachlichen Ausdruck zu üben. Zumindest den Schülerinnen und Schülern schien dies nicht klar geworden zu sein: Um was geht es in der Präsentationsaufgabe und was genau wird von mir erwartet: Viele Informationen? Korrekte Informationen? Gutes Deutsch? Vor einer Gruppe präsentieren? Den Umgang mit Medien üben? Im Nachhinein erfuhr ich, dass die Note keinerlei Bedeutung hatte – auch dies war weder mir noch den Jugendlichen klar geworden.

(a) Sprachliche Anforderungen wie zum Beispiel Präsentationsaufgaben, deren Bewertungskriterien nicht transparent sind, lösen Unsicherheiten aus. (b) Aufgabenformate, in denen eigene Interessen bzw. in denen eine persönliche Position vertreten werden sollen, können insbesondere beim Vortragen vor einer Gruppe zu einer Herausforderung werden. (c) Präsentationsaufgaben haben wenig mit den sprachlichen Anforderungen im Betrieb zu tun – in der Schule werden somit sprachliche Kompetenzen geschult, die am Arbeitsplatz nicht gebraucht werden.

Situation 4: Exkursion in eine Bankfiliale

Die Integrationsbegleitenden organisierten gemeinsam mit einer Person eines gemeinnützigen Vereins aus Hamburg eine Exkursion in eine Bankfiliale im Stadtteil. Die Lerngruppe sollte hierbei die Aufgaben und Funktionen eines Geldinstituts in Deutschland kennenlernen. Es wurde davon ausgegangen, dass Vorkenntnisse dieser Art nicht vorlagen, diese aber für die Alltagsbewältigung relevant sind, weil bspw. spätestens mit Beginn einer Ausbildung ein eigenes Girokonto benötigt wird. Vor dem Verlassen des Schulgebäudes machten sich manche Jugendliche über die Idee lustig: »Was soll der Kindergarten? Was soll ich denn auf einer Bank?« Die meisten hatten bereits eigene Konten und nutzten Geldkarten. Jugendliche, die ihr Desinteresse an der Exkursion deutlich machten, mussten trotzdem mitgehen. Noch in der Schule wies die Mitarbeiterin des gemeinnützigen Vereins die Schülerinnen und Schüler darauf hin, dass sie sich höflich und freundlich verhalten sollten und dass es gut sei, sich interessiert zu zeigen und Fragen zu stellen. Auch das wurde bereits in der Schule geübt: »Was könnten gute Fragen sein, die ihr gleich stellen könnt?«

In der Bank wurden Kurzvorträge von zwei Bankmitarbeitern, Fragerunden und eine kurze Führung durch die Filiale geboten. Den Jugendlichen wurden auch Verhaltensregeln erklärt, beispielsweise, welcher Diskretionsabstand am Geldautomaten einzuhalten ist. Zudem wurden Hinweise zum Bedienen der Automaten und Kontoauszugsdrucker gegeben. Schließlich konnten die Schülerinnen und Schüler noch einem Vortrag des Filialleiters zuhören, der ihnen eindrücklich vom verantwortungsvollen Umgang mit Geld erzählte: »Gebt nie mehr Geld aus, wie ihr zur Verfügung habt. Und wenn ihr euch mal ein Auto, TV oder PC kaufen wollt, müsst ihr das Geld sparen. Das Geld zuhause bar aufheben ist gefährlich, es kann geklaut werden. Auf der Bank ist es sicher und ihr bekommt noch ein kleines bisschen Zinsen, weil ihr euer Geld der Bank gebt.«

Die Jugendlichen verhielten sich wie von ihnen erwartet: Bei den Vorträgen waren sie ruhig und schienen aufmerksam, danach stellten sie (für mich) passende Fragen. Die Organisatorinnen hielten die Exkursion für erfolgreich. Ein Teil der Schülerinnen und Schüler habe die Institution Bank kennenlernen können, von verschiedenen Formen von Geldanlagen erfahren und neue und hilfreiche Informationen erhalten. Anderen hätten durch die Exkursion Bankberufe als potentiell interessante Tätigkeiten für sich kennenlernen können.

Von einem Bankmitarbeiter erfuhr ich, dass solche Exkursionen regelmäßig für Schulklassen angeboten würden, allerdings für wesentlich jüngere Schülerinnen und Schüler. Dies erklärte ein Stück weit den faden Beigeschmack, den dieser Ausflug bei mir hinterlassen hatte. Die Art, wie die Jugendlichen angesprochen wurden, wirkte auf mich verkindlichend und nicht ernst nehmend – etwa weil sie über geringe Deutsch-Sprachkenntnisse verfügen und nicht in Deutschland aufgewachsen sind?

> (a) Wird das Vorwissen der Schülerinnen und Schüler ignoriert, könnten sie sich hintergangen und nicht ernst genommen fühlen. (b) Verhaltensregeln beinhalten zwei kommunikative Herausforderungen: Zum einen, das aufmerksame Zuhören, das Stillsein und das Interessiert-wirken-müssen. Zum anderen, Gesagtes eines Gegenübers sprachlich und inhaltlich verstehen, eigene Gedanken versprachlichen und in eine Frage umformulieren, diese in deutsche Sprache übersetzen, sich trauen, diese laut vor einer Gruppe zu stellen, eine Frage aussprechen.

In meinen Erkundungen am Lernort Schule habe ich untersucht, *vor welche sprachlichen Anforderungen die Schülerinnen und Schüler im Unterricht gestellt werden*. Anhand der hier beschriebenen Personen und ausgewählten Situationen konnten diese Anforderungen etwas genauer formuliert werden. Die Umsetzung der eingangs erwähnten Ziele der AvM-Dual: Unmittelbares Erleben mit einem neuen soziokulturellen Umfeld und der Arbeitswelt, Reflexion von betrieblichen Erfahrungen im Unterricht, individuelle Arbeit mit den Jugendlichen und Hinführung zu Anschlussperspektiven, konnte ich durchaus beobachten. Es zeigten sich jedoch Probleme dergestalt, dass die sprachlichen Anforderungen, die in der Schule an die Schülerinnen und Schüler gestellt werden, zu Lernbarrieren werden konnten. In sprachlichen Herausforderungen sehe ich Lernanlässe, weshalb es mir unsinnig erscheint, diese beseitigen zu wollen. Wenn aber sprachliche Herausforderungen in Betrieben zu Lernanlässen werden sollen, müssen diese Herausforderungen bekannt sein. Mit dieser erkenntnisleitenden Frage absolvierte ich mein eigenes Betriebspraktikum.

6.3 Lernort: Betrieb

In der Untersuchung eines Betriebs als einem potentiellen Lernort in einer AvM-Dual, habe ich mich wiederum auf die sprachlichen Anforderungen konzentriert, vor die Jugendliche als Praktikanten und Praktikantinnen gestellt werden. In soziolinguistischen Perspektiven wird das Erlernen einer neuen Sprache als ein in soziale Kontexte eingebetteter Prozess verstanden. Dies wird als »situated learning« bezeichnet, welches sich als eine soziale Praxis in sozialen Gemeinschaften, den so genannten »communities of practice«, vollzieht (vgl. Lave/Wenger 1991). Die Forschung misst diesen »situierten« Aspekten sprachlicher Anlässe eine besondere Bedeutung für die Teilhabe an einer Handlungsgemeinschaft bei (vgl. Wenger 2008, S. 164). Betriebe können (wie auch Schulklassen) als solche Handlungsgemeinschaften (vgl. Gruenhage-Monetti 2010) verstanden werden, weshalb mich vor allem die sozio-kulturellen Aspekte der sprachlichen Anforderungen im betrieblichen Kontext interessierten.

6.3.1 Mein Praktikumsbetrieb

Für meine Feldforschung am Lernort Betrieb wählte ich mit der Automobilindustrie eine Branche, welche mich zum einen persönlich ansprach und zum anderen auch für Jugendliche im AvM-Dual für ein Praktikum in Frage kommen könnte. Bei der Handwerkskammer Hamburg informierte ich mich über die Möglichkeit eines »Lehrerpraktikums« in einem Handwerksbetrieb. Obwohl eigentlich für ausgebildete Lehrkräfte gedacht, sollte auch ich als Lehramtsstudent ein solches Praktikum absolvieren dürfen. So stellte die Handwerkskammer den Kontakt zum Ausbildungsleiter eines Automobilherstellers mit mehreren Werksstandorten in Hamburg her. Per E-Mail wurden Zeitraum, Abteilung und Vorbereitung geklärt. Wenige Tage vor Praktikumsbeginn telefonierte ich mit dem Abteilungsleiter der Karosserietechnik der mir zugewiesenen Fachwerkstatt.

Der ausgewählte Betrieb ist eine Abteilung eines Autohauses, die für die Instandsetzung von Unfall- und Einbruchschäden an Fahrzeugkarosserien der eigenen Marke zuständig ist. Außerdem gibt es noch Abteilungen für Mechanik, eine Lackiererei sowie verschiedene Kundenservicebereiche. In der Karosserietechnik wird in der Regel mit Blech, Stahl und Kunststoffbauteilen gearbeitet. Typische Tätigkeiten sind das Ausbeulen von Verkleidungsteilen wie Seitentüren, Schweißarbeiten an Stoßfängern und Kotflügeln, oder das Ersetzen von Heck- und Frontscheiben.

Als Praktikant hatte ich direkten Kontakt mit meinen unmittelbaren Kollegen und Vorgesetzten sowie zu manchen Mitarbeiterinnen und Mitarbeitern aus der Lackiererei. Hauptsächlich hielt ich mich an der Hebebühne des mir zugeteilten Gesellen auf. Zusammen mit ihm und seinem Auszubildenden arbeiteten wir an seinen Aufträgen. Direkten Kundenkontakt hatte ich keinen. Die Schicht in der Karosserietechnik begann um 07:30 Uhr und endete ca. 16:30 Uhr. Gemeinsam wurde um 10 Uhr Frühstück und um 12:30 Uhr Mittag gemacht. Im Vorfeld wurde ich vom Ausbildungsbeauftragten in einer standardisierten Informations-Mail gebeten, Verpflegung und alte Arbeitskleidung selbst mitzubringen.

Meine Erfahrungen als studentischer Praktikant werden sich von denen der Jugendlichen im Praktikum des AvM-Duals unterscheiden: Was mir schwer fallen wird, muss nicht unbedingt einem Schülerpraktikant schwer fallen; wie ein Kollege mich behandelt, so behandelt er nicht unbedingt einen Praktikanten. Ich habe mir selbst die Branche, den Betrieb, den Praktikumszeitraum und den Standort ausgesucht. Ich habe bestimmt, dass nach einer Woche das Praktikum wieder vorbei sein wird und ich weiß, dass ich jederzeit den Betrieb verlassen kann, ohne mich bei irgendjemandem dafür rechtfertigen zu müssen. Ich habe kein Interesse daran, eine Ausbildung zum Karosseriebauer (oder eine andere) in dem Betrieb zu machen. Von dem Praktikum hängt weder meine Existenzsicherung (oder die meiner Familie) ab noch wirkt es sich auf meinen Aufenthaltsstatus in Deutschland aus. Im Deutschen als meiner Muttersprache fühle ich mich sicher und ich weiß, dass diese Sprache in dem Betrieb als Arbeitssprache verwendet werden wird. Ich rechne auch nicht mit Diskriminierung aufgrund meiner Herkunft, Religion oder meines Geschlechts.

Überdies kann ich auf basale Vorerfahrungen im Kfz-Bereich zurückgreifen. Ich kenne einige Fachbegriffe, bin mit Werkzeugen vertraut, habe eine grobe Idee von der Funktion von Automobilen. Ich habe Vorstellungen von sozialen Strukturen in Betrieben und eine Ahnung davon, was mich in einer Kfz-Werkstatt erwarten könnte. Ich werde in ein bestehendes soziales Gefüge mit unterschiedlichen Macht- und Verantwortungsstrukturen eindringen, und in der Betriebshierarchie werde ich ziemlich weit unten stehen. Ich werde keinen klar definierten Tätigkeitsbereich haben und mir Aufgaben unter Umständen selbst suchen müssen. Vermutlich werde ich vor allem zu Beginn des Praktikums den Anderen beim Arbeiten zuschauen. Sollte ich doch selbst etwas erledigen dürfen (oder sollen), so ist dieser Auftrag wahrscheinlich nicht wirklich spannend.

6.3.2 Beobachtungsergebnisse sprachlicher Anforderungen am Arbeitsplatz

Meine Eingebundenheit in die Aufgaben und Tätigkeiten als Praktikant erlaubten es nicht, während des Aufenthalts im Feld zu protokollieren. Stattdessen fertigte ich nach Feierabend zu Hause handschriftliche Notizen über den Verlauf des Tages und Hinweise zu meinen Leitfragen an. Basierend auf meinen Notizen für jeden Tag, erstellte ich dann ein ausführliches digitales Gedächtnisprotokoll. Ein Teil der Beobachtungen fokussierte auf Interaktion und Kommunikation in spontanen Gesprächssituationen und aufgrund der zu erledigenden Tätigkeiten. Dennoch ergaben sich auch Gelegenheiten, sodass ich mit einzelnen Gesellen, einem Schülerpraktikanten und dem Abteilungsleiter gezielt sprechen konnte. Ich notierte kurze Stichpunkte nach Feierabend und digitalisierte diese nach der Feldphase. Im Folgenden werden ausgewählte Situationen beschrieben und hinsichtlich ihrer sprachlichen Anforderungen analysiert.

Zugang zum Betrieb

Durch Freunde hatte ich von dem Praktikum für Lehrkräfte gehört, ich recherchierte im Internet mit entsprechenden Suchbegriffen: Lehrerpraktikum – Handwerkskammer – Hamburg. Ein erstes Telefongespräch mit der Verantwortlichen der Handwerkskammer, eine schriftliche formlose Kurzbewerbung und die restlichen Einzelheiten wurden per E-Mail mit den Ansprechpartnern des Betriebes geklärt. Ein weiteres Telefongespräch mit meinem Karosseriemeister kurz vor Praktikumsbeginn war mir wichtig, um mich persönlich bei ihm anzukündigen. Als an mich gestellte sprachliche Anforderungen lassen sich nennen: *Wie finde ich einen Praktikumsplatz? Wie baue ich eine Beziehung zu einem Vorgesetzten oder Ausbildungsbeauftragten auf?*

Pausengespräche

Obwohl ich nicht rauche, folgte ich am ersten Tag meinem Gesellen in die Raucherpause. Dort stand er mit Abteilungsleitern, Verkäufern, Kundenberatern in der Raucherecke und ich stand stumm daneben. Ich wollte mich einbringen, was mir aber nicht gelang. Niemand stellte mir eine Frage, ich wurde nicht mit in das Gespräch einbezogen und fühlte mich etwas fehl am Platz. *Wie beginne ich Gespräche? Was könnte ich fragen? Was darf oder kann ich von mir erzählen? Wie verhalte ich mich in der Pause? Wie können soziale Kontakte am Arbeitsplatz etabliert werden?*

Begrüßung von Kollegen

Es schien gängige Praxis zu sein, zu Beginn des Arbeitstages einander die Hände zu schütteln und sich einen »Guten Morgen« zu wünschen. Dieses Ritual wurde mit jedem Kollegen durchgeführt, was bei einer Belegschaft mit ca. 15 Personen etwas Zeit in Anspruch nahm. Für mich stellte dies anfangs eine Überwindung dar, da mir diese Art von Begrüßung einer Gruppe von Menschen unbekannt war und ich mich nicht wohl dabei fühlte.

Vier Tage später, ich hatte mich in der Zwischenzeit an das Ritual gewöhnt, begrüßte ich schon fast aus »Gewohnheit« mit Handschlag und Erklärung zu meiner Person einen neuen mir unbekannten Menschen, der die Halle betrat. Verwundert guckte er mich an und ging ohne einen weiteren Kommentar in das Meisterbüro. Es stellte sich heraus, dass es der Vertreter eines Werkzeugherstellers war, der einmal im Monat kam. Keiner meiner Kollegen begrüßte ihn. *Wie finde ich heraus, welche Begrüßungsregeln im Betrieb üblich sind? Wie gehe ich damit um, wenn mir bestimmte Rituale unangenehm sind?*

Fachsimpeln

Fast alle Kollegen sprachen über den Motorschaden eines Sportwagens, über dessen Motorleistung und Bauart etc. Ich fühlte mich sehr laienhaft und außen vor, nicht zu wissen, ob ein 4,2-Liter-Motor jetzt eher stark ist oder nicht. Obwohl es zwar nicht für den Beruf des Karosseriemechanikers erforderlich ist und manche Mitarbeiter ebenfalls uninteressiert daran waren, schien es irgendwie von Vorteil zu sein, ein bisschen über diese Art von Fachwissen zu verfügen. Vielleicht auch nur deshalb, um darüber mit Kollegen in Austausch zu kommen und mitreden zu können. *Wie kann ich Interesse, Begeisterung, Fachwissen zeigen?*

No-Go im Betrieb

Es wurde mir mitgeteilt, dass es Erwartungen an das Verhalten von Praktikanten gibt: Hände in den Hosentaschen haben, an der Werkbank anlehnen, nichts tun (also nichts arbeiten), Kaffeetrinken und Zeitung lesen sind unerwünscht. Durch Kommentare (»Also wäre ich Praktikant, dann ...«) oder Mimik und Gestik (große Augen und Kopfschütteln, als ich mich versehentlich auf den Stuhl des Meisters setzen wollte) wurde ich von Kollegen darauf hingewiesen. *Wie erkenne ich No-Go? An wem kann ich mich orientieren, um No-Go zu vermeiden? Wie kommuniziere ich, dass es wichtige Gründe für mein Verhalten gibt, auch wenn es sich um ein vermeintliches No-Go handelt?*

Einstellungstests

Ich durfte mich mit beiden Meistern über die Einstellungspraktiken von Auszubildenden im Betrieb unterhalten: »Ob der jetzt der, die oder das verwechselt oder nicht, das ist mir eigentlich ziemlich egal. Er muss sich halt ausdrücken können und Interesse haben.« Außerdem erklärte er, dass der Eindruck in einem Praktikum und der Einstellungstest für die Entscheidung wichtiger seien als die Noten in der Schule. *Wie finde ich heraus, welche formalen Voraussetzungen ich für eine Ausbildung in dem Beruf erfüllen muss? Wie kann ich einen guten Eindruck hinterlassen?*

Fachbegriffe – schnell gelernt!?

Bauteile, technische Verbindungsverfahren, Spezialwerkzeuge – bei der Arbeit in der Werkstatt wurden viele Fachbegriffe benutzt. Manche waren mir bekannt, bei einigen war ich mir nicht ganz sicher, andere hatte ich noch nie gehört. Reichten teilweise Umschreibungen aus (»Dieser gebogene Metallring da, am Schloss von der Türe innen«), musste man in anderen Situationen die Fachbegriffe kennen, z. B. als ein Kollege unter einem Fahrzeug arbeitete und ich ihm einen »25er Langtorx mit Quergriff« oder einen »Klemmenheber« reichen sollte. Wenn die Fachbegriffe mit der Tätigkeit zusammenhingen, an der ich gerade beteiligt war, fiel es mir leichter mir diese zu merken. *Welche Fachbegriffe sollte ich für meinen Arbeitsplatz kennen? Wie merke ich mir diese?*

Vieles ist neu

Sowohl die Namen von Kollegen und Vorgesetzten als auch die Bezeichnungen von Orten und Abteilungen im Autohaus waren mir anfangs unbekannt. Abkürzungen und inoffizielle Insider-Bezeichnungen erschwerten dies. Daneben waren es Betriebsabläufe, die ich noch nicht verstand und nicht einordnen konnte, bspw. woher die Reparaturfahrzeuge kommen, wann und wo Ersatzteile bestellt werden und was die Mechaniker in der Zwischenzeit machen. Diese Informationen waren im Arbeitsalltag für mich als Praktikant relevant bzw. es wurde von mir erwartet, diese zu kennen: Mal schnell zum Ersatzteillager gehen und erfragen, ob ein bestimmtes Bauteil auf Lager ist; ein mir unbekanntes Spezialwerkzeug aus einer anderen Abteilung besorgen; in der Lackiererei nachfragen, wann die Türen fertig sind, etc. *Wie verschaffe ich mir einen Überblick über betriebliche Abläufe und Strukturen? Wie merke ich mir die vielen neuen Informationen in kurzer Zeit?*

Schreiben und Lesen

Zu keinem Zeitpunkt waren von mir Schreib- oder Lesefähigkeiten gefordert. Gelesen und Geschrieben wurde in erster Linie von meinem Gesellen, zum Beispiel beim Lackscheine ausfüllen und Gutachten lesen. Letzteres war notwendig um herauszufinden, welche Arbeiten am Fahrzeug anstanden und welche Neuteile im Ersatzteillager bestellt werden mussten. Gutachten sind mehrseitige Fließtexte in maschinengeschriebener Form, wobei etwas Erfahrung erforderlich ist, die relevanten Informationen zu entnehmen. Bei Nachfragen zog mein Geselle den Meister hinzu und sie tauschten sich aus. Lackscheine wurden dagegen von Hand ausgefüllt, dies wurde manchmal auch von Auszubildenden erwartet. Auch ich durfte mal einen Lackschein ausfüllen. Da es sich um ein Formblatt handelt, waren die Informationen, wie Name des Fahrzeughalters, Kennzeichen, Kundenberater oder Auftragsnummer nur aus dem Gutachten zu übernehmen, eine leserliche Handschrift ist hilfreich. Außerdem musste auf einer schematischen Zeichnung angekreuzt werden, welcher Teil des Autos lackiert werden muss: Wenn eine Tür zum Lackieren gebracht wurde, musste eben ein Kreuz auf der Tür in der Zeichnung sein. Hin und wieder wurden auch handschriftliche Notizen für Kundenbetreuerinnen und Kundenbetreuer hinterlegt. *Welche schriftsprachlichen Tätigkeiten werden von mir erwartet? Welche schriftsprachlichen Tätigkeiten bereiten mir Schwierigkeiten?*

Am Computer

In der Werkshalle gab es mehrere Computerterminals. Die Gesellen buchten darüber angenommene Aufträge auf ihre Personalnummer. Häufiger und intensiver wurde der Computer aber wegen des Hilfe-Katalogs genutzt. Sowohl Auszubildende als auch Gesellen schienen gerne darauf zurück zu greifen, wenn sie sich bei gewissen Fahrzeugmodellen und Tätigkeiten unsicher waren. Der Hilfe-Katalog war auf Deutsch verfasst und für mich alleine nicht nutzbar, da ich keine Personalnummer zum Anmelden hatte und ich mich ohnehin im Programm nicht zurechtfinden konnte. Die konkreten Anleitungen für Tätigkeiten dagegen empfand ich als übersichtlich. Eine Schritt-für-Schritt Anleitung war mit Bildern und Explosionszeichnungen ergänzt und dokumentierte jeden Arbeitsschritt an allen verfügbaren Fahrzeugmodellen des Herstellers, inkl. Ersatzteilnummern und benötigten Werkzeugen. *Wie kann ich die mir angebotenen Hilfemaßnahmen im Betrieb nutzen?*

Weiter … weiter … weiter … Stop!

Eine Heckscheibe zu zweit herausschneiden, große Fahrzeugteile zusammen wegtragen, ein Blech halten während es der andere anschweißt oder eine Hebebühne bedienen, so wie es mir der Kollege ansagt: Es gab zahlreiche Tätigkeiten, die nicht alleine durchgeführt werden konnten. Es wurden Absprachen untereinander gemacht und Kommandos benutzt, z. B.: höher, tiefer, (etwas) mehr, weniger, weiter, zurück, nochmal, halt, stopp. *In welchen Situationen bin ich auf welche Kommandos einer Mitarbeiterin oder eines Mitarbeiters angewiesen bzw. wann muss ich welche Kommandos geben?*

Ich hätte da eine Frage …

Beim Auseinanderbauen von Fahrzeugteilen wurden Altteile demontiert. Manche davon wurden aufgehoben, feinsäuberlich in Plastikbecher sortiert und diese beschriftet, manche wurden zu Müllcontainern gebracht, manche zunächst für spätere Vergleiche mit Neuteilen beiseitegelegt, wiederum andere direkt in die Restmülltonne geschmissen. Weil an mehreren Fahrzeugen gleichzeitig gearbeitet wurde, teils über mehrere Tage, war das sorgfältige Sortieren der Altteile sehr wichtig, damit der Überblick nicht verloren ging. Bis zum Ende des Praktikums war mir nie klargeworden, nach welchen Regeln diese Sortierung der Altteile funktioniert. Ich musste immer wieder den Gesellen fragen. *Wie kann ich äußern, dass ich etwas nicht verstanden habe? Wie kann ich Nachfragen zur Sicherung des Verständnisses und der Hintergrundinformation stellen?*

Ich zeige und erkläre es dir …

Bei der Tätigkeit »Austausch der Steuerteile Frontscheinwerfer links« (aus einem Gutachten) war ich mir unsicher, was genau zu tun war bzw. mit was ich wo beginnen sollte. Mein Geselle schien das zu sehen oder zu ahnen. Er zeigte mir die zu lösenden Schrauben, wo ich das passende Werkzeug dazu finden konnte und gab mir die Plastikbecher, in welche die Altteile einsortiert werden sollten. Mit etwas Routine und Sicherheit im Verlauf der Woche reichten zunehmend die mündlichen Formulierungen von Arbeitsaufträgen aus. *Wie werden mir Arbeitsaufträge übermittelt? Was kann mir das Verstehen von Arbeitsaufträgen erleichtern?*

Regeln im Umgang miteinander

Den Umgang miteinander in der Werkstatt würde ich als freundlich, spaßig, entspannt und manchmal auch grob bezeichnen. Es wurden gegenseitig Witze über sich gemacht, sich kollegial auf die Schulter geschlagen, komische Spitznamen verteilt, sich gegenseitig ausgelacht, etc. Und trotzdem schien es da Regeln zu geben, mit welchen Personen welcher Umgang geht und mit wem nicht. Teilweise lag das am Status im Betrieb: Dem Herrn im weißen Hemd aus der Verkaufsabteilung hatte niemand auf die Schulter gehauen. Es hatte aber nicht nur etwas mit der Betriebshierarchie zu tun, manche Personen schienen einfach mehr das Sagen zu haben als andere und wurden dementsprechend anders behandelt. *Wie erkenne ich hierarchische Strukturen? Was folgt daraus auf den Umgang miteinander?*

Praktikant zwischen Auszubildenden und Gesellen

Der Geselle gab mir die Aufgabe, eine Dichtung einer Tür vorsichtig zu entfernen. Er zeigte mir dafür eine Abziehtechnik per Hand. Obwohl es mühselig und umständlich war, machte ich mich geduldig ans Werk. Sein Auszubildender sah dies und schüttelte den Kopf. Kurz darauf hatte er einen Akku-Schrauber mit Schmirgelbürste organisiert, zeigte mir wie einfach damit die Dichtung abzumachen ist und drückte ihn mir in die Hand. Erfreut über die Erleichterung setzte ich meine Arbeit fort. Als der Geselle mich mit Akku-Schrauber und Schmirgelbürste an der Türe sah, war er verärgert darüber, dass ich mich nicht an seine Anweisungen gehalten habe. Es habe einen Grund gehabt, die Dichtung per Hand zu entfernen, mit der Schmirgelbürste könne der Lack leicht beschädigt werden. Der Auszubildende schaltete sich erneut ein und es kam zu einer Diskussion zwischen den beiden. Ich fühlte mich im Zwiespalt und wusste nicht, auf wen ich nun hören sollte. Letztlich gab ich die Aufgabe an den Auszubildenden ab. *Wer übergibt mir die Aufgaben? In welchen Situationen höre ich auf wen?*

Ablehnen eines Arbeitsauftrages

Kurz vor Feierabend forderte ein Geselle einen der Auszubildenden auf, die Halle zu kehren – was nicht unüblich war. Der Auszubildende sah, dass auch ich gerade nichts zu tun hatte, kam auf mich zu, hielt mir den Besen hin und forderte mich dazu auf, die Halle zu kehren. Ich fühlte mich von dem Auszubildenden ausgenutzt und sagt zu ihm: »Nein, du hast die Aufgabe bekommen und nicht ich!« Verärgert machte er sich ans Kehren. *Wie lehne ich Aufgaben ab? Was kann ich tun, wenn ich mich ungerecht behandelt, ausgenutzt fühle? Unter welchen Umständen würde ich trotzdem diese Aufgabe ausführen?*

Ein Gespräch mit dem Chef

Der Abteilungsleiter unterhielt sich mit einem Schülerpraktikanten. Das Gespräch, bei dem ich mit dabei sein durfte, war spontan entstanden, fand in der Werkshalle statt und wurde deshalb einige Male z. B. durch Lärm unterbrochen. Der Abteilungsleiter stellte dem Schüler bzgl. dessen beruflicher Zukunft Fragen: Wie gefällt's dir hier? Was willst du beruflich erreichen? Was hast du als nächstes vor? Der

Schüler stand dem Ausbildungsleiter Rede und Antwort. Es war ein einseitiges Gespräch – der Schüler stellte keine Fragen. Er schien sich unwohl zu fühlen, wirkte nervös und entschuldigte sich mehrmals für seine schlechten Schulleistungen. Dennoch wurde ihm in dem Gespräch »durch die Blume« ein Ausbildungsplatz angeboten. *Wie präsentiere ich mich bei Vorgesetzten? Wie kommuniziere ich angemessen, was ich will?*

Die ärgern mich!

Einer der Auszubildenden wurde auffallend oft von anderen reingelegt, bloßgestellt und auf den Arm genommen. In einer Unterhaltung erzählte er mir: »Ich habe noch keinen Führerschein, deshalb darf ich keine Autos rein- und rausfahren. Nur deshalb ärgern mich die anderen immer! Das nervt mich total!« *Wie kann eine Beschwerde vorgebracht werden? Wie gehe ich mit Konflikten mit Kolleginnen und Kollegen um?*

Hallo, ich bin der Praktikant ...

Von anderen Praktikanten wurde ich gefragt: Warum bist du hier? Wie lange? Was machst du sonst so? Wie bist du an das Praktikum gekommen – hast du einen Kollegen hier? Von Kollegen wurde ich gefragt: Du bist nicht von hier, ne?! Willst du hier arbeiten? Willst du eine Ausbildung machen? Es gab kein schwarzes Brett auf dem ein Steckbrief von mir mit Bild aufgehängt wurde. Es wurde auch keine Mitarbeiterversammlung einberufen, um mich der Belegschaft/Abteilung vorzustellen. Ich war ein neues Gesicht, ich war dank meines Arbeitsanzugs für die gesamte Belegschaft als Praktikant erkennbar. Menschen schienen an mir Interesse zu haben und stellten Fragen. *Wie stelle ich mich wem vor? Was erzähle ich von mir selbst?*

Meine Sprache

Während des Praktikums habe ich mich nur mit Menschen aus meiner Abteilung unterhalten. Mit Kundschaft hatte ich keinen unmittelbaren Kontakt. Ich musste also nie im Namen der Firma sprechen und dabei auf eine besonders gewählte Ausdrucksweise achten. Meine Sprache würde ich im Praktikum mit Umgangssprache beschreiben. Anders nahm ich das bei den Auszubildenden wahr, die sehr wohl bei Gesprächen mit den Meistern, Betriebs- oder Ausbildungsleitern mit gewählter Wortwahl sprachen und einen anderen Ton anschlugen. *Mit welchen Personen wird kommuniziert und welche Auswirkungen hat eine andere Gesprächspartnerin oder ein anderer Gesprächspartner auf meine Sprache?*

Mir ist da was passiert ...

Trotz Erklärungen, Darstellungen und Anleitungen meiner Kollegen und Vorgesetzten gab es Tätigkeiten, die für mich nicht leicht umzusetzen waren. So passierte es, dass ich versehentlich eine Kunststoffleiste der Fensterverkleidung beim Ausbau abbrach. Ich hatte Angst, dass dies für die Firma teuer werden könnte und ich Ärger vom Gesellen bekommen werde. Der Kommentar vom Auszubildenden war dabei nicht wirklich hilfreich: »Naja, das musst du ihm [dem Gesellen] jetzt selbst erklären ...« *Welche Fehler können mir passieren und welche Folgen könnten diese für mich, für meine Abteilung, den Betrieb, für Kundschaft haben? Wie erkläre ich, dass ich einen Fehler gemacht habe? Wie zeige ich, dass mir etwas leid tut?*

Bier und Bratwurst

Sich vegetarisch ernähren, keinen Alkohol am Vormittag trinken, Pin-Up-Girls-Kalender nicht gut finden – unabhängig von den Hintergründen, kam es vor, dass ich mich für persönliche Einstellungen, für meine Meinung oder Haltung rechtfertigen musste. *Wie kann ich als Praktikant deutlich machen, dass ich scheinbar Selbstverständliches nicht mitmachen möchte?*

Ausbildungsgehalt

Ein Auszubildender im dritten Lehrjahr erzählte mir, er bekomme 680 Euro. Um seine Kosten zu decken, habe er noch einen 450-Euro-Nebenjob als Pizzalieferant und mache »weitere Geschäfte«. *Wie finde ich heraus, ob mir das Ausbildungsgehalt ausreicht?*

Karriere

Ein Auszubildender erzählte mir, dass er auf keinen Fall sein Leben lang als Karosseriebauer arbeiten wird. Er wolle weiterkommen und mehr Geld verdienen, denn auch als ausgelernter Geselle verdiene er maximal 2.000 Euro netto, was ihm zu wenig sei. Ich verfolgte ein Gespräch unter Auszubildenden. Sie unterhielten sich über die Idee, eine eigene Werkstatt zu eröffnen. Beide schienen sich darin einig, dass das zu viel Verantwortung sei und sich nicht lohne. Sie möchten lieber in einem Betrieb angestellt sein und dort höchstens eine kleine Karriere machen. *Wie finde ich heraus, welche Möglichkeiten mir mit dieser Ausbildung in diesem Betrieb offen stehen?*

Für die Planung und Durchführung berufsbezogener Deutsch-als-Zweitsprache-Kurse für Erwachsene stellen sogenannte Sprachbedarfsermittlungen eine Methode dar, um die kommunikativen Praktiken des unmittelbaren betrieblichen Umfelds von Kursteilnehmenden zu erkunden (Weissenberg 2012). Sprachbedarfsermittlungen werden von Lehrkräften durchgeführt, um ihnen zu ermöglichen, die »tatsächlichen sprachlichen Anforderungen« (ebd., S. 31) in den Betrieben zu erheben und auf Grundlage dessen, Inhalte, Methoden und Materialien für den Unterricht zu entwickeln. Neben Befragungen der Teilnehmenden und Literaturrecherchen gelten Betriebserkundungen als eine Methode der Sprachbedarfsermittlung, um die Kommunikationsstrukturen an betrieblichen Arbeitsplätzen zu untersuchen (ebd.). Durch sogenannte »Alleinerkundungen« können die Betriebserkundungen auch unterrichtlich genutzt werden (ebd., S. 35). Den Teilnehmenden werden dafür gezielte Beobachtungs- und Befragungsaufgaben gestellt, die sie im Betrieb machen und danach aufschreiben sollen. Die Ergebnisse können im Unterricht besprochen, evtl. vor der Lerngruppe vorgetragen und somit zum Teil des Unterrichts werden.

Aufgrund meiner eigenen, für mich lehrreichen »Alleinerkundungen« in einer Kfz-Werkstatt, scheint es mir auch für Schülerinnen und Schüler des AvM-Dual wichtig zu sein, sich während ihrer Praktika, in denen sie auf verschiedenen Ebenen in betriebliche Kontexte eingebunden sind und betrieblich-kommunikative Praktiken selbst erfahren, eigene Beobachtungen zu den Sprachrealitäten in ihren Praktikumsbetrieben durchzuführen. Mit einem solchen Aufgabenformat könnte eine bessere didaktische Verknüpfung der Lernorte Schule und Betrieb gelingen.

Aus einer soziokulturellen Perspektive auf Sprache wird jedoch nicht darauf abgezielt, einen vermeintlich »tatsächlichen Sprachbedarf« am Arbeitsplatz zu »ermitteln«. Es wäre aber denkbar, dass Schülerinnen und Schüler durch Erkundungen an ihrem Arbeitsplatz zu Beobachtenden ihrer eigenen Rolle als Praktikantin bzw. Praktikant werden. Dadurch böte das Aufgabenformat die Möglichkeit, einen Fokus auf kommunikativ-sprachliche Handlungen im Praktikumsbetrieb zu setzen, welche im soziokulturellen Verständnis von Sprache für die Teilhabe an communities of practice eine wesentliche Rolle spielen. Der folgende Abschnitt versucht, diese Überlegungen in Vorschlägen zu konkretisieren.

6.4 Betriebliche Erkundungsaufträge in der sprachlichen Förderung

Um einer betrieblich integrierten Sprachförderung in der AvM-Dual näher zu kommen, schlage ich den Einsatz von Betrieblichen Erkundungsaufträgen vor. In dem Aufgabenformat sehe ich begründete Chancen, einen (direkten) Austausch zwischen den Lernorten Schule und Betrieb zu schaffen. Betriebliche Erkundungsaufträge begleiten die Jugendlichen im Machen und Reflektieren ihrer Erfahrungen in Betrieben von Woche zu Woche, beziehen sich also zeitnah und direkt auf das Praktikum und stehen nicht, wie der Abschlussbericht, das Portfolio oder die Betriebliche Lernaufgabe, am Ende eines Praktikums.

Ausgehend von meinen Beobachtungsergebnissen in den beiden Lernorten Schule und Betrieb habe ich die folgende Sammlung von Betrieblichen Erkundungsaufträgen erstellt (▶ Kasten). Die Liste der Erkundungsfragen sehe ich als erweiterbar, sie können und sollen umgeschrieben, angepasst, weggelassen oder ergänzt werden. Jedenfalls können sie den Jugendlichen und Lehrkräften als Grundlage und Anlass für Reflexionen dienen. Ich habe in den aufgeführten Beispielen darauf geachtet, dass die Aufträge in einer Sprache formuliert sind, die ich aufgrund meiner Beobachtungen in der Schule als für diese Jugendlichen zugänglich erachte. So lautet eine Erkundungsaufgabe: »Was machst du im Betrieb?« anstelle von »Welche Tätigkeiten werden dir im Betrieb übertragen?«

Vorschläge für Betriebliche Erkundungsaufträge

Sich vorstellen – mögliche Erkundungsaufgaben:

- Was wollen die Leute von dir wissen?
- Wie stellst du dich einem Kollegen oder einer Kollegin vor?
- Was erzählst du von dir?
- Welche Fragen stellen dir deine Kollegen und Kolleginnen?
- Was willst du von ihnen wissen?

Vieles ist neu – mögliche Erkundungsaufgaben:

- Wie heißen deine Kollegen und Kolleginnen?
- Wie heißen dein Chef und deine Chefin?
- Wie kommst du mit ihnen zurecht?
- Welche Abteilungen gibt es bei deiner Arbeit?
- Welche Orte gibt es bei deiner Arbeit?
- Wie sind deine Arbeitszeiten?
- Wie kommst du zu deinem Betrieb?
- Mit welchen Werkzeugen oder Geräten arbeitest du?
- Welche Werkzeuge oder Geräte kennst du schon?
- Und welche Werkzeuge oder Geräte sind dir neu?

Deine Aufgaben – mögliche Erkundungsaufgaben:

- Was machst du im Betrieb?
- Machst du immer das gleiche?
- Was machst du, wenn es nichts zu tun gibt?
- Wer sagt dir, was du machen sollst?
- Woher weißt du, was du machen sollst?
- Was machst du, wenn du eine Aufgabe nicht verstanden hast?
- Wen fragst du um Hilfe?
- Welche Aufgaben machen dir Spaß?
- Und welche Aufgaben machen dir nicht so Spaß?
- Kannst du manchmal selber bestimmen, was du machst?
- Sagst du auch manchmal anderen Leuten, was sie tun sollen?

Pausengespräche – mögliche Erkundungsaufgaben:

- In welchen Situationen gibt es an deinem Arbeitsplatz »Smalltalk«?
- Wann sprechen deine Kollegen und Kolleginnen über private Sachen?

- Mit welchen Menschen bei deiner Arbeit redest du gerne?
- Und warum redest gerne mit denen?
- Was sind gute Themen für dich in einem Gespräch?
- Und was sind unangenehme Themen für dich in einem Gespräch?
- Wie kannst du mit einem neuen Kollegen oder einer neuen Kollegin in der Pause reden?
- Sprichst du auch andere Sprachen als Deutsch mit Kollegen und Kolleginnen?

Begrüßung – mögliche Erkundungsaufgaben:

- Wie begrüßt du deine Freunde?
- Und wie begrüßt du deine Familie?
- Wann umarmst du Menschen beim Hallo-sagen?
- Wie begrüßt du die Menschen bei der Arbeit?
- Magst du es, Menschen die Hand zu geben?
- Wie begrüßt du deinen Chef oder deine Chefin?
- Wen darfst du begrüßen und verabschieden?
- Wie wirst du bei der Arbeit begrüßt?
- Wie begrüßen sich deine Kollegen und Kolleginnen?
- Was machen sie und was sagen sie beim Begrüßen?
- Kannst du dir etwas abgucken?

Eine Zukunft im Betrieb - mögliche Erkundungsaufgaben:

- Möchtest du eine Ausbildung in dem Betrieb machen?
- Gibt es in deinem Betrieb Ausbildungen?
- Werden freie Stellen angeboten?
- Und in welchen Berufen werden freie Stellen angeboten?
- Wer im Betrieb entscheidet, ob du eine Ausbildung machen kannst?
- Wie kannst du zeigen, dass du eine Ausbildung machen willst?
- Wem kannst du sagen, dass du eine Ausbildung machen willst?
- Was brauchst du, damit du eine Ausbildung dort machen kannst?
- Was musst du können, damit du eine Ausbildung dort machen kannst?
- Gibt es jemanden, der gerade eine Ausbildung macht?
- Wer arbeitet die meisten Jahre im Betrieb? Frag diese Person, was ihr am besten bei der Arbeit gefällt!
- Weshalb arbeitet sie so lange dort?
- Kann sie dir Tipps geben?

Alle machen Fehler – mögliche Erkundungsaufgaben:

- Was machst du für Fehler bei der Arbeit?
- Hast du heute einen Fehler gemacht?
- Was passiert, wenn du einen Fehler machst?
- Was musst du tun, wenn du etwas kaputt machst?

- Wem sagst du, dass du einen Fehler gemacht hast?
- Wie kannst du es sagen, dass du einen Fehler gemacht hast?
- Wie kannst du dich für einen Fehler entschuldigen?
- Macht es dir Angst, dich zu entschuldigen?
- Wie fühlst du dich, wenn du einen Fehler gemacht hast?
- Wie kannst du zeigen, dass dir der Fehler leid tut?
- Was ist gut daran, Fehler zu machen?

Im Unterricht sehe ich die Betrieblichen Erkundungsaufträge im Lernfeld »Reflexion betrieblicher Erfahrungen« angesiedelt. Denkbar ist, solche Aufgaben einzusetzen, wenn Jugendliche in den Betrieben vor einer als problematisch empfundenen Situation stehen und dies in der Schule ansprechen. Betriebliche Erkundungsaufträge können dann mit einzelnen Jugendlichen erarbeitet und ihnen somit eine Anleitung mit in den Betrieb gegeben werden, um damit dem Problem begegnen zu können. Zum anderen könnten Lehrpersonen ihren Unterricht, wie z. B. die Morgenrunden, entlang von Betrieblichen Erkundungsaufträgen strukturieren, die somit zum Gesprächs- oder Reflexionsanlass werden könnten, um den Jugendlichen ihre persönlichen Eindrücke und Erfahrungen zugänglich zu machen.

Betriebliche Erkundungsaufträge bieten die Möglichkeit, dass Schülerinnen und Schüler sprachliche Handlungen (anderer) im Betrieb beobachten und reflektieren können oder auch, dass sie sich selbst als aktiv handelnd erkennen dürfen, indem sie eigenes Verhalten sowie sprachliches Handeln aufdecken und hinterfragen. Im Hinblick auf die verschiedenen betrieblichen Kontexte und die damit einhergehenden diversen sprachlichen Strukturen betrieblichen Handelns wird es notwendig, individuelle Betriebliche Erkundungsaufträge zu finden. Zu Beginn eines Praktikums könnten Aufträge wie »Sich vorstellen« oder »Alles ist neu« eher passen als »Eine Zukunft im Betrieb?« – hierfür scheint es sinnvoll, dass die Jugendlichen bereits länger und intensiver in die Arbeitsabläufe eingebunden sind.

Betriebliche Erkundungsaufträge und Betriebliche Lernaufgaben sind in einem Zusammenhang zu sehen. Die Erkundungsaufträge können reflexionsanregend sein, wodurch sie die Lernaufgaben in konkreten Punkten unterstützen. Die Jugendlichen könnten ihre Vorarbeiten aus den Erkundungsaufträgen direkt für die Betriebliche Lernaufgabe nutzen: So spricht der Auftrag »Vieles ist neu« Themen an, die potentiell auch für die Bearbeitung der betrieblichen Lernaufgabe »Mein Betrieb« oder »Mein Berufsbild« hilfreich werden können.

6.5 Sprachwelten miteinander verbinden

Ein Betriebspraktikum kann als Zugang zu einer außerschulischen zielsprachlichen Handlungsgemeinschaft für Schülerinnen und Schüler der AvM-Dual gesehen werden. Im Kontext konkreter Arbeitssituationen haben die Jugendlichen die

Chance, sprachliche Handlungen mitsamt den darin ablaufenden Bedeutungen und Konstruktionen kennenzulernen, sich darin zu erfahren und zu erproben. Besonders relevant erscheinen in dieser Perspektive folglich kommunikative Situationen, in denen Sprache eben nicht nur in funktionaler Hinsicht, sondern auch in Bezug auf implizite soziale Regeln verwendet wird, *wie* also Sprache in soziale Prozesse eingebettet ist und Bedeutungen in und durch das Umfeld verliehen werden. Im Hinblick auf die beschriebene Lerngruppe sind diese soziokulturellen Aspekte von Sprache, also die »situierten« Konstruktionen von kommunikativen Sprachhandlungen in den Praktikumsbetrieben wichtig, weil auch deren »Grammatik«, »Lexik«, »Orthografie« und »Rhetorik« erlernt werden muss, insbesondere wenn man sich noch nicht sehr lange in solchen Sprachräumen aufhält und bewegt.

Meine Beobachtungen am Lernort Schule geben Hinweise darauf, dass diese soziokulturellen Aspekte von Sprache im Unterricht unzureichend angesprochen werden. Es werden vor allem die funktionalen Aspekte sprachlicher Anforderungen bearbeitet, also Satzstrukturen, Grammatik, Orthografie etc. In anderen Worten: Am Lernort Betrieb sind Aspekte von Sprache relevant, die in Schule kaum thematisiert werden, sodass die im Konzept des AvM-Dual besonders hervorgehobene »Integration« dieser beiden sprachlichen Welten unbefriedigend bleibt. Auch die »Betriebliche Lernaufgabe«, *das* zentrale didaktische Medium der »betrieblich integrierten Sprachförderung«, wurde in meiner Hospitationsklasse didaktisch und organisatorisch in einer Weise umgesetzt, dass mit ihr gerade nicht die sprachlichen und betrieblichen Herausforderungen verknüpft oder »integriert« wurden, vielmehr wurde sie völlig losgelöst vom Lernort Betrieb bearbeitet.

Deshalb habe ich Betriebliche Erkundungsaufträge entwickelt, mit denen Schülerinnen und Schüler ihre eigenen Erfahrungen mit den sozialen Prozessen und Aspekten der Sprache während des Praktikums entlang von Beobachtungsaufgaben und reflexiven Fragen zur Sprache bringen können. Dies soll unterstützt werden, indem die Erkundungsaufträge vor dem Hintergrund der sprachlichen Möglichkeiten der neu zugewanderten Jugendlichen, sprachlich sensibel und leicht erfassbar formuliert wurden. In den Erkundungsaufträgen sehe ich somit einen didaktischen Ansatz, die betrieblich integrierte Sprachförderung vor dem Hintergrund einer soziokulturellen Perspektive auf Sprache, auf Grundlage der Ziele der AvM-Dual und unter Berücksichtigung von individuellen Erfahrungen, Wünschen und Zielen der Jugendlichen zu gestalten und somit beizutragen, die sprachlichen Herausforderungen in sozialen Prozessen der Arbeitswelt zu bewältigen.

Literatur

Behörde für Schule und Berufsbildung (BSB) Hamburg: Pressemitteilung vom 16.11.2015. Einführung AvM-Dual. Link: http://www.hamburg.de/bsb/pressemitteilungen/nofl/463¬7238/2015-11-16-bsb- neues-schulangebot-fuer-fluechtlinge/, Zugriff am: 20.05.2017.

Grünhage-Monetti, Matilde (2010): Sprachlicher Bedarf von Personen mit Deutsch als Zweitsprache in Betrieben. Expertise im Auftrag des Bundesamtes für Migration und Flüchtlinge. Nürnberg: BAMF.

Hamburger Institut für Berufliche Bildung (HIBB). Geschäftsbereich Übergang Schule-Beruf (2015): Ausbildungsvorbereitung für Migranten (AvM-Dual). Link: https://hibb.hamburg.de/wp-content/uploads/sites/33/2015/10/Infoblatt-Ausbildungsvorbereitung-f%C3%BCr-Migrantinnen-AvM-Dual-1.pdf, Zugriff am: 01.03.2018

Lave, Jean; Wenger, Etienne (1991): Situated learning. Legitimate peripheral participation. Cambridge: University Press.

Thinnes, Maximilian (2016): Betrieblich integrierte Sprachförderung von Jugendlichen in Bildungsgängen der dualisierten Ausbildungsvorbereitung. Exemplarische Entwicklung von praktikumsbegleitendem Unterrichtsmaterial. Masterarbeit im Studiengang Lehramt für Sonderpädagogik, Universität Hamburg.

Weissenberg, Jens (2012): Sprachbedarfsermittlungen im berufsbezogenen Unterricht Deutsch als Zweitsprache. Ein Leitfaden für die Praxis. Hamburg: passage gGmbH.

Wenger, Etienne (2008): Communities of practice. Learning. Meaning und Identity. 18. Auflage. Cambridge: University Press.

7 Transparenz – Partizipation – Parteilichkeit – Bildungsbegleitung und Schulsozialarbeit für junge Geflüchtete

Maren Gag

7.1 Sozialpädagogische Irritationen am Lernort Schule

Im aktuellen 15. Kinder- und Jugendbericht (2017) wird hinsichtlich der Versorgung von geflüchteten Kindern und Jugendlichen auf die Notwendigkeit hingewiesen, dass Leistungen wie Qualifizierung, Beratung und Unterbringung mit gesundheitsfördernden Unterstützungsmaßnahmen zusammengebracht und hierfür entsprechende Organisationsformen entwickelt werden sollten (BMFSFJ 2017, S. 487). Der Bericht betont auch, dass es zudem einer fachlichen Diskussion im gesamten Segment der Sozialen Arbeit bedarf, was Flucht im Jugendalter bedeutet und wie die unterschiedlichen Hilfssysteme adäquat darauf reagieren können. Hinzu kommt die Auseinandersetzung mit Fragen, wie mit Mehrsprachigkeit innerhalb sozialstaatlicher Hilfeverfahren umzugehen ist und wie Schutzkonzepte für besonders gefährdete Geflüchtete in Einrichtungen installiert werden können. Ebenso ist bislang zu wenig beachtet, wie eine biografische Perspektivplanung angesichts eines prekären Aufenthaltsstatus und unsicherer Bleibeperspektive konkret aussehen kann, wie gesundheitliche Belastungen in beruflichen Qualifizierungsprozessen berücksichtigt und transnational verflochtene Biografien in einer persönlichkeitsunterstützenden Sozialen Arbeit und Bildungsbegleitung gefördert werden können (ebd.). Diese Anforderungen erfordern teilweise neue infrastrukturelle Anpassungen in der Landschaft der beteiligten Institutionen sowie konzeptionelle Lösungen, die sich an den Lebenslagen der Betroffenen orientieren.

Nach dem Kinder- und Jugendhilfegesetz hat in Deutschland jeder junge Mensch einen Rechtsanspruch auf Förderung seiner Entwicklung und auf Erziehung zu einer eigenverantwortlichen und gemeinschaftsfähigen Persönlichkeit (§ 1 SGB VIII). Vor dem Hintergrund dieser rechtlichen Rahmung existieren in den Kommunen und Ländern unterschiedliche Zielvereinbarungen und Formen von Kooperation zwischen Schulen und behördlichen sowie freien Jugendhilfeträgern, um die Angebote beider Systeme zu verzahnen mit dem Ziel, eine Chancengerechtigkeit für gefährdete Kinder und Jugendliche – insbesondere auch aus sogenannten Risikofamilien – zu fördern und ihnen eine verbesserte Teilhabe am gesellschaftlichen Leben zu gewähren. Zwar profitieren auch Kinder und Jugendliche mit Migrationshintergrund von den Maßnahmen des SGB VIII, jedoch mindern insbesondere Normierungen in anderen Rechtskreisen der Sozialgesetzbücher bzw. in anderen asylrelevanten Gesetzen die Gleichstellung von nach Deutschland geflüchteten Kindern und Jugendlichen im Vergleich zu denjenigen deutscher Herkunft.

Die Schulsozialarbeit – als Teil des pädagogischen Feldes Soziale Arbeit – begründet sich ebenfalls aus dem bereits genannten Rechtskreis (SGB VIII § 13) und findet in enger Kooperation mit den Lehrkräften direkt am Lernort Schule statt oder ist eng darauf bezogen. Die Trägerschaft ist aufgrund örtlicher Gegebenheiten unterschiedlich geregelt, es können sowohl behördliche Stellen als auch Wohlfahrtsverbände sowie freie Träger damit beauftragt werden. Als wesentliche Merkmale der Schulsozialarbeit werden fünf Handlungsebenen genannt (Bolay 2004, S. 147):

- Die Einzelfallunterstützung für belastete und belastende Schülerinnen und Schüler, die z. B. durch Krisenintervention u. a. auch mit Sozialer Gruppenarbeit umgesetzt wird;
- offene und projektbezogene Aktivitäten zu Erziehung und Bildung als Ergänzung zum Unterricht;
- Beratung für Schülerinnen und Schüler, Lehr- und Leistungskräfte sowie Eltern;
- Aktivitäten zur Vernetzung mit regionalen Akteuren;
- Mitwirkung an Schulentwicklung, insbesondere im Kontext der Profilbildung zur Ganztagsschulform.

Nicht erst seit der verstärkten Flüchtlingszuwanderung stellt sich die Notwendigkeit einer interkulturellen Ausrichtung in der Schule sowie in der Sozialen Arbeit. Diese Anforderung ist seit Jahren Thema im wissenschaftlichen Diskurs zu Bildung und Erziehung und gewinnt sicherlich in der Migrationsgesellschaft auch in Zukunft noch an Bedeutung (Karakaşoğlu-Aydın/Neumann 2001; Schroeder 2004, 2013; Autorengruppe Bildungsberichterstattung 2016). Neben dem Aufgreifen sprachlicher, kultureller und religiöser Heterogenität im Unterricht sowie in Beratungs- und Unterstützungssystemen ist es notwendig, sozialpädagogische Konzepte zu entwickeln, um rechtliche Ungleichheiten bezüglich des Zugangs zu Bildungsmaßnahmen und bildungsbegleitender Sozial- und Unterstützungsleistungen auszugleichen. Angesichts gesetzlicher Ungleichheiten ist eine interkulturell ausgerichtete Schulsozialarbeit auch immer ein Beitrag zur Menschenrechtserziehung im Sinne eines respektvollen Umgangs zwischen Pädagogen und Jugendlichen, in dem demokratische Verhaltensweisen eingeübt und Mitbestimmungsmöglichkeiten am Schulgeschehen eröffnet werden und somit Schule auch ein Lernort ist, um non-formale und informelle Bildung zu erwerben (vgl. Hocke/Kleff 2017). Somit sollte die Soziale Arbeit in Verbindung mit dem Schulbetrieb auch nicht nur als Reparaturwerkstatt oder Kriseninterventionsinstanz verstanden werden, wenn Schülerinnen und Schüler auffällig sind und die Lehrkräfte Probleme vermuten, die Lernziele oder die Schulabschlüsse zu erreichen. Vielmehr sollten Schule und Soziale Arbeit ihre Praxis als einen gemeinsamen Erziehungs- und Bildungsauftrag verstehen und ihre unterschiedlichen konzeptionellen Ansätze für die Erweiterung ihrer Handlungsmöglichkeiten nutzen. Gleichwohl ergeben sich aus den unterschiedlichen Rollen auch zusätzliche Herausforderungen, die einerseits nicht selten zu Irritationen und Spannungen führen bedingt durch Unterschiede in Finanzierungs- und Trägerstrukturen sowie formellen Qualifikationsniveaus, die es produktiv zu wenden gilt.

In den folgenden Abschnitten werden verschiedene Aspekte zur Bildungsbegleitung bzw. Schulsozialarbeit beleuchtet, die sich aus der erschwerten Lebenslage von Geflüchteten ableiten und eng mit der Institution Schule verzahnt sind. Im Mittelpunkt dieses Beitrages stehen Flüchtlinge im Jugendalter sowie Konzepte und Erfahrungen von Institutionen, die insbesondere im Handlungsfeld des Übergangs von der Schule in den Beruf entwickelt bzw. gewonnen werden. Fachliche Einschätzungen und aktuelle Praxisbeispiele werden aus der Perspektive einer langjährigen Netzwerkarbeit und Expertise mit der beruflichen Integration von Geflüchteten in Hamburg illustriert.[1] Im Fokus steht dabei die Frage, welche Relevanz strukturelle Rahmenbedingungen bzw. rechtliche Hürden für die Bildungsbegleitung und Soziale Arbeit von und mit Geflüchteten haben, und welche Inhalte und Konzepte sich in pädagogischen Ansätzen eignen, um Teilhabechancen zu verbessern. Auch die Verfasstheit der Institutionen sowie Kooperationsformen zwischen schulischen Einrichtungen, Trägern Sozialer Arbeit, Betrieben sowie anderen am Unterstützungssystem Beteiligten werden in ihren Chancen und Grenzen beleuchtet.

7.2 Merkmale einer erschwerten Lebenslage junger Geflüchteter – Sozialpädagogische Anforderungen am Übergang von der Schule in den Beruf

Die Mehrzahl derjenigen jungen Flüchtlinge, die nach Deutschland einreisen, mussten aufgrund der bedrohlichen Lage in ihren Herkunftsländern in der Regel zu früh das Bildungssystem verlassen, um einen Schulabschluss geschweige denn eine Berufsausbildung vorweisen zu können. Dennoch verfügen sie nicht selten über Arbeitserfahrung, weil sie in ihrem Herkunftsland anstatt die Schule zu besuchen bereits als Kind in der Familie mitgearbeitet haben oder weil sie auf dem Weg nach Europa zwischenzeitlich gezwungen waren, eine Beschäftigung aufzunehmen, um die nächste Fluchtetappe zu finanzieren bzw. ihren Lebensunterhalt zu bestreiten.

---

1 In Hamburg werden seit 2002 in verschiedenen Förderwellen Netzwerkverbünde umgesetzt, finanziert vom Bundesministerium für Arbeit und Soziales, dem Senat der Freien und Hansestadt Hamburg sowie aus dem Europäischen Sozialfonds, aktuell unter dem Titel FLUCHTort Hamburg 5.0; siehe auch www.fluchtort-hamburg.de. Insgesamt werden aktuell bundesweit 41 Netzwerke im Rahmen der ESF-Integrationsrichtlinie Bund im Handlungsschwerpunkt »Integration von Asylbewerberinnen, Asylbewerbern und Flüchtlingen« (IvAF) gefördert. Zur spezifischen Expertise siehe auch http://www.bmas.de/DE/Service/Medien/Publikationen/37927-profil-und-spezifische-expertise-der-netzwerke-im-handlungsschwerpunkt-ivaf.html. Das Netzwerk kooperiert mit dem Projektverbund Chancen am FLUCHTort Hamburg, das ebenfalls beim Träger passage angesiedelt ist.

Die meisten Kinder und Jugendlichen migrieren gemeinsam mit ihren Eltern, jedoch gibt es eine hohe Zahl derjenigen, die ohne ein Familienmitglied nach Deutschland geflüchtet sind: Laut Angaben des Bundesamtes für Migration und Flüchtlinge waren es im Jahr 2015 gut 22.000 Kinder und Jugendliche, die allein eingereist sind und einen Asylantrag gestellt haben, dieser Anteil hat sich in 2016 mit knapp 36.000 stark erhöht. Vergleicht man die Zahl der Inobhutnahmen (gut 43.000 in 2015) mit dem Anteil der in dieser Gruppe gestellten Asylanträge, so wird deutlich, dass ein relevanter Anteil der Kinder und Jugendlichen auf einen Asylantrag verzichtet hat und einen anderen ausländerrechtlichen Weg sucht, um in Deutschland zu bleiben.

7.2.1 Symptome und Hintergründe zur Lebenslage von Geflüchteten in Deutschland

Die Lebensunterhaltssicherung für Geflüchtete erfolgt in Deutschland über ein Sondergesetz – das Asylbewerberleistungsgesetz (AsylbLG). Solange sie diese Grundleistungen vom Sozialamt beziehen[2], haben sie keinen Zugang zu Leistungen der Jobcenter. Während Geflüchtete in einigen Bundesländern Geldleistungen erhalten, werden in anderen lediglich Sachleistungen oder Wertgutscheine gewährt. Die Höhe der Leistungen liegt knapp unter dem Regelsatz nach dem SGB II (Grundsicherung für Arbeitsuchende), jedoch hat der Leistungsbezug auch einschränkende Auswirkungen auf andere Sozialleistungen verschiedener Leistungsträger, die zur Benachteiligung führen: Zum Beispiel ist die medizinische Versorgung lediglich auf die Behandlung akuter Erkrankungen und Schmerzzustände reduziert. Die Bewilligung sonstiger Leistungen liegt im Ermessen der Behörden, wenn sie im Einzelfall zur Sicherung der Gesundheit zwingend erforderlich sind. Nach 15 Monaten erhalten asylsuchende und geduldete Schülerinnen und Schüler vom Sozialamt die gleichen Leistungen zum Lebensunterhalt, die auch nicht Erwerbstätige mit deutscher Staatsbürgerschaft erhalten (Weiser 2017).

Unbegleitete minderjährige Flüchtlinge hingegen unterliegen den rechtlichen Bestimmungen des Sozialgesetzbuches VIII (Kinder- und Jugendhilfe) und haben einen Anspruch auf eine ihrem Alter und ihrer psychosozialen Situation angemessene Versorgung. Das Jugendamt muss sie in Obhut nehmen (§ 42 SGB VIII) und eine Vormundschaft in die Wege leiten, die von privaten oder behördlich beauftragten gesetzlichen Vertreterinnen und Vertretern übernommen wird. In der Regel werden die Jugendlichen in diesem Alter in Jugendwohnungen untergebracht, die von staatlich anerkannten Jugendhilfeträgern betrieben werden und ebenso eine sozialpädagogische Betreuung gewährleisten. Das anschließende Leben in einer Wohnunterkunft, in die Geflüchtete in der Regel mit dem Erreichen ihrer Volljährigkeit eingewiesen werden, ist belastend für den Schulbesuch und das Durchstehen einer Ausbildung, weil kein Raum für Privatsphäre vorhanden ist, um

---

2 Diese Leistungen erhalten Asylsuchende (Ankunftsnachweis, Aufenthaltsgestattung), Geduldete sowie Personen mit bestimmten Aufenthaltstiteln (die wegen aktueller Kriegsgeschehen im Herkunftsland aus humanitären Gründen erteilt werden).

konzentriert zu lernen und Konflikte unter den Bewohnerinnen und Bewohnern die Lage zusätzlich erschweren – bilanziert erneut eine aktuelle Studie (Lewek/Naber 2017).

Der Einstieg in das deutsche Bildungssystem ist ohne deutsche Sprachkenntnisse mit erheblichen Hürden verbunden und die Jugendlichen haben nur eine kurze Zeit zur Verfügung, Schulabschlüsse nachzuholen oder ihren Bildungsweg auf einer höheren Schullaufbahn im allgemeinbildenden Schulsystem fortzusetzen, weil sie den Anschluss über bestehende schulische Brückenmaßnahmen (z. B. Internationale Vorbereitungsklassen) kaum schaffen können. Berufsschulen bieten in fast allen Bundesländern Berufsvorbereitungslehrgänge an, die jedoch aufgrund der Kultushoheit auf der Basis der jeweiligen Berufsschulpflicht unterschiedliche Laufzeiten und Ausstattungen haben. Auch Konzepte und Lerninhalte differieren erheblich. Da es von der Verteilungsquote abhängt, in welche Region die jungen Geflüchteten umverteilt werden, sind die Chancen ungleich verteilt, einen Bildungseinstieg oder eine Ausbildung zu schaffen.

Flüchtlinge brauchen als Drittstaatsangehörige beim Eintritt in eine betriebliche Berufsausbildung eine Beschäftigungserlaubnis. Für Geflüchtete, die im Besitz einer Aufenthaltsgestattung sowie einer Duldung sind, war der Zugang zu Ausbildung und Beschäftigung viele Jahre versperrt. In den letzten Jahren sind jedoch eine Reihe von Reformen eingeleitet worden, die jungen Flüchtlingen – unabhängig von ihrem Aufenthaltsstatus – inzwischen dem Grunde nach ausländerrechtlich einen freien Zugang zu beruflicher und schulischer Ausbildung eröffnen. Im August 2016 wurde die sogenannte Ausbildungsduldung (auch »3 plus 2-Regelung« genannt) gesetzlich verankert, die jungen Geflüchteten mit Duldung einen Rechtsanspruch auf eine Aufenthaltssicherung für die Dauer der Ausbildung (in der Regel drei Jahre) und für zwei weitere Jahre einräumt, sofern eine Übernahme in ein Beschäftigungsverhältnis von einem Betrieb gewährleistet ist (§ 60a Abs. 2 Satz 4 ff AufenthG). Damit wurde eine langjährige Forderung nur ansatzweise erfüllt, weil es eine Duldung bleibt, die aber immerhin den Unternehmen mehr Planungs- und Rechtssicherheit gewährt. Nach Meldung der Flüchtlingsräte nahezu aller Bundesländer und Pro Asyl zeigt sich leider, dass die angestrebte Zielsetzung durch die derzeitige Praxis der regionalen Ausländerbehörden nicht flächendeckend erreicht wird. Die Innenminister der Bundesländer folgen teilweise sehr unterschiedlichen rechtlichen Interpretationen und leiten daraus Umsetzungsanweisungen an die nachgeordneten Behörden ab, die sich in Ländererlassen sowie selektiven Zulassungskriterien niederschlagen.[3]

Problematisch bleibt der Zugang zum Ausbildungssystem für diejenigen, die keinen Nationalpass besitzen. Mit dem Vorwurf, ihre Identität zu verschleiern, wird der Antrag auf eine Beschäftigungserlaubnis von den kommunalen Ausländerbehörden abgelehnt. Auch Bemühungen, Identitätsnachweise zu beschaffen, laufen oftmals ins Leere, da die Botschaften mancher Herkunftsländer keine Pässe

---

3 Siehe auch »Aufenthaltserlaubnis statt Ausbildungsduldung – Lernen aus den Hürden der Praxis«. Positionspapier von elf Landesflüchtlingsräten und Pro Asyl vom Mai 2017, verfügbar: https://www.frsh.de/fileadmin/pdf/presseerklaerungen/2017/gpe_Ausbildungsduldung_Anlage_20170505.pdf

ausstellen und/oder die Geflüchteten keine Möglichkeiten haben, die geforderten Nachweise aus ihren Herkunftsländern beizubringen, wenn es beispielsweise keine verwandtschaftlichen Beziehungen mehr gibt.

Trotz der o. g. Reformen bezüglich des Zugangs zu Ausbildung bestehen nach wie vor gesetzliche Einschränkungen und Sperrfristen beim Bezug von Leistungen nach dem Berufsausbildungsförderungsgesetz (BAföG) und im Rahmen der Ausbildungsförderung nach dem Sozialgesetzbuch (SGB III), die an bestimmte Aufenthaltsdokumente gebunden sind. So erhalten junge Flüchtlinge mit einer Aufenthaltsgestattung nur Leistungen nach BAföG, wenn sich die Auszubildenden fünf Jahre oder ihre Eltern drei Jahre in Deutschland aufgehalten haben und hier erwerbstätig waren. Flüchtlinge mit einer Duldung erhalten erst nach einem Voraufenthalt von 15 Monaten Leistungen nach dem BAföG. Sperrfristen gelten auch für den Zugang zur Berufsausbildungsbeihilfe (BAB) während der betrieblichen Berufsausbildung, den ausbildungsbegleitenden Hilfen (abH), zur assistierten Ausbildung (AsA) sowie zum Ausbildungsgeld. Die Dauer der Sperrfrist ist abhängig vom jeweiligen Aufenthaltsdokument (zwischen drei und 12 bis 15 Monaten).

Die hier angedeuteten gesetzlichen Rahmenbedingungen verweisen auf die Komplexität der Rechts- und Verordnungslagen in diesem Handlungsfeld. Inzwischen werden von behördlichen Stellen oder fachkompetenten NGOs regelmäßig Publikationen veröffentlicht, die genauer Auskunft über die sich ständig wandelnden rechtlichen Systeme geben und die für diverse Beratungskontexte nützlich sind.[4]

Aus diesen, die Lebenslagen der Geflüchteten und ihrer Angehörigen bestimmenden Einflussfaktoren wird deutlich, dass sich eine Vielzahl von Anknüpfungspunkten für einzelfallbezogene Kriseninterventionen ergeben, die in der Sozialen Arbeit in der Schule im Kontext des Übergangs in den Beruf eine Rolle spielen und an denen in der Regel verschiedene Akteure zu beteiligen sind: Die Jugendhilfe, die (begleitende) Schulsozialarbeit, aber auch die Lehrkräfte an den Schulen, wobei es im Zusammenwirken der verschiedenen Akteure wichtig ist, eine klare Zuordnung von Aufgaben in der Arbeitsteilung vorzunehmen, in dem das Zusammenspiel zweier pädagogischer Professionalitäten planvoll gestaltet wird. Somit agieren Schulsozialarbeit und Schule »in einem strukturell gesicherten und konzeptionell abgestimmten wechselseitigen Ergänzungsverhältnis, das sich begrifflich als ›Kooperation auf der Basis von Differenz‹ fassen lässt« (Bolay/Gutbrod/Flad 2005, S. 39). Es sollte also nicht darum gehen, sich lediglich organisatorisch die Zeit-

---

4 Siehe u. a. »Leitfaden zu Arbeitsmarktzugang und -förderung. Flüchtlinge – Kundinnen und Kunden der Arbeitsagenturen und Jobcenter« des Berliner Netzwerks für Bleiberecht – *Bridge*, der vom Bundesministerium für Arbeit und Soziales herausgegeben wurde. Verfügbar unter: http://www.esf.de/portal/SharedDocs/PDFs/DE/Publikationen/leitfaden¬_ivaf.pdf?__blob=publicationFile&v=3 oder auch die Handreichung vom Paritätischen Gesamtverband: »Der Zugang zur Berufsausbildung und zu den Leistungen der Ausbildungsförderung für junge Flüchtlinge und junge Neuzugewanderte.«. Verfügbar unter http://www.derparitaetische.de/fileadmin/user_upload/Publikationen/doc/Broschuere_Aus¬bildungsfoerderung_Fluechtlinge_Unionsbuerger-2017_web.pdf

einheiten der Schülerinnen und Schüler aufzuteilen, sondern vielmehr das gesamte Spektrum des komplexen Lebenszusammenhangs infolge massiver Problemverschränkungen in den Blick zu nehmen. Dabei sollte das Ziel sein, die pädagogische Produktivität der Schulsozialarbeit zu nutzen, die im Wesentlichen aus der Spannung resultiert, die sich aus den differenten Funktionslogiken von Sozialer Arbeit in der Schule und dem schulischen Handlungsauftrag ergibt (ebd.) und sich durch die beiden pädagogischen Professionalitäten ergänzt. Dies wird in den folgenden Abschnitten an Beispielen illustriert.

Für die Praxis ist darüber hinaus relevant, sich mit besonderer Aufmerksamkeit auch denjenigen Geflüchteten zuzuwenden, die besonders schutzbedürftig oder von spezifischen Ausschlussmechanismen betroffen sind und oftmals zusätzliche oder projektbezogene Angebote der Beratung, Bildung und Begleitung brauchen, um ihre Teilhabe chancengerecht erlangen zu können.

7.2.2 Doing Gender – Mädchen werden gern mal übersehen

Geflüchtete Mädchen und junge Frauen sind im Alltag oft unsichtbar, weil sie in der Minderheit sind und die jungen Männer mit ihrer statistischen Dominanz und ihrer Präsenz im öffentlichen Raum mehr im Vordergrund stehen. Dabei sind sie in gewisser Hinsicht besonders schutzbedürftig. Denn neben Krieg, Folter, Armut, Verfolgung wegen ihres Geschlechts oder ihrer sexueller Orientierung können weitere geschlechtsspezifische Fluchtgründe hinzukommen: Sexuelle Gewalt, Genitalverstümmelung, Zwangsverheiratung, Menschenhandel, Zwangsprostitution und Arbeitsausbeutung. Auch im Zuge der Bemühungen von Bund und Ländern um die Verbesserung der Flüchtlingsaufnahme, insbesondere seit der Zeit der verstärkten Zuwanderung, geraten die expliziten Schutzbedarfe erst allmählich in den Blickpunkt der Debatte. In einigen Kommunen und Ländern sind Standards in öffentlichen Wohnunterkünften verbessert sowie gesonderte und geschützte Unterbringungsformen geschaffen worden, um alleinerziehenden Geflüchteten oder Frauen mit traumatischen Gewalterfahrungen Schutz zu bieten (z. B. Hamburg, Schleswig-Holstein). Auch in den Asylverfahren findet der Aspekt der geschlechtsspezifischen Verfolgung kaum Berücksichtigung, denn Fakt ist, dass nur wenigen Frauen eine Asylanerkennung aufgrund geschlechtsspezifischer Verfolgung zugesprochen wurde (Azazmah 2016, S. 53 ff.).

Schule, Jugendhilfe sowie die Soziale Arbeit sind in diesem Themenfeld in ausdrücklicher Verantwortung, um die besondere Schutzbedürftigkeit zu berücksichtigen und dem Kindeswohl gerecht zu werden. Dabei müssen Schamgefühle und Ängste ernst genommen und die Heterogenität der Betroffenen im Hinblick auf sprachliche, kulturelle und religiöse Unterschiede auch im Kontext der Geschlechterverhältnisse in den Blick genommen werden. Auch eine angemessene Gesundheitsversorgung, eine geschlechtersensible Beratung zu Fragen der Sexualität und sexuellen Orientierung, Verhütung sowie der Vereinbarkeit von Bildung und Beschäftigung spielen insbesondere für junge Mütter mit Kindern eine wichtige Rolle in der schulbegleitenden Sozialen Arbeit. Die Situation von minderjährig Verheirateten – in der Mehrzahl Mädchen – ist in der letzten Zeit häufiger Gegenstand der öffentlichen Diskussion gewesen. Dabei stellt sich neben der Abhängigkeit zu ihren Männern die Frage, ob sie bei dieser sehr frühen Rollenzuweisung überhaupt ihre Bildungsrechte wahrnehmen können. Es bedarf auch der Stärkung im Umgang mit struktureller Diskriminierung u. a. im schulischen und beruflichen Kontext und dem Abbau von Diskriminierungsmechanismen gegenüber Bekleidungsvorschriften aufgrund religiöser Zugehörigkeit. Aus der Kopftuchdebatte, ein Thema seit der Zuwanderung aus den Anwerbeländern Südeuropas, wurde in Deutschland scheinbar bis heute nichts gelernt. Noch immer steht das Tragen eines Kopftuchs von Musliminnen fast ausschließlich für ein religiöses, rückständiges Unterdrückungssymbol. Darauf verweist auch eine Studie, die in Hamburg zur Teilhabe von Frauen mit Migrationshintergrund am Hamburger Arbeitsmarkt durchgeführt wurde (vgl. Eralp/Panesar 2015): Beim Übergang von der Schule in den Beruf zeigt sich immer wieder, dass Unternehmen aufgrund mangelnder Erfahrung mit Fremdheitsaspekten immer noch unangemessen auf äußerliche Merkmale wie u. a. Kopftücher reagieren. Dies führt zu Fehleinschätzungen hinsichtlich der Qualifikationen und Potenziale von weiblichen Geflüchteten. Es zeigt sich dabei, dass Personalverantwortliche oft zu wenig Bereitschaft zu einer kritischen Selbstreflexion hinsichtlich ihrer zugrunde gelegten Auswahlkriterien an den Tag legen (ebd.).

Die Kopftuchdebatte führt zu einem klassischen sozialpädagogischen Dilemma, weil das Thema im gesellschaftlichen Diskurs äußerst kontrovers behandelt wird: Zur Frage, warum ein Kopftuch getragen wird oder werden muss, werden vielfältige Interpretationen herangezogen (Schamgefühle, religiöse Gründe, Tradition, Modeerscheinung); aus der Perspektive mancher Angehöriger der Mehrheitsgesellschaft gilt es als Zeichen der Unterdrückung von Frauen, die sich unreflektiert patriarchalen Strukturen beugen sowie als Symbol der Andersartigkeit. Auch das Gericht hat sich mit der Frage befasst, inwieweit Kopftuchverbote verfassungskonform sind. Dieser Aspekt ist insbesondere im Kontext von Schule relevant – zumal in den Schulgesetzen und Verordnungen einiger Bundesländer vor dem Hintergrund des Neutralitätsprinzips das Tragen eines Kopftuchs im Schuldienst untersagt ist. Somit stellt sich in der Praxis von Beratung und Berufsorientierung die Herausforderung, in welcher Weise das Thema angemessen bearbeitet werden kann. Im Sinne eines partizipativen Ansatzes wird empfohlen, die jungen Geflüchteten mit den Inhalten der öffentlichen Diskurse vertraut zu machen und sie beim Eintritt in ein Praktikum oder eine Ausbildung auf mögliche Vorurteile aufmerksam zu machen, ihnen ausreichend Raum für eine Reflexion ihrer eigenen Lebenspraxis zu geben, aber ihnen die Entscheidung allein zu überlassen.

Auch die Familie der Mädchen gilt es zu beteiligen, weil es vorkommen kann, dass sie aus Sorge vor Gefahren oder im Gefühl der Ohnmacht ihre Töchter von der Umwelt abschotten, was zu einer sozialen Isolierung führen kann und somit die (Bildungs-)Bedürfnisse auf der Strecke bleiben können. Eine differenzierte und vorurteilsarme Auseinandersetzung mit Weiblichkeitskonzepten der Herkunftsländer ist für die sozialpädagogischen Fachkräfte ebenso gefordert (vgl. Käppler/Würfel 2017).

Praxisbeispiel⁵:

Ansätze zur Selbstreflektion traditioneller Rollenbilder hat das Projekt »MULTI Mädchen« erprobt, das zwischen 2005 und 2015 von der Hamburger Einrichtung »Why not?« umgesetzt und dafür 2012 mit der Hamburg Tulpe ausgezeichnet wurde.⁶ Der kirchliche Träger bietet ein Café als Treff- und Kommunikationspunkt, das von Ehrenamtlichen betrieben wird, sowie Beratungs- und Sprachlernangebote für Geflüchtete. »MULTI Mädchen« ist aus einem Sprachkurs hervorgegangen, der für minderjährige unbegleitete Flüchtlingsmädchen eingerichtet worden war, die erst seit kurzer Zeit in Hamburg ansässig waren, um sie schulbegleitend beim Deutschlernen zu unterstützen und ihnen das Einleben in der fremden Umgebung zu erleichtern. Ergänzend zur Spracharbeit hatte sich die Maßnahme zu einem offenen Angebot sozialer Gruppenarbeit entwickelt, an dem Mädchen im Alter von 15 bis 21 Jahren teilnahmen, die überwiegend in Abgangsklassen von Stadtteilschulen bzw. Internationalen Vorbereitungsklassen beschult wurden. Es bestand aus einer Kombination aus Sprachförderung, begleitender Beratung sowie freizeitpädagogischen Aktivitäten, wie Museumsbesuche, Stadtteilerkundungen, Erprobung kleiner Aufgaben aus dem alltäglichen Leben (Einkaufen, im Café selbst etwas bestellen, Kennenlernen des öffentlichen Nahverkehrs etc.). Über Kooperationsvereinbarungen mit anderen Expertinnen wurden auch Zugänge zu mädchenspezifischen Angeboten anderer Einrichtungen erschlossen – Hilfsstellen zum Thema häusliche Gewalt, Selbstbehauptungstrainings, Berufliche Orientierung etc.

Selbst der Grammatikunterricht beim Deutsch lernen kann innovative Zugänge bieten, um Genderfragen zu thematisieren. Das Erlernen der Anwendung von »der – die – das« (Bestimmung des Genus) wurde z. B. als Anknüpfungspunkt für eine Unterrichtseinheit zum Themenfeld »Identitätsbildung und Auseinandersetzung mit Geschlechterrollen im interkulturellen Kontext« gewählt: Eine Fotoreihe mit Abbildungen von Frauen bei der Verrichtung typisch weiblicher Tätigkeiten war Gesprächsanlass für eine streckenweise hitzige Diskussion über kulturelle und religiöse Unterschiede, Erwartungen der Herkunftsfamilien zu Rollen und Zuständigkeiten von Frauen innerhalb der Familie, im Verhältnis zu ihren Männern sowie über Wünsche und Träume zu Lebensentwürfen oder auch beruflichen Perspektiven. Dynamische Diskussionsprozesse und Kontroversen der Mädchen untereinander haben auch sprachliche Wortspiele ausgelöst, in denen typische Männerberufe verweiblicht wurden und somit die geschlechtliche Zuordnung hinterfragt wurde (die Lastwagenfahrerin: das kann keine Frau machen). Auch umgekehrt war die Tätig-

---

5 Quelle: Interview mit der Sozialpädagogin Fe-Muin Semmelrock, die über mehrere Jahre im Projekt tätig war.
6 Die »Hamburger Tulpe für interkulturellen Gemeinsinn« wird jährlich von der Hamburger Körber Stiftung verliehen.

> keit eines Mannes als Koch, Krankenpfleger oder Erzieher Anlass, die eigene Perspektive und entsprechende Rollenzuschreibung zu hinterfragen.
> Der vertrauensvolle Rahmen in der Gruppe bietet auch die Chance, Themen anzusprechen, die für manche der Mädchen aus Scham oder religiösen Gründen heikel sein können – diese Erfahrung wurde im Projekt gemacht. So gibt die mediale Inszenierung von geschlechtsspezifischen Stereotypen genügend Anlass, Unterschiede in der Darstellung von Frauen (z. B. in der Vollverschleierung oder wenig bekleidet, wie es hierzulande in den öffentlichen Medien nicht selten der Fall ist) unter interkulturellen Gesichtspunkten zu reflektieren. In der Mädchengruppe eröffnete sich ein breites Spektrum von Aspekten zur Diskussion: Sexualisierung und Festlegung auf Äußerlichkeiten, Frauen als Opfer religiöser oder gesellschaftlicher Unterdrückung, Freiheit und Selbstbestimmung trotz unterschiedlicher Bekleidungsvorschriften. Das Projekt bezieht auf Wunsch der Mädchen inzwischen auch Jungen in die Aktivitäten ein – somit werden genderspezifische Fragen jetzt im erweiterten Kontext diskutiert, um Stereotypen aufzubrechen und abzubauen.

Ein differenzsensibles Vorgehen gilt ebenso für die Arbeit mit männlichen Jugendlichen. Nicht selten führen unterschiedliche kulturelle Wertesysteme und ein differierendes Verständnis zu den Geschlechterrollen zu Konflikten zwischen den Schülerinnen und Schülern untereinander, aber auch in der Kommunikation mit dem pädagogischen Personal. Nicht immer wird die Erwartung, geprägt durch die westliche, auf demokratische und gleichberechtigte Formen des Umgangs bedachte Kommunikationsmuster, an friedliche Konfliktlösung erfüllt. Um männliche Jugendliche bei ihrer Identitätsfindung zu unterstützen, ist eine offene Haltung in der pädagogischen Arbeit zwingend erforderlich, bei der es darauf ankommt, auch eigene Irritationen zu akzeptieren (▶ Kap. 2) und andere Sichtweisen zuzulassen, ohne sie aufgrund eigener Maßstäbe autoritär oder anmaßend zu bewerten. Angemessen ist ein emphatischer und authentischer Umgang mit Unterschieden, der in einer vertrauensvollen Kommunikation ermöglicht, dass die Jugendlichen als Expertinnen und Experten ihrer Lebenswelt akzeptiert und Differenzen gemeinsam hinterfragt werden (ebd.). Auch in der Beratung im Hinblick auf die Berufswahl ist der geschlechterbezogene Umgang mit möglichen anderen, aus hiesiger Perspektive oft fremden Rollenbildern der Herkunftsländer bedeutsam.

7.2.3 Volljährig – und nun?

Junge Flüchtlinge, die als Volljährige einreisen bzw. hier in Deutschland volljährig werden, sind oftmals mit großen Schwierigkeiten in der Bildungsbeteiligung konfrontiert. Sie stoßen auf eine besondere Förderlücke, weil die Berufsschulpflicht in den meisten Bundesländern bei 18 Jahren liegt, und die jungen Geflüchteten dann nicht mehr in die Berufsvorbereitungsschule einmünden können, so dass eine systematische Sprachförderung nur eingeschränkt möglich ist sowie für eine nachhaltige berufliche Perspektiventwicklung notwendige Schulabschlüsse nicht nachgeholt werden können. Erschwerend kommt hinzu, dass die seit 2016 durch die Änderung des Aufenthaltsgesetzes geregelte Öffnung der Integrationskurse nur für Flüchtlinge im Asylverfahren insbesondere aus denjenigen Herkunftsländern realisiert wurde, denen das Bundesamt für Migration und Flüchtlinge eine sogenannte gute Bleibeperspektive zumisst und dies an der Anerkennungsquote der Asylverfahren festmacht, die mehr als 50 Prozent betragen muss.[7] Angemessene und passgenaue Ersatzmaßnahmen stehen aus öffentlicher Förderung kaum zur Verfügung. Nur in Ausnahmefällen werden konsistente Förderketten geschaffen, die volljährigen Jugendlichen den Einstieg in Ausbildung erleichtern sollen. In Hamburg wurden bestehende Förderinstrumente der Arbeitsverwaltung sowie Integrationskurse mit aus Landesmitteln finanzierten Brückenmaßnahmen gekoppelt, indem Plätze in Produktionsschulen[8] speziell für Geflüchtete zur Verfügung gestellt oder Angebote der Einstiegsqualifizierung mit Sprachkursen in Beruflichen Schulen verknüpft werden (Bürgerschaft 2017).

Zudem geht mit dem Eintritt in die Volljährigkeit der Abbau besonderer Schutzmechanismen einher, weil sich seit einigen Jahren bundesweit eine Tendenz abzeichnet, dass bei Geflüchteten Anträge auf Hilfeverlängerung über das 18. Lebensjahr hinaus abgelehnt werden, obwohl Unterstützungsbedarf vorliegt und das Sozialgesetzbuch VIII Ansprüche auf Hilfe für junge Volljährige bis zum 21. Lebensjahr, bei besonderen Gründen auch bis zum 27. Lebensjahr vorsieht (BumF 2017). Wird diese Hilfe nicht gewährt, droht besonders für diejenigen eine prekäre Lebenssituation, die noch nicht über einen gesicherten Aufenthaltsstatus verfügen. Da sie nach Beendigung der Jugendhilfe dem Asylbewerberleistungsgesetz unterliegen und zahlreiche Beschränkungen greifen, die den weiteren Bildungs- und Ausbildungsverlauf gefährden können, ist es beispielsweise fraglich, ob Wohnraum zur Verfügung steht oder die Gesundheitsversorgung und Therapie in vollem Umfang gewährt werden. Um mögliche Krisen abzuwenden, ist es eine dringliche Aufgabe innerhalb der schulbegleitenden Sozialen Arbeit, gesetzliche Ansprüche zur Persönlichkeitsentwicklung sowie zu einer eigenverantwortlichen Lebensführung geltend zu machen (§ 41 SGB VIII). Dabei liegt die Beweislast bei Ablehnungen bis zum 21. Lebensjahr auf Seiten des Jugendamtes, während junge Flüchtlinge nach dem 21. Lebensjahr zu begründen haben, weshalb und in welchen Lebensbereichen er oder sie weiterhin auf Unterstützung angewiesen ist. Eine ergänzende schriftliche Stellungnahme von Seiten des verantwortlichen Betreuungspersonals oder anderen Bezugspersonen sollte die Bedarfslagen begleiten. Von besonderer Relevanz bei der Gewährung von sozialpädagogischen Dienstleistungen ist

---

7 Dies betrifft mit Stand Juli 2017 die Länder Iran, Irak, Syrien, Eritrea und Somalia.
8 Produktionsschulen in Hamburg sind Einrichtungen der Ausbildungsvorbereitung, die von Bildungsträgern in freier Trägerschaft betrieben werden. Dort werden Produkte und Dienstleistungen erbracht, die an reale Kunden verkauft werden. Das Arbeiten und Lernen in betriebsähnlichen Strukturen ermöglicht die Entwicklung und den Erwerb von grundlegenden beruflichen Kompetenzen, die für die Aufnahme einer Berufsausbildung oder einer Erwerbstätigkeit notwendig sind. Betriebliche Praktika gehören verbindlich zur Übergangsgestaltung an Produktionsschulen (https://hibb.hamburg.de/bildungsangebote/berufsvorbereitung/berufsvorbereitungsschule/produktionsschulen/).

die Bereitschaft zur Mitwirkung des Geflüchteten, dies wird somit Teil der sozialpädagogischen Herstellungsaufgabe, bei deren Umsetzung Erfolge sichtbar sein müssen.

7.3 Unterstützungssysteme an der Nahtstelle zu schulischer Bildung – Modelle der Kooperation von Akteuren in Schule und Sozialer Arbeit

Aufgrund der genannten Gesetzes- und Verordnungslagen zur geltenden Asyl- und Arbeitsmarktpolitik in Deutschland stellen sich somit für die Schülerinnen und Schüler (und ihre Familien) multiple Benachteiligungen, die im Zuge der Beschulung, auf dem Weg zu einem Abschluss und vor allem im Hinblick auf das Gelingen eines zukunftsweisenden Übergangs in eine Ausbildung oder Beschäftigung bedacht und aufgegriffen werden müssen.

Seit vielen Jahren sind in erster Linie einzelne Projekte damit befasst, diese Bedarfslagen aufzunehmen, weil das Thema der Bildungsteilhabe und beruflichen Integration von Geflüchteten mit einem unsicheren Aufenthalt aufgrund von Gesetzesänderungen (Bleiberechtsregelungen) und Vorgaben durch Europäische Richtlinien zunehmend in den Fokus der öffentlichen Diskussion geraten war und entsprechende Programme aufgelegt wurden, um die Regelsysteme der schulischen Bildung und Arbeitsverwaltung zu entlasten bzw. zu ergänzen.[9] Somit liegen vielfältige Erfahrungen und Konzepte vor, die insbesondere in Hamburg unter verschiedenen Gesichtspunkten wissenschaftlich begleitet und durch Studien zu Lebenslagen und Rekonstruktionen von Bildungsbiografien ergänzt wurden. Bei den interventionsorientierten Forschungen ging es u. a. um die Bewertung der Effektivität (sozial)pädagogischer, berufsqualifizierender und therapeutischer Beratungs-, Betreuungs- und Unterstützungsangebote der Flüchtlingsarbeit. Dabei hat sich gezeigt, dass durch die Kombination verschiedener Maßnahmen in einem Netzwerk in Kooperation mit diversen externen Akteuren junge Flüchtlinge trotz ihrer erschwerten Lebenslagen eine Ausbildung erfolgreich durchlaufen können (vgl. Schroeder/Seukwa 2007, Schroeder 2014, Gag/Voges 2014).

Die Erfahrungen dieser langjährigen Netzwerkarbeit können auch für eine im Schulsystem implementierte Schulsozialarbeit bzw. für die schulbegleitende Soziale Arbeit von Bedeutung sein, weil sie auf der einen Seite zeigen, dass durch die Kooperation mit flüchtlingsnahen Einrichtungen und sogenannten betriebs- und arbeitsmarktnahen Trägern aufeinander bezogene sozialpädagogische Interventionen, Angebote und Kontakten der Zugang zu Maßnahmen gesichert wird und die Angebote ein stützendes Begleitsystem darstellen, so dass Abbrüche in der

---

9 Europäische Gemeinschaftsinitiative EQUAL, ESF-Bleiberechtsprogramm sowie andere Programme des Bundes, Länderprogramme etc.

Ausbildung minimiert werden können (Gag 2014). Auf der anderen Seite wird durch die Vernetzung mit vielfältigen Akteuren eine Fülle von Wissen über die spezifischen Lebenslagen der Flüchtlinge verdichtet und gebündelt. Dieses Wissen bezieht sich auf Erfahrungen und Fragen zu ausbildungs- und arbeitsbegleitender sozialpädagogischer Unterstützung der Flüchtlinge, auf Erfordernisse zur Abstimmung der Förderkette zu den Sprachbildungsangeboten sowie auf die Koordination der Kooperationsbeziehungen mit diversen Akteuren. Derartige Strukturen können auch die Praxis der Berufsvorbereitungslehrgänge an Beruflichen Schulen optimieren und wichtige Impulse für eine Kooperation von Lehr- und Leitungskräften mit sozialpädagogischem Fachpersonal sowie die weitergehende Schulentwicklung geben.

In Praxis und Begleitforschung hat sich ebenso bestätigt, dass ein wichtiger Erfolgsfaktor darin besteht, in der Beratung und Bildungsbegleitung das gesamte Beziehungsgeflecht in den Blick zu nehmen, in das die Geflüchteten eingebettet sind, weil die familiären, sozialen und fachlichen Beziehungen wertvolle Unterstützungspotenziale bieten, die für den Begleitprozess nutzbar gemacht werden können. Das betrifft neben den Lehrkräften an den Schulen die Ausbilder in Betrieben, das Betreuungspersonal in den Jugendwohnungen, die Vormünder (bei minderjährigen Flüchtlingen, die ohne Eltern nach Deutschland gekommen sind), die Eltern/Verwandten und die Freunde bzw. die Community (vgl. Gottschalk 2014).

7.3.1 Sozialpädagogische Interventionen anhand eines Fallbeispiels

Typische schul- und ausbildungsbezogene sozialpädagogische Interventionen illustriert die Beratung und Begleitung von *Adnan*, der vom Träger basis & woge e.V. in einem Teilprojekt des Netzwerkes FLUCHTort Hamburg betreut wird.

Adnan, geb. 1997 in Kamenz/Albanien hat in seinem Herkunftsland nach neunjähriger Allgemeinbildung eine Berufliche Fachschulausbildung im IT-Bereich absolviert, die er nach zweieinhalb Jahren wegen seiner Flucht nach Deutschland abgebrochen hat, um der dortigen Perspektivlosigkeit zu entgehen. Er ist seit Sommer 2015 in Deutschland und möchte die deutsche Sprache lernen, um eine Berufsausbildung anzuschließen. Da sein Asylverfahren noch nicht abgeschlossen war, hatte er bei Eintritt in das Projekt (Juli 2016) noch eine Aufenthaltsgestattung. Da er als Angehöriger eines Drittstaates, der zu den sogenannten sicheren Herkunftsländern gehört, keinen Anspruch auf den Zugang zu regulären Sprachfördermaßnahmen hat und er zudem aufgrund seines Alters nicht mehr unter die Berufsschulpflicht fällt, um in die Berufsvorbereitungslehrgänge an der Berufsschule einzumünden, gab es kein geeignetes Angebot für ihn. Um systematisch Deutsch zu lernen, blieb nur die Teilnahme an einem ehrenamtlich, zweimal wöchentlich durchgeführten Sprachkurs in einer Anlaufstelle für Flüchtlingshilfe.

Im Rahmen des Profilings und einer sich anschließenden Berufswegeplanung wurden von der Sozialpädagogin gemeinsam mit dem Jugendlichen Berufsbilder mit Berufswünschen abgeglichen. *Adnan* konnte sich mehrere Ausbildungsberufe vorstellen, weil seine Interessen breit gefächert sind und er für sich entdeckte, dass er seine bislang erworbenen Kenntnisse im IT-Bereich in allen möglichen Arbeitsfeldern würde anwenden können. Sondiert wurden Ausbildungsmöglichkeiten als Änderungsschneider, Maler, Fachkraft für Kurier-, Express- und Postdienstleistungen, in Metallberufen, als Fachlagerist, Maschinen- und Anlagenführer, Verkäufer. Andererseits war es nötig, die Ideen auf eine realistische Perspektive hin abzuklopfen, ob die Wünsche, auch im Hinblick auf den Quereinstieg in das deutsche Berufsbildungssystem, mit noch zu geringen Deutschkenntnissen und einer unsicheren Bleibeperspektive erfüllbar sein werden. Nach einem Praktikum bei einer Messebau-Firma wurde dem jungen Flüchtling ein Ausbildungsplatz als Fachkraft für Lagerlogistik angeboten, den er mit Begeisterung angetreten hat.

In der Praxis der arbeitsweltorientierten Sozialen Arbeit mit Geflüchteten zeigt sich immer wieder, dass das Herausarbeiten eines individuellen Profils der Jugendlichen viel Zeit braucht und sich in der Regel erst im Zuge eines längeren Beratungsprozesses oder im Laufe eines intensiveren Kennenlernens, z. B. in einem Sprachkurs oder einer Qualifizierungsmaßnahme, biografische Bruchstücke rekonstruieren lassen. Insbesondere wenn viele Akteure und verschiedene Institutionen beteiligt sind, werden passgenaue Tools zur Bildungsbegleitung und weitergehenden Berufsorientierung gebraucht, die als Bestandteil oder Ergänzung einer Schülerakte für alle Beteiligten gleichermaßen zugänglich sein müssen.

Profilingbogen

- Basisdaten zur Person mit Angaben zur Herkunft, Familie etc. sowie mit zusätzlichen Kontaktdaten zu weiteren Betreuungspersonen in Deutschland (Vormünder, Anwälte etc.)
- Kategorien zum Aufenthaltsstatus und zur Beschäftigungserlaubnis sowie zum Lebensunterhalt und zu finanziellen Belastungen. Schulbildung, Berufsausbildung und Studium – im Herkunftsland und in Deutschland: Dauer, Abschlüsse sowie Angaben zur Alphabetisierung
- Arbeitserfahrungen und Berufstätigkeit im Herkunftsland, auf der Flucht sowie in Deutschland inklusive Fortbildungen, Qualifizierungsmaßnahmen und Praktika sowie zu entsprechenden Zertifikaten. Sprachkenntnisse: Deutschkenntnisse, ebenso Fremd- und Muttersprachen
- Gesundheitliche Einschränkungen, psychosoziale Situation sowie Wohnsituation
- Angaben zur Partizipation in Migranten- oder Sportvereinen, soziales Engagement und Hobbies
- Berufliche Wünsche und Vorstellungen, Zukunftspläne und Motivation sowie Mobilität und Flexibilität (Bereitschaft zu Schicht-, Nacht-, Teilzeitarbeit etc.).

Profilingcheckliste

- Bewerbungsmappe
- Lebenslauf
- Polizeiliches Führungszeugnis
- Schul- und Ausbildungszeugnisse
- Passfoto
- Bewerbungsschreiben
- Übersetzung und Anerkennung der Zeugnisse des Herkunftslands

Quelle: FLUCHTort Hamburg 5.0 (internes Arbeitsinstrument, unveröffentlicht)

Je detailreicher ein individuelles Profil entsteht, desto präziser können Maßnahmen zur Krisenintervention greifen und bildungsbegleitende individuelle Unterstützungsmaßnahmen zur Risikoabwendung von Abbrüchen etc. oder zur Förderung des sozialen Lernens geplant werden. Zudem lassen sich Ressourcen entdecken, die aufgrund einer anders als in Deutschland üblichen biografischen Entwicklung oftmals verborgen bleiben, aber wichtige Anknüpfungspunkte bilden, um weitergehende Perspektiven zu entwickeln – sowohl in persönlicher wie beruflicher Hinsicht. Auch wenn es banal klingt, ist darauf hinzuweisen, dass die Qualität so mancher Kooperationsverbünde in unterschiedlichen Trägerschaften an der sachgerechten Dokumentation und eines systematischen Monitorings von Beratungs- und Bildungsverläufen scheitert, weil mit Hinweis auf den Datenschutz kein gleichberechtigter Zugriff auf die Akten der Schülerinnen und Schüler besteht und somit eine gemeinsame Fallarbeit und Bildungsbegleitung schwierig ist.

Oftmals liegen bei den geflüchteten Jugendlichen nur rudimentäre Kenntnisse über Spezifika des deutschen Arbeitsmarktes sowie zu den Voraussetzungen an Teilhabe vor, weil z. B. eine duale Ausbildung in den Herkunftsländern nicht existiert und/oder weil ggf. andere Wertvorstellungen und Unvereinbarkeiten zu einzelnen Berufsbildern vorhanden sind. Neben dem Kennenlernen verschiedener Berufsfelder und dem Austausch über Arbeitsbedingungen (durch visuelle Materialien, Erfahrungsaustausch mit anderen Jugendlichen – auf der Basis von »peer to peer« oder Praktika) haben sich passende Werkzeuge zur gemeinsamen Reflexion für die Beratungsarbeit und Bildungsbegleitung als hilfreich erwiesen. Sie tragen dazu bei, dass die mitgebrachten Kenntnisse und Fähigkeiten der Jugendlichen und ihre im Migrationsverlauf faktisch erworbenen Kompetenzen in den Blick kommen, die sie aufgrund ihrer biografischen Besonderheit dazu befähigt haben, trotz ihrer schwierigen Lebenssituation individuelle Potenziale zu entfalten und subjektive Strategien (*Resilienz*) zur Bewältigung zu entwickeln (vgl. Seukwa 2006). Zum anderen müssen diese Potenziale aber auch abgewogen werden mit den konkreten Erwartungen und Anforderungen seitens der Arbeitgeber und des jeweiligen Ausbildungs- oder Arbeitsplatzes.

> **Profilkreuz**
>
> Auflisten und Abwägen von Stärken und Beeinträchtigungen. Erheben und Einschätzen von realistischen Perspektiven und Hindernissen. Hilfreich zur Einschätzung können Parameter sein, die zu fachlichen Voraussetzungen, Berufs- und Arbeitserfahrungen, Deutsch- und Fremdsprachenkenntnisse, zum Alter, familiärer Situation sowie zur Mobilität und Bereitschaft zu besonderen Arbeitszeiten sowie Motivation eine Basis für die Einschätzung bilden.
> Quelle: FLUCHTort Hamburg (internes Arbeitsinstrument, unveröffentlicht)
>
> Zahlreiche Werkzeuge sowie Modelle guter Praxis finden sich auch u. a. in der Fachstelle Übergänge in Ausbildung und Beruf (überaus) beim Bundesinstitut für Berufsbildung, https://www.bibb.de/de/62992.php oder bei den KAUSA Servicestellen, https://www.jobstarter.de/kausa-servicestellen.

Das Fallbeispiel dokumentiert anhand der folgenden Tabelle, dass sich im Kontext der Begleitung ein umfangreiches Arbeitspaket für die Sozialarbeiterin und den Jugendlichen abzeichnet und es erforderlich ist, diverse Themenfelder zu bewegen, dabei immer wieder realistische Ziele zu stecken und vor allem zahlreiche Stellen und Institutionen zu beteiligen: Betreuer in der Wohnunterkunft, Lehrkräfte an der Berufsschule, die Betriebe sind zu involvieren, um Hürden zu beseitigen und den Weg in die Ausbildung und den dortigen Verbleib abzusichern. Dabei wird deutlich, dass die unterschiedlichen Facetten im Beratungsprozess bedeutsam sind, weil sie oftmals hinsichtlich rechtlicher Bedingungen miteinander verschränkt sind und einen Einstieg bzw. den Verbleib in (Aus-)Bildung gefährden können und deshalb engmaschig bearbeitet werden müssen. Das heißt wenn z. B. Unterstützungsmaßnahmen nicht gewährt werden, kann ein Abbruch der Ausbildung ein hohes Risiko sein, wenn z. B. der Lebensunterhalt nicht gesichert ist, weil eine Aufstockung der Ausbildungsvergütung aus der Berufsausbildungsbeihilfe nicht gewährt wird. Die Folge wäre, dass dann auch der Aufenthalt gefährdet ist.

Tab. 7.1: Beispielhaftes Spektrum sozialpädagogischer Interventionen in der Beratung

	Aufenthaltssicherung	
BAMF	**Ausländerbehörde**	**Anwalt/Gericht**
Asylantrag gestellt – Ablehnung	Zum Problem Aufenthaltssicherung wg. Drittstaatszugehörigkeit verhandeln. Ziel: Ausreisefrist verlängern, um Praktikum zu gewährleisten; Antrag auf Beschäftigungserlaubnis	Unterstützung wg. drohender Abschiebung; Gründe abwägen, ob Rechtsmittel eingelegt werden können – z. B. gegen Ablehnung BAB, weil er noch in einer Aufnahmeeinrichtung

Tab. 7.1: Beispielhaftes Spektrum sozialpädagogischer Interventionen in der Beratung – Fortsetzung

	stellen; Klären, ob 3plus2-Regelung erteilt wird – entsprechenden Antrag stellen	wohnt; dem Richter Erläuterungen zur Lebenslage und den rechtlichen Einschränkungen übermitteln	

Berufsorientierung/Ausbildungsplatzsuche

Betriebe	Betriebe	Agentur für Arbeit	
Praktikumsplätze sondieren	Übernahme in Ausbildung – Absprachen mit Ausbildern	Anträge auf BAB und AbH* vorbereiten	

Förderangebote

Externe Träger	Intern/Projekt	Intern/Projekt	Berufsschule
Passenden Deutschkurs suchen, der mit Ausbildungszeiten vereinbar ist	Hausaufgabenhilfe organisieren; Quellen zur Beschaffung von Schulmaterial sichten	Anbahnung einer Mentorenschaft zur Ausbildungsbegleitung	Lehrkräfte zur Frage der Unterstützungsmaßnahmen einbeziehen

Organisatorisches/Sachunterstützung

Intern/Projekt	Versicherungen/ Bank/Soziales	Spendentöpfe	Stiftung für Migranten
Schulmaterial organisieren	Sozialversicherungsnummer, Krankenkasse, Bankkonto einrichten; Hausarzt finden	Arbeitskleidung und Bücher für Berufsschule organisieren	Antrag auf Stipendium für einen Laptop in die Wege leiten

Wohnsituation

Unterkunft	Öffentliche und private Stellen	Arbeitgeber	
Probleme im Zusammenleben mit anderen Flüchtlingen klären	Suche nach alternativen Wohnmöglichkeiten (Azubi-Zimmer); Rücksprache mit Sozialamt zur Klärung der Finanzierbarkeit eines Umzugs; Stiftungen zur Absicherung des Lebensunterhalts ausfindig machen	Voraussetzungen für Anmietung Betriebswohnung eruieren, Fragen zum Mietvertrag klären	

* BAB, AbH = Berufsausbildungsbeihilfe und Ausbildungsbegleitende Hilfen

Zwar wäre ein Zugang zu einer Ausbildung mit dem Status der Aufenthaltsgestattung für *Adnan* möglich, aber mitbedacht werden mussten gleichzeitig weitere ausländerrechtliche Spezifika, die Einfluss auf die Zukunftsgestaltung haben, weil Asylanträge von Zugewanderten aus den Balkan-Staaten in der Regel abgelehnt werden und bestenfalls die freiwillige Ausreise bleibt, um über den Weg des sogenannten Spurwechsels und einer Ausbildungsplatzzusage eines Arbeitgebers nach Deutschland zurückzukommen.[10] Während dafür die Voraussetzungen im Beratungsverlauf geprüft wurden, konnte doch in diesem Fall nach zähen Auseinandersetzungen mit der Ausländerbehörde die Aufforderung zur Ausreise abgewendet werden, weil der Jugendliche bereits vor dem 31.08.2015 Asyl beantragt hatte. Zwar hatte die Behörde nach dem ablehnenden Bescheid des Asylantrages zunächst eine einmonatige Duldung erteilt, dann aber die sogenannte Ausbildungsduldung in Aussicht gestellt, die den Aufenthalt für den Verlauf der Ausbildung sichert.

Die Auseinandersetzung mit den Erwartungen der jeweiligen Arbeitgeber und das »Matching« (Profilkreuz) sollte persönlichkeitsbildenden Charakter haben und eine Reflexion in der Kommunikation zwischen Lehrkräften, Bildungsbegleitpersonal, Sozialpädagogischen Kräften und den jungen Geflüchteten »auf Augenhöhe« ermöglichen sowie das Ausloten von Chancen und Grenzen im Hinblick auf Berufsbezug und Lebensbezug gleichermaßen zulassen. Wie dieses Beispiel zeigt, müssen jedoch zudem insbesondere bei der Berufswegeplanung mit Geflüchteten oftmals Abwägungen hinsichtlich ausländerrechtlicher Perspektiven und Unvereinbarkeiten vorgenommen werden, die lineare, an den Interessen der Jugendlichen ausgerichtete Berufsvorstellungen oftmals durchkreuzen. So führt nicht selten eine drohende Abschiebung (aktuelle Diskussion der Bundesregierung zur Abschiebung von Flüchtlingen aus Afghanistan) auf beiden Seiten – der Lehr- und Fachkräfte sowie der Flüchtlinge – zu fragwürdig erscheinenden Empfehlungen und Entscheidungen, die Schule abzubrechen, auf einen evtl. für den Wunschberuf notwendigen Schulabschluss zu verzichten und dafür eine scheinbar »sichere« Perspektive der dualen Ausbildung zu verfolgen, ohne dass geklärt ist, ob im entsprechenden Stadium die ausreichenden Voraussetzungen dafür vorhanden sind bzw. inwieweit notwendige Unterstützungssysteme in der Regelbeschulung an den Berufsschulen installiert werden können.

7.3.2 Mentorinnen und Mentoren leisten Unterstützung – nicht nur in der Schule, sondern auch im Alltag!

In Deutschland haben sich in den letzten Jahren vielfältige Ansätze und Begleitsysteme etabliert, die eine individuelle Förderung von Schülerinnen und Schülern mit Migrationshintergrund durch Mentorinnen und Mentoren gewährleisten und die von Ehrenamtlichen, angehenden Pädagoginnen und Pädagogen in unterschiedlichen Formaten umgesetzt werden. Im bereits erwähnten Netzwerk

---

10 Die Balkanstaaten gehören zu den sicheren Herkunftsländern, weshalb Anträge von Asylsuchenden aus diesen Ländern in der Regel abgelehnt werden. Der Begriff »Spurwechsel« steht für einen Wechsel zwischen Aufenthaltstiteln und Aufenthaltszwecken (vgl. Grote/Vollmer 2016).

FLUCHTort Hamburg ist ebenso ein Projekt angesiedelt, in dem Studierende der Sozialen Arbeit als Mentorinnen und Mentoren in Kooperation mit der Hochschule für Angewandte Wissenschaften Hamburg ausgebildet und angeleitet werden, um junge Geflüchtete in ihrer Ausbildung zu begleiten oder sie beim Einstieg zu unterstützen. Die theoretische Leitlinie für die Entwicklung des Betreuungsansatzes ist das Prinzip der Alltagsbegleitung (vgl. Schroeder/Storz 1994). Neben der Stärkung schulrelevanter Anforderungen sind die Mentorinnen und Mentoren vor allem Bezugspersonen zur Bewältigung von Problemen in dem riskanten Lebensalltag der Geflüchteten – so das Beispiel der Begleitung eines jungen Mannes aus Guinea:

> »Basis für die Alltagsbegleitung ist der regelmäßige Kontakt zu meinem Mentee. Ich erkundige mich danach, wie es ihm geht, er erkundigt sich außerdem danach, wie es mir geht und – ganz wichtig – ich bin für ihn erreichbar, auch abends nach 17 Uhr und am Wochenende. Meine Tätigkeiten sind vielfältig und spiegeln die Lebenssituation mit all ihren Schwierigkeiten wieder. Neben der Unterstützung bei Bewerbungen und beim Lernen für die Ausbildung ist der ungesicherte Aufenthalt meines Mentees ein Faktor, der sein Leben im Alltag bestimmt. So waren Behördengänge und das gemeinsame Wahrnehmen von Terminen beim Anwalt im letzten Jahr oft Anlass unserer Begegnungen. Manchmal treffen wir uns auch einfach auf einen Kaffee und klönen oder er kommt zu mir nach Hause und wir essen gemeinsam (mit meinen zwei Söhnen) zu Abend. Meine Tätigkeit als Mentorin ermöglicht mir einen ganz ›untheoretischen‹ Einblick in die Lebenslage eines jungen Menschen, der allein nach Deutschland gekommen ist und mit aller Kraft und nach den Regeln des Systems versucht, sich in Hamburg ein sicheres Leben aufzubauen. Die praktischen Erfahrungen, die ich zu meiner Unterstützungsarbeit mache, erleichtern mir wiederum den Zugang zu theoretischen Inhalten meines Studiums der Sozialen Arbeit. Sozialarbeiterische Professionalität ist aber nicht das erste Ziel, das ich als Mentorin verfolge. So sehe ich das Mentorenverhältnis nicht. Vor allem begleite ich meinen Mentee als Mensch, als Hamburgerin, in einem Ehrenamt« (Mentorin bei basis & woge e.V., Hamburg im Projekt »Plietsch!«, Netzwerk FLUCHTort Hamburg).

Die Beziehung zwischen Mentor und Mentee ist in der Regel auf einen längeren Zeitraum angelegt und soll sich möglichst auf die gesamte Laufzeit der Ausbildung beziehen und auch die Übergänge einschließen. Sie basiert auf einer Art Sozialpartnerschaft und einem Arbeitsbündnis zugleich, womit ein gegenseitiges Kennenlernen in allen Lebenswirklichkeiten einhergeht und es aufgrund des besonderen Vertrauensverhältnisses möglich wird, auf Augenhöhe zu agieren und gemeinsam neue Wege und Handlungsmuster zu den verschiedenen Lebensthemen (finanzielle Schwierigkeiten, Wohnprobleme, Gesundheit, Partnerschaft und Lebensformen etc.) zu eruieren, damit die Lösung von Alltagsproblemen besser gelingt. »Alltagsbegleitung ist ein präventives, auf langfristige Zusammenarbeit angelegtes, komplexes Unterstützungsangebot. Ziel ist, mit den jungen Menschen angemessene und aufeinander abgestimmte Entwürfe für die verschiedenen Bereiche ihres Lebens zu entwickeln und zu erproben, ohne dass sie dabei unnötig behindert, beeinträchtigt oder geschädigt werden« (ebd. S. 12).

7.3.3 Herausforderungen in der Schulsozialarbeit im Feld der berufsbildenden Schulen

In Hamburg hat die zuständige Bildungsbehörde in den bislang ausschließlich in beruflichen Schulen angesiedelten ausbildungsvorbereitenden Bildungsgängen eine

Dualisierung vorgenommen. Mit der regelhaften Implementierung des betrieblichen Lernortes und der Installierung von betrieblichen Integrationsbegleiterinnen und -begleitern wurde damit auf einen Reformstau in den Berufsvorbereitungslehrgängen reagiert, die an den Hamburger Beruflichen Schulen angesiedelt sind (vgl. Gag/Schroeder 2012). Seit Februar 2016 wird – nach einer Pilotphase – die Ausbildungsvorbereitung für Migranten (AvM Dual) als dualisierter Bildungsgang im Ganztagsformat angeboten, die neu zugewanderten Jugendlichen zwischen 16 und 18 Jahren unabhängig vom Aufenthaltsstatus im Rahmen der Schulpflicht die Möglichkeit gibt, den ersten oder mittleren Schulabschluss zu erwerben und sich über erste betriebliche Erfahrungen auf eine Berufsausbildung vorzubereiten (Bürgerschaft 2015). Aktuell werden an 34 Hamburger Berufsschulen gut 2.000 Schülerinnen und Schüler betreut, die überwiegend junge Flüchtlinge sind und von denen ein Großteil allein, ohne ihre Familien nach Hamburg gekommen ist. Wesentliches Merkmal des Bildungsgangs ist, dass neben kleinen Lerngruppen, in denen ca. 15 Schülerinnen und Schüler unterrichtet werden, auch eine Reihe von Trägern als Kooperationspartner beauftragt werden, die mit betrieblichen Integrationsbegleiterinnen und -begleitern in das Schulgeschehen eingebunden sind, um Angebote der Sozialen Arbeit zu erbringen (HIBB 2017). Die Dualisierung erstreckt sich auf weitere Maßnahmen, die explizit für Geflüchtete eingerichtet bzw. erprobt werden, die im Alter von 18 bis 25 Jahren nicht mehr der Schulpflicht unterliegen sowie Schülerinnen und Schüler, die im Alter von 15 Jahren in den Internationalen Vorbereitungsklassen praktische und handwerkliche Fähigkeiten erlernen und ihre Sprachkenntnisse verbessern sollen.[11]

Die Hamburger Reform bietet insbesondere wegen des Ganztagsformats gute Voraussetzungen, das Zusammenwirken von schulischer Bildung und Sozialer Arbeit im Regelsystem zu verankern. Dieser Ansatz kann einen Beitrag dazu leisten, dass die Lebenswelten der jungen Flüchtlinge auch zu Lernwelten innerhalb des Regelschulsystems werden (▶ Kap. 4, 8 und 9). Die Rolle der Schulsozialarbeit im beruflichen Kontext ist zum einen, die Bewältigung des Übergangs von der Schule in den Beruf zu unterstützen. Sie agiert aber auch an der Schnittstelle zwischen den formalen Lernorten (Schule und Betrieb) und sorgt gleichermaßen für ergänzende non-formale Bildungsangebote, um junge Geflüchtete zu fördern, durch Wissenserwerb und kritische Auseinandersetzung im Sinne des Lernens für das eigene Leben handlungsfähig zu werden. Neben auf den Einzelfall bezogener Beratungs- und Krisenintetventionsangebote sind gruppen- und projektbezogene Angebote bedeutsam, um spezifische soziale Kompetenzen zu trainieren sowie Prozesse der Selbstbildung zu fördern (Sting 2005). Somit sollten sich Angebote zur Entwicklung von Bewältigungsstrategien auch auf grundsätzliche, für die Entwicklung eines mehrdimensionalen Lebensentwurfs relevante Bereiche und Themen beziehen wie (transnationale) Familienorientierung, Gesundheit, die Bedeutung von Freizeit sowie andere sinnstiftende Aktivitäten (vgl. Bauer 2017). Ebenso ist auch an Ak-

---

11 Die Maßnahme »EQ-M (Einstiegsqualifizierung für Migranten)« beinhaltet eine Qualifizierung, die drei Tage im Betrieb und zwei Tage in der Berufsschule stattfindet. Nach gleichem Muster ist die Maßnahme »Integration durch betriebliche Erfahrung« konstruiert – als schulischer Lernort fungieren fünf Hamburger Stadtteilschulen.

tivitäten für die Gestaltung der Schulferien zu denken, weil in der Regel kein passgenaues Angebot zur Verfügung steht, das die Geflüchteten sich finanziell leisten können.

Als Beispiel für ein lebensweltliches Thema kann die Erstellung eines »Lebensordners« als bedeutsamer Baustein eingesetzt werden. Er eignet sich sowohl für den Einsatz im Unterricht und in der Berufsorientierung, als auch innerhalb von Gruppenangeboten im Rahmen des Sozialen Lernens. Dieser Baustein bietet vielfältige Hilfestellungen für die Geflüchteten, ihr Leben in Deutschland im wahrsten Sinne zu ordnen, das von einer für sie wenig transparenten Bürokratie geprägt ist. Aber so ein Projekt bietet auch Anknüpfungspunkte für eine vertiefende Beschäftigung mit Systemfragen deutscher Gesetzgebung, zum Umgang mit »Amtsdeutsch« sowie Anlässe, um lebensnahes Sachrechnen zu trainieren und Elementarkompetenzen interkultureller Kommunikation zu erwerben (vgl. Schroeder 1998; Hiller/Stein 2007).

Lebensordner

- Persönliche Dokumente und Akten
- Schule, Arbeit und Berufsausbildung
- Arbeitsamt
- Sozialversicherung
- Krankenversicherung
- Gesundheit und Ärzte
- Belege für Lohn und Gehalt
- Steuern und Finanzamt
- Jugendamt, Sozialamt, Vormund
- Recht, Gericht
- Fahrzeug
- Wohnung
- Mitgliedschaften
- Rechnungen, Garantiescheine, Betriebsanleitungen für Geräte
- Finanzplan, Einnahmen, Ausgaben, persönliches Budget
- Geld, Bank
- Privatpost

Zum Ankommen am fremden Ort, in der fremden Stadt bieten sich beispielsweise Trainings zur Mobilität. Eine Rallye im öffentlichen Nahverkehr kann mit weiteren Erkundungsaufgaben kombiniert werden, um relevante soziale Einrichtungen sowie Freizeitmöglichkeiten aufzuspüren. Derartige Aktivitäten können sowohl klassen- als auch schulübergreifend organisiert werden und wertvolle Anknüpfungspunkte zur Kontaktanbahnung für die Jugendlichen untereinander bieten. Dies gilt auch für die beteiligten Sozialarbeiterinnen und Sozialarbeiter sowie Lehrkräfte im Hinblick auf die Entwicklung einer erweiterten Kooperationskultur. Zur Förderung der Mobilität können ebenso Kurse zum Erlernen von Fahrradfahren oder zum Erwerb eines Führerscheins sinnvoll sein.

Zu bedenken ist, dass es zur Umsetzung spezifischer Aktivitäten außerhalb der Schule unumgänglich ist, finanzielle Mittel zur Deckung von Sachausgaben einzuplanen, damit die Umsetzung von Vorhaben nicht scheitert, weil die Flüchtlingsjugendlichen nicht über finanzielle Mittel verfügen, um sich an Kosten zu beteiligen.

7.3.4 Selbststärkung durch Selbstorganisation

Die Selbststärkung von jungen Flüchtlingen und Förderung ihrer Kompetenzen zur Selbstorganisation ist ein Querschnittsthema, das entweder im Unterricht oder in den Angeboten zum sozialen Lernen seinen Platz haben sollte.

> **Interkulturelle Schülerzeitung**
>
> Die Schülerzeitung GAZELLEyoung einer Hamburger Beruflichen Schule, die von einer 14-köpfigen Gruppe weiblicher Geflüchteter aus der Ausbildungsvorbereitung schulübergreifend erstellt und herausgegeben wird, ist ein nachahmenswertes Beispiel, das im Jahr 2015 einen Förderpreis im bundesweiten Wettbewerb »Beste Schülerzeitung Deutschland« sowie im Jahr 2017 den landeseigenen »Sonderpreis für kontinuierlich hohe journalistische Qualität« erhalten hat. »Die Redaktionsarbeit spornt die Schülerinnen und Schüler an, sich klassenübergreifend selbst zu organisieren, eine eigene Sprache zu finden und so ihre Deutschkenntnisse kreativ zu erweitern. [...] Bei ihrer Arbeit setzen sie sich mit ihrer persönlichen Vergangenheit auseinander. Ob und wieviel sie mitteilen, entscheiden sie dabei selbst.«[12]

Anlässe zur Förderung der Selbstorganisation leiten sich zum einen aus der spezifischen Lebenslage ab, die von diskriminierenden Strukturen geprägt ist und die Gründe genug liefern, sich mit anderen zusammenzuschließen, um sich gegenseitig zu unterstützen, aus dem isolierten Lebenszusammenhang, z. B. in Unterkünften, Anschlussmöglichkeiten an die Zivilgesellschaft zu gestalten, die eigene Stimme zu erheben, um Probleme sichtbar zu machen, sich einzumischen oder gar Widerstand zu leisten. Dazu bieten sich vielfältige Projekte und Aktivitäten, z. B. in Form von Selbstverwaltungsgremien in der Schule, Azubi-Stammtischen, Schülerzeitungen, Ausbildung zur Mentorentätigkeit oder zur Leitung sozialer Gruppenarbeit, zur Mitarbeit in sozialraumbezogenen Interessengruppen, kommunalpolitischen Aktivitäten oder Migrantenselbstorganisationen u.v.a. mehr.

Im Vergleich zur Anzahl der diversen Gremien und Vereine, die sich in Deutschland in den letzten Jahrzehnten insbesondere nach der Einwanderung aus den sogenannten Anwerbeländern Südeuropas entwickelt haben, sind die von Flücht-

---

12 So der Kommentar der Lehrerin Marianne Marheinecke, siehe Berufliche Schule Recycling- und Umwelttechnik – G 8, Hamburg, http://gewerbeschule-8.hamburg.de/aktuelles/ sowie HIBB, Berufliche Bildung Hamburg, Ausgabe Nr. 2, 2015, S. 7.

lingen selbst organisierten Kooperationsstrukturen eher marginal (vgl. Kanalan 2016). Markant ist das Beispiel von »Jugendlichen ohne Grenzen« (JoG). Dieser Verein wurde in Berlin von einer Gruppe junger Geflüchteter initiiert, die es mit Unterstützung einer solidarischen Beratungsstelle und einigen Vereinen geschafft haben, sich inzwischen bundesweit zu organisieren. Mit phantasie- und kraftvollen Kampagnen haben sie den Protest selbst in die Hand genommen, indem sie sich für den Abbau der eingeschränkten Bildungsrechte von geduldeten jungen Flüchtlingen eingesetzt haben, die Abschiebepraxis der Innenminister der Bundesländer öffentlich thematisiert und die Bildungsminister mit umfangreichen Forderungskatalogen konfrontiert haben. Über diese selbstorganisierten Arbeitsstrukturen sind viele junge Flüchtlinge als »Botschafter« in ihren Bundesländern aktiv und tragen dazu bei, dass junge Geflüchtete nicht nur zu passiven Objekten konstruiert werden als Folge gut gemeinter Einsätze vieler Initiativen in der Zivilgesellschaft, die oftmals aus einer rein humanistischen Perspektive erfolgen (ebd.).

7.4 Vom Zusammenhang von Schulsozialarbeit und Schulentwicklung

Aus dem »Umbau« der Berufsvorbereitungsmaßnahmen für junge Geflüchtete vielerorts in Deutschland – Einführung der Ganztagsschulform, Dualisierung der Lernorte Schule und Betrieb, Bildungsbegleitung, Anpassung der Bildungspläne, Unterrichtsthemen und -materialien auf die Berücksichtigung von Lebenslagen etc. im Arbeitsfeld der beruflichen Schulen – stellt sich auch die Aufgabe, die Schulen durch Organisationsberatung und -entwicklung, die Bildung von geeigneten Gremien sowie Fortbildung zu unterstützen, damit die Verzahnung von formaler und non-formaler Bildungsarbeit, von Unterricht und Sozialer Arbeit gelingt.

Dabei müssen insbesondere Funktionalitätsdefizite institutioneller Trennungen kritisch und konstruktiv hinterfragt und der eingeengte Blick der beteiligten Akteure durch Spezialisierung zugunsten einer Abstimmung und Aushandlung von möglichen divergierenden Zielen (Lehre einerseits und Soziale Arbeit andererseits) erweitert werden. Damit ist vor allem eine Diskussion verbunden, in welchem Verständnis von Bildung und in welchen Formaten die Bildungsangebote an den jeweiligen Bildungsorten strukturiert werden sollen, um die Verengung auf rein schulische Lernformen zu überwinden. Schulentwicklungs- und Moderationsbedarf entsteht auch zum Umgang mit Widersprüchen und Paradoxien, die sich aus den unterschiedlichen Rollen der beteiligten Akteure ergeben können und die im pädagogischen Handeln zu erheblichen Irritationen führen (z. B. Leistungsorientierung versus Chancengleichheit). Die Diskussion um die »richtigen« Konzepte erfordert einen produktiven Umgang mit Widersprüchen, in der Offenheit und ein *antinomischer Blick* entwickelt wird. Das beinhaltet, diese Ambivalenzen nicht von vorn herein negativ zu bewerten, sondern sie als Potenzial für die pädagogische Entwicklungsarbeit zu nutzen, indem verschiedene Positionen gleichwertig anerkannt werden, aber in konkreten Situationen mit wechselnder Gewichtung im pädagogischen Handeln zum Einsatz kommen können (Schlömerkemper 2010).

Der schulpolitische Trend geht zur flächendeckenden Einführung von integrierten Ganztagsschulformen, so dass die Fächer- und Zeitrhythmen flexibel geplant werden müssen (dies gilt auch für die Lernphasen im Betrieb) und sich verschiedene Lernformen und projektorientierte Lernprozesse mit Phasen des sozialen Lernens sowie freizeitorientierten Phasen abwechseln sollen, damit eine möglichst ganzheitlich orientierte Bildungsarbeit gelingen kann (Spies/Stecklina 2005, S. 11). Dabei sollte u. a. gewährleistet sein, dass die Aktivitäten der Schülerinnen und Schüler am Vormittag und Nachmittag in einem konzeptionellen Zusammenhang stehen, dass erweiterte Lernangebote, individuelle Fördermaßnahmen und Hausaufgaben in die Konzeption eingebunden und die gemeinsame und individuelle Freizeitgestaltung als pädagogische Aufgabe verbindlich im Konzept enthalten sind (ebd.). Die Herausforderung in der Schulentwicklung zur Verbesserung von formaler Bildung unter den Vorzeichen sozialer Ungleichheit besteht also darin, die Verhältnisbestimmung formaler Bildungsangebote und Sozialer Arbeit (Mack 2017) im Schulkontext neu zu justieren. D. h. auf der einen Seite muss die Themenorientierung von Lebenslagen und Arbeitswelt auf die charakteristischen Anforderungen formaler Bildungsinstitutionen bezogen werden (Lehrpläne, Prüfung und Zertifizierung), auf der anderen Seite müssen förderliche und angemessene Anteile non-formaler und informeller Bildungsmöglichkeiten gewichtet werden, damit ein Wechselspiel aller Bildungsdimensionen zur Kompensation sozialer Disparitäten beitragen kann (ebd.). Ansonsten führt die Bindung des Bildungserfolgs an soziale Herkunft in der Migrationsgesellschaft und besonders unter Bedingungen von Flucht zur erheblichen Exklusion.

Im Kontext der Diskussion um die kommunalen Bildungslandschaften hat der Aspekt der institutionellen Vielfalt und regionalen Vernetzung zunehmend an Bedeutung gewonnen, wonach der formale Bildungsort und informelle Lernwelten als zusammengehöriges Konstrukt innerhalb eines definierten kommunalen Raums begriffen werden (Spies/Stecklina 2015). Der Schulsozialarbeit in dem hier thematisierten Feld der Berufsbildung kommt von daher eine bedeutsame Schnittstellenfunktion auch in der Kooperation mit weiteren externen Akteuren zu, wobei sich die Frage stellt, inwieweit Vernetzungsspielräume aufgrund eingeschränkter Ressourcen, unterschiedlicher Funktionslogiken und dezentraler Organisationsstrukturen etc. an ihre Grenzen stoßen. Insofern hängt es zuletzt auch von der jeweiligen regionalen Einbindung der Schulstandorte ab, welche Formen der Gremienarbeit sich eignen, die Organisationsstruktur des Lernorts Schule sinnvoll zu ergänzen und Wege von einer »verinselten Schulsozialarbeit hin zu ihrer sozialräumlichen Einbettung« zu beschreiben (Bolay/Gutbrod/Flad 2005, S. 34), um einen erweiterten Wissenstransfer zu gestalten sowie Mehrfachzugänge sozialer Angebote für die Jugendlichen zu ermöglichen.

Aus der spezifischen Perspektive der Praxis mit Geflüchteten zeigt sich, dass aufgrund der Zunahme von existierenden Programmen und Angeboten sich inzwischen eine Vielzahl und Vielfalt von Akteuren »auf dem Markt« tummeln, um Geflüchtete zu betreuen, zu begleiten, zu unterrichten, zu coachen usw. Neben den Lehrkräften, dem für Schulsozialarbeit zuständigen Personal und den Betrieben, sind es die Sozialen Dienste in den Wohnunterkünften, Jugendhilfeeinrichtungen, die ehrenamtlichen Begleitsysteme mit Akteuren in verschiedenen Funktionen (Lernbegleiter, Vormünder, externes Coaching zum Übergangsmanagement etc.) sowie Jugendberufsagenturen und zahlreiche andere Anbieter möglicher Anschlussmaßnahmen. Dieses Feld wird oftmals als intransparent wahrgenommen. Es kommt zu Mehrfachbetreuung und es werden widersprüchliche Strategien in der Beratung verfolgt, die nicht selten bei Geflüchteten (und ihren Familien) zu erheblichen Irritationen führen.

Zur Klärung der Arbeitsteilung und Fragen der Fallführung könnte die Installierung schülerbezogener Fallkonferenzen eine Möglichkeit innerhalb der schulischen Organisationsentwicklung sein, um die Vernetzung auch mit extern beteiligten Begleiterinnen und Begleitern zu stärken. Dabei können aus interdisziplinärer und multiprofessioneller Perspektive die Situation der Schülerinnen und Schüler eingeschätzt, Probleme gebündelt und weitere Vorgehensweisen in Bezug auf die Begleitung und Unterstützung in der Schule und im Betrieb getroffen werden. Verbindliche Zielvereinbarungen können dazu beitragen, die diversen Rollen der beteiligten Akteure zu klären und sie somit auch gegenüber den Flüchtlingen transparent und verlässlich zu gestalten.

Hinsichtlich der umfassenden Anforderungen der Schulentwicklung in Bezug auf die Verzahnung verschiedener Teildisziplinen sowie die Vernetzung im Feld der berufsbildenden Schulen und des Übergangsmanagements – noch dazu in heterogenen Trägerstrukturen – stellt sich außerdem der dringende Bedarf an fundierter wissenschaftlicher Beratung und Begleitung, um die interdisziplinäre Zusammenarbeit von Sozialpädagogik, Berufspädagogik sowie Sonder- und Förderpädagogik mit Blick auf die hier thematisierte Zielgruppe zu fundieren (Bauer 2017).

Literatur

Autorengruppe Bildungsberichterstattung (2016): Bildung in Deutschland 2016. Ein indikatorengestützter Bericht mit einer Analyse zu Bildung und Migration. Bielefeld: Bertelsmann.

Azazmah, Jasmin für den Arbeitskreis Grünbuch 1.0 (2016): »Wir zeigen Courage«. Grünbuch 1.0 zur Flüchtlingskonferenz der schleswig-holsteinischen Landesregierung 2016. Kiel: Flüchtlingsrat Schleswig-Holstein e.V.

Bauer, Petra (2017): Soziale Arbeit an berufsbildenden Schulen. In: Hollenstein, Erich; Nieslony, Frank; Speck, Karsten; Olk, Thomas (Hrsg.): Handbuch der Schulsozialarbeit. Band 1. Weinheim: Beltz Juventa, S. 128–136.

BMFSFJ Bundesministerium für Familie, Senioren, Frauen und Jugend (2017): 15. Kinder- und Jugendbericht. Bericht über die Lebenssituation junger Menschen und die Leistungen der Kinder- und Jugendhilfe in Deutschland. Berlin.

Bolay, Eberhard (2004): Überlegungen zu einer lebensweltorientierten Schulsozialarbeit. In: Grundwald, Klaus; Thiersch, Hans (Hrsg.): Praxis Lebensweltorientierter Sozialer Arbeit. Handlungszugänge und Methoden in unterschiedlichen Arbeitsfeldern. Weinheim, München, S. 147–162.

Bolay, Eberhard; Gutbrod, Heiner; Flad, Carola (2005): Schulsozialarbeit – Impulse für die Ganztagsschule. In: Spies, Anke; Stecklina, Gerd (Hrsg.): Die Ganztagsschule. Band 2: Keine Chance ohne Kooperation – Handlungsformen und institutionelle Bedingungen. Bad Heilbrunn: Klinkhardt, S. 22–42.

Bürgerschaft der Freien und Hansestadt Hamburg (2015): Schulabschluss und Ausbildungsvorbereitung für jugendliche Flüchtlinge. Drs. 21/1953 vom 16.10.2015.

Bürgerschaft der Freien und Hansestadt Hamburg (2017): Stellungnahme des Senats zu dem Ersuchen der Bürgerschaft vom 11. November 2015 »Schulabschluss und Ausbildungsvorbereitung für jugendliche Flüchtlinge« (Drucksache 21/1953). Drs. 21/7872 vom 07.02.2017.

BumF – Bundesfachverband unbegleitete minderjährige Flüchtlinge (2017): Arbeitshilfe zur Beantragung von Hilfen für junge Volljährige. Berlin. http://www.b-umf.de/images/Hilfen¬_fuer_junge_Volljaehrige_Arbeitshilfe_2017.pdf. Zugriff: 11.05.2017

Eralp, Hülya; Panesar, Rita (2015): Barrieren abbauen. Bedarfsanalyse zur Teilhabe von Frauen mit Migrationshintergrund am Hamburger Arbeitsmarkt. Hamburg: Koordinierungsstelle Weiterbildung e.V.

Gag, Maren (2014): Netzwerkformationen zur Gestaltung pädagogischer Praxis und fachpolitischer Interessenvertretung. In: Gag, Maren; Voges, Franziska (Hrsg.): Inklusion auf Raten. Zur Teilhabe von Flüchtlingen an Ausbildung und Arbeit. Münster: Waxmann, S. 280–300.

Gag, Maren; Schroeder, Joachim (2012): Refugee Monitoring. Zur Situation junger Flüchtlinge im Hamburger Übergangssystem Schule/Beruf. Hamburg: passage gGmbH.

Gag, Maren; Voges, Franziska (Hrsg.) (2014): Inklusion auf Raten. Zur Teilhabe von Flüchtlingen an Ausbildung und Arbeit. Münster: Waxmann.

Gottschalk, Franziska (2014): Übergänge gestalten. Junge Flüchtlinge an der Schwelle von der Schule in den Beruf. In: Gag, Maren; Voges, Franziska (Hrsg.): Inklusion auf Raten. Zur Teilhabe von Flüchtlingen an Ausbildung und Arbeit. Münster: Waxmann, S. 219–235.

Grote, Janne; Vollmer, Michael (2016): Wechsel zwischen Aufenthaltstiteln und Aufenthaltszwecken in Deutschland. Nürnberg: Bundesamt für Migration und Flüchtlinge.

HIBB Hamburger Institut für Berufliche Bildung (2017): Berufliche Bildungswege 2017. Hamburg.

Hiller, Gotthilf Gerhard; Stein, Christine (2007): Durchblick im Alltag 1. Tipps, Informationen und Arbeitsmaterial für junge Leute und ihre Begleiter/innen. Berlin: Cornelsen Verlag.

Hocke, Norbert; Kleff, Sanem (2017): Die Rolle der Schulsozialarbeit in der Menschenrechtserziehung. Berlin: Bundeskoordination Schule ohne Rassismus – Schule mit Courage in der Trägerschaft des Aktion Courage e.V.

Käppler, Susanne; Würfel, Gisela (2017): Der geschlechterbezogene Blick. Weder differenzblind noch differenzfixiert sein. In: Seibold, Claudia; Würfel, Gisela (Hrsg.): Soziale Arbeit mit jungen Geflüchteten in der Schule. Weinheim: Beltz Juventa, S. 25–38.

Kanalan, Ibrahim (2016): Jugendliche ohne Grenzen: Zehn Jahr Proteste und Kämpfe von geflüchteten Jugendlichen – Creating Utopia? In: Drücker, Ansgar; Seng, Sebastian; Töbel, Sebastian (Hrsg.): Geflüchtete, Flucht und Asyl. Texte zu gesellschaftlichen Rahmenbedingungen, Flucht und Lebensrealitäten, rassistischen Mobilisierungen, Selbstorganisation, Empowerment und Jugendarbeit. Düsseldorf: IDA Informations- und Dokumentationszentrum für Antirassismusarbeit e.V., S. 83–88.

Karakaşoğlu-Aydin, Yasemin; Neumann, Ursula (2001): Bildungsinländerinnen und Bildungsinländer. Situation, Datenlage und bildungspolitische Anregungen. In: BMBF (Hrsg.) Bildung und Qualifizierung von Migranten und Migrantinnen. Anhörung des Forum Bildung am 21. Juni 2001 in Berlin, erschienen in der Reihe: Materialien des Forum Bildung 11/2001, S. 61–74.

Lewek, Mirjam; Naber, Adam (2017): Kindheit im Wartezustand. Studie zur Situation von Kindern und Jugendlichen in Flüchtlingsunterkünften in Deutschland. Berlin: Bundesfachverband für Unbegleitete Minderjährige Flüchtlinge e.V.

Mack, Wolfgang (2017): Non-formale und informelle Bildung in der Schulsozialarbeit. In: Hollenstein, Erich; Nieslony, Frank; Speck, Karsten; Olk, Thomas (Hrsg.): Handbuch der Schulsozialarbeit. Band 1. Weinheim: Beltz Juventa, S. 24–32.
Schlömerkemper, Jörg (2010): Antinomien in Schulentwicklungsprozessen. In: Bohl, Thorsten; Helsper, Werner; Holtappels, Heinz Günter; Schelle, Carla (Hrsg.): Handbuch Schulentwicklung. Bad Heilbrunn: Klinkhardt-UTB, S. 288–291.
Schroeder, Joachim (1998): Zwischen Scham und Beschämung. Anregungen für einen lebensweltorientieren Unterricht mit Flüchtlingsjugendlichen. In: Corinna Carstensen, Ursula Neumann, Joachim Schroeder (Hrsg.): Movies – Junge Flüchtlinge in der Schule. Hamburg: Bergmann+Helbig Verlag, S. 75–95.
Schroeder, Joachim (2004): Schulsozialarbeit als Beitrag zu einer interkulturellen Sozialpädagogik. In: Handbuch Kooperation von Jugendhilfe und Schule. Ein Leitfaden für Praxisreflexionen, theoretische Verortungen und Forschungsfragen. Herausgegeben von Birger Hartnuß und Stephan Maykus. Berlin: Deutscher Verein für öffentliche und private Vorsorge 2004, S. 458–475.
Schroeder, Joachim (2013): Interkulturelle Schulsozialarbeit. In: Körner, Wilhelm; Irdem, Gülcan; Bauer, Ullrich (Hrsg.): Psycho-soziale Beratung von Migranten. Stuttgart: Verlag W. Kohlhammer 2013, S. 171–179.
Schroeder, Joachim (2014): Der Forschungsstand zum »Fluchtort« Hamburg. Überblick, Desiderate, Thesen und Empfehlungen. In: Gag, Maren; Voges, Franziska (Hrsg.): Inklusion auf Raten. Zur Teilhabe von Flüchtlingen an Ausbildung und Arbeitsmarkt. Münster: Waxmann, S. 15–28.
Schroeder, Joachim; Seukwa, Louis Henri (2007): Flucht Bildung Arbeit. Fallstudien zur beruflichen Qualifizierung von Flüchtlingen. Karlsruhe: von Loeper.
Schroeder, Joachim; Storz, Michael (1994): Einmischungen. Alltagsbegleitung junger Menschen in riskanten Lebenslagen Langenau-Ulm: Armin Vaas.
Seukwa, Louis Henri (2006): Der Habitus der Überlebenskunst. Zum Verhältnis von Kompetenz und Migration im Spiegel von Flüchtlingsbiografien. Münster: Waxmann.
Spies, Anke; Stecklina, Gerd (2005): Aktuelle Entwicklungen von Ganztagsschule und Jugendhilfe – Zugang. In: Dies. (Hrsg.): Die Ganztagsschule. Band 1: Dimensionen und Reichweiten des Entwicklungsbedarfs. Bad Heilbrunn: Klinkhardt, S. 8–21.
Spies, Anke; Stecklina, Gerd (2015): Pädagogik. Studienbuch für pädagogische und soziale Berufe. München Basel: Ernst Reinhardt Verlag.
Sting, Stephan (2005): Bildung jenseits der Schule? Perspektiven zur Förderung von Bildungsprozessen in der Jugendhilfe. In: Spies, Anke; Stecklina, Gerd (Hrsg.): Die Ganztagsschule. Band 1: Dimensionen und Reichweiten des Entwicklungsbedarfs. Bad Heilbrunn: Klinkhardt, S. 22–34.
Weiser, Barbara (2017): Aufenthalt und Schulbesuch. Basisinformation zu rechtlichen Fragen. In: Seibold, Claudia; Würfel, Gisela (Hrsg.): Soziale Arbeit mit jungen Geflüchteten in der Schule. Weinheim: Beltz Juventa, S. 62–70.

8 Die Gesellschafts- und Weltverwicklungen zum Thema machen – Alternativen zur Vermittlung von Regeln und Landeskunde »Deutschland« im gesellschaftskundlichen Unterricht mit geflüchteten Jugendlichen in der Ausbildungsvorbereitung

Frauke Meyer

8.1 Landes- und Gesellschaftskunde in der Ausbildungs- und Berufsvorbereitung

Elemente einer landes- und gesellschaftskundlichen Bildung sind an beruflichen Schulen mehr oder weniger explizit in den je nach Bundesland unterschiedlich benannten Fächern Politik, Sozialkunde, Gemeinschaftskunde, Gesellschaftskunde oder Wirtschaft und Gesellschaft/Werte und Normen integriert. In diesen Fächern wird üblicherweise sowohl Wissen vermittelt (z. B. zur Geografie, Geschichte und Politik Deutschlands) als auch kritisches Reflektieren und Meinungsbildung geübt (z. B. in der Auseinandersetzung mit gesellschaftlichen Widersprüchen, demokratischer Meinungsbildung, unterschiedlichen Religionen und Werthaltungen in der Schülerschaft, globalen Entwicklungen).

Man kann sich fragen, ob eine gesellschaftskundliche Bildung an beruflichen Schulen (noch) notwendig ist, sollen die Schülerinnen und Schüler doch auf eine Ausbildung bzw. das Arbeitsleben vorbereitet werden. Dafür, so könnte man argumentieren, sind berufs- bzw. arbeitsbezogene Themen und Lerninhalte wichtiger als allgemeinbildende.

Zu dieser Frage wird seit Jahrzehnten in Theorie und betrieblicher wie schulischer Praxis gestritten. Während die einen den Ausbau des berufsbezogenen Unterrichts zulasten der Allgemeinbildung insbesondere aufgrund der wachsenden technischen und sozial-personalen Anforderungen in vielen Ausbildungsberufen befürworten, sehen andere in der Präferenz für den beruflichen Kontext die Gefahr einer potentiell einseitigen, da nur auf die Beruflichkeit ausgerichteten, Bildung und plädieren für eine zwar an den Interessen der Schülerinnen und Schüler ansetzende, aber dennoch »klassische« Allgemeinbildung (z. B. zum Deutschunterricht: Grundmann 2008, S. 118). Die nächsten sehen den Sinn und Zweck der allgemeinbildenden Fächer in deren Potential, dem berufsbezogenen Unterricht zuzuarbeiten und befürworten entsprechende Unterrichtsmodelle wie den Lernfeld-Unterricht. Dort ergänzen allgemeinbildende Fächer den berufsbezogenen Unterricht, indem sie berufliche Belange aufgreifen und vertiefen (z. B. eine arbeitsmarktpolitische Ausrichtung des Gesellschaftskundeunterrichts).

Wieder andere sehen in den allgemeinbildenden Fächern die Möglichkeit, nachholende Grundbildungsangebote sowie Themen zur Lebensbewältigung und -führung an den beruflichen Schulen zu verankern (vgl. Schelten 2008, S. 46). Dieser Bedarf besteht insbesondere in der Berufs- bzw. Ausbildungsvorbereitung, aber auch in dualen Ausbildungsgängen, in die benachteiligte Jugendliche einmünden. Es ist daher wenig verwunderlich, dass in vielen Bundesländern die allgemeinbildenden Unterrichtsfächer in den berufs- und ausbildungsvorbereitenden Bildungsangeboten sowohl auf nachholende Grundbildung und Lebensbewältigung als auch auf die Ergänzung berufsbezogener Lerninhalte zielen. Ferner erhält der Lernort Betrieb eine zunehmende Bedeutung, mancherorts ist die Ausbildungsvorbereitung inzwischen dualisiert worden (z. B. Hamburg, Hessen, Nordrhein-Westfalen).

Diese Tendenz befördert zusätzlich die erwähnte Verzahnung von berufsbezogenen und allgemeinbildenden Unterrichtsfächern wie Mathematik und Deutsch. Vielen Jugendlichen werden abstrakte Lerninhalte durch den konkreten Berufsbezug nachvollziehbar, oft kann auch eine Steigerung der Lernmotivation festgestellt werden: das Gelernte erweitert meist direkt die Handlungsfähigkeit am Arbeitsplatz und der Kompetenzzuwachs durch theoretische Lerninhalte ist für die Einzelnen erlebbar. Der berufliche bzw. arbeitsweltliche Bezug kann somit gerade »schulmüden« oder im klassischen schulischen Lernsetting bisher wenig erfolgreichen Jugendlichen einen (neuen) Zugang zum Lernen bieten.

In ähnlicher Weise können gesellschaftskundliche Themen die Jugendlichen stärken, etwa, indem sie sich auf deren Lebenswelten und -lagen beziehen oder zur Bearbeitung ihrer bestehenden Fragen oder Probleme beitragen. In einem solchen Gesellschaftskundeunterricht können Jugendliche Wissen und Handlungskompetenzen erwerben oder ausbauen, die ihnen bei der Bewältigung ihres Alltags helfen. Dazu ist es für Lehrkräfte unumgänglich, dass sie sich ausführlich und wertschätzend mit den Lebenswelten, den Persönlichkeiten der Jugendlichen und ihren Anliegen, Träumen und Wünschen befassen, bevor sie Lernziele festlegen, den Unterricht planen und Material suchen oder entwickeln.

In der Politikdidaktik ist es Konsens, dass gesellschaftskundliche Themen mit den Lernenden diskutiert werden sollen. Ziel ist es, die Schüler und Schülerinnen u. a. zu befähigen, komplexe gesellschaftliche Zusammenhänge zu hinterfragen, sie zu beurteilen und schließlich selbstständig und verantwortlich an der Gesellschaft zu partizipieren. Dazu gehört auch die konstruktive Einbeziehung aller in der Schülerschaft vertretener religiöser, sprachlicher, weltanschaulicher und soziokultureller Hintergründe (vgl. z. B. Freie und Hansestadt Hamburg 2003, S. 3). Weiter sollen die Schüler und Schülerinnen eigene Wertvorstellungen, Weltanschauungen, Weltdeutungen und Orientierungen reflektieren, mit anderen kontrastieren, die eigene Wahrnehmungsfähigkeit erweitern, die Begrenztheit von Interpretationsmustern für komplexe gesellschaftliche Verhältnisse sowie die Abhängigkeit von Deutungen vom eigenen Standpunkt erkennen, den Umgang mit Grenzsituationen entwickeln und gesellschaftliche Herausforderungen unter Berücksichtigung der Menschenrechte bewerten (vgl. z. B. Niedersächsisches Kultusministerium 2011).

Es geht also in den gesellschaftskundlichen Fächern nicht darum, die Schüler und Schülerinnen zu einer als richtig empfundenen Haltung oder Meinung zu belehren und ihnen diese aufzudrängen. Vielmehr geht es darum, dass die Lernenden ihre Persönlichkeit sowie ihre Urteils- und Handlungsfähigkeit innerhalb der Gesellschaft (weiter-)entwickeln können. Damit kann Gesellschaftskunde zum Ausbau sozialer Kompetenzen (z. B. Kommunikations- und Konfliktfähigkeit, Ambiguitätstoleranz, Empathie- und Teamfähigkeit), zum Einüben eines situativ angemessenen Verhaltens bei der Äußerung von Meinungen oder dem Einfordern von Rechten beitragen, Fähigkeiten, die nicht nur zur Alltagsbewältigung, sondern auch im Berufsleben von Nutzen sind.

Im Hinblick auf geflüchtete Jugendliche bietet der Gesellschaftskundeunterricht vielfältige Möglichkeiten, diese Jugendlichen in ihren besonderen Lebenslagen zu unterstützen. So könnte der Politikunterricht Informationen zum deutschen Ausbildungs- wie Rechtssystem liefern. Geflüchtete Jugendliche könnten ihre Erfahrungen mit und in diesen Systemen austauschen und ein Selfempowerment etablieren, ihre beruflichen und sonstigen Perspektiven ausloten, sie könnten üben, wie sie ihre Rechte (z. B. auf Behörden, aber auch in der Schule und im Betrieb) vertreten können und sie könnten sich zu ihren Perspektiven auf »Deutschland«, »Europa« oder ihre Herkunftsländer austauschen. Ebenso kann der Gesellschaftskundeunterricht geflüchteten Jugendlichen ein Forum zu Themen bieten wie Sexualität/ Liebe, Gesundheit, Rassismus/Diskriminierung, Männlich- und Weiblichkeiten, Orientierung in einer neuen Umgebung, Suche nach Halt und Erwachsenwerden in schwierigsten und oft verunsichernden Lebenssituationen. Im Kontext dieser Themen hätten Jugendliche wie Lehrkräfte die Möglichkeit, unterschiedliche individuelle Werthaltungen bzw. Meinungen zu äußern und kennenzulernen, sich in Toleranz und Respekt gegenüber Differenzen und Dissens zu üben, aber auch Gemeinsamkeiten zu entdecken und eigene Gewohnheiten bzgl. Wahrnehmung und Interpretation gesellschaftlicher Phänomene aufzudecken. Gemeinsam könnten Jugendliche und Lehrkräfte an ihren Vorstellungen zum jeweils »Anderen«, an Missverständnissen und Vorurteilen arbeiten.

Damit könnte der Politikunterricht an beruflichen Schulen nicht nur einen Beitrag zur beruflichen Orientierung und zur Bewältigung schwierigster Lebenslagen leisten, sondern auch Lernende wie Lehrende zur Reflektion gelernter Wahrnehmungs- und Deutungsmuster hinsichtlich »fremder« oder »anderer« Gewohnheiten, Lebensentwürfe, Familienmodelle, Vorstellungen zu Geschlechterrollen usw. anregen.

Leider ist das für Geflüchtete derzeit nicht selbstverständlich. Spätestens seit den sexualisierten Gewalttaten in mehreren deutschen Großstädten zu Silvester 2015/ 16 ist nicht nur der Ruf nach einer *Unterweisung der Geflüchteten* in *den deutschen Werten und Normen* bzw. *den Regeln* für das Zusammenleben in Deutschland laut geworden, sondern diese Forderung ist nahezu sofort in Curricula und Lehrpläne für Geflüchtete aller Altersstufen übernommen worden. Irritierend daran ist einerseits die Geschwindigkeit der Umsetzung, dauert es doch sonst oft Jahre, bis Lehrpläne geändert oder Lehrbücher um einen Inhalt ergänzt werden. Andererseits ist der Anspruch, Geflüchteten »deutsche« Werte und Normen *vermitteln* zu wollen, irritierend, widerspricht er doch eindeutig den sonst üblichen fachdidaktischen Ausrichtungen und Lernzielen in gesellschaftskundlichen Fächern. Ferner ist die Gewissheit, mit der davon ausgegangen wird, *alle* Geflüchteten hätten vom »Deutschen« abweichende Werthaltungen, genauer zu betrachten.

Im Folgenden werde ich exemplarisch auf seit Anfang 2016 entwickelte Lehrmaterialien für den gesellschaftskundlichen Unterricht mit Geflüchteten eingehen und aufzeigen, welche Perspektiven dort zugrunde gelegt werden und warum eine *Vermittlung* von Regeln bzw. Werten und Normen wenig zielführend ist. Daran anschließend benenne ich Gelingensbedingungen für einen offenen/kritischen Politikunterricht mit Geflüchteten und gebe einige Anregungen für die Unterrichtsgestaltung.

8.2 Weiße Vorherrschaft in Lehr- und Unterrichtsmaterialien: Warum der Ruf nach Regelkenntnissen in *den deutschen Werten und Normen* nicht zielführend ist

Wie erwähnt, haben die sexualisierten Straftaten aus der Silvesternacht 2015/16 zu einer recht hektischen Änderung von Lehrplänen geführt. Das Bundesamt für Migration und Flüchtlinge (BAMF) hat Anfang 2016 eine Unterweisung in als »deutsch« imaginierten Werten und Normen in die Sprach- und Integrationskurse des Bundesamts verpflichtend eingeführt und mehrere Bundesländer haben das Thema »Regeln für das Zusammenleben in Deutschland« bzw. Werte und Normen umgehend in Curricula und/oder Lehrmaterialien für geflüchtete Kinder und Jugendliche überführt.

Da das BAMF sein in Kooperation mit dem Bayerischen Staatsministerium (STMAS) entwickeltes Unterrichtskonzept zur Wertebildung zum einen Berufsschulen direkt als Orientierung empfohlen hat und zum anderen nunmehr ein wertebildendes Konzept für die Zulassung von DaZ-Lehrwerken für die Integrationskurse vom BAMF verpflichtend vorgeschrieben ist und viele dieser Lehrwerke mangels Alternativen in der Ausbildungsvorbereitung für geflüchtete Jugendliche eingesetzt werden, ist es lohnend, die dem Konzept zugrundeliegenden didaktisierten Perspektiven auf *die Geflüchteten* (und implizit *die Deutschen*) genauer zu betrachten. Ich tue dies im Folgenden am Beispiel der vom BAMF und STMAS vorgeschlagenen Redemittel zur Gleichberechtigung von Mann und Frau, weil das Thema zum Schlüsselthema nach jener Silvesternacht avanciert ist, aber auch unabhängig davon im Unterricht sowie in pädagogischen Fachgesprächen immer wieder auftaucht. Sie lauten:

> »Männer und Frauen sind gleichberechtigt. Männer und Frauen arbeiten. Wir unterstützen uns gegenseitig (gemeint ist die Arbeitsteilung im Haushalt). [...] Frauen sind privat und beruflich unabhängig.« (STMAS/BAMF 2016, S. 47)

Hier scheint es so, als seien Gleichberechtigung und Gleichstellung von Mann und Frau in Deutschland bereits vollständig umgesetzt. Dass das aber trotz entsprechender Gesetze z. B. auf dem Arbeitsmarkt bei Weitem nicht der Fall ist, wäre mindestens von den Lehrkräften während der Unterrichtsvorbereitung zu reflektieren. Denn die Redemittel transportieren – wie ich nachfolgend zeigen werde – fixe, hegemoniale Bilder von Deutschland und den Herkunftsländern Geflüchteter.

Die Setzung des »wir« im Satz »wir unterstützen uns gegenseitig« suggeriert, dass es ein »ihr« – die Anderen oder die Geflüchteten – gäbe, die das nicht tun. Eine andere Lesart wäre, dass mit diesem Satz das Lernziel, Mann und Frau unterstützen sich in allen Arbeiten, im Sinne eines Merksatzes oder einer Regel für alle unterstrichen werden soll. Abgesehen davon, dass das infantilisierend wirkt, wäre dann jedoch wenigstens im Unterricht zu diskutieren, ob und warum aus welcher Position heraus eine gegenseitige Unterstützung sinnvoll ist, welche Erfahrungen Lehrkräfte wie Lernende mit zwischen den Geschlechtern geteilten Aufgaben haben und wie die Einzelnen aus ihren unterschiedlichen Positionen heraus Geschlechterrollen im Hinblick auf Familien- und Erwerbsarbeit sehen.

Das wäre eine grundlegende Auseinandersetzung mit Geschlechterrollen, die unterschiedliche Positionierungen einbezieht und in deren Folge sich Werthaltungen (weiter-)entwickeln könnten. Vermittelt man indes die den zitierten Redemitteln zugrunde gelegte Haltung, in Deutschland sei Gleichberechtigung die Norm, gibt man ein idealisiertes Bild von den Geschlechterverhältnissen in der Bundesrepublik und letztlich ein idealisiertes Deutschlandbild weiter. Die vielschichtige Realität wird verdeckt und Widersprüche werden systematisch außer Acht gelassen. Das stabilisiert die Vorstellung, in Deutschland sei die Gesellschaft – im Gegensatz zu den Herkunftsländern Geflüchteter – modern, fortschrittlich und emanzipiert. Auf diese Weise wird die in der sozialwissenschaftlichen Forschung seit Jahrzehnten problematisierte Dichotomie vom fortschrittlichen Westen versus den traditionellen Rest (vgl. Hall 1994) erneut reproduziert und festgeschrieben. In Bezug auf die Geschlechterrollen erscheinen Männer und Frauen in Deutschland dann grundsätzlich als emanzipiert, während die »Anderen« per se zu Patriarchen bzw. Unterdrückten werden.

Die Neuausgabe des auch an beruflichen Schulen oft genutzten Lehrwerks *Schritte Plus* setzt auf eine funktionale Vermittlung von Werten und Normen, integriert die Wertevermittlung also ohne deren besondere Explikation in die einzelnen Lektionen. Marion Grein, wissenschaftliche Mitarbeiterin an der Universität Mainz und Leiterin des dortigen DaZ-Studiengangs, hat dieses Konzept untersucht und der Verlag führt ihren Text unter dem Link »Werte und Normenvermittlung« als Nachweis für die Umsetzung der BAMF-Vorgaben an (https://¬www.hueber.de/media/36/Wertevermittlung_im_DaZ-Unterricht.pdf). Es ist somit anzunehmen, dass Lehrkräfte sich an Greins Ausführungen bei der Unterrichtsplanung orientieren werden.

Grein zufolge vermittelt das Lehrwerk *Schritte Plus* sowohl über das Bild- als auch über das Textmaterial den Wert »Gleichberechtigung von Mann und Frau« (vgl. Grein 2016, S. 5). Eine der ersten von ihr für die funktionale Vermittlung von Gleichberechtigung angeführten Abbildungen zeigt Tom und Lara, beide weiß und von der Kleidung einem eher akademisch-studentischen Milieu zugehörig. Im Lehrbuchtext erfährt man, dass die beiden an einem Deutschkurs teilnehmen und ihre Pause zusammen in einem Park verbringen. Blättert man im Lehrbuch etwas weiter, entsteht der Eindruck, dass die beiden möglicherweise ein Paar werden.

8.2 Weiße Vorherrschaft in Lehr- und Unterrichtsmaterialien

Auf dem hier relevanten Foto sitzen Tom und Lara ca. 50 cm voneinander entfernt, aber einander zugewandt auf einer Bank an einem Gewässer, essen Brezeln und zeigen sich gegenseitig Handyfotos. Dieses Bild visualisiere – so Grein – den »lockeren Umgang der Geschlechter« miteinander (vgl. Grein 2016, S. 6). Die implizite Botschaft, woanders sei ein Zusammensitzen auf einer öffentlichen Bank für Mann und Frau nicht möglich, ist irreführend. Verheiratete oder Verwandte verschiedenen Geschlechts können sich auch in sehr restriktiven Ländern wie Iran oder Saudi-Arabien zusammen in der Öffentlichkeit zeigen.

Selbst unverheirateten und nicht verwandten Paaren ist es auch in Ländern mit einer offiziellen Geschlechtertrennung möglich, zusammen auf einer Bank zu sitzen und auf ihren Handys Fotos anzuschauen. Es ist eine gängige Praxis junger Menschen, sich etwa unter einem Vorwand oder einer »Tarnung« als Verwandte an öffentlichen Plätzen wie zufällig zu treffen und so bestehende Verbote bzw. Sittsamkeitsvorstellungen zu unterwandern (vgl. z. B. Minai 1991; der Film *Halal Love* zeigt solche Praktiken und Strategien bzgl. heterosexueller Liebe auf humorvolle und jugendgerechte Weise).[1] Das heißt nicht, es gäbe keine restriktiven Geschlechtertrennungen oder andere Vorstellungen zur Präsenz von Frauen und Männern in der Öffentlichkeit.

Abb. 8.1: Tom und Lara auf einer Parkbank, Quelle: Schritte Plus Neu 2016, S. 23

Die Interpretation der doch recht harmlosen Abbildung der beiden jungen Leute als Darstellung »unseres« lockeren Geschlechterverhältnisses zeigt jedoch weniger »deutsche« oder »westliche« Geschlechterverhältnisse, als vielmehr die didaktisierte Perspektive der Autorin auf »die Anderen«: Sie geht von einem grundlegenden Anderssein der Herkunftsgesellschaften von vermutlich als muslimisch imaginierten DaZ-Lernenden aus. Dort herrsche eine totale Geschlechtertrennung im öffentlichen Leben. Folglich sei das Zusammensitzen von Mann und Frau auf einer öffentlichen Bank für die Lernenden undenkbar und sie sähen nun etwas ganz

---

1 Für die Unterrichtsvorbereitung empfiehlt es sich, sich mit der Entwicklung von »freier Liebe« und »vorehelichem Sex« in Deutschland und anderen europäischen Ländern zu beschäftigen. Es ist nicht so lange her, in manchen katholischen Gegenden auch heute noch üblich, dass sich jugendliche Frauen und Männer nicht offiziell verabreden, sondern »zufällig« treffen.

Neues, sie eventuell Schockierendes, nämlich einen Mann und eine Frau gemeinsam auf einer öffentlichen Bank sitzend. Eine solche dichotome Sichtweise lässt eine kritische Auseinandersetzung mit den in Deutschland und anderswo bestehenden Geschlechterverhältnissen, dem eigenen Geschlechterverständnis sowie den vielgestaltigen individuellen Perspektiven auf Geschlechterrollen nicht zu.

Wenig zielführend ist überdies, wenn die Autorin die Lektion zur Berufswelt als funktionale Vermittlung von Gleichstellung in der Arbeitswelt didaktisiert. Anhand der Abbildungen – eine weiße Ärztin, ein weißer Mechatroniker, eine weiße Polizistin, eine weiße – und aufgrund ihrer Kleidung sowie des Blumen- und Fruchtarrangements in ihrer Küche vermutlich der gehobenen Mittelschicht angehörenden – Hausfrau und ein weißer Krankenpfleger – sowie der Lektion zu einer alleinerziehenden Physiotherapeutin werde vermittelt, dass »Frauen durchaus auch Ärztinnen, Polizistinnen und Psychotherapeutinnen [sic!]« sein könnten (Grein 2016, S. 12). Erneut wird unterstellt, in den Herkunftsländern der Lernenden könnten Frauen nicht in diesen Berufen arbeiten. In vielen Herkunftsländern – auch in muslimischen wie z. B. Afghanistan, Marokko, Ägypten oder Iran – sind Frauen als Polizistinnen tätig, wenngleich nicht überall im Land und in der Öffentlichkeit präsent. Ärztinnen und Physiotherapeutinnen arbeiten ebenfalls in allen muslimischen Ländern und stellen in konservativen Gegenden oft die medizinische Versorgung von Frauen sicher, jedoch ist es in ländlichen Gebieten manchmal für jegliches Geschlecht nicht gut um die medizinische Versorgung bestellt.

Dennoch ist es richtig, dass viele Frauen in muslimischen Ländern nicht offiziell erwerbstätig sind. Viele haben keine oder nur eine unvollständige (Aus-)Bildung. Gleichwohl arbeiten sehr viele, insbesondere ärmere, Frauen in muslimischen Ländern informell, sei es im Familienbetrieb, in der Landwirtschaft oder als »Dienstmädchen« und Reinigungskraft in den Haushalten der Mittel- und Oberschichten. Auch viele Männer der unteren Schichten oder aus ethnischen Minderheiten sind des Öfteren nicht oder nur kurz zur Schule gegangen und können deshalb auch in den Herkunftsländern nicht als Arzt, Polizist, Krankenpfleger oder Physiotherapeut arbeiten. In Deutschland ist es um die Umsetzung der allgemeinen Schulpflicht zwar generell besser bestellt, doch ist auch hier die ineinandergreifende Wirkung von u. a. Ethnizität, Klasse, Geschlecht, Religion im Schul- und Ausbildungswesen wie auf dem Arbeitsmarkt bekannt. In diesem Kontext könnte man fragen, warum das Lehrbuch keine Kfz-Mechanikerin oder einen Hausmann zeigt und warum alle abgebildeten Personen weiß, schlank und nach Mittelschichtsnormen gekleidet sind.

Hierzulande sollte man auch nicht vergessen, dass in manchen muslimischen Ländern bereits Gleichstellungsgesetze erlassen wurden, als Frauen in Deutschland noch ihrem Ehemann nachgeordnet wurden.[2]

Die Frage nach den Geschlechterrollen kann durchaus im Politikunterricht behandelt werden. Dazu müssen sich Lehrkräfte aber dezidierter mit Machtverhält-

---

2 Tunesien hat z. B. ab 1957 eines der damals modernsten Ehegesetze erlassen, das Frauen u. a. dasselbe Recht auf Ausbildung und Berufstätigkeit wie Männern zusprach. Verheiratete Frauen mussten in Deutschland ihren Ehemann noch bis 1976 um Erlaubnis bitten, wenn sie berufstätig sein wollten.

nissen und gesellschaftlicher Vielgestaltigkeit in Deutschland und den Herkunftsländern geflüchteter Jugendlicher auseinander setzen oder ggf. gemeinsam mit ihnen recherchieren.

Obwohl Grein sich gegen die Vermittlung von Regeln im Werte- und Normenunterricht ausspricht, hat ihre Didaktisierung der Abbildungen und Texte im Lehrwerk genau diese Wirkung. Ebenso wie in der direkten Vermittlung von Regeln lernen geflüchtete Jugendliche und Erwachsene hier, wie es (vermeintlich) in Deutschland *ist* und wie es in ihren Herkunftsländern angeblich nicht ist. Sie erhalten keine Gelegenheit, ihre vorhandenen Sichtweisen, Erfahrungen, Haltungen, Beobachtungen und Interpretationen zu diesem oder jenem gesellschaftlichen Phänomen zu äußern, sich zu positionieren, andere Positionen kennenzulernen oder eine Vorstellung von der Vielschichtigkeit, Uneindeutigkeit und dem stetigen Wandel gesellschaftlicher Phänomene zu entwickeln.

Nicht viel besser ist der *Refugee Guide*, den weiße deutsche ehrenamtliche »Helfer« und »Helferinnen« im Herbst 2015 in Zusammenarbeit mit Eingewanderten und Geflüchteten entwickelt haben. Abgesehen von zwei Abschnitten zur »Gleichberechtigung der Geschlechter« und den »persönlichen Freiheiten« in Deutschland behandelt der *Refugee Guide* vor allem alltägliche Vorgänge wie die Nutzung von Rolltreppen, Toiletten, ÖPNV, Bus und Bahn, private Anrufe, Mülltrennung und Kontakt zu anderen (vgl. Refugee Guide o.J., S. 4).

Hamburger Lehrkräfte, die an einer didaktischen Werkstatt[3] teilnahmen, erklärten mir, dass sie den Guide in einfacher Sprache gerne im Anfangsunterricht mit geflüchteten Jugendlichen zum Thema »Leben in Deutschland« nutzen. Das sei ein Thema, das die Jugendlichen zwangsläufig beschäftige und zu dem sie oft Fragen in den Unterricht mitbrächten. Die meisten Schülerinnen und Schüler könnten die Texte in einfachem Deutsch schnell verstehen, die Inhalte seien eingängig und entsprechend leicht zu vermitteln, die Schülerinnen und Schüler hätten schnell die wichtigsten Regeln für das Zusammenleben in Deutschland parat und da der Guide kostenlos online verfügbar ist, fallen keine Kosten bei der Beschaffung an.

Guckt man sich den *Refugee Guide* unter der Frage an, inwiefern die Texte bzw. Bilder der Komplexität und Heterogenität von »Zusammenleben in Deutschland« gerecht werden, erscheint das Material kaum für einen auf kritische Reflexion abstellenden Politikunterricht geeignet.

Gleich zu Beginn findet sich in der in einfachem Deutsch gehaltenen Ausgabe des *Refugee Guides* folgende Erklärung zu den deutschen Begrüßungsritualen: »In Deutschland sagen die Menschen ›Guten Tag‹, wenn sie jemanden begrüßen und sie sagen ›Auf Wiedersehen‹, wenn sie wieder weg gehen« (Refugee Guide o.J., S. 5). Anschließend wird erklärt, dass auch fremde Menschen beim Ankommen und Weggehen so gegrüßt werden, man sich auf der Straße unter Bekannten oder Nach-

---

3 Die didaktischen Werkstätten werden im Rahmen des Projekts »Kooperation AvM (Koop AvM)« in Zusammenarbeit mit verschiedenen Hamburger Berufsschulen und der passage gGmbH durchgeführt. Koop AvM ist ein Teilprojekt des Netzwerks FLUCHTort Hamburg 5.0 und wird aus Mitteln des Bundesministeriums für Arbeit und Soziales (BMAS), des Europäischen Sozialfonds (ESF) und der Freien und Hansestadt Hamburg finanziert. Laufzeit: 01.10.2015–30.09.2018.

barn ebenfalls einen »guten Tag« wünscht, dass die meisten Deutschen freundlich sind und beim Sprechen – auch mit Fremden – lächeln (Refugee Guide o.J., S. 6).

Sicherlich benutzen viele Menschen in Deutschland die genannten Redemittel und grüßen sich in dieser oder einer ähnlichen Weise in der Öffentlichkeit. Insofern macht es selbstverständlich Sinn, Geflüchteten jeden Alters schnellstmöglich gängige Redemittel zum Begrüßen und Verabschieden zu vermitteln, damit sie mit Deutschsprachigen in Kontakt treten können. Doch erwecken die generalisierten Aussagen des *Refugee Guides* den Eindruck, als sei es in den Herkunftsländern der Geflüchteten ganz unüblich, sich beim Ankommen und Weggehen oder in der Nachbarschaft »Guten Tag« und »Auf Wiedersehen« zu sagen. Zudem werden die vielfältigen Möglichkeiten, sich je nach Alter, Geschlechtszugehörigkeit, Tageszeit, Region und Situation lächelnd oder auch nicht lächelnd zu begrüßen, ausgeblendet. Auch die Bedeutung unterschiedlicher Begrüßungen (z. B. Zunicken, Winken, Hand auf das Herz legen, Hand geben, Handdruck, Wangen- oder Mundkuss, Umarmung, direkter Blick in die Augen zwischen Frauen, Männern, Frau und Mann) in den diversen gesellschaftlichen Kontexten der Lerngruppe bleibt dethematisiert. Dies wären aber zum Thema »Begrüßungen in der Öffentlichkeit« wichtige Punkte, da sich daran einerseits besprechen oder auch ausprobieren lässt, wer welche Form von Begrüßung von wem in welcher Situation (nicht) erwartet oder als (un-)höflich, (un-)sittlich, respektvoll oder respektlos interpretiert. Andererseits können gemeinsam mögliche Quellen für Missverständnisse erarbeitet und der Umgang mit uneindeutigen sowie unangenehmen Situationen trainiert werden.

Die Informationen zu den anderen Themen des *Refugee Guides* sind ähnlich plakativ und reduzieren die alltägliche Vielfalt auf einige wenige Regeln. Sicher gibt es »eigentlich« Regeln für alltägliche Handlungen, doch werden sie auch von vielen Deutschen nicht (immer) eingehalten. Nicht zuletzt gibt es in einer heterogenen Gesellschaft stets viele Regeln und Praktiken.

Warum wird dem Lernen und Anwenden von *den* Regeln dann bei Geflüchteten solch eine Bedeutung beigemessen? Die Einführung des Begleithefts zum Integrationsspiel »Leben in Deutschland« liefert diesbezüglich einen Hinweis:

> »Jedes Land hat seine Eigenarten, die vielleicht ungewöhnlich erscheinen mögen. Wenn man sich aber entscheidet, in Deutschland zu leben, entscheidet man sich gleichzeitig dafür, ein Teil dieser Gesellschaft zu werden. Als Teil dieser Gesellschaft übernimmt man Mitverantwortung für eine friedvolle Atmosphäre, in der Leben und Arbeiten miteinander Freude bereiten. Dazu gehört Respekt gegenüber der Kultur, der Lebensart und den Umgangsformen in Deutschland.« (Begleitheft Leben in Deutschland, o.J., S. 2)

Hier ist »Integration« offensichtlich die alleinige Aufgabe der Neuzugewanderten. Sie sollen sich anpassen und »deutsche« Kultur, Lebensart und Umgangsformen mindestens respektieren, wenn sie ein Teil der Gesellschaft werden wollen. Castro Varela analysiert dieses in der deutschen Öffentlichkeit dominierende Integrationsverständnis in Anlehnung an Foucault als Normalisierungs- bzw. Disziplinierungsregime (Castro Varela 2013, S. 31–33). Indem es die qua Klasse, Kultur, Ethnizität, Religion Differenten immer wieder als solche anruft und sie dazu auffordert, »normal« zu werden, also sich zu integrieren, stellt es Differenzen kontinuierlich her und lässt sie als Stigma erscheinen (ebd., S. 41). Die Integrationsaufgabe der Mehrheitsbevölkerung, nämlich sich ohne Auflagen, Vorgaben oder vorab zu erfüllende Erwartungen für »Andere« zu öffnen und sie gesellschaftlich teilhaben zu lassen, bleibt hingegen unerfüllt.

Wenn nun geflüchtete Jugendliche im Regelmodus zum »Leben in Deutschland« unterrichtet werden, dann bedient der gesellschaftskundliche Unterricht genau dieses stigmatisierende System von Integration als einer einseitigen Anpassungsleistung bzw. einer Disziplinierung der »Anderen«, aber nicht das Lernziel, das die Rahmenlehrpläne für die gesellschaftskundlichen Fächer in einer Demokratie als besonders wichtig hervorheben, nämlich sich füreinander zu öffnen und in einen wechselseitigen Austausch zu begeben. Demnach verfolgt der gesellschaftskundliche Unterricht für neu Zugewanderte und schon länger Ansässige unterschiedliche Lernziele: Während sich erstere den (angeblich) bestehenden Regeln unterwerfen sollen, dürfen letztere ihre individuellen Vorstellungen von Werten und Regeln diskutieren.

Zudem verbreitet ein solcher gesellschaftskundlicher Unterricht weiterhin das Bild, *einer* Nation entspräche *eine* Kultur mit genau zu benennenden Regeln. Dieses Bild ist u. a. seitens der *Postcolonial Studies* dekonstruiert worden. Nationen wie Kulturen sind in stetiger Veränderung, sie sind uneindeutig und vielgestaltig. Aus einer solchen in stetem Wandel begriffenen Nationen-, Gesellschafts- und Kulturvorstellung folgt für die gesellschaftlichen Werthaltungen, dass auch sie sich permanent verändern. Demnach erweist sich das Lehren von Werten im Sinne eines Regelkatalogs als kontraproduktiv, weil man damit Werte fixiert und letztlich gesellschaftlichen Entwicklungsprozessen nicht mehr gerecht werden kann, sie sogar verhindert. Versteht man Werte indes nicht als fixe Regelwerke, sondern als gesellschaftliche Aushandlungsprozesse, dann sind Verständigung, Austausch und Diskussion grundlegend für die (Weiter-)Entwicklung von Werthaltungen. Wenn in einem Unterricht Werthaltungen (weiter-)entwickelt werden sollen, ist es also zwingend notwendig, zu diesem oder jenem Thema ins Gespräch zu kommen und die jeweiligen Anschauungen dazu zu verhandeln.

Dass in einer Gesellschaft grundlegende Regeln des Zusammenlebens von möglichst allen einzuhalten sind, damit ein Zusammenleben überhaupt funktionieren kann, ist ein soziologischer und juristischer Allgemeinplatz und soll hier nicht bezweifelt werden. Was jedoch genauer zu betrachten ist, ist der Mechanismus, mit dem vom regel- bzw. gesetzwidrigen Verhalten einiger Geanderter, wie z. B. dem der Täter aus der Silvesternacht 2015/16, auf das potentielle Verhalten aller »Anderen«, in diesem Fall geflüchteter muslimischer Männer gegenüber (weißen deutschen) Frauen, geschlossen wird und reflexhaft kollektive Werte-Schulungen durchgeführt werden, im Fall der Silvesternacht vor allem zur Regel, dass Mann Frauen nicht ohne deren Einverständnis berühren darf und die Geschlechter in Deutschland gleichgestellt seien.

Eine solche Mission macht nur dann Sinn, wenn man annimmt, dass geflüchtete muslimische Männer diese Regel aus ihren Herkunftsländern gar nicht kennen,[4] sie

---

4 Überall auf der Welt sind sexualisierte Übergriffe nicht erlaubt oder »gehören sich nicht«. Ob sie dann allerdings auch strafrechtlich geahndet werden, ist eine andere Frage. Auch in Deutschland existiert die Diskrepanz zwischen dem Straftatbestand von sexualisierter Gewalt und deren oft nicht erfolgender strafrechtlicher Verfolgung bzw. Verurteilung nach wie vor.

immer oder potentiell missachten und somit qua ihres »Andersseins« bzw. ihrer Ethnizität/Kultur/Religion potentiell zu sexualisierter Gewalt neigten. Das aber ist das koloniale Bild vom »fremden Vergewaltiger weißer deutscher Frauen« (vgl. Opitz 1992) in seiner Variante des »orientalisch-muslimischen, triebhaften, unkontrollierten, Frauen generell abwertenden und unterdrückenden Mannes«, für den die bloße Anwesenheit von Frauen im öffentlichen Raum bereits deren Verwerflichkeit zeige und daher ein Freibrief zu sexuell übergriffigem Verhalten sei (vgl. zur Tradition dieses Bildes vom orientalischen Mann z. B. Yeğenoğlu 2003). Daneben lassen sich die z. T. sehr gewaltvollen, von weißen deutschen Männern dominierten Demonstrationen zum Jahresanfang 2016 als Erbe aufklärerischer Positionen zu Geschlecht, Sexualität, Ethnizität und Nationalität lesen. Frauen erscheinen im aufklärerischen Denken ähnlich wie »edle Wilde« als naive »Kindermenschen«, die dem weißen Mann unterstehen. Sie sind sein Eigentum. Im Kontext nationalistisch-rassistischer Diskurse gelten Frauen als Garantinnen für den Fortbestand der jeweils eigenen »Rasse« bzw. Ethnie, Kultur und der eigenen Nation. Sexuelle Beziehungen zwischen weißen Frauen und geanderten Männern greifen dieses Gefüge an, konkret: solche Beziehungen sind ein Angriff auf das vermeintliche Eigentum weißer Männer. Vor diesem Hintergrund zeigen sich die Demonstrationen vom Januar und Februar 2016 auch als sexistische Manifestationen weißer deutscher Männer.

In der seit Anfang 2016 erfolgten neuerlichen Pädagogisierung dieser kolonialnationalen Vorstellungen bleibt das Eigene, in diesem Fall die irrationale Angst der ansässigen Bevölkerung vor der sexuellen Macht des »muslimischen Mannes« sowie »deutscher« Sexismus, ausgeblendet und entzieht sich in der Folge einer Auseinandersetzung. Für »Deutsche« gibt es vermeintlich nichts aus der Silvesternacht 2015/16 zu lernen. Dabei könnten »Deutsche« durchaus vieles aus jener Nacht lernen, etwa, wie es – immer wieder neu – zur allgemeinen Angst und Panik vor »dem Muslim« und seiner Sexualität kommt, in welcher historischen Tradition diese Reaktion steht, wie solche tradierten Denkmuster weg-gelernt werden können, wie Nationalismus und Sexismus in Deutschland weiterhin ineinander greifen und nicht zuletzt warum sexuelle Übergriffe geanderter Männer, anders als die weißer deutscher Männer, so schnell zu einer breiten öffentlichen Debatte über Sexismus führen können. Das soll nicht heißen, dass die Debatte über Sexismus und sexualisierte Gewalt in der deutschen Einwanderungsgesellschaft nicht geführt werden sollte, im Gegenteil, sie ist längst überfällig. Es hilft aber nicht, Sexismus ausschließlich im Spiegel des geflüchteten bzw. zugewanderten Mannes zu betrachten und sich so die Illusion zu verschaffen, das Problem sei quasi erst neulich zugewandert.

Die deutsche Gesellschaft ist u. a. auf Geschlechterhierarchien und Machtstrukturen qua Geschlecht und Sexualität aufgebaut. Darauf weist die feministische Theorie und Praxis seit Jahrzehnten hin und fordert seit langem u. a. ein entschiedeneres strafrechtliches Vorgehen gegen jegliche Art von sexualisierter Gewalt sowie eine grundlegende Veränderung der dominanten gesellschaftlichen Geschlechterverhältnisse.

Auch der Ruf nach einer pädagogischen Bearbeitung bzw. Prävention von sexualisierter Gewalt ist nicht neu. Allerdings ging er nie ausschließlich mit der

Forderung einher, Regeln zu lernen. Vielmehr stand und steht die Reflektion sowie die Änderung des eigenen Verhaltens im Focus. So setzen etablierte Programme im Rahmen der sog. Re-Sozialisierung und der Prävention auf die Einbeziehung mehrerer Ebenen, um Verhaltensmuster zu reflektieren oder ein gesellschaftlich akzeptables Verhalten einüben zu können (z. B. in der Re-Sozialisierung die bisherige Biografie, psychische, physische und sexuelle Entwicklung, Position in der Gesellschaft, gelernter Umgang mit Konflikten und Gewalt, Männlich- und Weiblichkeitsvorstellungen; in der Prävention die eigene Einstellung zum Körper, zu sich selbst und Anderen, Macht und Ohnmachtsgefühlen, Männlich- und Weiblichkeitsvorstellungen, Konfliktbewältigung). In entsprechenden Einzel- und Gruppentrainings geht es u. a. um den Austausch und die Reflektion von Erfahrungen, Vorstellungen und bisher erworbenen Verhaltensmustern sowie um das Erproben gewaltfreien Verhaltens.

Ein Unterricht, der nur Regeln lehrt, dürfte demnach wenig präventive Wirkung haben, verfehlt also dieses Ziel und wäre somit selbst dann sinnlos, wenn denn die Annahme stimmen würde, geflüchtete muslimische Männer seien kollektiv sexuell unkontrolliert.

In jüngerer Zeit hat die feministische Migrationsforschung zur Entwicklung von diversitybewussten Trainings beigetragen, die mittels interaktiver Übungen auf eine kritische Auseinandersetzung mit den ineinandergreifenden Vorstellungen zu Kulturen, Ethnizitäten, sozialen Gesellschaftsschichten, Religionen, Geschlechtern, Sexualitäten, Körperlichkeiten zielen (vgl. z. B. Perko/Czollek 2012). Auch hier werden keine Regeln zu Kulturen, Sexualitäten oder Körperlichkeiten vermittelt, sondern Gewohnheiten, Machtverhältnisse und die eigene Position darin reflektiert sowie Erfahrungen und Sichtweisen ausgetauscht.

Dem liegt die Einsicht zugrunde, dass Wahrnehmungs-, Deutungs- und Verhaltensmuster häufig nicht mit dem Wissen oder der Werthaltung, die sich jemand aneignet, korrelieren. Oder anders ausgedrückt: Wissen und Werthaltungen sind nicht direkt handlungsrelevant. Man kann sich z. B. durchaus zur Regel bekennen oder wissen, dass alle Menschen gleich sind und umstandslos, ohne groß darüber nachzudenken, Unterschiede qua Hautfarbe, Geschlecht, Sexualität, Religion usw. durch Wahrnehmen, Sprechen, Handeln herstellen und von diesen Unterschieden profitieren. Weiße Deutsche tun das regelmäßig, wie die Analysen und Erfahrungen postkolonialer Forschender zeigen (vgl. z. B. Eggers 2005; Amjahid 2017). Wenn aber Wissen und Werthaltungen nicht unmittelbar handlungsrelevant sind, ist ein Unterricht, der nur dies vermittelt, jedoch eigentlich Handlungsänderungen zum Ziel hat, sinnlos.

Nicht zuletzt ist ein *die* Regeln entlang des deutschen Grundgesetzes lehrender Unterricht zu Werten und Normen deshalb unangemessen, weil sie auch in Deutschland nicht umgesetzt sind. Ein Unterricht, der bspw. einzelne Artikel aus dem Grundgesetz aufgreift, müsste auch die entsprechende gesellschaftliche Realität in Deutschland beleuchten, um ein realistisches Bild deutscher Gesellschaftsverhältnisse widerzugeben.

Denn was sollen Geflüchtete z. B. mit der Information anfangen, dass Mann und Frau, aber auch Menschen verschiedener Herkünfte, Religionen, Sexualitäten, Körperlichkeiten und Gesundheitszustände in Deutschland gleichberechtigt *sind*, wenn doch täglich auf den Behörden, in Unterkünften, Schulen, auf den Arbeits- und Wohnungsmärkten zu sehen und zu erleben ist, dass das nicht so ist? Warum sollten geflüchtete Männer dringend Gleichberechtigung in ihren Familien oder Beziehungen umsetzen, wenn »Deutsche« dazu auch nicht besonders gut in der Lage sind? Was nicht heißen soll, dass unterdrückendes bzw. machtvolles Verhalten egal von wem toleriert werden soll. Doch ist zu fragen, warum u. a. Bildungspolitiker und -politikerinnen Geflüchtete im Zuge der Silvesternacht 2015/16 umstandslos als undemokratisches, intolerantes und patriarchales Kollektiv denken und sie gleichzeitig anhalten wollen, gewissermaßen vorbildhaft Regeln einzuhalten, die bisher in der deutschen Gesellschaft nicht oder nur ungenügend umgesetzt sind. Und schließlich ist zu fragen, warum diese Annahmen und Bildungsziele bei weißen Deutschen so viel Zuspruch erfahren. Das ist die Frage nach den tradierten Wissensmustern zu »Anderen/Fremden« innerhalb der weißen deutschen Mehrheitsbevölkerung und somit die Frage nach der Angemessenheit der eigenen Perspektiven.

In der Postkolonialen Theorie wurde herausgearbeitet, dass die Gleichzeitigkeit von furchteinflößender Befremdung und »besserem Ich« auf die beiden aufklärerischen Vorstellungen vom »Anderen« als dem »gefährlichen« auf der einen und dem »edlen Wilden« auf der anderen Seite rekurriert (vgl. Baquero Torres 2009, S. 59–74). Während der »gefährliche Wilde« u. a. als sexuell enthemmt und als permanente Bedrohung des weißen Status Quo erscheint, gilt der »edle Wilde« zwar als sanfter, freundlicher, treuer, kindlich-naiver Diener und Untertan der Weißen, aber auch wegen der ihm zugeschriebenen Schönheit und Anmut als sexuell verführerisch (ebd. S. 60). Beiden Vorstellungen ist die Notwendigkeit, die »Anderen« zu unterwerfen und zu beherrschen, gemeinsam. Dazu gehört nicht zuletzt, die Sexualität der »Wilden« so zu kontrollieren, dass sie das weiße Kollektiv nicht gefährden.

Insofern sagt die seit der Aufklärung fest im europäischen Denken verankerte Angst vor der »anderen« Sexualität mehr über die eigene Angst oder auch den Wunsch aus, sich selbst nicht kontrollieren zu können oder zu müssen, als über die tatsächlich vorhandenen sexuellen Praktiken des Anderen (vgl. El-Tayeb 2001, S. 148–158).

In Bezug auf die Forderungen an eine Unterweisung von Geflüchteten in Werten und Normen bzw. »Benehmen im öffentlichen Raum« heißt das, dass der Blick im Unterricht auch auf das Eigene zu richten ist. Es gilt, Antworten auf die Frage zu finden, aus welchen Gründen Geflüchtete in der beschriebenen Weise gesehen und verkollektiviert werden, während »Deutsche« differenziert betrachtet werden. Ebenso gilt es Antworten auf die Frage zu finden, was durch derartige Verkollektivierungen ausgeblendet und de-thematisiert wird.

Lehrkräfte, die sich diesen Fragen widmen, stehen vor der Aufgabe, nicht nur ihre Sichtweise auf Geflüchtete zu hinterfragen, sondern auch tradiertes Wissen weg-zulernen (vgl. hooks 1990, S. 78) und neues Wissen im Austausch bzw. in Zusammenarbeit mit den Schülerinnen und Schülern zu erwerben. Ein gesellschaftskundlicher Unterricht mit Geflüchteten ist somit auch für Lehrkräfte ein Lernprozess. Da es unmöglich sein dürfte, verinnerlichten Wissensmustern im Selbststudium auf die Spur zu kommen, sollte dieser Lernprozess mit geeigneten

Fort- und Weiterbildungen – etwa Anti-Bias- oder rassismuskritischen, diversitysensiblen Trainings – begleitet werden. Flankierend sollte auch die übliche Rollentrennung von Lehrenden und Lernenden reflektiert werden. Sie ist in einem Unterricht, in dem alle Lernende sind, weniger eindeutig als viele Lehrkräfte es aus ihrer bisherigen Praxis kennen. Ferner sollten sich Lehrkräfte bewusst sein, dass Wissen grundsätzlich zu einer bestimmten Zeit an einem bestimmten Ort erworben wird und keine allgemeine Gültigkeit hat. Jugendliche, die etwas zu den Praktiken in ihren Familien oder Herkunftsorten erzählen und somit ihr individuelles Wissen zu diesem oder jenem Sachverhalt mitteilen, repräsentieren eben so wenig ihre Herkunftsländer wie die Lehrkräfte es für Deutschland tun. Vielmehr gilt es, ggf. gemeinsam die Vielfalt von Praktiken an verschiedenen Orten, eventuell auch zu verschiedenen historischen Zeiten, zu erkunden, Übereinstimmungen, Widersprüche und Widerstand zu erarbeiten und den jeweils eigenen Erfahrungshorizont zu erweitern.

8.3 Über Werte und Normen sprechen: Gelingensbedingungen für eine offene Auseinandersetzung mit geflüchteten Jugendlichen

Es sollte deutlich geworden sein, dass das Thema »Werte und Normen« einen Unterricht erfordert, der einerseits einen offenen Meinungsaustausch zwischen den Schülerinnen und Schülern, aber auch zwischen Schülerinnen, Schülern und Lehrkräften ermöglicht, und andererseits Schülerinnen und Schüler wie Lehrkräfte zur Auseinandersetzung mit gewohnten Haltungen sowie Denk- und Wissensmustern einlädt. Dabei gilt es auch die unterschiedlichen Positionierungen – z. B. weiße deutsche Lehrkraft, geflüchtete Schülerinnen und Schüler aus verschiedenen Ländern, Schichten, Ethnizitäten, Religionen, Sexualitäten – in ihren Auswirkungen auf Wissen, Wahrnehmung und Erfahrungen zu reflektieren.

Das ist ein schwieriges Unterfangen, weil sich alle – Lehrende wie Lernende – auf Verunsicherungen einlassen müssen. Für Lehrkräfte bedeutet das etwa, die Sicherheit des Wissensvorsprungs vor den Schülerinnen und Schülern und das ihnen qua Amt zugestandene Monopol, über »richtig« und »falsch« entscheiden zu können, zu verlassen. Schülerinnen und Schüler wiederum sind damit konfrontiert, Mitverantwortung für die Lernprozesse zu übernehmen: Es gibt keine Lehrkraft, die die Antwort auf die Frage schon weiß oder den richtigen Lösungsweg kennt. Es bedeutet u.U. auch, gelerntes und bisher als »richtig« empfundenes Wissen über Menschen anderer Ethnizitäten, Religionen, Schichten, Geschlechter oder Sexualitäten als unpassend zu erkennen und die eigenen Wahrnehmungsmuster als trügerisch zu erleben.

Damit sich Lehrkräfte wie geflüchtete Schülerinnen und Schüler auf solch einen Austausch einlassen können, ist ein vertrauensvolles Verhältnis in der Lerngruppe nötig. Gerade in der Anfangszeit, wenn sich die Schülerinnen und Schüler noch nicht kennen und eine gemeinsame Sprache meist fehlt, sollte Unterrichtszeit für den Beziehungs- und Vertrauensaufbau genutzt werden. Dazu eignen sich gruppendynamische und theaterpädagogische Methoden, gemeinsame Aktivitäten wie Ausflüge, Sport, Feste oder auch Elemente aus der Demokratiepädagogik wie der Klassenrat. Er kann vom Schuleintritt an als Ort und Zeit des Austauschs und gemeinsamen Entscheidens, aber auch des Aushaltens von differenten Meinungen und Dissens etabliert werden.

Des Weiteren bedarf es eines pädagogischen Selbstverständnisses wie es etwa die afroamerikanische Kulturwissenschaftlerin bell hooks' u. a. in Weiterführung von Freires Pädagogik der Unterdrückten in ihrem Konzept einer *engaged pedagogy* entwickelt hat. Ein solches Selbstverständnis zielt auf die Entwicklung eines kritischen Denkens bei allen Beteiligten, um eigene Positionierungen analysieren und hinterfragen zu können (vgl. Kazeem-Kamiński 2017, S. 111).

Lehrkräften sollte bewusst sein, dass die Auswahl von Inhalten, Methoden und didaktischer Umsetzung immer politische Entscheidungen und letztlich subjektive Perspektiven bzw. Haltungen widerspiegelt. Hooks plädiert dafür, individuelles Erfahrungswissen als Zugang zu den diversen möglichen Perspektiven auf ein Thema für Lehren und Lernen zu nutzen. Damit subjektives Wissen diesen Zweck erfüllen kann, müssen sich Lehrkräfte und Schülerinnen und Schüler darüber verständigen, dass keine Erfahrung eine dominante Position beanspruchen kann, sondern alle in ihren jeweiligen Kontexten zu betrachten sind (hooks 1994, S. 83–84). In diesem Zusammenhang sollten sich Lehrkräfte, aber auch die Jugendlichen mit folgenden Fragen auseinandersetzen:

Von wo aus gehe ich in den Dialog? Wie bin ich die Person geworden, die ich bin? Was zeichnet mich aus? Was glaube ich zu den Jugendlichen in meiner Klasse und zum gewählten Thema zu wissen, was weiß ich tatsächlich und woher habe ich mein Wissen? Was möchte ich wozu und womit lehren? Was möchte ich von den anderen lernen?

Für alle – Lehrkräfte wie Jugendliche – kommt es darauf an, das »zu verstehen, was man selbst nicht ist und nicht sein will« (Mall 2017, S. 135).

Wünschenswert wäre, dass ein solcher gesellschaftskundlicher Unterricht nicht benotet wird. Wenn aber benotet werden muss, so sollte sich die Bewertung nicht auf die geäußerten Inhalte beziehen, sondern auf die Art und Weise, sich am Unterricht zu beteiligen, anderen wertschätzend zu begegnen oder mit Dissens umzugehen. Das sollte den Jugendlichen transparent gemacht werden.

Die folgenden Abschnitte geben Anregungen für solche Alternativen zum landeskundlichen Unterricht mit geflüchteten Jugendlichen. Sie wurden z. T. mit Hamburger Lehrkräften im Rahmen des Projekts »Koop AvM« entwickelt und erprobt.

8.4 Anregungen für einen herrschaftskritischen Landes- und Gesellschaftskundeunterricht mit jungen Geflüchteten

In der Anfangszeit, wenn die Jugendlichen vor allem damit zu tun haben, ihr Leben im Exil zu organisieren, kann der landeskundliche Unterricht aus dem Themenblock »Deutschland« zunächst das Thema »Orientierung am neuen Ort und in der Region« aufgreifen. Das hat den Vorteil, dass der Unterricht an konkreten Fragen, Bedürfnissen und Erlebnissen der Jugendlichen ansetzen und sie mit direkt anwendbaren landeskundlichen Informationen sowie den dazu gehörenden Redemitteln versorgen kann. Da sich die Jugendlichen in den ersten Wochen und Monaten noch kaum auf Deutsch verständigen können, bietet sich ein anschaulicher Unterricht mit Exkursionen an. So können die Jugendlichen den Unterrichtsstoff nicht nur sehen und erfahren, sie können auch »unterwegs« ihre schon erworbenen sprachlichen Mittel anwenden und diese erweitern, etwa indem sie Schilder lesen, nach dem Weg fragen oder sich bei Besuchen in Freizeit- und Beratungseinrichtungen vorstellen.

Sinnvoll ist es, den politischen Unterricht mit dem Deutsch-als-Zweitsprache-Unterricht zu verbinden. Beide Fächer können sich gegenseitig zuarbeiten. Im Deutschunterricht können etwa Redemittel eingeübt werden, die dann im Politikunterricht aufgegriffen werden. Andersherum kann der Deutschunterricht Themen aus dem Politikunterricht aufnehmen und daran grammatikalische Strukturen, Intonation oder Leseverständnis trainieren. Fotos der Jugendlichen lassen sich bspw. für mündliche und schriftliche Sprachproduktionen nutzen, man kann die unterwegs möglichst fotografierten Schilder, Piktogramme, Street-Art- und Aufkleber-Botschaften im Deutschunterricht wiederholen und so ein schulisch gestütztes Lesen im Alltag fördern.

Damit die Absprache zwischen den Lehrkräften verschiedener Fächer funktioniert, ist es ratsam, ein Kommunikationssystem zu etablieren. Kollegien von Hamburger Berufsschulen, an denen den Lehrkräften nur wenige Teamstunden zur persönlichen Absprache vorhanden waren, haben gute Erfahrungen mit what's app-Gruppen sowie kollektiv entwickelten Materialordnern gemacht.

Aufbauend auf dem Thema »Orientierung in Stadt und Region« kann man das Thema »Bundesländer« lebensweltlich angehen.

Viele Jugendliche haben Familie oder Freundinnen und Freunde in anderen Bundesländern, haben schon in anderen Bundesländern gewohnt oder diese auf ihrem Weg an ihren jetzigen Exilort durchquert oder sehen in den Medien Berichte aus anderen Bundesländern. Diese Erfahrungen und Wissensbestände lassen sich im Unterricht nutzen. In den Stadtstaaten sowie anderen Ortschaften an den Ländergrenzen beginnt das Thema »andere Bundesländer« gewissermaßen vor der Haustür – ein Umstand, den man didaktisch nutzen kann.

Nicht zuletzt machen die Jugendlichen von Anfang an Erfahrungen mit »dem Leben in Deutschland«. Wie alle Menschen bringen sie Vorurteile und klischeehafte Vorstellungen zum Leben in Deutschland oder in Europa mit. Sie beobachten und erleben »komische« oder »befremdliche« Verhaltensweisen, sie eignen sich Neues an oder behalten Altes bei. All dies lässt sich nutzen, um sich mit den Jugendlichen kritisch-reflexiv den Themen »Wie ist Deutschland?«, »Wer oder was ist ›deutsch‹?« zu nähern.

Mit zunehmenden Deutschkenntnissen können mit den Jugendlichen die globalen Zusammenhänge thematisiert werden, die z. B. dazu führen, dass das Menschenrecht auf Asyl in Deutschland und der EU nur eingeschränkt gilt, bestimmte Waren hierzulande vergleichsweise wenig kosten, während anderswo zwar die Rohstoffe vorhanden sind, aber Armut und Perspektivlosigkeit herrschen oder auf Demokratiebewegungen Bürgerkriege folgen.

Modul 1: Sich am neuen Ort und in der Region orientieren

Ausgangssituation:
Die Jugendlichen sind erst seit kurzem am Schulort und müssen sich dort sowie in der Stadt und ggf. in der Region zurechtfinden. Dazu nutzen sie ihre bisher in Alltag und/oder Schule erworbenen Orientierungsstrategien.

Lernziele:

- Die Jugendlichen setzen ihre vorhandenen Orientierungsstrategien bewusst ein und erweitern sie.
- Die Jugendlichen kennen und nutzen einfache Redemittel zur Orientierung in Stadt und Region.
- Die Jugendlichen lernen neue Orte in der Stadt bzw. der Region kennen und können den ÖPNV nutzen.
- Die Jugendlichen können Wege zu wichtigen Orten (Schule, Behörden, Freizeit) selbstständig bewältigen und kennen ihre Rechte im ÖNPV sowie auf Behörden.
- Die Jugendlichen präsentieren ihnen wichtige Orte in der Stadt.
- Die Jugendlichen setzen sich mit ihnen Angst machenden Orten in der Stadt auseinander und können sich in Notfällen angemessen verhalten.

---

1. Einstieg in das Thema anhand verschiedener geografischer Karten: Wo ist die Stadt in Deutschland? Wo ist die Region? Welche Orte in der Stadt/in der Region kenne und nutze ich?
    - Lehrkraft hängt Deutschland- und die Regionalkarte möglichst nebeneinander für alle gut sichtbar auf; der Stadtplan wird möglichst auf einem Gruppenarbeitstisch, an dem die ganze Lerngruppe Platz hat, ausgebreitet. Markante Orte (z. B. Sehenswürdigkeiten, Bahnhof, Parks) können mit Fotos oder Postkarten bebildert werden
    - Lehrkraft fordert SuS auf, Ort auf der Deutschland- und der Regionalkarte zu zeigen und zu markieren (z. B. mit einer gut sichtbaren Nadel)
    - Ggf. erläutert Lehrkraft zusammen mit »kundigen« SuS, wie man sich auf einer Karte orientieren kann, dabei auch gestützt durch Bildmaterial (z. B. Fotos von markanten Kennzeichen der Region), Lehrkraft erläutert unterschiedliche Farbkennzeichnungen und Redemittel werden eingeführt bzw. wiederholt (z. B. Fluss, See, Meer, Berg, Dorf, Stadt, Park, Straße, Platz …)

8.4 Anregungen für einen herrschaftskritischen Landes- und Gesellschaftskundeunterricht

- Lehrkraft führt gestützt durch Bildmaterial Redemittel ein:
  - Ort ist/liegt im Norden/Süden/Westen/Osten von Deutschland
  - Ort ist/liegt ... in der Nähe von/am/an der ...
- Lehrkraft fordert SuS auf, sich den Stadtplan am Gruppentisch anzusehen
  - Wo ist das Zentrum (oder ein zentraler Ort, den die SuS schon kennen?)
  - Wo ist die Schule?
  - Wo wohnt ihr?
- Lehrkraft fordert SuS auf, ihre Adressen auf ein Post-it zu schreiben und an der passenden Stelle auf den Stadtplan zu kleben
- Ggf. wiederholen, wie Adressen hierzulande aufgeschrieben werden und warum das wichtig ist
- Lehrkraft fordert SuS auf, ihnen bekannte/wichtige Orte in der Stadt zu nennen; Fotos/Postkarten von örtlichen Sehenswürdigkeiten, bekannten Jugendtreffpunkten, Parks, o. ä. können unterstützend eingesetzt werden: Lehrkraft fordert SuS zum Betrachten der Fotos auf und fragt, wer die abgebildeten Orte kennt, was sie abbilden; SuS suchen gemeinsam, wo die Orte auf dem Stadtplan sind
- SuS wenden die Redemittel »in der Nähe von/am/bei/...« an
- Hausaufgabe: Ein Foto von einem wichtigen Ort/Lieblingsort machen und mitbringen

2. Erstellung eines Klassenstadtplans
- SuS drucken ihre Fotos aus
- Einführung/Wiederholung der Redemittel: Auf dem Foto ist .../Ich mache .... an dem Ort
- SuS beschreiben ihr Foto und bringen es am Stadtplan an
- Lehrkraft legt zuvor vorbereitete Symbolkarten für Behörden, Gesundheit, Freizeit/ Sport, unbekannt, Angst bereit und fordert SuS auf, die jeweiligen Orte auf dem Stadtplan zu markieren; der entstehende Klassenstadtplan kann in der Klasse aufgehängt werden
- SuS sprechen über verschiedene Orte in der Stadt und – wenn sie möchten – ihre Gefühle dazu (z. B. mit guten und schlechten Gefühlen besetzte Orte)

Variante:
- SuS erstellen Mental City Maps: SuS zeichnen auf ein A3-Blatt ihre Orte und Wege – eventuell mit Symbolen – in der Stadt (Maßstäbe und Zeichengeschick sind dafür egal)

3. Exkursionen im Schulquartier
Wege zu Einrichtungen, die von der Schule außerhalb des den SuS schon bekannten Geländes genutzt werden (z. B. externe Turn- und Schwimmhallen, Sportplätze, ggf. Außenstandorte der Schule)
- Wo sind günstige Einkaufsmöglichkeiten, eventuell Alternativen zur Schulmensa?
- Wo sind günstige Freizeit- und Sportmöglichkeiten? Was bieten sie an? Was müssen SuS tun, um daran teilnehmen zu können?
- Wo sind ruhige Grünanlagen? Mögliche Themen für einen Meinungsaustausch: Soll man überall Picknicken, Grillen, Fußball spielen, Musik hören/machen dürfen? Soll man in Badekleidung im Park liegen dürfen? Auch oben ohne?
- SuS wenden unterwegs Redemittel zum Erfragen von Wegen an, lesen Schilder (vermitteln, dass Straßen in Deutschland fast immer Namen haben, die selten wechseln, Häuser meist systematisch nummeriert sind, z. B. ungerade Zahlen auf der einen, gerade Zahlen auf der anderen Seite; manchmal aber auch fortlaufend und manchmal fehlen ein paar Nummern – dort standen dann meist früher Häuser), »übersetzen« Piktogramme in Sprache
- SuS finden Wege nach Anweisungen, hören deutsche GPS-Ansagen und orientieren sich danach

4. Freizeit gestalten
- Lehrkraft fordert SuS auf, aus bereit gestelltem Bildmaterial ihre bevorzugten Freizeitaktivitäten auszusuchen und zu benennen (dafür in Absprache mit DaZ-Lehrkraft passende Begriffe und Tätigkeiten einführen bzw. wiederholen)
- Lehrkraft zeigt SuS, wo in der Nähe und wann Vereine, Jugendhäuser u. ä. solche Freizeitaktivitäten anbieten, was die Teilnahme kostet, welches Outfit benötigt wird, wo und wie man sich das beschaffen kann

5. Exkursionen in der Stadt/der Region
- ÖPNV-System sorgfältig erklären
- Gemeinsame Betrachtung des Streckenplans für Bahnen und Busse; Vergleich mit dem Stadtplan (was ist wo auf welchem Plan?)
- SuS suchen wichtige Orientierungspunkte auf Streckenplan und Stadtplan
- Symbole/Icons auf Streckenplan gemeinsam klären
- Regel: Immer mit Fahrkarte + Ausweispapier/Aufenthaltspapier fahren!
- Lehrkraft vermittelt/wiederholt Redemittel: Wenn ich meine Fahrkarte vergessen habe .../Wenn ich mit auf die Polizeiwache muss .../Wenn ich den Weg vergessen habe ...
- Bin ich in der richtigen Bahn/Bus? → mögliche Fragen und Antworten (mündliche Rede vs. schriftliche Konvention (Rollenspiel o. ä. zur Festigung)
- SuS suchen auf App/Stadtplan nach der nächsten S-/U-Bahn/Bus-Station
- Lehrkraft erklärt die App bzw. die Fahrplanauskunft Schritt für Schritt (Unterschied von Ankunft/Abfahrt, Kurzformen: an/ab für ankommen/abfahren bzw. Ankunft/Abfahrt, am/um = Datum/Uhrzeit: Monatsnamen und übliche deutsche Schreibweise und Uhrzeiten wiederholen, SuS darauf hinweisen, dass es sich um den Tag des Ausflugs und nicht um heute handelt!)
- SuS erstellen eine Fahrplanauskunft (möglichst mit Ausdruck)
- Lehrkraft erklärt, wie man den Fahrplan liest
- ausgewählte Sehenswürdigkeiten besuchen
- Beratungs- und Unterstützungsstellen (z. B. Asylrecht, Gesundheit/Prävention): wer bietet was an? Selbstorganisationen von Flüchtlingen/Migrantinnen, Unterstützerinnen, (städtische) Einrichtungen und Projekte
- Bibliotheken (v. a. solche mit einer gut sortierten DaZ- und Fremdsprachabteilung, kostenlos zugänglichen Arbeitsplätzen, Wlan, sonstigen Medien)
  – Wie schreibt man sich ein? Was kostet das? Wie lange kann ich ausleihen? Was tun, wenn ich ausgeliehene Medien zu spät zurückgebe oder verliere? Wo muss man leise sein, wo darf man auch reden? Kann man sich einfach so in einer Bibliothek aufhalten?
- Freizeiteinrichtungen in der Nähe der Unterkünfte der Jugendlichen besuchen und zeigen, wie, wozu bzw. wann man sie nutzen kann
  – Grün- und sonstige »umsonst-und-draußen« Freizeitanlagen zeigen
- Wege zu Behörden zeigen und ggf. üben, Übersicht erstellen oder falls vorhanden besorgen: Welche Behörde ist wofür zuständig? Welche Anträge und Dokumente benötige ich für welchen Vorgang? Wo finde ich Unterstützung, wenn ich bei den Behörden nicht weiterkomme? Dazu passende Redemittel trainieren (z. B.: Wie kann ich um Hilfe beim Ausfüllen/Lesen der Unterlagen bitten? Wie vereinbare ich einen Termin? Welche Rechte und welche Pflichten habe ich und wie kann ich meine Rechte angemessen einfordern?)
- SuS wenden unterwegs Redemittel zum Erfragen von Wegen an, lesen Schilder, »übersetzen« Piktogramme in Sprache und stellen sich in Beratungsstellen, Bibliotheken, etc. vor → kleine Aufgaben verteilen; Lehrkraft fordert SuS unterwegs explizit zum Lesen/Interpretieren von Schildern etc. auf

8.4 Anregungen für einen herrschaftskritischen Landes- und Gesellschaftskundeunterricht

- SuS fotografieren street-art/Graffiti und Aufkleber → ist das Kunst, Politik oder was?
- Beobachtungen: Was fällt dir auf? Warum? Was magst du (nicht)? Warum?
- Hören: Ansagen in der Bahn, auch: Leute unterwegs, welche Sprachen, die du verstehen kannst, sprechen die Leute? Wo kommen die Sprachen in der Stadt oft/selten vor?
- Armut und Reichtum in der Stadt: Deutschland ist reich – warum gibt es dann so viele Obdachlose?
- Stadt/Regionalgeschichte anhand von Bauwerken, Vierteln
- In ländlichen Regionen: Der Weg in die nächste (Klein-)Stadt, günstige Möglichkeiten, dort hin zu kommen, Angebote für Jugendliche vor Ort und in der Umgebung

6. Mein Lieblingsort
- SuS zeigen ihnen wichtige Orte und nutzen dazu passende Redemittel (»Das ist Ort. Hier mache/treffe/spiele ich/ …)
- SuS fertigen Fotos, ggf. auch erste eigene Texte an (je nach Alphabetisierungsgrad der SuS beschriften sie ihre Fotos selbst, diktieren der Lehrkraft kurze Sätze oder schreiben eigene kurze Texte; wichtig: Die SuS zum Schreiben ermutigen, z. B. indem man ihnen deutlich macht, dass es auf Rechtschreibung und Grammatik zunächst nicht ankommt; je nach Kenntnisstand der SuS kann man zu den selbstgeschriebenen Texten Korrekturaufgaben geben (am Ende der Modulbeschreibung finden sich Beispiele dazu)
- Die Texte und Fotos zu »beliebten Orten« können neuankommenden Schülern und Schülerinnen als »Stadt-/Regional-Guide von geflüchteten Jugendlichen für geflüchtete Jugendliche« zur Verfügung gestellt werden, es empfiehlt sich, die nötigen redaktionellen Bearbeitungen mit den Jugendlichen gemeinsam zu machen; vielleicht ist es der Schule auch möglich, die Texte im Rahmen einer Schülerzeitung abzudrucken und/oder herauszugeben

7. Die Stadt/der Ort meiner Träume (Material AB: Neuland 2016, S. 26)
- Lehrkraft fordert SuS auf, zu überlegen, was sie an Orten/Städten, die sie kennen, mögen (Dinge aus Städten/Orten ihrer Herkunfts- und Transitländer, Dinge, von denen sie gehört/gelesen haben)
- SuS bearbeiten Arbeitsblatt aus dem Logbuch Neuland des bpb (bpb 2016, S. 26)
- Lehrkraft fordert SuS auf, mündlich, ggf. auch schriftlich, ihre Traumstadt zu beschreiben (dazu ggf. Redemittel auf AB oder als Tafelanschrieb vorgeben: Meine Stadt hat …/In meiner Stadt gibt es …/Meine Stadt ist …/Die Straßen sind …/Die Häuser sind …/Die Menschen sind/machen/leben …)
- Wer plant Städte? Wer baut? Hier kann man auf verschiedene Jobs am Bau ebenso eingehen, wie auf den Umstand, dass viele Migranten aus Mittel- und Südosteuropa und Geflüchtete auf dem Bau arbeiten. Auch können die Risiken von Jobs ohne Arbeitsvertrag, sowie die Rechte von Arbeitnehmenden mit und ohne Arbeitsvertrag thematisiert werden.
- Wie kann man Menschen, die in der Stadt wohnen sollen/müssen/wollen, in die Planung von Gebäuden oder ganzer Stadtviertel einbeziehen? Sollte man das aus Sicht der SuS überhaupt?
- Welche Beispiele für Beteiligung und/oder Selbstinitiativen von Bewohnern/Bewohnerinnen und/oder Geflüchteten gibt es am Exilort? Was wollen Initiativen wie »Recht auf Stadt« erreichen und was denkst du darüber?

8. Deutschland und die Bundesländer
Einstieg: Mein soziales und ressourcenspendendes Netzwerk in Deutschland (und in der Welt)
- Lehrkraft fordert die SuS auf, in einer Liste ihnen wichtige Personen (z. B. Familienmitglieder, Freunde und Freundinnen) aufzuschreiben.[5]
- Lehrkraft zeigt den SuS, wie man mit Geno- und Soziogrammen oder »ECOmaps« soziale Beziehungen hinsichtlich ihrer Ressourcen für das Individuum visualisieren und reflektieren kann (Anregungen gibt z. B.: http://www.¬sozialraum.de/eco-maps-und-genogramme-als-netzwerkperspektive.php)
- Dann fordert die Lehrkraft die SuS auf, auf einer Welt- bzw. Deutschlandkarte zu markieren, an welchen Orten die aufgelisteten Personen leben.
- SuS nennen die Orte und Personen ihres sozialen Netzwerks: Wer ist ihnen besonders wichtig? An wen könnte ich mich mit welcher Angelegenheit wenden (z. B. bei Traurigkeit/Glück, Geldmangel, Lebensfragen, Einsamkeit)? Wen unterstütze ich selbst? Gibt es Menschen in Deutschland, die dir besonders wichtig sind? Welche von diesen Menschen siehst du regelmäßig, kannst sie besuchen, anrufen? Mit welchen Angelegenheiten könntest du zu wem gehen (z. B. wenn es dir gut/schlecht geht, wenn du Rat brauchst oder Unterstützung bei Behördengängen, in der Schule; wenn du eine Arbeit suchst)? Wie und wo kann ich neue Freundinnen/Freunde finden? (ggf. kann man das Netzwerk in bestimmten zeitlichen Abständen ergänzen)
- SuS reflektieren, welche Sprachen sie in ihrem überregionalen/transnationalen Netzwerk in welcher Form (mündlich, schriftlich) nutzen und in welchen Situationen ihnen ihr Netzwerk hilft/helfen kann (Ziel: Empowerment der Jugendlichen; ich bin nicht alleine in der Welt; ich bringe Kompetenzen/Wissen mit)
- SuS reflektieren ihre sprachlichen Kompetenzen (dazu gehören auch sog. Dialekte): Was kann ich in welcher Sprache wie gut? Wofür war/ist meine Mehrsprachigkeit gut? Wie kann sie mir im Exil nutzen (z. B. für weitere Migrationswege, für den Berufseinstieg …)? Wie und wo kann ich meine Sprachkenntnisse ausbauen/pflegen? Welche Sprachkenntnisse können von der Schulbehörde ersatzweise als 1. Fremdsprache in einer Prüfung anerkannt werden?
- Lehrkraft gibt Impuls: Welche dieser Orte kennt ihr selbst? Von welchen Orten habt ihr gehört? Welche Orte in Deutschland interessieren euch? Was wisst ihr von diesen Orten? Welche Orte wollt ihr gerne einmal sehen? Vielleicht ist auch eine von den Jugendlichen mitorganisierte Klassenreise zu einem dieser Orte möglich.
- SuS recherchieren Bilder im Internet zu ihnen bekannten deutschen Orten; Lehrkraft führt ggf. ein, wie man nach Bildern suchen kann und wie man sie papiersparend druckt
- SuS drucken Bilder, schneiden sie ggf. aus und bringen sie auf der Karte an
- Sus beschreiben, was auf den Bildern zu sehen ist

9. In den Bundesländern reisen
- Einstieg: Lehrkraft benennt Bundesländer zu den Orten der SuS; jede Region ist anders/hat andere Sehenswürdigkeiten, Geschichte, Traditionen
- Impuls: Wie komme ich von einem Bundesland ins andere? Reisen mit Wochenend-/Ländertickets/Fernbussen und wie/wo man die Tickets kauft)

---

5 Hierbei ist sensibel vorzugehen, da die Erinnerung an nahe stehende Menschen Gefühle von Trauer, Ohnmacht, Verlust wecken kann. Dem kann im Unterricht begegnet werden, in dem Gefühlen Raum gegeben wird, nach bewegenden Erzählungen auch außer der Reihe Pausen gemacht und/oder – sofern an den Schulen vorhanden – sozialpädagogisches Personal mit einbezogen wird.

8.4 Anregungen für einen herrschaftskritischen Landes- und Gesellschaftskundeunterricht

- Die Bundesländer, die Residenzpflicht und das Menschenrecht auf Freizügigkeit
  → http://www.residenzpflicht.info/material/karte-stand-der-locke¬ rungen-2/
  Wie passen Residenzpflicht, Wohnortauflagen nach dem abgeschlossenen Asylverfahren und das Recht auf Freizügigkeit/freie Wahl des Wohnorts zusammen? Was passiert, wenn ich gegen die Regelungen verstoße? Womit muss ich rechnen, wenn ich einen Praktikums-/Ausbildungs-/Arbeitsplatz oder eine Wohnung außerhalb des mir zugewiesenen Orts gefunden habe? Wo finde ich Unterstützung?
- Umverteilung für Jugendliche ab 18 Jahre: Was heißt das? Was kann ich tun, wenn es mich betrifft? Was ist mein Recht? Wer kann mich unterstützen? Wie kann ich Widerspruch einlegen? Und wenn ich umverteilt werde: Wie kann ich am neuen Ort unterstützende Strukturen finden (Fragen/Redemittel vermitteln)?
- Abschiebung droht und was man dagegen tun kann
- Was sind »no go areas«? Was ist Pegida, was die AfD?
- Selbstverteidigung/Selbstbehauptung oder: Was tun, wenn ich angegriffen werde? (Weglaufen ist nicht feige!) Wie auf verbale Aggressionen reagieren?

10. **Exkursion/Klassenfahrt in ein anderes Bundesland/nach Berlin**
- Regionale Sehenswürdigkeiten, Geschichte
- Berlin: deutsche Geschichte erkunden
- Ggf: SuS auf lokalen Dialekt vorbereiten; Deutsch klingt überall unterschiedlich, manchmal sind Wörter auch sehr unterschiedlich (z. B. regional unterschiedliche Bezeichnung von Brötchen als Semmel, Wecke, Schrippe; oder Begrüßungsfloskeln); Aufgabe für unterwegs: Unterschiede zum bisher gewohnten gesprochenen Deutsch sammeln

Beispieltext von Enayat zum Thema »Mein Lieblingsort« (▶ Abb. 8.2). Der Schüler befand sich zum Zeitpunkt des Textschreibens seit ca. sechs Monaten in einer AvM-Klasse an der Hamburger Beruflichen Schule Eidelstedt (BS 24). Die Klasse verfasst zum ersten Mal freie Texte auf Deutsch, aus denen – nach mehreren Selbstkorrekturen – ein Heft für neuankommende Schüler und Schülerinnen erstellt wurde. Enayats Text ist vergleichsweise lang, andere Schüler haben Texte mit wenigen, dennoch sehr ausdrucksstarken Sätzen geschrieben.

Modul 2: Deutschland. Oder: Ich sehe was, was du nicht siehst

Ausgangssituation:
Die Jugendlichen kommen – wie alle Menschen – mit ihren Erfahrungen, ihren meist unbewussten gelernten Wahrnehmungs- und Interpretationsmustern, Verhaltensweisen und Gewohnheiten im Exil und in der Schule an. Ebenso bringen sie Erwartungen, (Klischee-)Vorstellungen, Vorurteile zum Leben und ihren Möglichkeiten in Deutschland bzw. Europa mit.

Darüber hinaus sind die Klassen mit Jugendlichen aus verschiedenen Ländern und Regionen besetzt, zu denen viele Jugendliche – aber auch Lehrkräfte – ebenfalls klischeehafte Vorstellungen mitbringen. In manchen Klassen begünstigt das die Bildung von ethnisierten Gruppen, die tatsächliche oder vermeintliche Unterschiede überbetonen und u.U. gruppenübergreifendes Arbeiten verweigern.

8 Die Gesellschafts- und Weltverwicklungen zum Thema machen

MEIN LIEBLINGSORT IN HAMBURG

Enayat Mohamad

treffen

Klebe ein Foto von deinem Lieblingsort auf oder zeichne ihn.

Stelle deinen Lieblingsort vor. Schreibe in ganzen Sätzen.

Wie heißt dein Lieblingsort?

mein Lieblingsort ist unfernstig
An meinem ort ist es ruhig

Wo ist dein Lieblingsort?

mein Lieblingsort ~~nach~~ am
unfeunstig. Ich will da ort
fahren. und ich mach reise.

Abb. 8.2: Enayats Text

8.4 Anregungen für einen herrschaftskritischen Landes- und Gesellschaftskundeunterricht

Was sieht man auf dem Bild/ dem Foto von deinem Lieblingsort?

Wie sieht dein Lieblingsort aus?

Gibt es dort

- Gebäude?
- etwas Besonderes zu sehen?
- andere Menschen?
- Tiere?
- Ruhe/ Lärm?

Beschreibe deinen Lieblingsort. Die Fragen geben dir Tipps, was du schreiben kannst.

Du kannst auch die Sätze und Wörter auf der letzten Seite benutzen.

> mann kann viel gebäude sehen.
> man kann etwas Besonder zu sehen.
> Mann kann andere Menschen sehen.
> mann kann Tiere sehen.
> mein ort sieht sehr schön.
> und schön Ich möchte gerne
> du Platz fahren.
> viel leute trinken.
> viel sprechen du ort
> und Die leute fahren mit
> dem schiff. Man kann sehr
> schön natur sehen mit
> freundin. spazieren gehen
> können.

Abb. 8.2: Enayats Text – Fortsetzung

Lehrkräfte kommen ihrerseits mit ihren Wahrnehmungsmustern, Gewohnheiten sowie Vorstellungen zu den Jugendlichen, ihren Herkunftsländern und zu dem, was die Jugendlichen schon können und noch lernen sollen in den Unterricht. Vielleicht finden sie es merkwürdig oder fühlen sich geehrt, wenn manche Jugendlichen aufstehen, sobald Lehrkräfte die Klasse betreten. Einige mögen verzweifeln, weil manche Arbeitsform nicht allen Jugendlichen bekannt ist und zeitaufwändig eingeführt werden muss. Frauen kann es schwer fallen, täglich vor einer männlich dominierten Klasse zu stehen. Es kann für beide Seiten befremdlich sein, sich nicht immer verständlich machen zu können.

Lernziele:

- Jugendliche und Lehrkräfte reflektieren ihre Perspektiven auf Deutschland und setzen sich konstruktiv mit gelernten Wahrnehmungs- und Deutungsmustern auseinander
- Jugendliche und Lehrkräfte setzen sich mit den vielfältigen Formen des alltäglichen Lebens (nicht nur) in Deutschland auseinander (man kann die Herkunftsländer einbeziehen: »afghanisch« im Kabuler Bildungsbürgertum ist z. B. anders als im kleinen Dorf vor der pakistanischen Grenze)
- Die Jugendlichen und Lehrkräfte beobachten Alltagspraktiken in der deutschen Öffentlichkeit und setzen sich mit dem Für und Wider von Regeln für das öffentliche Zusammenleben auseinander

1. Andere/s wahrnehmen und deuten
- Lehrkraft und SuS sammeln Eindrücke vom Exilort: Wie erlebe bzw. sehe ich den Ort? Was ist gut, was nicht? Was ist mir bekannt/vertraut/, was unbekannt/fremd? Was gefällt mir, was nicht und warum?
- Beobachtungen/Erfahrungen der Jugendlichen und Lehrkräfte aufgreifen; Übung: alltägliche Szenen beobachten (z. B. beim Einkaufen, im ÖPNV, auf der Straße)
- Zusammenhang von Wahrnehmung und Interpretation; Refugee Guide bzw. Begleitheft »Leben in Deutschland« mit den SuS überprüfen: Kleingruppen beobachten an zentralen Orten der Stadt, wie sich das Leben darstellt (z. B. können verschiedene Begrüßungsrituale beobachtet werden oder die Lautstärke in der Öffentlichkeit, Lautstärke beim Telefonieren im ÖPNV. Das kann auch als Hausaufgabe auf dem Weg zur Schule/nach Hause gemacht werden)
- Ist das, was ich wahrnehme, die ganze »Wahrheit«? (Reflektion der eigenen Zuschreibungspraxis; Vielfalt innerhalb Deutschlands und in den Herkunftsländern)
- Wahrnehmungsübung: Zusammenhang von Wahrnehmung und Interpretation/Deutung erkennen
- Was bedeutet für dich:
    - ein erhobener Daumen?
    - ein erhobener Zeigefinger? Ein erhobener Mittelfinger?
    - ein Daumen und Zeigefinger zum O geformt?
- Bilder von »uneindeutigen« Menschen bzw. Menschen in »uneindeutigen« Situationen betrachten (z. B. britische muslimische Polizistinnen, deren Uniform muslimische Kleidungsregeln berücksichtigt, Transgender-Personen)
- Bilder beschreiben lassen: Was siehst du? Antworten sammeln, nicht bewerten oder kommentieren; erst wenn aus der Gruppe keinen neuen Nennungen mehr kommen, Information zum Bild geben und mit der Gruppe auswerten: Was ist überraschend? Warum? Wie kommt es, dass wir das Bild anders gesehen haben?
    - **Wichtig** bei allen Wahrnehmungs- und Deutungsübungen/-aufgaben: In der Auswertung gemeinsam erarbeiten, dass unterschiedliche Wahrnehmungen von einer Sache und mehrere Deutungen möglich sind; sie haben alle ihre Berechtigung. Wahrnehmung ist gelernt: Wir sehen, was wir gelernt haben und zu wissen glauben – wir können andere Wahrnehmungen/Deutungen (kennen) lernen und – wenn wir wollen – bisherige verwerfen. Ziel ist es, offen für Anderes/Neues zu sein und zu erkennen, dass es immer mehrere mögliche Perspektiven gibt.

8.4 Anregungen für einen herrschaftskritischen Landes- und Gesellschaftskundeunterricht

- Lehrkräfte sollten eigene Deutungen, die sie beim ersten Betrachten der Bilder hatten, nennen: das hilft den SuS oft, zu erkennen, dass sie keine »falschen« Wahrnehmungen haben und auch mit der Übung auch nicht »getäuscht« werden sollten
- ergänzend kann man optische Täuschungsbilder einsetzen: z. B. junge/alte Frau, Vase/Gesicht (die Bilder kann man auch im Mathe- oder naturwissenschaftlichen Unterricht nutzen und untersuchen, wie optische Täuschungen entstehen)

2. Vorbereitung Lehrkräfte: Wahrnehmungen und Zuschreibungen
- Wie kommt es, dass weiße Deutsche »Andere« sofort als »Andere« erkennen? (Selbstversuch: Wie viele »Andere« saßen heute Morgen in der S-Bahn? Wie viele weiße Deutsche waren da? Wer fällt mir beim Gehen in der Stadt auf und warum?)
- Wie ist das Kollegium zusammengesetzt? Wo arbeiten Schwarze/migrantische Menschen an der Schule? Wie kommt es zu diesen Verteilungen?
- Biografiearbeit: Welche Erfahrungen habe ich im Verlauf meiner Biografie mit meiner Ethnizität/Kultur, Klasse/Schicht-, Geschlechts-, Sexualitäts-, Religionszugehörigkeit, Gesundheit gemacht? Welche Rolle haben diese Kategorien in Umbruchssituationen (z. B. Kindheit/Jugend, Umzug, Berufseinstieg...) gespielt?
- Wie bezeichne ich Eingewanderte? Wie bezeichnen sich die SuS selbst? Wie wollen sie gesehen/bezeichnet werden? Welche Selbstbezeichnungen gibt es in welchen Kontexten (z. B. Bedeutung der Selbstbezeichnung »Schwarz« in akademischen Exilkreisen, bei Nichtakademikerinnen/Nichtakademikern afrikanischer Herkunft, in den Herkunftsländern? Verwendung von »nigga« unter jungen »Schwarzen« Jugendlichen)? Welche Selbstbezeichnung kann ich übernehmen?
- Wie wird man deutsch? Werden alle mit deutschen Papieren als Deutsche erkannt/betrachtet?
- Wann können sich Geflüchtete einbürgern lassen und welche Vor-/Nachteile kann (Nicht-)Einbürgerung haben?

3. Interkulturelles Training: In der Klasse in Kontakt kommen, über Ausschlüsse und Vorurteile sprechen – einige Vorschläge
- Speed-Dating (in Kontakt kommen und sich zu einem Thema austauschen): Gruppe teilen. Ein Teil der Gruppe bildet einen Innenkreis, bei dem alle nach außen gucken. Der zweite Teil der Gruppe bildet um den Kreis herum einen Kreis, so dass jede/jeder ein Gegenüber hat. Die Spielleitung bittet alle, sich in ca. 30 sec. zu einem Thema (z. B. Welche Musik hörst du? Was ist dein Lieblingsessen? Wo wohnst du? Wie ist dein Schulweg?) zu unterhalten; dann gehen alle aus dem Außenkreis zum nächsten rechten/linken Partner; der Innenkreis bleibt stehen; dann gibt die Spielleitung ein neues Thema fürs »Speed-Dating« aus; Ende des Spiels: Wenn alle einmal miteinander ins Gespräch gekommen sind. Auswertung:
- Aufstellung nach diversen Kriterien (Hobbies, mag gern Burger mit Pommes, Haarfarbe, Langschläfer, Süßigkeitenliebhaberin, Mathestar ...): SuS und Lehrkräfte können darüber gemeinsame und verschiedene Interessen jenseits einer gemeinsamen Sprache oder Nationalität entdecken
- Zitronenübung: Spielleitung zeigt der Gruppe eine Zitrone und fordert Gruppe auf, Zitronen zu beschreiben (»Wie sind Zitronen?«). Dann bekommt jede/jeder (oder jeweils ein Paar) eine Zitrone mit der Aufgabe, die eigene Zitrone ca. 3–4 Min. genau zu betrachten: Welche Form hat sie? Wie riecht sie? Was fällt an ihr auf? Nach Ablauf der Zeit sammelt die Spielleitung alle Zitronen in einer Schüssel ein und mischt sie. Nun bittet sie die Teilnehmenden, »ihre« Zitrone wieder zu finden. I.d.R. klappt das ohne Weiteres.

- Fragen für die Auswertung:
  - Wie habt ihr eure Zitrone wiedergefunden? Woran habt ihr sie erkannt?
  - Seid ihr überrascht, dass ihr eure Zitrone gefunden habt? Warum?
  - Kennt ihr Beispiele, wo sich Menschen Ideen und Vorstellungen über andere Menschen machen, »wie die so sind«?
  - Kennt ihr Beispiele, wo Menschen aus einer Gruppe ausgeschlossen werden, weil sie angeblich »anders« sind?

4. Empowerment: Bin ich »nur ein Flüchtling«? Bin ich »Schwarz«? Bin ich »Migrantin/Migrant«?
- Was bringe ich mit (Erfahrungen, formelles/informelles Wissen, Fertigkeiten)? Welchen Wert hat das für mich?
- Was kann ich gegen Rassismen/Sexismen, auf dem Wohnungs-/Arbeitsmarkt/in der Schule/auf Behörden tun? Wo gibt es Hilfe, Beschwerdestellen, Austauschmöglichkeiten?
- Wie gehe ich mit Fremdbezeichnungen um? Wie will ich mich selbst nennen?
- Sport: Selbstverteidigung (Möglichkeiten und Grenzen von Selbstverteidigung); wo kann man kostengünstig trainieren?

Modul 3: Grundrechte in Deutschland: Anspruch und Wirklichkeit

Ausgangssituation:
Die SuS sind in der Lage, einfache Texte zu lesen, zu verstehen und sich dazu zu äußern. Die SuS konnten schon einige Monate Erfahrung mit dem Leben in Deutschland sammeln.

Lernziele:

1. Lehrkräfte und SuS setzen sich kritisch mit den Idealen des deutschen Grundgesetzes und den Realitäten in Deutschland bzw. am Exilort auseinander
2. Lehrkräfte und SuS reflektieren ihre Geschlechterrollenbilder

1. GG1: Die Würde des Menschen ist unantastbar
- Austausch: Was macht einen Menschen wertvoll?
- Selbst- und Fremdwahrnehmung: Was ist an dir wertvoll? – Was finden andere an dir wertvoll? Einzelarbeit: Das kann ich gut/das kann ich anderen beibringen/Hiermit habe ich Erfahrungen/Dafür schätzen mich andere Menschen
- Gruppenübung: Warme Dusche (SuS bekommen einen Zettel auf den Rücken geklebt; jede/jeder schreibt/malt bei jeder/jedem Schüler/Schülerin eine Eigenschaft auf den Zettel, die er/sie an dieser Person schätzt. Auch bei Personen, die man selbst nicht mag, muss etwas Gutes geschrieben/gemalt werden; Variante: Die SuS erhalten Karteikarten und beschriften die Karten mit den Namen ihrer Mitschüler/-schülerinnen. Am Ende hat jede/jeder Schüler/Schülerin einen Satz Karten mit allen Namen aus der Klasse. Nun überlegen sich die SuS, was das Positivste an jedem Schüler ist und schreiben/malen das auf die Karte. Auch für ungeliebte Personen müssen sie etwas Positives finden.
- SuS sammeln: Was gehört für mich zu einem guten Leben? Wie sieht ein gutes Leben aus? Was davon kann/möchte ich in Deutschland erreichen?

- Weiterführend kann man sich den Fragen widmen: Was möchte ich für mich/in meinem Leben selbst entscheiden (dürfen)? Was sollen/können/dürfen andere (wer?) für mich entscheiden?
- SuS erstellen Collagen/Bilder: Was ist ein gutes – würdevolles – Leben für mich?

2. **Arm und Reich in Deutschland – ist das würdevoll?**
   - Text in einfachem Deutsch zu Armut und Reichtum am Exilort
   - Stadterkundung in ärmeren und wohlhabenderen Wohnquartieren: SuS beobachten Bebauung, Grünflächen, Kleidung der Menschen u. ä. und berichten in der Klasse
   - In Großstädten: Obdachlosigkeit: Wie passt das zur Würde des Menschen?
   - Film: Das Wiegenlied (abrufbar über http://www.bpb.de/mediathek/203978¬ /¬ wiegenlied); ein Kurzfilm ohne Sprache über Männer, die im Vorraum einer Bank schlafen, während mehrere Kunden/Kundinnen über sie steigen: Die letzte Kundin öffnet die Tür, sieht die Schlafenden und geht leise auf Zehenspitzen davon. Fragen zum Film: Was passiert im Film? Deiner Meinung nach: Wie soll man mit den Männern in der Bank umgehen? Sollen sie dort schlafen dürfen?
   - SuS tauschen ihre Meinungen zu Obdachlosigkeit aus, Lehrkraft vermittelt, wie Obdachlosigkeit entstehen kann; evt. Exkursion zu einer Hilfeeinrichtung für Obdachlose; Was können SuS tun, wenn sie selbst, Freunde/Freundinnen oder Verwandte von Obdachlosigkeit bedroht sind?
   - AsylbLG und ALG II (Wie viel ist das? Wie kann ich mit wenig Geld haushalten? Darf ich jobben und etwas dazu verdienen? Wenn ja, wie viel?)
   - Empowerment: Es kann helfen, sich gegen unfaire Gesetze zu wehren, aber man braucht einen langen Atem: SuS setzen sich mit dem Urteil des Bundesverfassungsgerichts zur Unrechtmäßigkeit des AsylbLG und dem Recht für alle auf ein würdevolles Leben auseinander
   - Wo können SuS Unterstützung finden, wenn sie sich z. B. gegen Behördenbescheide zur Wehr setzen wollen? Welche Selbstorganisationen (jugendlicher) Geflüchteter und anderer Unterstützergruppen gibt es in der Nähe/am Exilort? Welche Ziele haben diese Gruppen? Wie kann man mitmachen?

3. **Gleichberechtigung Geschlechterrollen**
Zur Vorbereitung sollten sich Lehrkräfte mit den eigenen Vorstellungen zu Gleichberechtigung und Geschlechterrollen in Deutschland und den Herkunftsländern der SuS auseinandersetzen; es kann hilfreich sein, sich mit der historischen Entwicklung von z. B. Rechten oder Kleidervorschriften für Frauen und Männer der verschiedenen Gesellschaftsschichten in diversen Ländern auseinander zu setzen: Tunesien z. B. hat 1957 Frauen u. a. das Recht auf Ausbildung und Beruf zugestanden, bis 1975 mussten Frauen ihren Ehemann um Erlaubnis fragen, wenn sie arbeiten wollten; die in manchen muslimischen Ländern übliche lange Kleidung für Frauen ist in Europa noch nicht so lange Vergangenheit, auch sind bürgerliche Frauen in manchen Gegenden Deutschlands nicht ohne mit einem Hut bedecktem Kopf aus dem Haus gegangen. Implizite Kleidervorschriften gibt es bis heute: In Badekleidung geht man kaum auf die Straße und die Debatte zu Hotpants an Schulen spiegelt ebenfalls die Relevanz von gesellschaftlichen Normvorstellungen, wie Männer und Frauen in der Öffentlichkeit gekleidet sein sollen. Wenn SuS die Meinung äußern, in ihrem Herkunftsland sei es schon immer für Frauen so und für Männer so gewesen, empfiehlt es sich, das als Rechercheauftrag anzunehmen und ggf. gemeinsam herauszufinden, wie sich die Dinge in dieser oder jener Region und Gesellschaftsschicht darstellen.
   - Welche Aufgaben sollten Frauen/Männer deiner Meinung nach in der Familie, im Beruf, in der Freizeit übernehmen?
   - Welche Aufgaben haben Frauen/Männer, die du kennst, in der Familie, im Beruf, in der Freizeit?

- Individueller Umgang mit Verboten qua Geschlecht/Ermutigung, eigene (Geschlechter-)Rolle zu finden bzw. den eigenen Weg zu gehen: Filme: Wadjda (Spielfilm über ein saudi-arabisches Mädchen, die Fahrrad fahren will), Kick it like Beckham (Spielfilm über ein britisch-indisches Mädchen, die Fußball spielt), Eliot tanzt (Spielfilm über einen britischen Arbeiterjungen, der lieber Ballett tanzen will, als zum Boxtraining zu gehen), Kurzfilm über eine Busfahrerin in Teheran http://www.bpb.de/mediathek/627/feminin-masculin
- Zugehörigkeit zu Gruppen und Kleidung:
  - Welche Kleidung finde ich (nicht) gut? Warum sind die teuren Turnschuhe (nicht) so wichtig? Was sagt mir die Kleidung von anderen Jugendlichen? Stimmt das immer?
- Welche Kleidung ist wo angemessen? Was sollte ich zum Bewerbungsgespräch/zur Arbeit im Handwerk/in der Dienstleistung (lieber nicht) anziehen?

4. Freundschaft, Liebe und Sexualitäten
- Wie lernen sich Paare (hier und anderswo) kennen? Welche Formen von Sexualität und Liebe gibt es? Warum sind manche tabu und gelten gesellschaftlich als »anstößig«? Welche Moralvorstellungen in Bezug auf Sexualität/Liebe gibt es und welche Praktiken entwickeln Menschen, um ihre Vorstellungen zu leben? Woran will ich mich aus welchen Gründen selber halten?
- Film: Halal love (ein Film über den Respekt gegenüber religiösen Regeln des Islam und dennoch frei ausgelebter heterosexueller Liebe in Beirut)
- Übung: Wahrnehmung und Interpretation (SuS betrachten entsprechende Bilder und nennen ihre Interpretationen): Mann und Frau/Mann und Mann/Frau und Frau Hand in Hand/Arm in Arm, Umarmung/Kuss/Berührung am Arm/Bein, Blick in die Augen/Weggucken zwischen Mann und Mann/Frau und Frau/Mann und Frau, kurze/lange Hosen/Röcke, eine Telefonnummer bekommen/annehmen, eine Einladung/Verabredung aussprechen/annehmen
- Begrüßungen/Interaktionen deuten (in der Klasse, wobei die Lehrkraft auch ihre Deutungen nennt: ggf. Umfrage in anderen Klassen der Schule) Was bedeutet für dich z. B.
- ein (schwacher/starker) Händedruck? Zwischen Männern? Zwischen Frauen? Zwischen Mann und Frau? Zwischen alten/jungen Menschen?
- Eine Umarmung?
- Ein Küsschen auf die Wange? Auf den Mund?
- Ein direkter Blick in die Augen? Ein Augenaufschlag? Weggucken? Auf den Boden gucken?
- Ein Lächeln? Augenzwinkern?
- **Wichtig:** Es geht NICHT darum, die »richtige« Bedeutung herauszufinden, sondern gemeinsam die Vielzahl möglicher Deutungen zu entdecken.
- Begrüßungsformen sammeln und ausprobieren: Womit fühle ich mich (nicht) wohl? Was ist mir vertraut/fremd? Wer erwartet in welcher Situation und in welchem Kontext wahrscheinlich welche Begrüßung (z. B. Bedeutung des Händedrucks am Arbeitsplatz, unter Unbekannten, im Handwerk, bei älteren/jüngeren Menschen in Deutschland; wen kann ich mit Hallo/hey/hi/ey digga begrüßen und bei wem/wann ist ein »guten Morgen/Tag/Abend« angebracht? Welche Begrüßungsfloskeln kenne ich (ggf. in verschiedenen Sprachen/Dialekten)? Wann kann ich regionale/informelle Begrüßungsfloskeln benutzen, wann sind die formellen besser? Was signalisiert mir ein fester/schwacher Händedruck?)
- Muss ich meiner Kollegin/Chefin/Lehrerin/Schulleiterin die Hand geben? Muss ich immer fest zudrücken?
- Redemittel
  - Wie kann ich höflich ausdrücken, dass ich eine bestimmte Begrüßungsform nicht machen möchte?

- Wie kann ich freundschaftlichen Kontakt aufnehmen?
- Ich bin verliebt – und wie spreche ich sie/ihn an? Wenn er/sie (k)eine Verabredung/Einladung annimmt, heißt das dann, dass er/sie mit mir (k)eine Beziehung eingehen will/schon eingegangen ist/…?
- Exkursionen zu Beratungsstellen (incl. Zwangsheirat) rund um Sexualitäten (incl. Homosexualitäten)/Prävention und/oder Expertinnen und Experten in den Unterricht einladen: viele Jugendliche sind nicht oder nur ungenügend sexuell aufgeklärt; externe Experten und Expertinnen können für initime Themen oft eine bessere Atmosphäre schaffen als Lehrkräfte

Frauen und Männer mit und ohne Migrations-/Fluchterfahrung im Beruf
- Umfrage in der Schule: Wo arbeiten in der eigenen Schule Frauen/Männer, Migrantinnen/Migranten/Deutsche, Menschen mit Behinderungen? Wer ist in Leitungsfunktionen, wer arbeitet Voll-, wer Teilzeit und aus welchen Gründen?
- Umfrage: Welche Berufe möchten Mitschülerinnen und -schüler lernen? Welche Berufe werden an der Schule ausgebildet?
- Was möchte ich selbst werden? Welche Möglichkeiten habe ich in Deutschland und mit meinen mitgebrachten Kompetenzen/Fähigkeiten/Kenntnissen?
- Auswertung: Wie viel verdient man in diesen Berufen? Welche Karrierechancen bieten sie?
- Traum- bzw. Wunschberuf und berufliche Möglichkeiten im Exil: Wie Ausbildung, Arbeit und Aufenthalt zusammen hängen
- Statistik: Anteil der erwerbstätigen Männer und Frauen in Deutschland (und evtl. in den Herkunftsländern der SuS) vs. Verdienst und Vollzeit/Teilzeit
- Anteil der erwerbstätigen »Migranten/Migrantinnen« vs. Verdienst und Vollzeit/Teilzeit
- Gender-Pay-Gap in Deutschland: Wie kommt es dazu?
- Konzentration Zugewanderter in den wenig prestigereichen Berufen: Wie kommt es dazu?

5. GG 4: Religionsfreiheit/Trennung von Religion und Staat
Lehrkräfte sollten sich zur Vorbereitung des Themas Religionsfreiheit in Deutschland/Trennung von Kirche und Staat mit folgenden Fragen auseinandersetzen:
- Warum sind die hohen christlichen Feiertage quasi »staatliche« Feiertage?
- Warum dürfen Geschäfte an Sonntagen nur an Bahnhöfen/Flughäfen geöffnet sein?
- Warum erhebt der deutsche Staat die Kirchensteuer?
- Warum gibt es Parteien mit einem »Christlich« im Namen?
- Warum haben die christlichen Kirchen bei vielen politischen Themen ein Mitspracherecht?
- Warum gibt es so viele christliche Kindergärten, Schulen, Bildungseinrichtungen, Fürsorgeeinrichtungen (mit staatlicher Unterstützung) und nur so wenige in Trägerschaft anderer Religionsgemeinschaften?
- Warum können Christen mit einem Kreuzkettchen überall ohne Probleme arbeiten, aber Muslima mit Kopftuch nicht unbedingt?
- Jede/jeder kann glauben, was er/sie will, außer, er/sie gefährdet den Staat (z. B. extremistische Glaubensrichtungen und Sekten)
- Menschen mit anderem Glauben und Menschen ganz ohne Glauben müssen respektiert werden: Wie drückt sich Respekt aus? Welche Erfahrungen haben SuS damit? Müssen Schule und Praktikums- oder Ausbildungsbetriebe Gebets-, Fastenzeiten und nicht-christliche Feiertage berücksichtigen?
- Wie lassen sich religiöse Fastenzeiten und Feiertage mit den in Deutschland üblichen Arbeitszeiten und -anforderungen vereinbaren?

- Wie werden nicht-christliche Feiertage in Deutschland berücksichtigt? Aussage eines muslimischen Schülers aus einer AvM-Klasse: »Die Christen haben an ihren Feiertagen immer frei. Weihnachten z. B. sind drei Tage. Und wir haben zum Fastenbrechen nur einen Tag – das Fest hat aber auch drei Tage. Das ist ungerecht.« Wie siehst du das?
- Wo sind Moscheen, Kirchen, Synagogen, Tempel, usw. in der Stadt/in der Region?

Modul 4: Die Weltverwicklungen/Globale Zusammenhänge verstehen

Ausgangssituation:
Die SuS sind in der Lage, einfache Texte zu lesen, zu verstehen und sich dazu zu äußern. Die SuS konnten schon einige Monate Erfahrung mit dem Leben in Deutschland sammeln.

Lernziele:

- Die SuS erarbeiten sich globale Zusammenhänge am Beispiel der T-Shirt- oder Handy-Produktion
- Die SuS setzen sich mit historischen Ursachen für heutige globale Ungleichheiten auseinander und erarbeiten Brüche und Kontinuitäten

Im Internet findet sich vielfältiges Anschauungsmaterial zur globalen Produktion. Auch der von der monatlich erscheinenden Zeitung »Le Monde Diplomatique« herausgegebene »Atlas der Globalisierung« gibt einige Anregungen, wie komplexe Zusammenhänge eingängig und übersichtlich (karto-)grafisch dargestellt werden können.

1. Rohstoffe dort, Endprodukt hier
- wenn möglich, Betriebe vor Ort besuchen
- Globale Produktionsketten
  - z. B. woher kommt mein T-Shirt?
    Arbeitsbedingungen der Baumwollbauern, Weberinnen, Näherinnen, internationale Seeleute, deutsche Logistiker, Verkäufer und Verkäuferinnen: Wer verdient was? Was erwarten Kundinnen und Kunden? Was verdienen Designerinnen, Großhändler etc. bzw. wer macht den Gewinn? Alte T-Shirts und Altkleiderexporte von Deutschland nach z. B. Afrika und deren Auswirkungen auf die lokalen Märkte
  - Woher kommt mein Handy?
  - Rohstoff-Exporte und Konflikte in den rohstoffexportierenden Ländern, Veredelung/Weiterverarbeitung der Rohstoffe und Montage in Asien, Export der fertigen Geräte nach Europa
  - Bedeutung der internationalen Seefahrt und Logistik, Großhandel und Verkauf – Wer verdient was? Wer hat welche Arbeitsbedingungen?
  - Recycling von Altgeräten: Export von Elektroschrott z. B. in afrikanische Länder, Auswirkungen auf Umwelt und Gesundheit dort
  - Geschichte von verschuldeten Ländern im globalen Süden und reichen Ländern im globalen Norden: das koloniale Erbe der globalen Produktionsketten (ggf. mit Erkundungen vor Ort)

- We are here, because you were there (or: because you are still there): historische Ursachen für heutige Armuts- und Kriegsregionen

2. Europäische Union und Deutschland
- Menschenrecht auf Asyl und gegenwärtige Asylpolitik in der EU und in Deutschland: Wie weit greifen Menschenrechte in der EU/in Deutschland?
- Menschenrecht auf freie Wahl des Lebensorts und Grenzpolitik der EU: Wie passt das zusammen? Wie viel Geld gibt die EU/Deutschland für Geflüchtete innerhalb der EU/Deutschlands und deren Abwehr an den Grenzen aus?

Literatur

Amjahid, Mohamad (2017): Unter Weißen. Was es heißt, privilegiert zu sein. Berlin: Hanser.
Baquero Torres, Patricia (2009): Kultur und Geschlecht in der interkulturellen Pädagogik. Eine postkoloniale Re-Lektüre. Frankfurt/Main: Peter Lang.
Begleitheft Leben in Deutschland (o.J.). In: URL: https://www.lid-integration.de/ (Zugriff: 01.10.2017)
Bundeszentrale für politische Bildung (2016): Logbuch Neuland. In: URL: http://www.bpb.de/shop/lernen/thema-im-unterricht/228373/logbuch-neuland (Zugriff: 01.10.2017).
Castro Varela, María do Mar (2013): Ist Integration nötig? Eine Streitschrift. Freiburg: Lambertus.
Eggers, Maureen Maisha (2005): Rassifizierte Machtdifferenz als Deutungsperspektive in der Kritischen Weißseinsforschung in Deutschland. In: dies.; Kilomba, Grada; Piesche, Peggy; Arndt, Susan (Hrsg.): Mythen, Masken und Subjekte. Kritische Weißseinsforschung in Deutschland. Münster: Unrast, S. 56–72.
El-Tayeb, Fatima (2001): Schwarze Deutsche. Der Diskurs um Rasse und nationale Identität 1890–1933. Frankfurt/Main: Campus.
Freie und Hansestadt Hamburg, Behörde für Bildung und Sport, Abteilung Berufliche Bildung und Weiterbildung (2003): Rahmenplan für Wirtschaft und Gesellschaft für Berufsschulen. Zur Erprobung ab 01. August 2003, Hamburg (Eigendruck).
Grein, Marion (2016): Werte und Wertevermittlung im Unterricht. In: URL: https://www.hueber.de/media/36/Wertevermittlung_im_DaZ-Unterricht.pdf (Zugriff: 01.10.2017)
Grundmann, Hilmar (2008): Die Förderung der Sprachfähigkeit als Beitrag zur Verbesserung der Ausbildungsqualität in Schule und Beruf. In: Bals, Thomas; Hegmann, Kai; Wilbers, Karl (Hrsg.): Qualität in Schule und Betrieb. Forschungsergebnisse und gute Praxis. Texte zur Wirtschaftspädagogik und Personalentwicklung, Band 1. Köln: Qualitus, S. 110–119.
Hall, Stuart (1994): Der Westen und der Rest: Diskurs und Macht. In: ders.: Rassismus und kulturelle Identität. Ausgewählte Schriften 2. Hamburg: Argument, S. 137–179.
hooks, bell (1994): Teaching to Transgress: Education as the Practice of Freedom. New York/London: Routledge.
hooks, bell (1990): Schwesterlichkeit: Politische Solidarität unter Frauen. In: beiträge zur feministischen theorie und praxis. Rassismus. Antisemitismus. Fremdenhaß. Geteilter Feminismus. 1 Auflg. 13. Jg., Heft 27, S. 77–92.
Kazeem-Kamiński, Belinda (2017): Engaged Pedagogy. Antidiskriminatorisches Lehren und Lernen bei bell hooks. Wien: zaglossus.
Landesinstitut für Lehrerbildung Hamburg (2016): Miteinander leben – Werte vertreten – Grundrecht gestalten, Hamburg (Eigendruck). Download: URL: http://li.hamburg.de/wertebildung/ (Zugriff: 01.10.2017)
Mall, Ram. A. (2017): Kulturelle Selbstvergewisserung und die Identitätsproblematik. Zur Konzeption einer im-werden-begriffenen multiplen Identität. In: Völkel, Bärbel; Pacyna,

Tony (Hrsg.): Neorassismus in der Einwanderungsgesellschaft. Eine Herausforderung für die Bildung. Bielefeld: transcript, S. 127–146.

Minai, Naila (1991): Schwestern unterm Halbmond. Muslimische Frauen zwischen Tradition und Moderne, Stuttgart: dtv/Klett.

Niedersächsisches Kultusministerium (2011): Kerncurriculum für das Gymnasium – gymnasiale Oberstufe, die Gesamtschule Niedersächsisches – gymnasiale Oberstufe, das berufliche Gymnasium, das Abendgymnasium, das Kolleg Werte und Normen. Hannover: Unidruck.

Opitz, May (Ayim) (1992): Afro-Deutsche. Ihre Kultur- und Sozialisationsgeschichte auf dem Hintergrund gesellschaftlicher Veränderungen. In: Oguntuye, Katharina; Opitz, May; Schultz, Dagmar (Hrsg.): Farbe bekennen. Afro-deutsche Frauen auf den Spuren ihrer Geschichte. Frankfurt/Main: Fischer, 2. Aufl., S. 17–102 und 127–144.

Perko, Gudrun; Czollek, Leah Carola (2012): Social Justice und Diversity Training: Intersektionalität als Diversitymodell und Strukturanalyse von Diskriminierung und Exklusion. Online zugänglich: URL: http://www.portal-intersektionalitaet.de (Zugriff: 01.10.2017)

Refugee Guide.de (o.J.): Refugee Guide in leichter Sprache. Eine Orientierungshilfe für das Leben in Deutschland. In: URL: http://www.refugeeguide.de/de/ (Zugriff: 01.10.2017)

Schelten, Andreas (2008): Traditionelle und neue Bildungsaufgaben der Berufsschule. In: Bundesverband der Lehrerinnen und Lehrer an beruflichen Schulen (Hrsg.): Brennpunkte beruflicher Bildung. Berlin: dbb Verlag, S. 45–57.

Schritte Plus Neu (2016): Deutsch als Zweitsprache für Alltag und Beruf. Kurs- und Arbeitsbuch (Niveau: A1.1), München (Hueber). URL: www.portal-intersektionalität.de [Zugriff: 08.09.2017]

STAMS – Bayrisches Staatsministerium für Arbeit und Soziales, Familie und Integration; BAMF – Bundesamt für Migration und Flüchtlinge – (Hrsg.) (2016): Erstorientierung und Deutsch lernen für Asylbewerber in Bayern, München: Eigendruck. Online verfügbar: URL: http://www.bamf.de/SharedDocs/Anlagen/DE/Downloads/Infothek/Integration/¬Sonstiges/konzept-kurse-asylbewerber.html (Zugriff: 01.10.2017)

Yeğenoğlu, Meyda (2003): «Veiled Fantasies: Cultural and Sexual Difference in the Discourse of Orientalism». In: Lewis, Reina/Mills, Sara (ed.): Feminist Postcolonial Theory. Oxford: Oxford UP, pp. 542–567.

9 Von den Lebenslagen zum Schulprogramm – Schritte zu einer fluchtsensiblen Unterrichtsentwicklung

Joachim Schroeder

9.1 Postulate der Schulprogrammentwicklung

Im Schulprogramm wird die pädagogische Gestalt des Unterrichts im Spannungsverhältnis der in Bildungsplänen ausformulierten bildungspolitischen Vorgaben und den individuellen Bildungsperspektiven der Schülerinnen und Schüler konkretisiert. Die von der Kultusbürokratie vorgeschriebenen Curricula sind zumeist sehr umfangreiche Themen- bzw. Kompetenzkataloge, die vor allem an den bildungstheoretischen Ansprüchen der Schulfächer und Fachdidaktiken ausgerichtet sind. Die Curricula werden notorisch kritisiert, dass sie überfrachtet und in der verfügbaren Unterrichtszeit kaum zu schaffen seien. Und bislang konnte noch jedem Lehrplan vorgeworfen werden, dass er mal nicht gendergerecht genug, mal eurozentrisch und/oder heteronormativ daher komme und übermäßig auf die Norm- und Wertesysteme der dominanten gesellschaftlichen Gruppen – also im Wesentlichen dem Bildungsbürgertum – fokussiert sei. Dennoch kann auf Curricula nicht verzichtet werden, weil sie *allen* jungen Menschen anregende, anspruchsvolle und im Wortsinn breit gefächerte Bildungs- und Unterstützungsangebote sichern.

Eine zentrale Aufgabe des Schulkollegiums ist es, den offiziellen Lehrplan in einem schulinternen Curriculum zu kontextualisieren, so dass in die pädagogische Gestalt des Unterrichts die Interessen, Lernziele, Fragen und Erfahrungen der Schülerinnen und Schüler einfließen können. Als sehr günstig hat es sich erwiesen, diese Kontextualisierungen im Spiegel der Lebenslagen von Kindern, Jugendlichen und jungen Erwachsenen vorzunehmen, weil dadurch die inhaltliche Passgenauigkeit des Lehrplans überprüft und gegebenenfalls korrigiert werden kann. Im Schulprogramm wird somit gewährleistet, dass die aktuellen Lebenssituationen der Schülerinnen und Schüler im Unterricht thematisiert, ihre biografischen Erfahrungen in unterrichtliche Zusammenhänge einbezogen und ihre Problemlagen zum Gegenstand des reflexiven Lernens werden können. In den schulinternen Curricula trifft das Kollegium mithin weitreichende Übereinkünfte, ob und wie weit es sich in den Lern- und Bildungszielen auf die teilweise schwierige Gegenwart und die erschwerten Zukunftsperspektiven der Schülerinnen und Schüler einlassen möchte.

Seit vielen Jahren befassen sich einzelne Arbeitsgruppen mit den grundlagentheoretischen Problemen und der empirischen Absicherung der Entwicklung von lebenslagenorientierten Curricula. Ausgehend von der These, dass es Kollegien in ihren schulinternen Lehrplänen gelingen muss, die soziale Geltung der Bildungsgegenstände sowie die Milieunähe des Lernangebots präzise zu bestimmen und zu begründen (vgl. Hiller 1994), haben Burgert (2001, S. 186 ff.) und Hiller (³2016, S. 46–49) für verschiedene Alltagsdimensionen erschwerter Lebenslagen umfängliche Themen- und Kompetenzkataloge entwickelt. Im Bildungsplan der Schule für Erziehungshilfe in Baden-Württemberg ist dieser Ansatz konsequent aufgenommen und fortgeschrieben worden (MKJS 2010). In derselben didaktischen Spur hat Bleher (2017, S. 150–167) eine thematische Ideensammlung für den Unterricht mit jungen Geflüchteten zusammengetragen. Die Münchner Flüchtlingsschule »SchlaU« entwickelte ebenfalls einige curriculare Bausteine (www.schlau-werkstatt.de).

Im Folgenden soll es nun um den nächsten Schritt gehen: die Entwicklung und Konkretisierung des schulinternen Curriculums und der Schuljahresplanung. Es wird eine Vorgehensweise skizziert, wie sich im Kollegium ein schulisches Bildungsprogramm erarbeiten lässt, das (auch) junge Geflüchtete adressiert. Die Anforderungen für eine fluchtsensible Unterrichts- und Schulentwicklung, die in den einzelnen Beiträgen des vorliegenden Buches bislang erörtert worden sind, werden zuvor knapp in einigen curricularen und didaktischen Postulaten gebündelt, die nach unserem derzeitigen Erkenntnisstand die Schulprogrammentwicklung leiten sollten:

- Für junge Geflüchtete ab 14 Jahren ist das Schulprogramm konsequent unter jugend- und erwachsenenpädagogischen Gesichtspunkten und folglich unter den Vorzeichen einer *Pädagogik des Übergangs* (Thielen 2011) zu erarbeiten. Neben der für alle sozial benachteiligten Jugendlichen notwendigen intensiven unterstützenden Überleitung in die selbstständige Lebensführung unter erschwerten Bedingungen, ist der Übergang der Geflüchteten von spezifischen Hürden gekennzeichnet: rechtlich erschwerter Zugang zum Arbeitsmarkt, eingeschränkte Ansprüche auf soziale Leistungen, Dominanz diskontinuierlicher Bildungsbiografien. Diese Erschwernisse sind somit der zentrale bildungstheoretische Bezug des Schulprogramms.
- Für junge Geflüchtete müssen ab Klasse sieben im Schulprogramm *Fach-, Alltags- und Arbeitsweltbezug* ausbalanciert sein. Die Schulfächer haben ihren Platz, dürfen aber nicht, wie zumeist in den allgemeinbildenden Schulen, die pädagogische Gestalt des Unterrichts dominieren. Auch der Arbeitsweltbezug kann nicht einseitig priorisiert werden: Beispielsweise werden Werkstatt- oder Produktionsschulen zu Recht kritisiert, wenn sie den systematischen Fachunterricht zu sehr reduzieren. Ebenso ist darauf zu achten, den didaktischen Bezug auf die Alltagsprobleme nicht zu verabsolutieren, denn auch Jugendliche und junge Erwachsene in erschwerten Lebenslagen haben einen Anspruch darauf, sich im Unterricht mit für sie spannenden und horizonterweiternden Themen zu befassen, ohne dass daraus immer gleich Problemlösungen für den schwierigen Alltag abgeleitet werden können (vgl. Schroeder 2016a).
- Das Schulprogramm für geflüchtete Jugendliche und junge Erwachsene ist von einem *multiprofessionellen Team* zu entwickeln und zu verantworten, das sich aus Klassen- und Fachlehrkräften, sonder-, sozial- und berufspädagogischen Fachkräften, Lehrkräften für Deutsch-als-Zweitsprache und Herkunftssprachen, der Integrations- bzw. Schulbegleitung sowie ehrenamtlich Tätigen zusammensetzt. In der uns bekannten Praxis sind die Funktionsbeschreibungen

sowie die Zuständigkeiten für Inhalte, Themen und Aufgaben in diesen multiprofessionellen Teams nicht immer verbindlich geklärt. Schuljahresplanungen sind praktikable Instrumente, um eine zersplitterte Arbeitsteilung in einen kohärenten pädagogischen Gesamtzusammenhang zu überführen.
- Entgegen dem dominanten Trend, mit der Ganztagsschule immer mehr Zeit, Inhalte und Professionen in die Schule hinein zu verlagern, empfehlen wir nicht nur mit Bezug auf junge Geflüchtete, aber für diese ganz besonders, *frühzeitig auf eine Inklusion in die diversen gesellschaftlichen Funktionsbereiche abzuzielen*. Schulen sollten dringend bei der Programmentwicklung die verbreitete Ansicht hinterfragen, dass die Integration in Betriebe, Vereine, Nachbarschaften und Wahlfamilien durch eine jahrelange sprachliche Förderung im Unterricht vorbereitet werden müsse. Unsere Erfahrungen lassen uns darauf vertrauen, dass man in Betrieben, Vereinen, Nachbarschaften und Wahlfamilien immer Mittel und Wege der sprachlichen Verständigung findet und auch den Erwerb der deutschen Sprache effektiv voranbringt.
- Obwohl für diskontinuierliche Bildungsbiografien *sukzessiv absolvierbare Prüfungsformate* am günstigsten sind, ist eine Modularisierung der Leistungsanforderungen in den allgemeinbildenden und beruflichen Bildungsgängen für junge Geflüchtete derzeit bildungspolitisch in keinem Bundesland gewollt bzw. durchsetzbar. In seltener Einigkeit bestehen die föderalen Schulverwaltungen auf zentralisierten und standardisierten Abschlussprüfungen. Das Risiko zu scheitern ist deshalb für die jungen Geflüchteten hoch, teilweise ist die Fortsetzung des Bildungswegs dann verbaut. Schulen sind somit gezwungen, das interne Curriculum vom Ende her zu planen und die pädagogische Gestalt des Unterrichts den Anforderungen und Inhalten der Abschlussprüfungen nachgerade zu unterwerfen. Dennoch möchten wir Schulen ermutigen, sich und die Jugendlichen, so gut es geht, frei zu machen von diesen Prüfungszwängen und stattdessen zeitlich begrenzte Trainingsformate vorzusehen, um intensiv auf die Examina vorzubereiten, sodass ansonsten genügend Zeit für die »wirklich« wichtigen Themen bleibt.

Ausgehend von diesen Postulaten werden nun einzelne curriculare und didaktische Bausteine genauer skizziert. Zunächst geht es um die grundlegenden bzw. übergreifend konzeptionellen Elemente des Schulprogramms und die kollegial pädagogischen Verständigungsprozesse (▶ Kap. 9.2), dann wird die konkrete Vorgehensweise zur Schuljahresplanung erörtert (▶ Kap. 9.3). Abschließend wird eine Stunden-, Ressourcen- und Personalzuordnung für eine idealtypische Schuljahresplanung entworfen (▶ Kap. 9.4).

9.2 Übergreifende Aspekte des Schulprogramms

Für die Schulprogrammentwicklung muss in der Schule geklärt werden, welches pädagogische Selbstverständnis den jungen Geflüchteten gegenüber zum Tragen kommen soll, wie das Arbeitsbündnis zwischen dem Kollegium und der Schülerschaft geschlossen werden soll und mit welchen Maßnahmen und Vereinbarungen das Team gemeinsam die institutionelle Verantwortung übernehmen will. Hierfür ist es notwendig, möglichst umfassendes Lebensweltwissen zu den jungen Geflüchteten zusammenzutragen sowie die Auswirkungen gesellschaftlicher Konflikte, politischer Instrumentalisierungen der »Flüchtlingskrise« und kultureller Zuschreibungen auf die einzelne Schule zu reflektieren. Überlegt werden muss auch, wie das Schulprogramm für die Jugendlichen und jungen Erwachsene transparent werden kann. Mit den folgenden Fragen sollen Anregungen für diese notwendigen Übereinkünfte der kollegialen Schulprogrammentwicklung gegeben werden.

Grundsätzliche Fragen zum Schulprogramm

- Wie verschafft sich das Kollegium aktuelles Lebensweltwissen zu den jungen Geflüchteten? Hat sich das Kollegium eine Erst- oder Folgeunterkunft angesehen? Tauscht sich das Kollegium regelmäßig mit den sozialpädagogischen Fachkräften in den Unterkünften aus? Begleiten Mitglieder des Kollegiums hin und wieder die Jugendlichen zu Ämtern, insbesondere zur Ausländerbehörde, um sich einen eigenen Eindruck über die dort stattfindenden Abläufe und die Atmosphäre zu machen?
- Wie erwirbt und sichert das Kollegium seine Kompetenz, besondere Beeinträchtigungen und eventuelle Behinderungen wahrzunehmen? Ist das Kollegium über Erkrankungen informiert, die in Deutschland als »ausgestorben« galten (Polio, Tuberkulose)? Wie gelangt das Kollegium zu einem differenzierten Verständnis von Traumatisierung?
- Wie erkennt, würdigt und fördert das Kollegium Talente und besondere Fähigkeiten der jungen Geflüchteten, und wie bezieht es diese in den Unterricht und das Schulleben ein? Wie hilft die Schule, finanzielle Hindernisse bei der Talentförderung auszuräumen (vgl. MKJS 2010, S. 40)?
- Woran können Schülerinnen und Schüler erkennen, dass die Pädagoginnen und Pädagogen sich für sie und ihre Problemlagen interessieren? Woran erkennen die Jugendlichen, dass im Unterricht auf ihre individuelle Lerngeschichte eingegangen wird? Was tut das Kollegium, um Verstehenszugänge zu Verhaltensweisen seiner Schülerinnen und Schüler zu finden? Wann, wie oft und wie tauschen sich die Lehrkräfte über die Ressourcen und Potentiale der Schülerinnen und Schüler aus? Wie gelingt es dem Kollegium, dass die Jugendlichen ihre Schule als eine Einrichtung erleben, die um ihr Wohlergehen bemüht ist (vgl. MKJS 2010, S. 20 ff.)?
- Wo und wann können die Jugendlichen in der Schule Verantwortung übernehmen? Welche Formen der Mitsprache und Mitgestaltung gibt es auf der Ebene der Klasse und Schule? Wie stellt die Schule sicher, dass die Jugendlichen Sinn und Zweck der Schülervertretung (Klassen- und Schulsprecher/sprecherinnen, Klassenrat) verstehen und entsprechende Formen der Selbstvertretung einüben können? Wie würdigt die Schule die Übernahme von

Verantwortung durch Schülerinnen und Schüler? Welche persönlichen Rückzugsmöglichkeiten bietet die Schule (vgl. MKJS 2010, S. 64)?
- Stellt die Schule sicher, dass die Jugendlichen die wichtigsten Beratungsstellen sowie die für sie zuständigen Ansprechpartner persönlich kennen? Mit welchen Mitteln stellt die Schule fest, welche(r) Jugendliche (noch) welche Informationen benötigt? Wie sichert die Schule, dass die Lehrkräfte wissen, wer an der Begleitung des/der einzelnen Schülers bzw. Schülerin beteiligt ist?
- Welche Routinen des Übergangsmanagements hat die Schule? Wie wird das Aufnahmeverfahren gestaltet? Wie wird die »Übergabe« an andere Schulen oder in neue Bildungsgänge umgesetzt? Wie wird die Re-Inklusion an die Schule organisiert, beispielsweise nach einer medizinischen oder psychiatrischen Behandlung? Wie wird die Verabschiedung bei einer Rückkehr in das Herkunftsland gestaltet?
- Wie macht die Schule Bewertungsmaßstäbe transparent? Wie stellt sie sicher, dass Bewertungen leistungsfördernd sind? Wie werden an der Schule Rückmeldungen gegeben? Auf welche Formen der Dokumentation von Leistungsüberprüfungen und Entwicklungsprozessen hat sich die Schule verständigt? Wie reagiert die Schule auf temporäre Leistungsverweigerung? Wie werden Schülerinnen und Schüler zu Rückmeldungen an die Lehrkräfte und Schulleitung ermuntert (vgl. MKJS 2010, S. 91-93)?
- Ist die Schule sensibilisiert, dass einzelne junge Geflüchtete bereits eigene Kinder zu versorgen haben oder während des Absolvierens des Bildungsganges Mutter oder Vater werden? Welche Unterstützung bietet die Schule, um die Vereinbarkeit von Unterricht und Elternschaft zu erleichtern? Gibt es beispielsweise tragfähige Kooperationen mit einer nahegelegenen Kita? Ist die Kinderbetreuung auch während der Betriebspraktika gesichert?
- Hat die Schule für Verdachtsmomente von sexuellen Übergriffen [sowie Diebstahl, Gewalt, Drogenkonsum oder Cyber-Mobbing; JS] ein strukturiertes Konzept der Intervention? Welches sind die Ansprechpartner bei Verdachtsmomenten? Wie werden Fachdienste zur Problemlösung einbezogen? Durch welche Maßnahmen werden Vorverurteilungen vermieden? Wie werden Betroffene und Beschuldigte geschützt (vgl. MKJS 2010, S. 58)?

9.3 Die pädagogische Gestalt der Schuljahresplanung

Es empfiehlt sich, die inhaltliche und organisatorische Planung des Schuljahres zunächst mit der Festlegung und Terminierung jener didaktischen Module zu beginnen, die gemeinsam mit außerschulischen Kooperationspartnern durchgeführt werden: Praktika, Sicherheitstrainings, Alltagsbegleitung, Freizeitgestaltung. Bei der Planung und Umsetzung dieser Aktivitäten muss man sich in der Schule nach den Vorgaben der Betriebe, den Kurs- und Trainingszeiten von Vereinen, den freien Terminen von Anbietern und den individuellen Vorstellungen der jungen Geflüchteten richten. Bei der Planung zeichnen sich bereits konkrete Zuständigkeiten und Aufgabenverteilungen im multiprofessionellen Team ab. Auf diese Weise erzeugt man ein erstes Grundgerüst der pädagogischen Gestalt des Schuljahres (▶ Kap. 9.3.1 bis 9.3.4). Dann werden die Unterrichtsmodule festgelegt (▶ Kap. 9.3.5) und zusätzliche Förderangebote geplant (▶ Kap. 9.3.6). Schließlich wird man sich noch darüber verständigen, welche neuen didaktischen Bausteine in Pilotprojekten erprobt werden sollen (▶ Kap. 9.3.7).

9.3.1 Praktika festlegen

In allen Bildungsplänen werden in Deutschland ab Klasse 7 und in den folgenden Schulstufen mit zunehmender Intensität betriebliche Praktika vorgeschrieben. Diese sind für junge Geflüchtete besonders wichtig, weil sie auf solchen Wegen am ehesten einen Arbeits- oder Ausbildungsplatz finden können. Deshalb empfehlen wir, in der Schulprogrammentwicklung zuallererst die Formen (Tages-, Wochen- oder Blockpraktikum), sodann die Anzahl und die Zeiträume für die Praktika festzulegen. Denn Praktika stellen einen besonders intensiven Eingriff in die Schulorganisation dar. Liegen diese im Schuljahresplan fest, ist auch geklärt, wann »normaler« Unterricht stattfinden kann. Wir raten dringend davon ab, erst ein ganzes Schuljahr verstreichen zu lassen, bevor den jungen Geflüchteten betriebliche Lern- und Erfahrungsfelder angeboten werden. Vielmehr sollte damit möglichst rasch begonnen werden, selbst wenn es zunächst nur Betriebserkundungen oder Hospitationen sind. Für die Organisation der Praktika sind unter anderem die folgenden Aspekte vorab zu klären:

Wichtige Fragen zu Praktika

- Wie stellt die Schule sicher, dass sie über den aktuellen arbeitsrechtlichen Status eines/einer jeden jungen Geflüchteten präzise informiert ist? Hat die Schule eine verlässliche Quelle (z. B. eine Flüchtlingseinrichtung), bei der aktuelle arbeitsrechtliche Änderungen abgefragt werden können? Hat die Schule verbindliche Ansprechpartner im zuständigen Jobcenter bzw. bei der Agentur für Arbeit, bei der Ausländerbehörde oder in spezialisierten Kanzleien, mit denen allgemeine asyl- und duldungsrelevante Fragen aber auch der entsprechende Status für einzelne Jugendliche möglichst rasch beraten werden können?
- Wie hält sich die Schule darüber auf dem Laufenden, welche Beschäftigungskarrieren in der jeweiligen Region für Geflüchtete nachweislich machbar sind? Wie verhindert sie, dass unrealistische Praktika absolviert werden?
- Dokumentiert die Schule ihre Erfahrungen mit Praktikumsstellen? Entwickelt und pflegt sie ein Verzeichnis mit Betrieben, die sich erfolgreich an der Durchführung von Praktika beteiligt haben?
- Wie sichert die Schule eine gezielte Einmündung in den Arbeitsmarkt? Welche Konsequenzen zieht die Schule aus dem Fakt, dass junge Geflüchtete neben

Ausbildungsberufen auch auf andere Formen der Beschäftigung angewiesen sind? Bezieht die Schule in ihre »Berufs«vorbereitung auch eine sorgfältige Erkundung von Jobs mit ein? Werden Einfacharbeitsplätze vorgestellt (Einzelhandel, Catering, Pflegetätigkeiten, Fahrdienste, Jobs in der Logistik)?
- Ist mindestens ein Mitglied des Kollegiums in den lokalen Bündnissen für Schule und Wirtschaft vertreten, um dort Strategien zur Förderung markt-, sozial- und rechtsbenachteiligter Jugendlicher mit zu entwickeln? Wie fließen die Ergebnisse solcher Arbeitskreise in die Schulprogrammentwicklung ein?
- Kann die Schule Module für einen arbeitsweltbezogenen Deutsch-als-Zweitsprache-Unterricht anbieten? Hat sie didaktische Ansätze und Materialien zur Vermittlung von Berufsbezogenem Deutsch auf dem Niveau von Grundbildung zur Verfügung?
- Kann die Schule insbesondere für jene Jugendlichen, die noch keine Beschäftigungserlaubnis haben, genehmigungsfreie Angebote unterbreiten, in denen arbeitsweltliche und vorberufliche Kompetenzen ausgebildet oder weiterentwickelt werden können? Gibt es nutzbare Kontakte z. B. zu Renovierungs- oder Umbauprojekten von Jugendhilfeträgern, in die einzelne Jugendliche vermittelt werden können?

9.3.2 Verbindliche Mentorenschaften stiften

Ohne eine kompetente Unterstützung durch Erwachsene werden die jungen Geflüchteten ein schulisches Angebot gleich welchen Anspruchsniveaus kaum erfolgreich durchstehen können. Die minderjährigen Alleinreisenden haben in aller Regel einen Amts- oder Privatvormund und sind in eine intensive sozialpädagogische Betreuung eingebunden. Andere Flüchtlingsjugendliche haben im günstigsten Fall bereits in der Erstunterkunft eine ehrenamtliche Begleitperson gefunden. Aufgrund von Unterkunftswechseln kann eine begonnene Alltagsbegleitung abbrechen und muss neu angebahnt werden. Deshalb ist relativ frühzeitig im Schuljahr für jeden Jugendlichen zu klären, wer noch ohne soziale Unterstützung ist, wer keine Patenfamilie, keine/n Mentor/Mentorin oder keine Wahl(groß)eltern hat. Und es ist Sorge zu tragen, dass diese »unbegleiteten« jungen Flüchtlinge schnellstens in tragfähige soziale Beziehungen eingebunden werden. Dafür ist ausreichend Unterrichtszeit einzuplanen.

Fragen zur Inszenierung verlässlicher Mentorate

- Wie stiftet die Schule Beziehungen zwischen den Jugendlichen und kompetenten Erwachsenen? Mit welchem Konzept gelangt die Schule an bezahlte oder ehrenamtliche Alltagsbegleiterinnen und Alltagsbegleiter? Wie unterstützt die Schule die Schülerinnen und Schüler bei der Kontaktaufnahme zu erwachsenen Vertrauenspersonen? Wie werden die Vertrauenspersonen unterstützt, in welcher Weise erfahren sie für ihre Tätigkeit gebührende Anerkennung (vgl. MKJS 2010, S. 42 ff.)?

Oftmals ist das Mentoring darauf fokussiert, das systematische, schulische Lernen der Jugendlichen zu fördern. Die Mentorinnen und Mentoren werden dadurch jedoch zu »Hilfslehrern« der Schule. Der »Zweck« einer Mentorenschaft liegt indes in der Verbesserung der Lebensverhältnisse der Jugendlichen, nicht aber in der Optimierung der Institutionen, in die die jungen Leute eingebunden sind. Mentoring setzt an den Alltagsproblemen an, nicht an den Bildungsstandards. In der Handreichung »Wege zum Mentoring in der Jugendberufshilfe«, die der Kommunalverband für Jugend und Soziales Baden-Württemberg (2009) veröffentlicht hat, werden sehr praxisnahe Empfehlungen unterbreitet, die auf die Zielgruppe benachteiligter Jugendlicher und junger Erwachsener bezogen sind. Ebenfalls nützlich ist der Band »Mentoring für Jugendliche zwischen Schule und Beruf« (Ledergerber/Ettling 2006).

9.3.3 Verschiedene Sicherheitstrainings organisieren

Im Zuge der »Flüchtlingskrise« ist der Terminus »sichere Schule« wichtig geworden, der allerdings schillernd und nicht immer frei von dramatisierenden Zuschreibungen ist. Für die Schulprogrammentwicklung ist jedenfalls an Angebote zu denken, in denen die Schülerinnen und Schüler Kompetenzen ausbilden können, mit denen sie sich selbst und andere schützen und ggfs. verteidigen können. Dazu gehören auch vertrauensbildende Maßnahmen mit den Repräsentanten der Zwangsinstitutionen (Polizei, Wachdienst, Gericht).

Die Durchführung eines Erste-Hilfe-Kurses bzw. eines Trainings zu Sofortmaßnahmen am Unfallort macht zu Beginn des Schuljahres immer Sinn. Übungen zum sachgemäßen Umgang mit einem Feuerlöscher sind nicht nur für die Schule, sondern auch für das Leben nützlich. Tipps zur angemessenen Versorgung von leichteren Verletzungen im Haushalt sind ebenfalls zweckmäßig. Die Einführung in Gefahren- und Warnzeichen, Sicherheitshinweise, Notrufnummern u. ä. vervollständigen ein solches Sicherheitstraining. Solche Angebote fördern die Deutschkenntnisse, tragen ein Stück weit zu Handlungssicherheit bei und entfalten in aller Regel auch gemeinschaftsstiftende Wirkungen in der Klasse.

Junge Geflüchtete sind in den Unterkünften und im öffentlichen Raum immer wieder sexualisierten oder rassistischen Übergriffen ausgesetzt. Deshalb sind Selbstverteidigungskurse wichtig. Auch eine kompakte Einweisung zum Verhalten gegenüber Hunden auf der Straße ist für manche Jugendliche hilfreich. Ein Schwimmkurs kann einen Zugewinn an Selbstvertrauen und Selbstsicherheit erbringen. Bei der Durchführung solcher Angebote können Lehrkräfte immer auch Handicaps, Behinderungen, psychische Probleme und Ängste erkennen, über die die jungen Leute in Gesprächen oft nicht erzählen können.

Junge Geflüchtete werden häufig von der Polizei oder von Wachdiensten an Bahnhöfen kontrolliert. Deshalb sind vertrauensbildende Maßnahmen mit der Polizei im Unterricht ein ernstgemeinter didaktischer Vorschlag. In Hamburg hat jede Schule ihren »Cop4you«, also einen Jugendpolizisten. Im Unterricht eröffnet sich die Chance, die Polizei in einer beratenden Funktion in Anspruch zu nehmen.

> **Checkliste zur Organisation von Sicherheitstrainings**
>
> - Kann die Schule auf Sicherheitstrainer des Deutschen Roten Kreuzes oder anderer Anbieter zurückgreifen, die in der Lage sind, solche Schulungen auch mit Jugendlichen ohne Deutschkenntnisse durchzuführen? Lassen sich solche Trainings in mehreren, aufeinander aufbauenden Modulen organisieren, in denen die Jugendlichen entsprechende Bescheinigungen, Zertifikate und Nachweise für ihr Portfolio erwerben können?
> - Wie erhebt die Schule, welche Kompetenzen der verbalen und physischen Selbstverteidigung bei den Schülerinnen und Schülern in welchem Grad bereits vorhanden sind oder dringend intensiviert werden sollten?
> - Kann die Schule ermöglichen, dass die Jugendlichen Tipps und Trainings für angemessenes Verhalten in brenzligen Situationen und eine Aufklärung über ihre Rechte und Pflichten bekommen, wenn sie von der Polizei oder Wachdiensten kontrolliert oder in Gewahrsam genommen werden?
> - Wie garantiert die Schule, dass die Jugendlichen wichtige Grundkenntnisse bezüglich der Einrichtungen des Rechtssystems (Polizei, Gerichte, Rechts- und Staatsanwälte, Jugendgerichtshilfe), ihrer Funktionen und Arbeitsweisen sowie einen sicheren Umgang mit behördlichen Schreiben (Ladungen, Mahnungen, Klagen) ausbilden?

Ziel solcher Lern- und Bildungsangebote ist es, im Schulprogramm das traditionelle schulische Sicherheitstraining, das sich zumeist auf die regelmäßigen Übungen bei Feueralarm beschränkt, zu einer »Sicherheitspädagogik« weiterzuentwickeln, die sowohl präventive, auf Selbstschutz zielende, als auch reaktive, auf Abwehr und Verteidigung ausgerichtete Angebote umfasst.

9.3.4 Einbindung in Vereine sichern

Wir plädieren sehr dafür, kulturelle, künstlerische, sportliche, ökologische und politische Angebote, in denen junge Geflüchtete individuelle Interessen zur kreativen Freizeitgestaltung erproben und weiterentwickeln können, weder in der Regie noch in den Räumen der Schule durchzuführen. Denn die Jugendlichen müssen persönliche Neigungen zur Entwicklung und Erprobung von »zeitbindenden Strategien« (Luhmann) im Blick auf ihre freie Zeit individuell entdecken und kultivieren können. Ein Unterricht, in dem alle zur selben Zeit dieselben ästhetischen, sportlichen und kulturpädagogischen Aktivitäten auszuführen haben, steht diesem Anspruch entgegen. Zu denken ist stattdessen an Wahlpflichtkurse in Kunst, Kultur, Sport/Fitness, Musik, Ökologie oder Jugendpolitik, die durch die (bescheinigte) Teilnahme an Angeboten von Kulturwerkstätten bzw. der offenen Jugendarbeit oder durch die Mitgliedschaft auf Zeit in einer außerschulischen Sportgruppe, in einem Verein bzw. in einem Fitness-Studio (Nachweis durch Einschreibung und regelmäßige Testate) erfüllt werden.

> **Fragen zur Kooperation mit Vereinen**
>
> - Hat die Schule eine Liste erstellt und aktualisiert sie diese, in der Vereine und Organisationen in der näheren und weiteren Umgebung verzeichnet sind, die Freizeitmöglichkeiten anbieten? Wie erfahren die Jugendlichen von dieser Liste? Wie organisiert die Schule »Schnupperkurse«? Pflegt die Schule regelmäßige Kontakte zu den außerschulischen Kooperationspartnern? Können sich diese in der Schule präsentieren?
> - Wie gelingt es der Schule, strukturelle Rahmenbedingungen zu schaffen, die notwendig sind, damit auch junge Geflüchtete an eine subjektiv sinnhafte Freizeitgestaltung herangeführt oder bereits vorhandene Interessen weiterentwickelt werden können?
> - Wie unterstützt die Schule diejenigen, die in längerfristigen Angeboten ihre ästhetischen, medialen und sportlichen Kompetenzen bis zur Meisterschaft weiterentwickeln möchten, aber nicht das nötige Geld für das geforderte Outfit und Material haben? Hat die Schule beispielsweise tragfähige Kontakte zu Fördertöpfen von Jugendstiftungen oder Vereinen?

Die Schulprogrammentwicklung zielt somit entschlossen darauf ab, eine Zentralisierung von Erziehungs-, Bildungs-, Betreuungs- und Freizeitangeboten in einer einzigen Institution, nämlich der Schule, zu vermeiden. Vielmehr ist das Konzept so angelegt, dass sie insbesondere den Geflüchteten ermöglicht, sich im sozialen Nahraum zu vernetzen und Kontakte zu knüpfen; eventuell entstehen dadurch sogar neue Freundschaften. Die Schule wiederum gewinnt Zeit für Unterricht und für individuelle Förderung hinzu.

9.3.5 Module für Alltagsbewältigung konkretisieren

Nachdem das Lernen an den außerschulischen Lernorten bzw. die Termine mit außerschulischen Kooperationspartnern im Schuljahresverlauf festgelegt sind, können die Kurse für Mathematik, Deutsch, Englisch und die anderen vorgeschriebenen Fächer der Stundentafel platziert werden. Aufgrund der Prüfungsrelevanz wird man sich inhaltlich an den jeweiligen Bildungsplänen orientieren müssen. Unbedingt darauf zu achten ist, auch didaktische Module vorzusehen, in denen – quer zur Fachgliederung – eine Reihe von Alltagskompetenzen vermittelt werden. In der Schuljahresplanung werden diese Angebote zeitlich festgelegt und im multiprofessionellen Team verteilt: Alltagsmathematik ist überwiegend Sachrechnen, wird also zweckmäßig von den Lehrkräften für Mathematik und Deutsch zusammen konzipiert und umgesetzt. Bewerbungsschreiben und Lebenslauf vermittelt, wer sich zum einen mit den Erwartungen von Betrieben und zum anderen mit belasteten Biographieverläufen auskennt.

Die Alltagskompetenzen sind ein Stück weit individualisiert und differenziert zu entwickeln. Manche Jugendliche haben in ihren Herkunftsländern bereits einige Alltagskompetenzen erworben, die sie auch in Deutschland nutzen können, oder sie wohnen in einer sozialpädagogisch begleiteten Jugendunterbringung, wo man verschiedene Alltagskompetenzen trainiert. Vorsicht zum Beispiel beim Thema »Einkaufen«! Das praktizieren die Jugendlichen und jungen Erwachsenen bereits, ehe eine Bildungsmaßnahme beginnt. Und auch Geflüchtete erlernen diese Kompetenz vor allem informell im Austausch mit Gepflogenheiten der Familie, von Mitbewohnern und Peers. Die Gefahr didaktischer Doubletten, pädagogischer Unterforderung und unterrichtlich erzeugter Langeweile ist hoch.

Manche Themen sind während eines mehrere Jahre dauernden Asylverfahrens weniger relevant. So werden die Jugendlichen und jungen Erwachsenen erst nach dem positiven Abschluss ihres Verfahrens auf Wohnungssuche gehen können, bis dahin sind sie verpflichtet, sich in der öffentlichen Unterbringung aufzuhalten. Viele Alltagsthemen eignen sich nicht für den Unterricht, sondern brauchen ein individuelles Beratungssetting. Und für viele Alltagsprobleme wird der Unterricht keine Lösungen aufzeigen können, deshalb überlässt man diese Fragestellungen besser der Alltagsbegleitung, die die geeigneten professionellen Stellen sucht. Das heißt aber nicht, dass der Unterricht nicht doch einiges zur Ausbildung von Handlungsfähigkeit im erschwerten Alltag beitragen könnte.

In den folgenden Modulen fassen wir Themen zusammen, die unserer Erfahrung zufolge mit hoher Plausibilität solche Kompetenzen ausbilden helfen, die die jungen Geflüchteten bereits aktuell oder in naher Zukunft benötigen. Es werden Kompetenzbündel bereitgestellt, die Chancen des Zugangs zum Beschäftigungssystem nachweislich verbessern. Damit verbunden ist der Erwerb von Handlungs- und Orientierungswissen, das für ein »kreatives Überleben« in erschwerten Lebenslagen unabdingbar ist.

Alltagsbewältigung (I): Notwendige Unterlagen griffbereit aufbewahren

Im bürokratisch verfassten Alltag sind Kompetenzen erforderlich, um den privaten Schriftverkehr zu bearbeiten und zu ordnen, Formulare korrekt auszufüllen, Verträge zu prüfen und Dokumente, Zeugnisse sowie Bescheinigungen sachgemäß aufzubewahren. Der Alltag junger Geflüchteter ist ebenfalls vom Umgang mit Behörden und Institutionen bestimmt. Zu den notwendigen »Unterlagen« gehört beispielsweise auch, die richtigen Fotos zum jeweiligen Anlass zur Hand zu haben. Hier kann der Unterricht viel zur Orientierung und Klärung beitragen. Das zunächst spröde Thema zu Funktion und Typologie von »Akten« wird, wenn man es an der eigenen Schülerakte verhandelt, spannend.

Hilfestellungen zur Bearbeitung und Aufbewahrung notwendiger Dokumente

- Die Schule unterstützt die Jugendlichen bei der Herstellung und Nutzung eines privaten Ablage- und Ordnungssystems für ihre persönlichen Dokumente (»Lebensordner«), sie hilft, wichtige von unwichtigen Dokumenten unterscheiden zu lernen und zeigt, was wie aufbewahrt werden muss, ergänzt mit einem Schnellkurs in »Amtsdeutsch«.

- Im Unterricht werden mit den Jugendlichen individuelle tabellarische Lebensläufe erarbeitet, in denen insbesondere ausführlich besprochen wird, wie biografische Lücken und Brüche, fehlende Daten und andere Abweichungen von den Normalverläufen so dargestellt werden können, dass sie bei Bewerbungen nicht schaden.
- Die Schule zeigt den Jugendlichen Techniken zur Visualisierung der persönlichen Familiengeschichte (Genogram) und des Familiennetzwerks (Persönliche Weltkarte), sodass die Jugendlichen ihr familiäres Netz reflektieren und ggfs. anderen erklären können.
- Die Schule unterstützt bei der Erstellung und Digitalisierung einer Sammlung von persönlichen Fotos (Passfotos, Bewerbungsfotos, Fotos für soziale Netzwerke, Erinnerungsfotos, Gruppenfotos, Klassenfotos) und gibt entsprechende Gefahrenhinweise (welche Fotos stellt man besser nicht ins Internet).
- Die Schule klärt die Jugendlichen darüber auf, dass und weshalb über sie eine Schülerakte geführt wird (Funktion, Datenschutz, Regeln zur Einsichtnahme).

Alltagsbewältigung (II): Die Wirklichkeit berechnen

Die Alltagsmathematik liegt in einem zwar spannungsreichen, dennoch anregenden »Feld« zwischen Mathematik und Sachunterricht, Alltagswelt, Lebenshilfe und vorberuflicher Ausbildung. Im Blick auf die Verbesserung der Lebenspraxis kann das Sachrechnen zu einer Optimierung des Umgangs mit Geld, mit Zeit, mit der eigenen Gesundheit, mit Waren und Gütern beitragen. Ebenso unterstützt es die Realitätserschließung und kann das Verstehen der eigenen Lebenszusammenhänge fördern. Das Sachrechnen kann zu einem Trainingsfeld der Anwendung von Rechenverfahren werden, wie sie im Kontext des Erwerbslebens, der Alltagsbürokratie und der privaten Haushaltsführung typisch sind. Die jungen Geflüchteten werden für lange Zeit praxistaugliche Anregungen benötigen, wie sie in den bescheidenen, nichtsdestotrotz komplizierten Finanzverhältnissen ein subjektiv befriedigendes Leben gestalten können. Sie brauchen überdies Hilfestellungen, wie sie in der verwirrenden Vielfalt von Einkommensformen aus individuellem Einkommen, wohlfahrtsstaatlicher Unterstützung, privater Hilfe und Krediten den Überblick behalten können.

Sammlung alltagsrelevanter Sachrechenaufgaben anlegen

- Die Schule stellt aus verfügbaren Materialien und Rekonstruktionen von Alltagsereignissen eine Sammlung von Sachrechenaufgaben zu verschiedenen Alltagsbereichen zusammen (Wohnen, Bescheide der Sozialhilfe, Lohnabrechnungen, Einkäufe, Versicherungen usw.), die die typischen »Mischfinanzierungen« und Rechenanforderungen im unteren Einkommensbereich abbilden (selbstverdientes Geld, Sozialhilfe, Wohngeld, BAföG, Zuschüsse von Familie und Freunden, geliehenes Geld usw.). Das Lösen dieser Aufgaben wird mit Lesehilfen und Glossaren unterstützt.

Wir empfehlen, aus den Stunden für die Fächer Deutsch und Mathematik mindestens jeweils eine in den fachübergreifenden Kurs zum alltagsnahen Sachrechnen einzubringen. Das Sachrechnen verknüpft mathematische und schriftsprachliche Kompetenzen, weshalb sich ein Team aus Lehrkräften für Mathematik und Deutsch, gegebenenfalls unterstützt von einer Sozial- oder Sonderpädagogin, an die Entwicklung thematisch zentrierter Sachaufgaben auf unterschiedlichen Sprach- und Anspruchsniveaus macht. Hier sollten auch die Mentoren und Alltagsbegleiterinnen eingebunden werden, weil diese in ihrer Begleitungspraxis dicht dran sind an den Rechenaufgaben, die der Alltag den Jugendlichen stellt. Sie können Originaldokumente, Beispiele und Situationsbeschreibungen bereitstellen, die die Lehrkräfte dann zu didaktischem Material aufbereiten. Die notwendigen Recherchen können auch von Lehramtsstudierenden im Schulpraktikum durchgeführt werden.

Alltagsbewältigung (III): Bin ich fit, gesund und ausreichend geimpft?

Aufgrund der multikulturellen Zusammensetzung der Lerngruppen wird es markante Unterschiede im Umgang mit dem Körper, den Essgewohnheiten und Trinkgeboten, den Krankheitskonzepten und Gesundheitsidealen sowie den Vorstellungen, Praktiken und Tabus zur Sexualität geben. Gleichwohl gibt es medizinische und biologische »Normalwerte«, über die jede und jeder Bescheid wissen und sie regelmäßig kontrollieren lassen sollte. Es kann nicht davon ausgegangen werden, dass z. B. alle Jugendlichen ihre Blutgruppe kennen.

Ob Sexualpädagogik ein Unterrichtsfach sein soll, ist nicht nur unter Migranten umstritten. Gegenwärtig ist das Thema zudem im öffentlichen Diskurs aufgeheizt, es wird zugleich kulturalisiert und kriminalisiert. Selbst ein Kondomautomat im WC für die Jungs sorgt an manchen Schulen für Aufregung. Das sind denkbar schlechte Voraussetzungen für den Unterricht. Grundsätzlich ist man gut beraten, wenn das Thema geschulten Sexualpädagogen, beispielsweise von *pro familia*, überlassen wird, die sich insbesondere auf die Arbeit mit männlichen Jugendlichen aus Migrantenmilieus spezialisiert haben. Gleichwohl sollte es im Unterricht selbstverständlich sein, notwendige Aufklärungsmaterialien zu verteilen.

Bei zugewanderten Personen ohne Versicherungsschutz oder bei Menschen mit Fluchterfahrung ist mit Impflücken zu rechnen. Kultursensible Materialien in vielen Sprachen zum Thema Impfen sind verfügbar, um beispielsweise mögliche Sprachbarrieren im Arzt-Patienten-Kontakt zu reduzieren. Diese können auch in der Schule eingesetzt werden.

Beispiele für einen zielgruppenangemessenen Gesundheitsunterricht

- Die Schule bietet einen Kurs an, in dem die Jugendlichen die Biologie ihres eigenen Körpers alltagsnah beobachten, messen und reflektieren können (Blutgruppe, Körpertemperatur, Body-Maß-Index, Puls, Gewicht, Seh- und Hörfähigkeiten usw.). Der Kurs zeigt Möglichkeiten des Umgangs mit Kopf-

schmerzen, zur Behandlung kleinerer Verletzungen und zum förderlichen Wechsel von An- und Entspannung.
- Die Schule hält genügend Aufklärungsmaterialien in verschiedenen Herkunftssprachen bereit, die z. B. bei den Beratungsstellen von *pro familia* kostenlos bestellt werden können. Die Schule vereinbart feste Termine im Jahr, zu denen die Trainer der AIDS-Hilfe ihre Schulungen und Beratungen zur HIV-Prophylaxe durchführen können.
- Die Schule sorgt durch Fortbildung dafür, dass ein Mitglied des Kollegiums eine kompetente Impfberatung für die Jugendlichen anbieten kann. Im Unterricht werden die Gelben Impfbücher der WHO verteilt, regelmäßig durchgesehen und Impflücken identifiziert, der »Impfkalender in 20 Sprachen« und das Glossar »Wesentliche medizinische Begriffe zum Thema Impfen in 15 Sprachen« ausgegeben und genau besprochen. Diese Materialien können von der Webseite des Robert Koch Instituts heruntergeladen werden (www.rki.de).

Alltagsbewältigung (IV): Do it yourself

In einem »do it yourself« orientierten Lernfeld können Kompetenzen erworben werden, die für die persönliche Alltagsbewältigung relevant sind. Technik, Hauswirtschaft, Sozialpflege, Arbeitslehre und Wirtschaftskunde werden kombiniert. Auch hier gilt es wieder, präzise die Vorkenntnisse zu erheben: Bei Einladungen merkt man, dass auch junge Männer häufig vorzügliche Kochkünste ausgebildet haben, nicht selten unterfordert sie deshalb das übliche Angebot des schulischen Kochunterrichts. In den Erst- und Folgeunterkünften dürfen die jungen Geflüchteten kleinere Reparaturen nicht selbst durchführen, andererseits bleibt oftmals gar keine andere Möglichkeit, als selbst Hand anzulegen, weil die zuständigen Unterkunftsverwaltungen überlastet sind.

Etliche Kompetenzen sind nützlich, um Jobs zu finden, teilweise werden sie auch im Praktikum gebraucht. Das Verstehen von Bedienungsanleitungen für Rasenmäher und von Sicherheitshinweisen zum Gebrauch von Elektrogeräten und einfachen Maschinen sollten mit in die Kursziele aufgenommen werden. Solche Hinweise sind oftmals mehrsprachig verfügbar.

Anregungen für Do it yourself-Kurse

- Die Schule bietet eine Auswahl oder Abfolge von Kursen an, in denen Alltagskompetenzen »für den Hausgebrauch« ausgebildet werden können: Lampen und Waschmaschinen anschließen; Handhabung einer Bohrmaschine und anderer Werkzeuge von Heimwerkern; einfache Reparaturen im Haushalt, kleinere Wohnungsrenovierungen (Tapezieren, Teppiche verlegen); Pflege, Wartung und Reparatur von Fahrrädern, Mofas und Autos; Reifenwechsel.
- Im Unterricht werden exemplarisch und frühzeitig an verschiedenen Geräten und einfachen Maschinen grundlegende Einweisungen in entsprechende Sicherheitsmaßnahmen gegeben.

- Die Schule zeigt Möglichkeiten auf, wie man mit den erlernten »do it yourself«-Kompetenzen Jobs finden kann, um sich etwas Geld dazuzuverdienen. Sie gibt auch einen Überblick, in welchen Segmenten des Arbeitsmarktes solche Kompetenzen nachgefragt werden.

9.3.6 Individuelle Förderung gestalten

Im Zuge der Inklusion ist die sonderpädagogische Förderung vorwiegend an die Regelschulen verlagert worden. Das führt in der Schulprogrammentwicklung oft zur Festlegung eines »Förderbandes«, in welchem, zumeist mehrmals pro Woche, einige Stunden individueller Förderung »für alle« verbindlich fixiert sind: Gerne wird die erste Unterrichtsstunde am Vormittag dazu genutzt, in den Ganztagsschulen wird häufig ein Zeitfenster am Nachmittag gewählt. Von solchen Förderformaten für alle zur selben Zeit raten wir hingegen dringend ab. Denn sie führen in aller Regel nur dazu, dass die Jugendlichen vorgefertigte Aufgabenblätter zu bestimmten Kompetenzbereichen – zumeist den Kulturtechniken – abarbeiten, aber nicht in maßgeschneiderten Lernsettings individuell gefördert werden. Förderung im Klassenverband macht am ehesten Sinn, wenn man beispielsweise einen Intensivkurs zur Vorbereitung auf den Schulabschluss plant.

In den inklusiven Regelschulen wird die sonderpädagogische Förderung häufig auf die Lernförderung begrenzt und verkürzt. Es wird »individualisiert« nachgearbeitet, was im Klassenunterricht nicht gelernt wurde.

Ziel einer individuellen Förderung ist indes, individuelle Bedürfnisse zu fördern: Blinde Jugendliche benötigen ein mehrjähriges Mobilitätstraining, in dem sie lernen, sich mit Hilfsmitteln im öffentlichen Raum oder in der eigenen Wohnung sicher zu bewegen. Jugendliche mit körperlichen Einschränkungen brauchen eine gezielte rehabilitationspädagogische Förderung (Physiotherapie, Bewegungstraining usw.). Schwerhörige oder gehörlose Jugendliche sind auf einen regelmäßigen Unterricht zum Erlernen der deutschen Gebärdensprache angewiesen. Jugendliche mit einer geistigen Behinderung müssen spezielle unterstützende Kommunikationssysteme nutzen können, andere wünschen sich ein maßgeschneidertes Training in alltagspraktischen Fähigkeiten. Für all diese Gruppen gilt, dass die Übergangsbegleitung Schule/Arbeitswelt besondere Anstrengungen erforderlich macht (Schroeder 2016b). Da für junge Geflüchtete solche Maßnahmen der Rehabilitationspädagogik nicht immer finanziert werden (Weiser 2016), ist es wichtig, dass die Schule ihre Ressourcen für die sonderpädagogische Förderung hierfür einsetzt.

Determinanten einer individuellen Förderung

- Die Schule wird alle verfügbaren Maßnahmen des Nachteilsausgleichs ausschöpfen. Dazu zusätzliche gewährte Bearbeitungszeiten vor allem bei zensierten schriftlichen Lernkontrollen, individuell gestaltete Pausenregelungen, Bereitstellung spezieller Arbeits- oder technischer Hilfsmittel, personelle Unterstützung, alternative Präsentationen von Aufgaben, Ergebnissen und

Leistungsnachweisen, unterrichtsorganisatorische Veränderungen sowie Verwendung besonderer elektronischer Medien, was aber nicht in den Abgangs- und Abschlusszeugnissen vermerkt werden darf.
- Die Schule wird sich in ihrem Unterrichts- und Unterstützungsprogramm je nach Bedarf und sukzessive für verschiedene Beeinträchtigungs- und Behinderungsformen rehabilitationspädagogisch weiterentwickeln. Sie baut ihre Kontakte zum Netzwerk der Behindertenhilfe aus, um ihre Zugänglichkeit und die Barrierefreiheit des Unterrichts für verschiedene Beeinträchtigungs- und Behinderungsformen nach und nach zu erhöhen.
- Die Schule setzt sich dafür ein und klärt, wie auch für junge Geflüchtete mit einer schwerwiegenden Beeinträchtigung des Sehens, Hörens und der Motorik Instrumente wie Arbeitsassistenz oder Jobcoaching und andere Eingliederungshilfen (§ 54 SGB IX) genutzt werden können, sodass sie in Betrieben des ersten Arbeitsmarktes sowie in Sondereinrichtungen die Teilhabe an Arbeit erlangen können.

9.3.7 Ein didaktisches Pilotprojekt konzipieren

Ein kultusbürokratischer Entscheidungsträger über Bildungsgänge für Geflüchtete an Berufsschulen fand meinen Vorschlag nachgerade absurd, über unterrichtliche Angebote zum Thema Führerschein nachzudenken. Das sei viel zu früh, nicht lebensnah und die erforderlichen Deutschkenntnisse würden auch fehlen. Eine von mir vorbereitete didaktische Ideensammlung wurde gar nicht erst diskutiert (▶ Kasten). In der pädagogischen Fachdiskussion besteht hingegen ein relativer Konsens, dass es in allgemeinen, arbeitsweltbezogenen und berufsvorbereitenden Bildungsgängen für benachteiligte Jugendliche und junge Erwachsene aus den verschiedensten Gründen so naheliegend wie unerlässlich ist, sich im Unterricht mit dem vielschichtigen Thema des Erwerbs einer Fahrerlaubnis zu befassen. Für geflüchtete Jugendliche und junge Erwachsene müssen bei diesem Lernfeld indes rechtliche und didaktisch-methodische Besonderheiten beachtet werden, auch der arbeitsweltbezogenen Schulsozialarbeit stellen sich solche Herausforderungen.

Denn der Erwerb einer Fahrerlaubnis ist aus gesetzlichen Gründen nicht für alle Migrantengruppen so ohne weiteres möglich. Nach allgemeiner Rechtsauffassung reichen eine »Aufenthaltsgestattung«, »Duldung« und »Grenzübertrittsbescheinigung« grundsätzlich nicht aus, um einen Ausbildungsvertrag mit einer Fahrschule abzuschließen oder den amtlichen Nachweis über Ort und Tag der Geburt zur Ablegung der Fahrerlaubnis zu erbringen (Stiegler 2003). Die Finanzierung eines Führerscheins ist weder mit Hartz-IV und schon gar nicht mit den Sozialleistungen für Asyl möglich. Insbesondere die theoretische Führerscheinprüfung ist für Menschen mit geringen Deutschkenntnissen eine beträchtliche Hürde. Wer zudem Probleme mit dem selbstständigen Lernen hat, der oder die wird diese Prüfung wohl kaum ohne Unterstützung schaffen.

Zur Vorbereitung der Entwicklung und Erprobung von erforderlichen didaktischen Materialien und Unterrichtseinheiten sind einige grundlegende Recherchen zum Thema durchzuführen:

- Abfrage im Kollegium nach bereits erarbeiteten und erprobten Unterrichtseinheiten zur Thematik
- Gibt es Software, Trainingsmaterial etc. zur Vorbereitung auf die schriftliche Führerscheinprüfung in den Herkunftssprachen?
- Die Sprache des Straßenverkehrs – eine linguistische Analyse (Extraktion des Wortschatzes aus den Übungsbögen; Auflistung typischer Sprachmuster)
- Sammlung von Hörproben (z. B. Verkehrsmeldungen im Radio, Anweisungen von Navis, Kundengespräche bei der Autovermietung)
- Nachfrage beim TÜV hinsichtlich der Modalitäten bei der theoretischen Führerscheinprüfung (Bedingungen für Nachteilsausgleiche; Pro-und-Contra des Ablegens der Prüfung in der Herkunftssprache; wie viele fallen durch die Prüfung und weshalb?)

Der Führerschein – eine wichtige Eintrittskarte in die Arbeitswelt

In der Übergangspädagogik Schule/Arbeitswelt wird seit langem gefordert, die theoretische und praktische Führerscheinprüfung als eine abschlussrelevante Grundqualifikation in die Curricula der entsprechenden Bildungsgänge aufzunehmen. Zumindest könnte die erfolgreich bestandene theoretische Fahrprüfung als Teilbewertung mit besonderer Gewichtung in die Gesamtnote des Faches Deutsch eingehen. Jedenfalls sollte dieser Lernerfolg im Abgangszeugnis vermerkt werden und ein verbindlicher Bestandteil des Berufswahlpasses sein. Im Folgenden sind verschiedene didaktische Bausteine skizziert, die in der Schulprogrammentwicklung nach und nach ausgearbeitet und konkretisiert, umgesetzt und validiert werden.

Baustein: Orientierung in der Stadt
Um sich mit einem Fahrzeug sicher im öffentlichen Raum bewegen zu können, sind eine Reihe sprachlicher, visueller und kognitiver Kompetenzen erforderlich, die sich gut im schulischen Unterricht vermitteln lassen:

- Verkehrszeichen präzise lesen und erklären können
- Technische Hilfsmittel zur Orientierung im Raum sachangemessen nutzen können (Stadtpläne, Internet-Maps, Navigatoren, Smartphones, Apps etc.)
- Routen planen können
- Über Möglichkeiten und Regeln fürs Anhalten und Parken Bescheid wissen
- Verkehrshinweise im Radio verstehen können

Für diesen Baustein werden verschiedene Übungseinheiten und einfaches aber jugendgerechtes didaktisches Material entwickelt, um die erforderlichen Kompetenzen rasch und sicher zu erwerben.

Baustein: Fahrzeuge im Betrieb
In den Betriebserkundungen, im Praktikum und selbst in der Ausbildung ist »der Firmenwagen« in der Regel kein Thema. Während sehr viel Zeit auf die Erläuterung der arbeitsplatz- bzw. berufsspezifischen Werkzeuge und deren sachangemessener Handhabung verwendet wird, ist vom »Werkzeug« Firmenauto kaum die Rede.

- Betriebsinterne Regelungen, Dokumentationsformate, Fahr-Pläne identifizieren und erläutern können
- Wer darf in der Firma was fahren?
- Gesetzliche Vorschriften für Fahrtenbuch, Fahrtenschreiber und Fahrpausen kennen; Fahrtenschreiber lesen können
- Betriebsinterne Regelungen zum Tanken, zur Wartung der Autos etc. herausfinden
- Was ist zu tun, wenn es auf der »Dienstfahrt« einmal kracht?

Dieses Thema lässt sich am besten mit dem Betriebspraktikum verbinden. Mit entsprechenden Erkundungsaufträgen kann dies beispielsweise Gegenstand einer betrieblichen Lernaufgabe werden.

Baustein: Fahren als Beruf – Jobs rund ums Auto
Im Kontext der unterrichtlichen Angebote zur Berufsorientierung und zur Herbeiführung der Berufswahl erscheint es zweckmäßig, die »Autobranche« in ihrer Vielfalt zu erkunden und eine Übersicht zu erarbeiten

- zu Freiwilligendiensten, Jobs und Ausbildungsberufen, für die man den Führerschein benötigt (Busfahrer/in, Rettungssanitäter/in)
- zu Kfz-Berufen (Produktion, Wartung, Reparatur, Verschrottung)
- zu einschlägigen Dienstleistungen (Tankstellen, Autowaschanlagen, Autovermietungen, Autohandel)

Die Klärung der Eingangsvoraussetzungen (Führerscheinklassen, Schulabschluss, körperliche Eignung), die Arbeitsbedingungen, die Verdienstmöglichkeiten und die Auswirkungen auf die Gestaltung des Alltags (tagelange Abwesenheit von zuhause bei Fernfahrern, teilweise Schicht- und Nachtarbeit) wären wichtige Themen. Die Schülerinnen und Schüler könnten Interviews bzw. Befragungen mit entsprechenden Arbeitskräften organisieren und lebensweltliche Erkundungen durchführen.

Baustein: Wie viele Autos braucht der Mensch?
In Verbindung mit dem Deutsch- oder/und dem Politikunterricht sollten auch einige Angebote zum bewusstseinsbildenden Unterricht gemacht werden, um die Thematik nicht nur funktional und instrumentell, sondern auch kritisch-reflexiv zu bearbeiten:

- Fernfahrer – die letzten Nomaden der Industriegesellschaft?
- Carsharing – eine ökologische Alternative?
- Ein eigenes Auto – der Einstieg in die Schuldenfalle?
- »Schwarzfahren« – ein rassistisches Wort?

Zur Entwicklung geeigneter didaktischer Materialien werden Presseberichte (Zeitungsartikel, Foto- und Filmdokumentationen), Statistiken und Karikaturen genutzt, also insbesondere textentlastete Medien, um den Jugendlichen trotz eingeschränkter Deutschkenntnisse dennoch einen Zugang zum kritisch-reflexiven Lernen zu ermöglichen.

Baustein: Vorbereitung auf die theoretische Führerscheinprüfung
Der Straßenverkehr ist ein sprachlich-kommunikatives Handlungsfeld mit einem spezifischen Wortschatz und mit typischen Sprachmustern und Satzstrukturen. Die »Verkehrssprache« bedient sich in hohem Maße visueller, ikonischer und symbolischer Zeichen. In den Vorbereitungsmaterialien und Apps zur Führerscheinprüfung wird außerdem sehr viel mit Bildern und Videos veranschaulicht.

- Aufbau, Funktion und Aufgabentypen der Prüfungsfragen; mögliche Lerntechniken und unterstützende Lernstrategien
- Identifizierung des abverlangten Wortschatzes und Übungen zu den jeweiligen Wortfeldern (Tempo, Geschwindigkeit, Beschleunigung) sowie von spezifischen Aussagestrukturen (»Zugelassene Höchstgeschwindigkeit in geschlossenen Ortschaften«)
- Klärung der Grafik-Satz-Korrespondenzen in den Aufgaben
- Bedeutung der Formen und Farben bei Verkehrszeichen

Hier empfiehlt es sich wiederum, spezielle Trainingseinheiten zu entwickeln, in denen die verschiedenen Anforderungen der schriftlichen Führerscheinprüfung geübt und eingeschliffen werden können.

Bis zur Vorbereitung der theoretischen Führerscheinprüfung im Unterricht machen viele Kollegien vermutlich noch mit. Ob sich allerdings Mitstreiterinnen und Mitstreiter für eine Kooperation mit einem außerschulischen Partner finden lassen, der ein Projekt anbietet, das auch junge Geflüchtete unterstützt, den praktischen Teil des Führerscheins zu absolvieren? Aufgrund der erwähnten gesetzlichen Restriktionen und insbesondere der sehr eingeschränkten finanziellen Mittel wegen bedarf es maßgeschneiderter Projekte zur Akquise von Geldern, zur Klärung organisatorischer und insbesondere rechtlicher Fragen, wenn auch jungen Flüchtlingen der Erwerb einer Fahrerlaubnis ermöglicht werden soll.

Um Schülerinnen und Schüler ab dem 16. Lebensjahr ein entsprechendes Angebot unterbreiten zu können, ist es unabdingbar, ehrenamtliche »Fahrlehrer/innen« mit einem eigenen Auto zu gewinnen (z. B. Studierende, Ehrenamtliche), die sowohl den theoretischen wie praktischen Teil der Ausbildung begleiten und auch für Fahrtrainings auf Verkehrsübungsplätzen sorgen, um Kosten zu sparen. Um die Finanzierung des Führerscheins zu sichern, sind Kooperationen zwischen Berufsschulen, Fahrschulen und Stiftungen anzubahnen, sodass Zuschüsse und/oder Kleinkredite bereitgestellt werden können. Betriebe erklären sich ebenfalls hin und wieder zur Finanzierung eines Führerscheins bereit. Ein solches Vorhaben wird nicht in Regie der Schule durchgeführt werden, aber die Schule wird sich aktiv in das Projekt als pädagogische Beraterin und Begleiterin einbringen, und sie wird den Führerschein als einen Nachweis für erfolgreiche Lern- und Bildungsprozesse im Katalog der schulischen Kompetenz- und Leistungsanforderungen anerkennen.

Mit solchen didaktischen und curricularen Pilotprojekten erweitert die Schule ihr Bildungsprogramm, gewinnt praktische Erfahrungen zur Durchführbarkeit und Sinnhaftigkeit der jeweiligen Vorhaben, lotet die Resonanz bei Schülerinnen und Schülern aus. Da Pilotprojekte aufwändig und zeitintensiv sind, wird die Schule darauf achten, sich nicht zu überfordern. Doch zur Schulprogrammentwicklung gehören eben auch Innovationen, und manche Dimensionen in den Lebenslagen der jungen Geflüchteten machen solche curricularen und didaktischen Neuerungen erforderlich.

9.4 Organisations- und Ressourcenplanung

Die hier vorgeschlagene Schulprogrammentwicklung basiert darauf, dass zunächst die curricularen Inhalte und die pädagogische Gestalt festgelegt werden, und erst dann die Wochenstundentafel errechnet wird und die Deputatszuteilung erfolgt. Viele Schulprogramme werden in umgekehrter Schrittfolge erstellt, was dazu führt, dass das pädagogische Konzept den organisatorischen und Ressourcenfragen untergeordnet wird. Wir empfehlen indes, zunächst die Lernorte (Schule, Betrieb, Verein etc.) zu bestimmen, sodann diesen Orten spezifische Themen, Inhalte und Kompetenzen zuzuordnen, danach festzulegen, wieviel Zeit jeweils dafür erforderlich sein wird, anschließend das erforderliche multiprofessionelle Team aus Fachlehrkräften, sozial- und sonderpädagogischen Fachkräften, Integrationsbegleitenden und Ehrenamtlichen zusammenzustellen und all dies schließlich in den Organisations- und Ressourcenplan zu überführen.

Im Folgenden werden die skizzierten didaktischen Module in eine idealtypische Schuljahresplanung eingepasst (▶ Tab. 9.1). Die Stunden- und Ressourcenberechnung geht dabei von folgenden Eckpunkten aus:

- Ein Schuljahr hat ca. 42 Wochen. Der Planung sind jedoch lediglich 40 Wochen zugrunde gelegt, um Zeitpuffer zu schaffen, beispielsweise für einen Intensivkurs zur Prüfungsvorbereitung. Vergleichbar mit anderen arbeitsweltbezogenen Bildungsgängen für benachteiligte Jugendliche gehen wir von ca. 30 Wochenstunden aus. Zu verteilen sind also ca. 1.200 Stunden pro Schuljahr.

- Die meisten Bundesländer sehen für geflüchtete Jugendliche und junge Erwachsene einen zweijährigen Bildungsgang vor, der insbesondere dann überzeugt, wenn er »dualisiert« konzipiert ist, d. h. zwei Tage pro Woche (à 6 Zeitstunden) sind die Jugendlichen im Betrieb, an den drei übrigen Tagen nehmen sie am Schulunterricht teil. Es ist kein Geheimnis, dass aus organisatorischen Gründen selten mehr als 35 Wochen pro Schuljahr zusammenkommen, in denen im Betrieb gelernt wird. Dies ergibt für den Lernort Betrieb somit ca. 420 Stunden pro Schuljahr. Die idealtypische Planung sieht Praktika in bis zu drei Betrieben vor. Es ist jedoch zweckmäßig, die Jugendlichen im gleichen Betrieb zu belassen, sobald sich abzeichnet, dass dieser im Anschluss als Ausbildungsbetrieb in Frage kommt.
- In etlichen Bundesländern zielen die arbeitsweltbezogenen Bildungsgänge auf den Ersten Allgemeinbildenden Schulabschluss (ESA), weshalb Deutsch (mit zumeist fünf Wochenstunden) und Mathematik (vier Wochenstunden) Pflichtfächer sind. Von dieser gängigen Wochenstundenzahl haben wir jeweils eine Stunde für die »Alltagsmathematik« vorgesehen. Die »prüfungsrelevante Fremdsprache« haben wir einem abschlussrelevanten Wahlbereich zugeordnet, in dem diejenigen Jugendlichen, die sich das zutrauen, z. B. Englisch belegen, andere werden Unterricht in ihrer Herkunftssprache wählen, wieder andere spezielle Sprachen (Gebärden, Unterstützte Kommunikation) oder Schrifttrainings (z. B. Braille). Für den Unterricht in den Kernfächern kommen ca. 400 Stunden pro Schuljahr zusammen.
- Die vier Lernbereiche zur Alltagsbewältigung sind mit insgesamt vier Stunden pro Woche kalkuliert. Wir schlagen vor, hierfür beispielsweise eine Doppelstunde im Wochenplan festzuschreiben und einige Themen eher in geblockten Tagesveranstaltungen durchzuführen. Insgesamt sind 160 Stunden pro Schuljahr berechnet.
- Der Zeitaufwand für die außerschulischen Lernorte geht von der Überlegung aus, dass sich die Jugendlichen mit ihren Alltagsbegleitungen regelmäßig mindestens zwei Stunden pro Woche treffen sollten, und dass die Trainings und Übungseinheiten in Vereinen ebenfalls häufig zwei Stunden pro Woche dauern. Solchermaßen kommen 240 Stunden pro Schuljahr zusammen.
- Der Ressourcenbedarf für die individuelle Förderung ist durch die Zahl der betroffenen Jugendlichen und die Art des rehabilitationspädagogischen Förderbedarfs bestimmt.
- Sollte sich das Kollegium zu einem curricularen bzw. didaktischen Pilotprojekt entschließen, werden die erforderlichen Zeitressourcen aus den Verfügungsstunden (für Teambildung, Schulprogrammentwicklung, Konzeptarbeit etc.) zugeordnet.

Tab. 9.1: Idealtypische Schuljahresplanung eines 2-jährigen Bildungsgangs für junge Geflüchtete

Lernfelder	Stunden pro Schuljahr	Schuljahreshälften				Zuständigkeiten
		1/1	1/2	2/1	2/2	
Betrieb	420					
	2 Tage/Woche 6 Stunden/Tag 35 Wochen	Erkundungen Hospitationen Tagespraktika	2 Tage pro Woche in Betrieb I	2 Tage pro Woche in Betrieb II	2 Tage pro Woche in Betrieb III	Klassenlehrkraft Sozial-/Sonderpädagogik Betriebsbegleitung
Fachunterricht	400					
Sprache/ Kommunikation	5 Stunden/Woche 40 Wochen	Inhalte des gültigen Lehrplans für DaZ Schwerpunkte: Bildsprache – Alltagssprache – Fachsprache der Schule – Arbeitssprache – Berufsbezogenes Deutsch				Fachlehrkraft: DaZ
Mathematik	3 Stunden/Woche 40 Wochen	Inhalte des gültigen Lehrplans für das Fach Mathematik Schwerpunkte: Mathematische Grundbildung – Rechnen am Arbeitsplatz – Berufliches Fachrechnen				Fachlehrkraft: Mathematik
Wahlbereich	2 Stunden/Woche 40 Wochen	Englisch – Herkunftssprache – Gebärdensprache – Braille – Unterstützte Kommunikation etc.				Fachlehrkräfte
Prüfungsvorbereitung	[2-4 Wochen im letzten Schulhalbjahr]				Prüfungsvorbereitung	Klassenlehrkraft Fachlehrkräfte Sonderpädagogik

Tab. 9.1: Idealtypische Schuljahresplanung eines 2-jährigen Bildungsgangs für junge Geflüchtete – Fortsetzung

Lernfelder	Stunden pro Schuljahr	Schuljahreshälften				Zuständigkeiten
		1/1	1/2	2/1	2/2	
Alltagsbewältigung	**160**					
Unterlagen	40 Stunden	Unterlagen I		Unterlagen II		Lehrkraft: DaZ Sozialpädagogik
Sachrechnen	40 Stunden	Sachrechnen I		Sachrechnen I		Lehrkraft: DaZ Lehrkraft: Mathe
Körper/Fitness	40 Stunden	K/F I	K/F II	K/F III	K/F IV	Lehrkraft: Sport Sozialpädagogik
Do it yourself	40 Stunden		Do it yourself I		Do it yourself II	z. B. Lehrkraft: Arbeitslehre
Außerschulische Lernorte	**240**					
Alltagsbegleitung/ Mentoring	2 Stunden/ Woche 40 Wochen	Organisation der Alltagsbegleitung	Reflexionsangebote	Reflexionsangebote	Reflexionsangebote	Die Schule ist für die Organisation, Koordination, Begleitung, Reflexion, Teilnahmekontrolle und Zertifizierung zuständig
Sicherheitstrainings	2 Stunden/ Woche 40 Wochen	Erste Hilfe Sicherheit Schutz	Selbstverteidigung	Selbstverteidigung	Selbstverteidigung	
Integration in Vereine	2 Stunden/ Woche 40 Wochen	Individuelle Wahl aus einem möglichst breiten Angebot von sportlichen, kulturellen, künstlerischen, politischen und ökologischen Vereinen, Trägern der offenen Jugendarbeit etc.				
Gesamtstundenzahl	**1.220**					

Tab. 9.1: Idealtypische Schuljahresplanung eines 2-jährigen Bildungsgangs für junge Geflüchtete – Fortsetzung

Lernfelder	Stunden pro Schuljahr	Schuljahreshälften			Zuständigkeiten
		1/1	1/2	2/1	2/2
Individuelle Förderung	Zusätzlich zugewiesene Ressourcen				
Rehabilitationsmaßnahmen		Nach amtlicher Feststellung des individuellen Förderbedarfs erhält die Schule zusätzliche Stunden, die zur Einzel- oder Kleingruppenförderung eingesetzt werden können. Damit ist auch geklärt, welches lokale Beratungs- und Förderzentrum und welche(s) Sozialamt bzw. Jobagentur zuständig sind.			
Pilotprojekt	Verfügungsstunden				
Führerschein		Für die Konzipierung, Mittelakquise, Koordination, Vorbereitung, Durchführung und Evaluierung des Pilotprojekts weist die Schule der Projektgruppe ausreichend Verfügungsstunden zu.			

Literatur

Bleher, Werner (2017): Förderung von Alltagskompetenzen bei Kindern und Jugendlichen mit Fluchterfahrungen – eine Ideensammlung. In: Bleher, Werner; Gingelmaier, Stephan (Hrsg.): Kinder und Jugendliche auf der Flucht. Notwendige Bildungs- und Bewältigungsangebote. Weinheim und Basel: Beltz, S. 141–170.
Burgert, Michael (2001): Fit fürs Leben. Grundriss einer Pädagogik für benachteiligte Jugendliche in Schule, Ausbildung und Erwerbsarbeit. Langenau-Ulm: Armin Vaas Verlag.
Hiller, Gotthilf Gerhard (1994): Plädoyer für eine Archäologie der Formen des Lehrens und Lernens. In: Die Deutsche Schule, 86. Jg., Heft 4, S. 420–439.
Hiller, Gotthilf Gerhard (^{3}2016): Aufriss einer kultursoziologisch fundierten, zielgruppenspezifischen Didaktik. In: Heimlich, Ulrich; Wember, Franz B. (Hrsg.): Didaktik des Unterrichts im Förderschwerpunkt Lernen. Stuttgart: W. Kohlhammer Verlag, S. 41–55.
Kommunalverband für Jugend und Soziales Baden-Württemberg (KVJS) (Hrsg.) (2009): Wege zum Mentoring in der Jugendberufshilfe – Empfehlungen und Anregungen für Fachkräfte und Träger. Stuttgart: KVJS.
Ledergerber, Beatrice; Ettlin, Regula (2006): Mentoring für Jugendliche zwischen Schule und Beruf. Ein Handbuch für Programmverantwortliche und MentorInnen. Zürich: Schweizerischer Verlag für Berufsberatung.
Ministerium für Kultus, Jugend und Sport Baden-Württemberg (MKJS) (2010): Bildungsplan der Schule für Erziehungshilfe. www.bildung-staerkt-menschen.de
Schroeder, Joachim (^{3}2016a): Alltagsvorbereitung. In: Heimlich, Ulrich; Wember, Franz B. (Hrsg.): Didaktik des Unterrichts im Förderschwerpunkt Lernen. Ein Handbuch für Praxis und Studium. Stuttgart: Verlag W. Kohlhammer, S. 307–317.
Schroeder, Joachim (2016b): Die Vielfalt der Behinderungen: Theoretische und empirische Beiträge der Sonderpädagogik zur Beruflichen Bildung unter dem Anspruch von Inklusion. In: Bylinski, Ursula; Rützel, Josef (Hrsg.): Inklusion als Chance und Gewinn für eine differenzierte Berufsbildung. Bonn: Bundesinstitut für Berufsbildung, S. 57–67.
Stiegler, Klaus Peter (2003): Flüchtlinge und Führerschein. In: Asylmagazin Heft 5, 2003, S. 5–9. http://www.asyl.net/fileadmin/user_upload/beitraege_asylmagazin/AM2003-05--05-Stiegeler.pdf
Thielen, Marc (Hrsg.) (2011): Pädagogik am Übergang. Arbeitsweltvorbereitung in der allgemeinbildenden Schule. Bad Heilbrunn: Klinkhardt Verlag.
Weiser, Barbara (2016): Sozialleistungen für Menschen mit einer Behinderung im Kontext von Migration und Flucht. Eine Übersicht zu den rechtlichen Rahmenbedingungen. Hamburg: passage gGmbH. Kostenfreier Download: www.fluchort-hamburg.de/publikationen

Autorinnen und Autoren

Maren Gag, Diplom-Sozialpädagogin, tätig als pädagogische Mitarbeiterin bei dem Hamburger Bildungs- und Beschäftigungsträger passage gGmbH im Bereich »Migration und Internationale Zusammenarbeit«. Leitung verschiedener lokaler und transnationaler Projekte im Feld der beruflichen Weiterbildung und Arbeitsmarktintegration für Migrantinnen und Migranten sowie Flüchtlinge und Asylsuchende. Seit 2002 Leitung mehrerer Netzwerkverbünde zur beruflichen Integration von Geflüchteten, die unter Federführung der passage gGmbH in Kooperation mit zahlreichen Partnerinnen und Partnern in Hamburg umgesetzt wurden und werden. Mitarbeit an empirischen Studien mit Fokus Flucht und Asyl zu transnationalen Bildungs- und Erwerbskarrieren, der Inklusionskraft beruflicher Beratungs- und Bildungssysteme am Übergang Schule-Beruf sowie zur Grundbildung von (jungen) Erwachsenen.
Kontakt: maren.gag@passage-hamburg.de

Prof. Dr. Gotthilf Gerhard Hiller, seit 2004 im aktiven Ruhestand: ehrenamtlicher Bewährungshelfer, Vorjury-Mitglied beim Deutschen Schulpreis, Vorstandsvorsitzender des Freundeskreises der Ev. Hohbuchgemeinde e.V., Reutlingen, noch immer Mentor und Karrierelotse für Jugendliche und junge Erwachsene. Davor gut dreißig Jahre lang Professor für Lernbehindertenpädagogik und Sonderpädagogische Erwachsenenbildung an den Pädagogischen Hochschulen Reutlingen und Ludwigsburg, zwischendurch Conseiller Pédagogique et Technique in Kamerun sowie Gastprofessor und Lehrbeauftragter an mehreren deutschen Universitäten und in Japan. Arbeitsschwerpunkte: Bildungskonzepte sowie Lehr-/Lernmaterial für benachteilige Kinder und Jugendliche; Erforschung von Lebensverläufen junger Menschen in erschwerten Lebenslagen; Einzelfallhilfe für junge Männer an den Rändern der guten Gesellschaft.
Kontakt: gotthilf.hiller@gmail.com

Dejan Mater, Diplom-Sozialpädagoge. Diplomarbeit zum Thema »Jungen und junge Männer mit Migrationshintergrund als pädagogische Herausforderung«. Zuvor Friedensdienst in einem belgischen Empfangshaus für benachteiligte Menschen. Danach Mitarbeiter in einem Fachdienst für Jugend, Bildung und Migration sowie als Bildungsbegleiter für junge Menschen im Übergang von der Schule in Ausbildung und Erwerbsarbeit, Dozent für Bewerbungstraining und lebenspraktischen Unterricht. Seit 2016 Mitarbeiter im Team für unbegleitete minderjährige ausländische Kinder und Jugendliche bei einem Kreisjugendamt in Baden-Württemberg.
Kontakt: dejan.mater@gmail.com

Dr. Frauke Meyer, wissenschaftliche Mitarbeiterin an der Universität Hamburg, dort z. Zt. Durchführung des Drittmittelprojekts »Kooperation AvM« im Rahmen des Netzwerks FLUCHTort Hamburg 5.0. Nach ihrem Studium der Erziehungswissenschaft, Islamwissenschaft und Soziologie in Berlin und Hamburg arbeitete sie knapp drei Jahre als wissenschaftliche Mitarbeiterin an der erziehungswissenschaftlichen Fakultät Hamburg, und war danach viele Jahre parallel zur Promotion als Sozialpädagogin und Bildungsreferentin in Hamburg tätig. Ihre Forschungsinteressen sind postkoloniale Theorie, Gender und Queer Studies, Bildung und Arbeit im Kontext von Flucht und Migration.
Kontakt: frauke.meyer@uni-hamburg.de

Dr. Simon Moses Schleimer, ist wissenschaftlicher Mitarbeiter am Lehrstuhl für Pädagogik mit dem Schwerpunkt Diversity Education und internationale Bildungsforschung an der Philosophischen Fakultät und dem Fachbereich Theologie der Friedrich-Alexander Universität Erlangen-Nürnberg. Er studierte Germanistik und Geografie für das Lehramt an Gymnasien an der Philipps-Universität Marburg und war dort am Institut für Schulpädagogik tätig. Anschließend war er Mitarbeiter an der Erziehungswissenschaftlichen Fakultät der Universität Leipzig. Im Jahr 2013 lehrte er am German Department der nordirakischen Salahaddin University-Erbil. Seine Forschungsinteressen umfassen Migration, Remigration und Transmigration von Kindern und Jugendlichen; migrationsbedingte Diversität in Schule und Unterricht und Lehrerprofessionalisierung im Kontext von Migration.
Kontakt: simonmoses.schleimer@fau.de

Prof. Dr. Joachim Schroeder, Hauptschullehrer, Ausländerpädagoge, Diplom-Schulpädagoge. Lehrt an der Universität Hamburg, vor allem in den Lehramtsstudiengängen, Erziehungswissenschaft mit dem Schwerpunkt Aufwachsen, Lernen und Arbeiten unter Bedingungen von Armut, Migration und Flucht. Ein besonderes Interessensgebiet sind die konzeptionellen und didaktischen Problemstellungen der Sozialen Bildungsarbeit mit Jugendlichen und (jungen) Erwachsenen im Übergang vom Asylverfahren und der Duldung in die Arbeitswelt. Mitbegründer des »AK Flucht und Bildung« im Netzwerk Flüchtlingsforschung und Sprecher des von der Hans-Böckler-Stiftung geförderten Promotionskollegs »Vernachlässigte Themen der Flüchtlingsforschung«.
Kontakt: Joachim.Schroeder@uni-hamburg.de

Maximilian Thinnes, Studium der Sonderpädagogik mit Förderschwerpunkt Lernen an der Universität Hamburg. Abschlussarbeit zum Thema (Sonder-)Pädagogik am Übergang Schule – Beruf unter Bedingung von Migration und Flucht mit dem Schwerpunkt Spracherwerb. Titel: »Betrieblich integrierte Sprachförderung von Jugendlichen in Bildungsgängen der dualisierten Ausbildungsvorbereitung«. Arbeitet als wissenschaftlicher Mitarbeiter an der Universität Hamburg. Interessiert sich für den institutionellen Umgang mit Menschen in herausfordernden Lebenslagen.
Kontakt: maximilian.thinnes@uni-hamburg.de

Jennifer Henkel
Norbert Neuß (Hrsg.)

Kinder und Jugendliche mit Fluchterfahrungen

Pädagogische Perspektiven für die Schule und Jugendhilfe

2018. 286 Seiten, 21 Abb., 2 Tab. Kart. € 36,–
ISBN 978-3-17-032723-8

auch als
EBOOK

Jeder dritte nach Deutschland einreisende Flüchtling ist ein Kind oder Jugendlicher. Das Thema Flucht ist deshalb auch für die Pädagogik brisant: Es sind die Fachkräfte in KiTa, Schule und in der gesamten Kinder- und Jugendhilfe, die entscheidende Integrationsleistungen begleiten. Das Buch liefert das notwendige Basiswissen zur (psychischen) Situation von Kindern und Jugendlichen mit Fluchterfahrungen, ihrem rechtlichen Status und den Herausforderungen für die Eltern- und Familienbildung. Es nimmt die Anforderungen an die Fachkräfte im Bereich der Kinder- und Jugendhilfe sowie der Schule in den Blick, anhand von übergreifenden Querschnittsthemen wie dem Spracherwerb, der kultursensitiven Pädagogik, dem Umgang mit Religion und Trauma. Jedem Schwerpunkt sind Projektportraits zugeordnet, die zeigen, wie die pädagogischen Ansätze in die Praxis umgesetzt werden können.

Leseproben und weitere Informationen unter www.kohlhammer.de

W. Kohlhammer GmbH
70549 Stuttgart

Ayça Polat (Hrsg.)

Migration und Soziale Arbeit
Wissen, Haltung, Handlung

2017. 261 Seiten,
6 Abb., 11 Tab. Kart.
€ 32,–
ISBN 978-3-17-031703-1

Grundwissen Soziale Arbeit,
Band 14

Migration ist für die Soziale Arbeit zu einem zentralen Praxisfeld geworden. Das liegt nicht allein an hohen Flüchtlingszahlen; darin spiegelt sich auch die Bevölkerungsstatistik Deutschlands: Jeder Fünfte hat inzwischen eine Migrationsgeschichte. Für die Fachkräfte der Sozialen Arbeit steht dabei vor allem die Gestaltung von Teilhabeprozessen im Mittelpunkt. Hier setzt das Buch an. Es liefert zunächst das Grundwissen zu den rechtlichen, ökonomischen und sozial-strukturellen Rahmenbedingungen der Migrationssozialarbeit und stellt sie in den Zusammenhang der öffentlichen und politischen Diskurse. Die Themenauswahl und die Struktur des Bandes folgen einem bewährten Ausbildungskonzept, das sich auf die Vermittlung von Schlüsselkompetenzen auf den drei Ebenen Wissen, Haltung und Handlung konzentriert. Im Zentrum steht dabei ein Rollen- und Professionsverständnis als Fachkraft, das Handlungssicherheit gibt und dabei klaren Handlungszielen und methodischen Ansätzen der Sozialen Arbeit folgt.

W. Kohlhammer GmbH
70549 Stuttgart

Kohlhammer

Joachim Schroeder

Pädagogik bei Beeinträchtigungen des Lernens

2015. 235 Seiten, 6 Tab. Kart. € 32,99
ISBN 978-3-17-023433-8

Kompendium Behindertenpädagogik

Das Buch liefert zunächst einen profunden Überblick zu Theorien und pädagogischen Entwürfen, die sich auf die Behinderungen und Beeinträchtigungen des Lernens von Kindern, Jugendlichen und Erwachsenen beziehen. Mit dem Begriff der Bildungsbenachteiligung werden dann nicht nur die verzögerten Lerngeschichten in den Blick genommen, sondern auch die behindernden Lernverhältnisse und beeinträchtigenden Lebenswelten. Vor diesem Hintergrund wird die Pädagogik der Lernbehinderung als bildungstheoretisch fundierte Lebenslagenpädagogik skizziert und an verschiedenen Basiskonzepten, wie zum Beispiel Alltags-, Arbeitswelt- und Sozialraumorientierung, konkretisiert. Dabei wird deutlich, dass die Verknüpfung von Lebenswelt, Konzepten des Lebenslaufs und den (Bildungs-) Institutionen das zentrale pädagogische Problem in Theorie und Praxis darstellt.

W. Kohlhammer GmbH
70549 Stuttgart

Kohlhammer